XINSHIDAI ZHONGGUO NANZI LANQIU ZHIYE
LIANSAI GAIGE CHUANGXIN MOSHI YANJIU

# 新时代
## 中国男子篮球职业联赛
### 改革创新模式研究

王新雷⊙著

知识产权出版社
全国百佳图书出版单位
—北京—

图书在版编目（CIP）数据

新时代中国男子篮球职业联赛改革创新模式研究 / 王新雷著 . —北京：知识产权出版社，2023.9

ISBN 978-7-5130-8922-7

Ⅰ . ①新… Ⅱ . ①王… Ⅲ . ①男子项目—篮球运动—联赛—研究—中国

Ⅳ . ① G841.735

中国国家版本馆 CIP 数据核字（2023）第 183289 号

**内容提要**

本书以提升中国男子篮球职业联赛（简称"中职篮"）市场供给侧核心产品质量为切入点，借助复杂系统理论，通过文献资料法、德尔菲法、问卷调查法、复杂系统建模与仿真法和数理统计法等方法，对中职篮系统的复杂性及其运行评价指标体系进行全面的剖析，并利用探测非线性回归的 GAM 模型对中职篮及其相关系统关系进行实证研究，进而寻求更全面、更科学地提升中职篮市场供给侧核心产品质量的方法与思路，为中职篮健康、快速发展提供参考。

责任编辑：徐 凡　　　　　　　　责任印制：孙婷婷

**新时代中国男子篮球职业联赛改革创新模式研究**

王新雷 著

| | | | |
|---|---|---|---|
| 出版发行：知识产权出版社 有限责任公司 | | 网　址：http://www.ipph.cn | |
| | | http://www.laichushu.com | |
| 电　话：010-82004826 | | | |
| 社　址：北京市海淀区气象路 50 号院 | | 邮　编：100081 | |
| 责编电话：010-82000860 转 8533 | | 责编邮箱：laichushu@cnipr.com | |
| 发行电话：010-82000860 转 8101 | | 发行传真：010-82000893 | |
| 印　刷：北京中献拓方科技发展有限公司 | | 经　销：新华书店、各大网上书店及相关专业书店 | |
| 开　本：720mm×1000mm　1/16 | | 印　张：23.5 | |
| 版　次：2023 年 9 月第 1 版 | | 印　次：2023 年 9 月第 1 次印刷 | |
| 字　数：363 千字 | | 定　价：110.00 元 | |

ISBN 978 - 7 - 5130 - 8922 - 7

# 前　　言

供给侧结构性改革的实施为具有绿色环保特征的体育产业提供了重大发展机遇，在此背景下，做大做强体育产业必然会对我国经济增长产生正向带动作用。当前，中国男子篮球职业联赛（简称"中职篮"）已发展成为具有一定国际影响力的中国体育品牌赛事，众多国内外企业也开始重视其市场品牌价值及其发展潜力。在中职篮管理体制改革已经迈出管办分离重要一步的基础上，如何贯彻习近平总书记提出的"着力加强供给侧结构性改革"精神，并以提升中职篮市场供给侧核心产品质量为切入点科学合理地设计和布局中职篮改革发展战略规划，将成为中职篮能否健康发展的关键。本书利用复杂系统理论，通过文献资料法、德尔菲法、问卷调查法、复杂系统建模及仿真法和数理统计法等方法，对中职篮及其相关系统关系进行全面的剖析和实证研究，进而寻求更全面、更科学的提升中职篮市场供给侧核心产品质量的方法与思路，为中职篮健康、快速发展提供参考。本书主要研究结果如下。

1）中职篮规模庞大、主体众多、系统层次结构复杂，主体行为具有主观能动性，故其属于社会复杂系统。中职篮管理系统当前已建立了全新的、企业化的组织机构与组织模式，但众多俱乐部的独立属性还不够清晰，具体细节还有待进一步摸索和完善；部分管理者的旧观念及逐利思想造成了中职篮利益统一体与参加俱乐部规模扩张之间的利益分配冲突，导致了"三级培养体系"培养规模严重不足、"体教结合"形同虚设、"俱乐部球员培养私有化"模式缺陷明显等诸多问题，这进一步造成中职篮系统供给侧核心产品质量与规模滞后于当前职业体育消费市场发展的局面。

2）俱乐部还存在的问题包括：独立造血功能不足、俱乐部管理机构人员设置不完善、俱乐部社会关注元素的资源开发严重不足；本土教练员文化水平低、知识结构不完善、创新能力缺乏；外籍教练员的选择、聘用和管理还存在一定的盲目性、片面性，没有形成科学合理的选聘评估机制；运动员窄口径、小范围的精英式培养，为后续多年我国优秀球员短缺埋下了隐患，外援的引进和使用也存在很大的争议；中职篮俱乐部已经逐渐向具有独立财务自由的股份制企业发展，而俱乐部所属（合作）系统对俱乐部的过度干预现象依然严重；等等。

3）当前中职篮的赞助商体系日渐完善，但还存在"中职篮赞助商与俱乐部赞助商的利益冲突""球队冠名名称复杂不利于俱乐部品牌发展""装备赞助商与球员球队赞助利益冲突""俱乐部赞助资源浪费"等问题；另外，赞助商系统缺乏对潜力发展系统的评估和挖掘，往往错失了以较少投入来获得丰厚回报的时机；近年来，中职篮竞争激烈程度和比赛结果的不可预知性不断提升，促使观众观赛规模愈来愈大，但中职篮对广大的、忠实的球迷观众的开发理念、开发手段与开发方式认识不足，使得各俱乐部现场球迷的规模很不稳定。

4）新老媒体的竞争局面有利于媒体转播质量的提升，但也存在着恶意竞争、传统媒体行政权力过大等问题；中职篮媒体版权种类细分及版权出售细节的精细程度不足，各俱乐部与媒体系统进行潜力资源开发的合作力度还有待加强；中介系统所处的发展土壤越来越肥沃，但相应的运营与约束法律规制跟进不够，导致了频繁发生无底线降低佣金等违规行为。

5）良好的政策环境、经济环境、社会氛围、体育环境为中职篮职业化改革与发展提供了坚强的保障。中职篮改革创新模式是在我国职业体育改革的背景和大环境下，以"以人为本、提高核心产品质量""多元开放融合、协同发展"为理念，所形成的中职篮管理系统、中职篮核心运营系统、后备人才培养系统及密切相关系统之间"上下一体、相融相长、共创分享"的新型协同合作模式。今后，中职篮系统所有主体要借助我国体育产业相关政策和体教融合相关政策的贯彻落实，积极响应习近平总书记"着力增强改革系统性、整体性、协同性"的讲话精神，在政府的统筹协调下，发挥各自的优势和能力，协同推进中职篮及其后备人才培养系统中核心产品质量的不断提升。

本书针对当前中职篮复杂系统运行存在的问题，提出以下建议。

1）新模式要求中职篮管理者在进一步完善利益统一体内部细节管理的基础上，从中国体育产业的整体角度系统评估当前中职篮规模的合理度问题，尽快打通与中职篮的次级联赛全国男子篮球联赛（NBL）的扩军通道，争取用 5 ～ 10 年时间扩军至 30 支队伍，保证较为发达的省市都有中职篮球队，抓住中国体育产业大发展的机遇，迅速抢占中国体育产业市场份额；另外，优秀球员的提供可通过增加外援数量和做好选秀工作来实现，同时利用国家提出的体教融合政策，制定教育和体育两大系统青少年运动员统一的训练竞赛及文化教育考核标准和培养规划，积极促进各自优势资源与对方融合，协同做好后备人才培养的质量保障，建立起由教育和体育系统牵头，政府与社会多部门分工配合、上下联动、密切合作的多元开放的融合系统，进而构建全国性的青少年篮球后备人才培养新型举国体制。

2）根据俱乐部市场运营的需要，将使俱乐部能够获得收益的运营权逐步下放，而中篮联（北京）体育有限公司（CBA 公司）则将更多精力放在中职篮整体的商业价值开发方面，进一步做好媒体转播版权商业开发，积极推动职业裁判员培养。俱乐部所属（合作）系统充分放权于俱乐部，以现代企业管理模式来进行改革，充分挖掘俱乐部所有经济价值的潜力，通过专业的管理营销团队协同推进俱乐部营利能力的提升。赞助商充分评估与中职篮相关的中职篮的次级联赛全国男子篮球联赛（NBL）、中国大学生篮球联赛（CUBA）等联赛的市场发展潜力，抓住时机，以较小的投入抢占这些系统相关市场。传统媒体和网络新媒体加强合作，实现二者优势资源共享，同时自身也要不断提高转播技术水平，保证具备一定的竞争力。

3）中职篮及其后备人才培养系统均应重视对赛事、俱乐部自身存在的社会关注主体元素市场、俱乐部忠实观众球迷市场等方面的开发。挖掘所有能够吸引观众、球迷关注度的联盟和俱乐部价值元素，通过专业化包装满足观众、球迷的观赛需求，逐步形成具有较大规模且关系稳定牢固的忠实观众、球迷群体。重视对中介系统主体思想道德素养、业务素质的培养与质量把控，以及对违规处罚等相关机制的规范。中介系统也应积极介入后备人才培养系统中球员的流动输送，为不同水平球员选择适合自己锻炼的平台提供路径。

# 目　　录

# 第1章 导言

为改变多年来生产要素的不合理配置，破除供求失衡的发展障碍，实现经济可持续发展，习近平总书记2015年11月在中央财经领导小组第十一次会议上指出，在适度扩大总需求的同时，着力加强供给侧结构性改革，着力提高供给体系质量和效率，增强经济持续增长动力。该政策表明，供给侧结构性改革是中国经济在今后相当一段时间内发展的思路。供给侧结构性改革的实施为具有绿色环保特征的体育产业的发展提供了巨大发展机遇，在此背景下做大做强体育产业必然会对我国经济增长产生正向带动作用。近年来，国务院先后颁布了《关于加快发展体育产业促进体育消费的若干意见》《关于加快发展生活性服务业促进消费结构升级的指导意见》《关于积极发挥新消费引领作用加快培育形成新供给新动力的指导意见》《国务院办公厅关于加快发展体育竞赛表演产业的指导意见》等文件，以推动中国体育产业大发展及职业体育的重大改革。高质量的体育表演服务供给不仅是促进体育产业发展的重要组成部分，也是满足人民美好生活需求的重要路径。作为我国体育表演服务业改革的先锋，中国男子篮球职业联赛（简称"中职篮"）是中国最高水平的篮球赛事，从20世纪90年代中期我国竞技篮球职业化改革至今，已经历了近30年的发展，不论在参赛队伍、比赛场次、球迷观众、电视播出还是收视总量等方面都有了较大的增长[1-2]，已发展成为具有一定国际影响力的中国体育品牌赛事，众多国内外企业也开始重视中职篮品牌的市场价值及其发展潜力。而当前在中职篮管理体制改革已经迈出管办分离重要一步的基础上，中职篮作为社会复杂巨系统的一个子系统，如何贯彻习近平总书记提出的"着力加强供给侧结构性改革"精神，以提升中职篮市场供给侧核心产品质量为切入点，科学合理地设计和布局中职篮改革发展战略规划，将成为中职篮能否健康发展的关键。因此，本书利用复杂系统理论对中职篮及其相关系统关系进行全面的剖析和实证研究，进而寻求更全面、更科学地提升中职篮市场供给侧核心产品质量的方法与思路，为中职篮健康、快速发展提供参考。

## 1.1 国内外相关研究的学术史梳理及研究动态

检索较新的（2000 年至今的）与中职篮运行和发展相关的核心期刊论文、优秀硕博士论文以及著作、文件等文献资料发现，学者们主要从中职篮管理系统视角、系统不同主体视角及国外职业联赛视角进行了研究。

### 1.1.1 供给侧结构性改革内涵及其对体育产业进行的研究

2015 年 11 月，习近平总书记主持召开中央财经领导小组会议，首次提出供给侧结构性改革。供给侧结构性改革是指从供给、生产端入手实施结构优化、增加有效供给的中长期视野的宏观调控创新[3]。范尧对我国供给侧结构性改革的内涵进行了总结：供需错位是中国供给侧结构性改革提出的基本背景；其目的是调整经济结构，使供给侧要素实现最优配置，扩大有效和高端供给，减少无效和低端供给；通过创新驱动来加速经济结构转换，通过简政放权来更好地发挥政府作用，通过要素价格发挥市场在资源配置中的决定作用，最终形成供需结构的动态平衡。供给侧结构性改革的大背景是当前我国正处于经济增长结构调整阵痛期和前期刺激政策消化期[4]，拥有过多生产要素的低效率部门对高效率部门的挤出效应导致了资本和劳动力成本上升，造成供给体系中低端产品供给过剩，高端产品供给不足[5]。当前，过剩产能已成为制约中国经济转型的一大包袱，故去产能、去库存、去杠杆是供给侧"需求"改革的逻辑思路[6]，其强调实施结构优化、增加有效供给[7]，强调企业从套利模式转向创新模式[8]。

按照国际经验，人均 GDP 达到 5000 美元时，体育产业会出现"井喷"态势。目前，中国人均 GDP 已达 1 万美元以上，人均体育消费额却只有全球平均水平的十分之一，体育文化产业消费市场仍待开发[9]。作为当前我国体育产业发展的先锋，职业足球需求侧的国内消费市场潜力巨大，但职业足球人才匮乏导致产品供给失效[10]，职业篮球与其同状，也反映出我国体育产业面临高质量赛事供给严重不足、产品服务与需求对象供需不匹配、体育产品无效供给过剩等问题[11]。当前，我国体育产业增加值占 GDP 的比重不高，体育产业内部服务业占比不足 20%[12]。范尧认为，供给缺位与供需错位产生矛盾的根本在于供给侧市场供需信息不对称、市场集中度偏低、技术密集性单一、社会责任行为缺失等[13]。我国高质量的体育产品、服务有效供给不足，导致无法与国际品牌竞争，甚至不能满足国内消费者需求，这造成实质性的供给缺位。例如，2014 年，李宁在中国市场的亏损与耐克和阿迪达斯的高额盈利形成了鲜明的对比。学者们建议，企业应加大技术研发投入，培育具有国际竞争力的品牌，引导公众转变体育消费观念。此外，我国网民规模逐年增长，故应积极构建"互联网＋体育"平台，使体育竞技赛事的移动网络播放成为主流[14]。同时，政府应该放权给社会和市场，鼓励更多供给主体参与进来，实施多元化、个性化供给[15-17]。

### 1.1.2 从职业篮球管理系统的视角进行的研究

李元伟[18]认为，中国篮球应该学习国外先进的成功经验，以开放、合作共赢的原则进行改革。中职篮自身所具有的营利和公益二重性，很容易受政治与经济的双重制约[19]。政府决定了联赛管理机构的设置与资源的配置，这导致了俱乐部经营权限和空间的极度受限，也造成双方存在诸多利益冲突[20]，并使中职篮在整体规模、商业化运作水平及产品结构等方面与成熟的篮球市场要求相差甚远[21]，使中职篮市场呈现出行政主导与市场行为之间的博弈与冲突[22]。另外，中职篮还存在产权不明、管理不顺、法规不全、俱乐部经营状况不良[23]、竞赛体系规模小、赛季时间短、竞赛方式不稳定[24]、相关法律制度建设滞后以及国内优秀球员紧缺、教练员综合能力不足等问题[25]。

学者们针对当前中职篮的发展困境提出了具体的改革途径：借鉴 NBA 发展的成功经验并与中国国情相结合，充分发挥后发优势[22]，逐步进行中职篮的组织管理体制改革[26]，建立完备的产权制度[27]，拓宽职业篮球高水平后备人才培养渠道，逐步扩大市场规模[28]，树立良好的中职篮品牌，制定与完善相关法律、法规、制度，等等。

### 1.1.3 从系统不同主体视角进行的研究

从系统不同主体视角进行研究可发现，当前，运动员培养的"家长式"管理方式与职业化管理需求的矛盾,造成我国高水平竞技篮球人才培养环境失衡[29]。语言交流不畅因素导致外援先进的技战术理念本土化传播遇阻[30]。教练员过多使用外援使球队原有技战术风格丧失殆尽[31],进而影响了中国优秀球员的培养。球员转会制度(倒摘牌制)形同虚设,大牌球员很难通过该途径实现流动[32]。我国后备人才培养质量差、规模小,培养体系呈现出训练体制僵化、理念落后、学训矛盾等现象[33]。教练员管理体制僵化、培养基础薄弱,且主要以经验为主要手段进行选材和训练[34],联赛教练员系统普遍存在业缘关系和地缘关系[35]。业余制裁判管理机制和裁判员执法报酬较低等是当前联赛裁判员管理监督体制存在的主要问题[36]。中职篮具有良好的环境和发展机遇[34],但当前管理人员运营经验的缺乏、教练和球员较低的文化素质、NBA 对中职篮市场的冲击及赞助商的频繁更替等因素对其发展造成了很大的影响[37]。赛程较短、比赛场次偏低是影响 CBA 俱乐部球队冠名权开发不佳的最主要因素[38]。并且,比赛欣赏的质量不高、管理人员专业化不够、媒体利用不充分、产品开发差[39]。中职篮产权中电视转播权的缺失、球员转会权的不足,使得联赛产权收益不能实现最大化[40]。中职篮球员体型普遍偏瘦,肌肉线条美感不足;球队比赛场馆规模普遍偏小,赛场各俱乐部特有篮球文化体现不足[41]。

## 1.1.4 国外研究进展动态

国外职业篮球的研究主要集中在 NBA、欧洲职业篮球联赛方面。在 NBA 职业联赛发展与完善过程中,历任 NBA 总裁都对 NBA 职业篮球的发展做出自己的时代性贡献[42]。NBA 联盟享有国家反垄断豁免政策[43]。专业的联盟运营管理机构、严格完善的系列法规制度[44]、良好的媒体合作关系、优秀的经营管理人才和全面灵活的公关手段,保证了 NBA 职业联赛发展并走向成功[45]。NBA 联赛选秀、转会、卡特尔及区域保护等制度极大地激发了各俱乐部对市场开发的热情[46]。NBA 实际上由俱乐部的投资人共同把经营权委托给联盟组织进行具体经营和管理操作,实现收益最大化[47]。欧洲篮球职业联赛通过人才交流,加强了与其他大洲竞技篮球运动的互动和交流[48]。在澳大利亚,社区俱乐部是体育后备人才培养的主要基层组织,州立单项运动协会和州立体校是培养高水平运动员的中层体育组织，体育经纪人为众多具有运动天赋的青少年和俱乐部之间建立了完善的输送通道[49]。

### 1.1.5　总结

综上所述，随着中职篮规模不断扩大，联赛系统的结构、参与者的行为等也日趋复杂，联赛运行也遇到了一系列矛盾和问题。这些矛盾和问题已经严重影响到中职篮能否健康发展。同时，上述的诸多研究均是从中职篮各个组成部分的角度运用线性的分析思维模式进行分析得出的成果，缺少对中职篮复杂系统组成部分的交互关系以及产生的整体现象和行为原因的综合性研究。

## 1.2　本书相对于已有研究的独到学术价值和应用价值

### 1.2.1　独到的学术价值

近年来学者们很少对中职篮组成部分的交互关系以及产生的整体现象和行为原因进行系统性研究。随着当前竞技体育的科学化发展，借助复杂系统理论的思维、知识和方法，对中职篮的复杂特征、内涵及改革创新模式进行分析和研究，可以为广大体育工作者研究竞技体育提供一个全新视角。

### 1.2.2　独到应用价值

本书的研究成果能够使我们在研究中职篮改革转型时改变简单思维下治标不治本的线性做法，充分考虑中职篮系统的内在机理所涉及的行动利益主体、时间、环境、政策等复杂的互动因素，从系统整体角度出发对中职篮改革与发展做出科学合理的设计和规划。另外，从理论发展及其方法论上看，从复杂系统理论的角度去探究中职篮发展的本质，对丰富职业体育、体育产业、体育经济，以及在运动训练等学科理论建构方面，均具有很好的应用价值。

# 第2章 研究对象与方法

## 2.1 研究对象

本书以中国男子篮球职业联赛改革创新模式为研究对象。

## 2.2 研究方法

### 2.2.1 文献资料法

以"中国男子篮球职业联赛""CBA""中职篮""复杂系统理论"等为关键词,检索到中国知网(CNKI)2000—2019 年的有关核心期刊论文 228篇、优秀博士论文 12 篇,通过进一步阅选后,参考其中的核心期刊论文138 篇、博士论文 9 篇;通过国家图书馆、宁波大学图书馆等图书馆查阅了"中国职业体育""复杂系统理论"和"系统科学理论"等相关书籍 13 部;查阅了近 10 年中国篮球协会(以下简称"中国篮协")官网及互联网关于中职篮改革方面的相关文件和文献 137 篇,参考了其中的 83 篇。

### 2.2.2 专家访谈法

为了解当前中职篮系统存在的问题及应对改革策略,采用提纲式问卷,对从事体育产业、职业篮球、统计学、系统科学相关研究的 13 名高校专家和从事 CBA 管理工作的 11 名专家进行了访谈(见表 2-1)。专家包括:竞技篮球研究教授 6 人(北京体育大学教授 4 人、沈阳体育学院教授 2 人),体育产业、管理学教授 3 人(上海体育学院、西安体育学院、福建师范大学教授各 1人),篮管中心主任 1 人,中国篮协技术部、联赛部、青少部管理人员 3 人,青岛双星俱乐部、山西国投俱乐部、深圳马可波罗俱乐部、北京控股俱乐部、江苏同曦俱乐部总经理共 5 人,福建浔兴俱乐部、江苏同曦俱乐部主教练共 2人,统计学教授 1 人、博士 1 人,系统科学教授 2 人。

表 2-1　访谈专家情况

| 学科 / 工作领域 | 职称 / 职务 / 单位 | 从事相关工作平均年限 / 年 |
|---|---|---|
| 体育产业、管理学 | 教授 3 人：上海体育学院 1 人，福建师范大学 1 人，西安体育学院 1 人 | 33.8 |
| 竞技篮球研究 | 教授 6 人：北京体育大学 4 人，沈阳体育学院 2 人 | 37.2 |
| 篮管中心、中国篮协管理 | 主任 1 人，部长等 3 人：篮管中心主任 1 人，中国篮协技术部、联赛部、青少部管理人员各 1 人 | 31.6 |
| CBA 俱乐部管理 | 总经理 5 人：青岛双星俱乐部、山西国投俱乐部、深圳马可波罗俱乐部、北京控股俱乐部、江苏同曦俱乐部各 1 人 | 19.3 |
| CBA 主教练 | 主教练 2 人：福建浔兴俱乐部 1 人，江苏同曦俱乐部 1 人 | 22.5 |
| 统计学 | 教授、博士各 1 人：北京体育大学 1 人，华东师范大学 1 人 | 26.0 |
| 系统科学 | 教授 2 人：中北大学 2 人 | 33.5 |

### 2.2.3　德尔菲法

初步形成中职篮运行系统指标体系后，以从事体育产业、职业体育研究 10 年以上或从事职业篮球管理、训练和竞赛工作 5 年以上为标准，共计选取 9 名体育产业、职业体育、职业篮球研究学者，7 名职业篮球管理者和 4 名职业篮球主教练组成专家组，并对专家的权威系数和积极系数进行检验，再对指标体系进行 3 轮修订并作出评价。

1）专家的确定。对近年来关于篮球职业联赛文献中出现的运行系统评价指标进行收集、整理和归类，初步形成中职篮运行系统评价指标体系[50-56]。在此基础上，以从事篮球专业研究 10 年以上或从事职业篮球管理、训练和竞赛工作 5 年以上为标准，共计选取了 7 名职业篮球管理者、4 名教练员和 9 名高校教师组成专家组（详情见表 2-2），对指标体系进行修订和评价。

表 2-2　德尔菲法调查专家情况统计

| 工作领域 | 职称 / 职务 / 单位 | 从事相关工作平均年限 / 年 |
|---|---|---|
| 篮管中心、中国篮协管理 | 原篮管中心主任 1 人、竞赛部主任 1 人 | 23.6 |
| CBA 俱乐部管理 | 总经理 5 人：青岛双星俱乐部、江苏同曦俱乐部、山东俱乐部、深圳马可波罗俱乐部、北京北控俱乐部各 1 人 | 13.3 |
| CBA 主教练 | 高级教练 4 人：江苏南钢俱乐部、山西汾酒俱乐部、广州龙狮俱乐部、福建浔兴俱乐部各 1 人 | 13.5 |
| 高校教授 | 教授 9 人：北京体育大学 4 人、沈阳体育学院 2 人、上海体育学院 1 人、福建师范大学 1 人、西安体育学院 1 人 | 28.2 |

2）调查阶段情况。（详见 3.6.2 评价指标体系的构建过程）

3）专家积极系数。专家积极系数是指专家对研究的关心及合作程度，以调查回收率表示，一般认为 50.00% 的回收率是可以用来分析的最低比例，60.00% 的回收率是好的，70.00% 的回收率是非常好的结果[57]。本书中 3 轮调查的专家积极系数分别为 100.00%、88.89%、100.00%（见表 2-3），反映了专家对本书研究的支持。

表 2-3　德尔菲法专家积极系数

| 专家领域 | 发出调查表数量 / 张 | | | 回收调查表数量 / 张 | | | 回收率 /% | | |
|---|---|---|---|---|---|---|---|---|---|
| | 第 1 轮 | 第 2 轮 | 第 3 轮 | 第 1 轮 | 第 2 轮 | 第 3 轮 | 第 1 轮 | 第 2 轮 | 第 3 轮 |
| 中国篮协 | 2 | 2 | 2 | 2 | 2 | 2 | 100.00 | 100.00 | 100.00 |
| CBA 俱乐部 | 5 | 4 | 3 | 5 | 3 | 3 | 100.00 | 75.00 | 100.00 |
| CBA 主教练 | 4 | 3 | 3 | 4 | 3 | 3 | 100.00 | 100.00 | 100.00 |
| 高校专家 | 9 | 9 | 8 | 9 | 8 | 8 | 100.00 | 88.89 | 100.00 |
| 合计 | 20 | 18 | 16 | 20 | 16 | 16 | — | — | — |

4）专家的权威性。按照社会学调查的基本原理，专家权威性可以根据专家判断系数和对咨询内容熟悉程度来评价，计算公式为

$$C_r=(C_s+C_a)/2 \qquad (2\text{-}1)$$

其中，$C_s$ 表示专家对条目的熟悉程度，分为 5 个等级分别赋值；$C_a$ 表示专家对指标做出判断的依据情况，主要从理论依据、实践经验及国内外资料、直觉等 4 方面的影响程度进行判定。专家权威系数 $C_r \geqslant 0.7$ 即认为咨询结果可靠，且 $C_r$ 越大，权威程度越高[58]。本书在每轮调查表中均设计了专家判断取舍各个指标依据和对咨询内容熟悉程度的选项，二者对应的量化值见表 2-4。第 1 轮调查表统计显示，专家判断系数为 0.836，对内容熟悉程度值为 0.872，权威系数为 0.854；第 2 轮回收调查表数据显示，专家的判断系数为 0.818，对内容熟悉程度值为 0.823，权威系数为 0.821；第 3 轮回收调查表数据显示，专家的判断系数为 0.823，对内容熟悉程度值为 0.826，权威系数为 0.822。3 轮的专家权威系数 $C_r$ 均大于 0.7，这说明德尔菲法选择的专家具有较高的权威。

表 2-4　专家权威系数量化标准[59]

| 判断依据与熟悉程度 | | 量化值 | 判断依据与熟悉程度 | | 量化值 |
| --- | --- | --- | --- | --- | --- |
| 判断依据 | 理论分析 | 0.8 | 熟悉程度 | 非常熟悉 | 1.0 |
| | 实践经验 | 1.0 | | 比较熟悉 | 0.8 |
| | 国内外资料了解 | 0.6 | | 模棱两可 | 0.6 |
| | 自己直觉 | 0.4 | | 比较不熟悉 | 0.4 |
| | | | | 非常不熟悉 | 0.2 |

## 2.2.4　实地考察法

经实地考察和调研青岛双星、山西国投、深圳马可波罗、北京首钢、江苏同曦、广东宏远、辽宁本钢等 7 个俱乐部的经营管理情况和中国篮协的具体管理情况，并跟踪近几年我国各级竞技篮球后备人才的部分比赛情况，对目前中职篮运行状况加以研究。

## 2.2.5　问卷调查法

利用中职篮运行系统评价指标体系，对国内部分从事职业篮球工作的专家发放了调查问卷，了解专家和相关人员对目前中职篮运行状况的评价。

### 2.2.5.1　调查问卷发放与回收

在确定中职篮运行系统评价指标体系基本内容后，于 2019 年 6 月—2020 年 5 月对国内部分篮球专家和教练员发放了调查问卷。共计发放问卷 130 份，回收 106 份，剔除 2 份无效问卷，共计回收有效问卷 104 份。其中，向高校专家发放 45 份，回收 40 份；向国家级以上裁判员发放 10 份，回收 8 份；向中国篮协管理者发放 10 份，回收 8 份；向俱乐部经理和工作人员发放 15 份，回收 11 份；向职业队教练发放 20 份，回收 15 份；向 CUBA 教练员发放 20 份，回收 17 份；向国家传统篮球学校教练员发放 10 份，回收 5 份（见表 2-5）。

表 2-5  问卷调查专家情况

| 专家类别 | 职称 / 职务 | | | 年龄 / 岁 | | | 从事相关研究工作平均年限 / 年 |
|---|---|---|---|---|---|---|---|
| | 高级 | 副高级 | 中级 | <30 | 30 ～ 40 | >40 | |
| 高校篮球专业教师 | 14 | 21 | 5 | 1 | 14 | 25 | 22.14 |
| 高级裁判员 | 4 | 4 | 0 | 0 | 4 | 4 | 21.29 |
| 中国篮协管理人员 | 3 | 5 | 0 | 0 | 4 | 4 | 19.28 |
| 俱乐部管理人员 | 8 | 3 | 0 | 0 | 3 | 8 | 20.04 |
| CBA 球队教练员 | 3 | 7 | 5 | 4 | 5 | 6 | 17.09 |
| CUBA 教练 | 0 | 15 | 2 | 2 | 6 | 9 | 17.94 |
| 国家传统篮球学校教练 | 5 | 0 | 0 | 0 | 1 | 4 | 16.33 |
| 合计 | 37 | 55 | 12 | 7 | 37 | 60 | 19.16 |

2.2.5.2  问卷的效度、信度

林震岩认为，如果问卷内容是以理论为基础的，而且是参考以往学者类似研究的问卷内容加以修订而来的，则经学术专家讨论、预测，具有相当的内容效度[60]。由于该指标体系内容是根据以往学者的类似研究总结而来的，并经过德尔菲法专家先后 3 轮审核，故效度较好；信度检验则采取 Cronbach's $\alpha$ 系数（或称 alpha 系数）对指标体系中同一维度下的各项目间一致性进行检验。经检验发现，一级指标体系 $\alpha$ 系数为 0.938，二级指标体系 $\alpha$ 系数为 0.982，三级指标体系中，中职篮管理大系统指标体系 $\alpha$ 系数为 0.975，俱乐部系统指标体系 $\alpha$ 系数为 0.959，俱乐部所属（合作）系统指标体系 $\alpha$ 系数为 0.951，赞助商系统指标体系 $\alpha$ 系数 0.979，后备人才培养系统指标体系 $\alpha$ 系数为 0.987，观众系统指标体系 $\alpha$ 系数为 0.937，媒体系统指标体系 $\alpha$ 系数为 0.975，中介系统指标体系 $\alpha$ 系数为 0.967，外生环境系统指标体系 $\alpha$ 系数为 0.950。在探索性研究中，信度只要达到 0.60 就可接受[61]，因此该问卷总体内部同质性信度较好。

### 2.2.6　复杂系统建模与仿真方法

把中职篮的众多利益主体放在复杂系统范畴中，利用复杂网络研究方法中的 NW 小世界网络模型对中职篮系统中主体的复杂关系进行仿真并加以解释，从中职篮系统组成要素整体与部分之间、整体与外部环境之间相互制约和相互作用的联系中，综合、系统地考察联赛改革，进而使分析和处理问题效果最佳。

### 2.2.7　数理统计法

采用统计软件包 Excel2010、SPSS20.0 将采集的专家数据建立数据库，并利用广义加性模型方法构建中职篮系统运行指标体系评价模型，来探测数据变量之间非线性的复杂关系，再进一步结合回收的问卷调查相关数据，对中职篮运行状况进行实证分析。

## 2.3　本书研究思路设计

本书研究理论分析框图如图 2-1 所示。

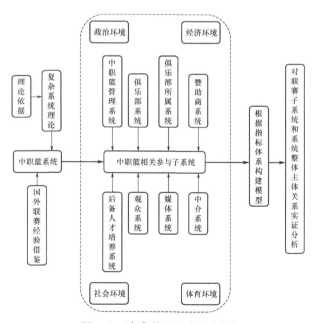

图 2-1　本书的理论分析框图

# 第3章  研究结果与分析

## 3.1  基本概念界定

### 3.1.1  社会主义市场经济体制背景下职业体育复杂系统运行模式阐释

1）社会主义市场经济体制。1993年，在党的十四届三中全会上，我们党把"是否有利于发展社会主义社会的生产力，是否有利于增强社会主义国家的综合国力，是否有利于提高人民的生活水平"作为决定各项改革措施取舍和检验其得失的根本标准，并勾勒了社会主义市场经济体制的基本框架，包括：以公有制为主体、多种所有制经济共同发展；以间接手段为主的完善的宏观调控体系；以按劳分配为主体，效率优先、兼顾公平的收入分配制度；多层次的社会保障制度[62]。从党的十四大到党的十五大，社会主义市场经济体制逐渐经历了目标确定、基本框架形成等过程。经过30年实践，社会主义市场经济体制已经建立。

2）职业体育复杂系统运行。职业体育是运动员应用高超的体育技能参与比赛或者表演，满足观众观赏需要，并以此作为谋生手段的商业性体育活动[63]。职业体育作为国际体育领域和西方体育发达国家主要推行的一种体育形态，是体育产业市场实现形态多样化、运作模式商业化、运动项目发展高端化和体育传播效益辐射化发展的重要路径。职业体育俱乐部将参与比赛作为劳动，使之耗费社会必要的劳动时间或凝结社会劳动量，并且使消费者为获得这种特殊的享受而付费。因此，职业体育俱乐部提供的体育竞赛服务具有进行市场交换的体育与文化价值[64]。

职业体育以高度商业化、市场化的高水平体育赛事运作和推广为核心，向社会提供高质量的竞技体育表演服务和相关产品[65]。作为一种社会复杂系统，职业体育是基于参与者之间以遵循市场经济竞争、供求、价格基本规律和体育运动发展特征为前提而形成的局部相互关系和整体复杂行为而存在的。如图 3-1 所示,职业体育组织和俱乐部作为职业体育系统的供给侧主体,为系统提供比赛需要的最核心主体(运动员、教练员和裁判员),三者之间相互影响、相互促进,且通过职业俱乐部之间的相互竞争与依存,共同影响着职业体育比赛的整体质量。只有高质量竞赛才能为职业俱乐部提供良好的生存基础,职业体育组织才能以此实现良性发展;而观众、转播媒体、赞助企业等组成了产品需求主体。其中,赞助企业为获取社会观众的注意力向职业体育组织、俱乐部和转播媒体支付赞助费或广告宣传费,使观众关注和购买企业产品。故赞助企业非常注重职业体育赛事的大众关注度及其作为广告宣传媒介的价值,如果赞助赛事关注度非常高,则通过赛事转播的媒介作用,既能提高企业产品知名度,又能实现产品销售量增长、扩大市场竞争力。因此,为赞助企业提供宣传的效果越好,职业体育赛事对赞助企业的吸引力就越大,故职业体育组织和赞助企业之间存在互惠双赢的关系。而媒体则通过为职业体育赛事提供转播服务来获取赞助企业的广告费,社会观众的关注度和收视费,以及部分俱乐部支付的宣传费[56]。网络时代使转播媒体转变为社会高效产业,作为依赖注意力经济生存的职业体育赛事的信号载体,媒体转播赛事选择、转播质量、观众观赛热情等也在很大程度上决定着赞助企业对职业体育赛事的投资规模。综上所述,职业体育赛事的商业价值、媒体的转播规模质量、赞助企业的资本投入与观众关注程度密不可分,且四者相互依存、相互促进[47]。

3)社会主义市场经济体制背景下我国职业体育复杂系统运行模式。社会主义市场经济体制是以公有制为主体的所有制、以按劳分配为主体的分配制度和市场发挥决定性作用的资源配置制度三位一体的基本经济制度。其重要特色就是"宏观调控有度的经济体制"。在此背景下,我国职业体育只有响应社会主义市场经济发展大环境的要求,其运营模式才可能健康地实现可持续发展。因此,可界定我国职业体育复杂系统运行模式概念为:在中国特色社会主义市场经济的宏观调控以及在政府、协会的监督下,职业体育、转播媒体、赞助企业和观众等主体围绕赛事表演这一核心平台,组成的各取所需的职业体育市场大系统。其中,职业俱乐部的教练员、运动员等向系统投入竞技表演无形资产，相关资本主体向职业赛事系统投入资本，转播媒体向系统投入信号传播载体，观众向系统投入直接注意力和间接购买力。所有主体就这样遵循社会主义市场经济运行规律，形成了以竞赛表演市场运作为中心的循环系统，展开市场化运作。相关利益主体在相互联系中建立一种系统秩序是维系职业体育健康运营的关键所在[66]。因此，在研究当前我国职业体育运营时，一定要重视系统内多方权利集团之间的利益关系、系统运营与国家相关经济政策的协同等多方问题[67]。一旦忽视系统内外任何环节和主体动机，都有可能导致改革措施在实践中失败。

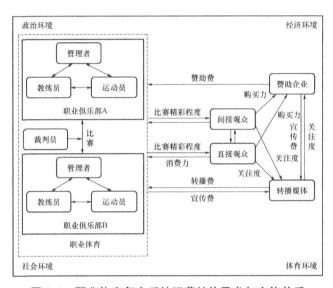

图 3-1  职业体育复杂系统运营结构及参与主体关系

### 3.1.2  市场供给侧结构性改革背景下中国男子篮球职业联赛改革创新模式概念界定

供给侧结构性改革的大背景是当前我国正处于经济增长结构调整阵痛期和前期刺激政策消化期，拥有过多生产要素的低效率部门对高效率部门的挤出效应导致了资本和劳动力成本上升，造成供给体系中低端产品供给过剩，高端产品供给不足[3]。作为当前我国体育产业发展的先锋，职业篮球需求侧的国内消费市场潜力巨大，但职业篮球高水平人才匮乏、竞技水平不高导致产品供给失效[8]，这也反映出我国职业篮球面临高质量赛事供给不足、产品服务与需求对象供需不匹配、体育产品无效供给过剩等问题[9]。因此，对市场供给侧结构性改革背景下中国男子篮球职业联赛的改革应重点将市场供给侧结构性改革作为突破口，整合和激发中职篮系统的内生动力机制，以激发系统不同层次主体的利益需求动机，对中国竞技篮球后备人才培养系统进行结构性优化，以提升中职篮市场供给侧产品质量和规模为原则，在促进中国竞技篮球相关系统协同发展的前提下设计中职篮改革战略规划。因此，我们将市场供给侧结构性改革背景下中职篮改革创新模式概念定义为：在中国特色社会主义市场经济的宏观调控下以及在政府、协会的监督下，中职篮、转播媒体、赞助企业和观众等主体围绕竞技篮球赛事表演这一核心平台，以提升中职篮市场供给侧产品质量和规模为原则，在职业篮球大系统中通过最优化的竞争、协同等行为来进行生产、交换、消费、分配等经济活动，进而实现各取所需的、效益最大化的系统运行形式。

## 3.2　研究理论依据

### 3.2.1　系统科学是中国男子篮球职业联赛改革研究的较佳方法论

系统科学是当今科学发展前沿所产生的一系列揭示客观世界物质运动的普遍联系与共同规律的学科群[68]。它从多角度探索客观世界新的物质本质联系和运动规律，为现代科学发展革新提供了新思路和新方法，也是人类客观认识世界的最新理论武器。系统理论作为人类社会系统评价的方法论基础，也是对中职篮这一社会系统评价的较佳方法理论。

1）中职篮系统的整体性。系统科学从所研究系统的整体角度入手，认为自然和社会的各种系统都不是孤立、杂乱无章的偶然堆积，而是由相互联系、相互作用的各个部分组成的具有一定规律的有机整体。中职篮也是由若干子系统所构成的统一整体，故中职篮系统评价的过程也是通过考察各子系统的情况和相互关系，最终对联赛作总体上的论证。

2）中职篮系统的动态性。系统科学理论认为，不同系统均会根据所处环境的变化，不断地通过调整内部主体行为和协调内部组织关系，以适应外部环境的变化。中职篮系统的相关主体对环境变化的判断及最终选择的行为本身就是一个复杂的动态过程，因此，在对中职篮运行评价的过程中，应重视中职篮发展的动态特征。

3）中职篮系统的最优化。系统的最优化原理是指通过系统的组织、自我调节活动，使系统在一定环境下达到最优结构，发挥最佳功能。系统的最优化要求对中职篮运行评价时，将中职篮各子系统的活动结合中职篮整体去分析各要素在中职篮整体系统中的地位和价值，了解各要素之间的关系，并确定各要素在系统中的权重。

4）中职篮系统的反馈性。系统科学解决问题的方法着眼于系统的信息，任何系统也只有通过信息的反馈才能了解系统存在的问题和状态，并为系统下一步的发展进行调控。对中职篮系统运行状况的评价本质上也是一种信息反馈。对中职篮系统运行状况评价的目的是通过评价信息的反馈，使中职篮系统参与主体根据反馈信息调节自己的行为，扬长避短，进而找到最适合自己的生存发展方式。

### 3.2.2 复杂性科学、复杂系统理论阐述

#### 3.2.2.1 复杂性科学的由来

早在两个世纪以前就出现了对复杂性科学的相关研究，但直到 20 世纪 80 年代，复杂性科学逐渐作为一个正式的学科才得到科学界共同的承认和重视。随着 20 世纪 90 年代首个专门研究复杂性科学的研究组织——美国圣塔菲研究所（SFI）的成立，复杂性科学理论的一系列成果开始出现，如圣塔菲研究所的专刊《复杂性》、霍兰撰写的《隐秩序：适应性造就复杂性》《涌现》等专著、复杂适应系统 SwARM 软件平台等。我国著名科学家钱学森领导的团队也在 20 世纪 80 年代对复杂性科学展开了研究，并于 1989 年提出了开放复杂巨系统（OCGS）理论。

#### 3.2.2.2 复杂性科学的内容

复杂性科学将复杂性和复杂系统作为研究对象，其研究内容具有以下特点：复杂性科学表达一种全新的思维方式，分散在许多互涉学科中，并存在于政治、语言、大脑、市场、交通甚至整个人类社会的每一个角落。它试图

打破经典科学的简化理性传统思维方式，把多样性、无序性、个体性因素引进科学的视野。吴彤[69]总结出，复杂性科学大体包括：现代系统科学中的耗散结构理论、协同论、超循环理论、突变论、复杂巨系统理论等，非线性科学中的混沌理论、分形理论等，以及计算机仿真研究中的进化编程、遗传算法、人工生命、元胞自动机等。这些可视为复杂性科学的内核。而黄欣荣[70]认为，因为耗散结构理论、协同论、超循环理论、突变论等理论已经划入系统科学发展的第二阶段的自组织理论，故涌现生成理论、复杂适应系统理论（CAS）、遗传进化理论、自组织理论、人工生命理论、复杂网络理论等组成了复杂性科学的核心理论体系。伴随着复杂性问题在数学和哲学层次上的整合，复杂性科学理论所倡导的思维模式已成为取代线性和简化论方法的有力工具。在科学界，复杂性科学被认为是科学发展的前沿领域之一。作为一种新的科学思潮，复杂性科学的兴起代表了人类对日益彰显的复杂系统复杂性问题的积极回应。

### 3.2.2.3　复杂系统理论阐述

1）复杂系统的相关研究。复杂系统理论以复杂系统的复杂性为研究对象。当前，在各学科领域应用较为成熟的相关理论有美国圣菲研究所约翰·霍兰提出的"复杂适应系统理论（CAS）"、赫尔曼·哈肯的研究成果"协同论"、美国气象学家洛伦茨提出的"蝴蝶效应"、纽曼和瓦茨提出的"复杂网络理论"及我国科学家钱学森等提出的"开放性复杂巨系统理论（OCGS）"等。其中，约翰·霍兰[71]提出的复杂适应系统理论（CAS）认为："任何特定的适应性主体所处的环境的主要部分，都由其他适应性主体组成，所以任何主体在适应上所作的努力就是要去适应别的适应性主体，这也许是CAS生成的复杂动态模式的主要根源。"赫尔曼·哈肯[72]提出的协同论指出，在复杂系统中，众多组元就好像由一只无形之手促使它们自行有序地安排起来，但恰恰相反，是这些组元相互的协作创建了这只无形之手。他把这只能够把众组元有序组织起来的无形之手称为序参数。洛伦茨[73]提出的蝴蝶效应原意是指气象预报对初始条件的敏感性，即初始值上很小的偏差可能导致结果偏差十万八千里。他通过举例"亚马逊河边的一只蝴蝶扇了扇翅膀，就可能在大气中引发一系列的连锁事件，从而导致之后的某一刻在纽约的上空出现龙卷风现象"来说明毫不起眼的小改变可能酿成大灾难。而吴彤[74]对国外相关研究总结后认为，复杂系统的复杂关系具有节点动力学行为复杂性、连接机构复杂性、网络时空演化复杂性等复杂网络的基本特征。

我国相关学者从 20 世纪 70 年代开始，对复杂系统的研究也陆续展开，并取得了重大成果，其中最为著名的有科学家钱学森提出的巨系统[75]、开放性复杂巨系统[76]等概念。他认为，社会巨系统工程也是系统工程范畴的技术，其所涉及的范围和复杂程度是一般系统所不及的，并提出开放性复杂巨系统是整个系统科学的核心概念，开放性复杂巨系统具有组分的异质性、结构的层次性，以及系统过程的开放性、非线性、动态性等复杂性特征。另外，我国学者郭元林对复杂社会系统进行了总结描述："复杂系统不仅包含众多的子系统，且子系统相互之间关系的规律也无从得知，加上人的参与，因此系统行为表现得特别复杂。复杂系统包含了巨大数量的要素，且众多要素之间的相互作用是非线性的、丰富的、动态的、有反馈的。[77]"而成思危对复杂系统特征进行了总结[78]：系统内部复杂性主要包括内部关系、结构、状态和特性的复杂性；外部复杂性主要表现为外部环境、影响因素、条件和行为的复杂性等。因此，对复杂性组织系统的有效分析，可以帮助组织管理者了解微观结构对组织宏观行为的影响和作用。对于简单组织而言，抽象结构和真实结构能够达到较为完美的一致，而复杂组织系统不可能实现完美一致，只有实施各种手段才可能实现抽象向真实的靠拢。

2）复杂系统复杂性的来源。苗东升认为，复杂系统的复杂性来源于系统规模、等级层次、非线性、动态性、不可逆性、非平衡性、不确定性，主体的多元性、主动性、智能性，以及环境开放性等[79]。①系统规模的复杂性。规模能够影响系统的性质，在同类的主体和同样的结构模式下，规模的增加可能导致系统性质的变异。约翰·霍兰认为，系统主体的绝对数量是系统复杂性的本质来源[80]。②系统主体多样性的复杂性。虽然系统规模大意味着组成主体数量多，但主体样式和类型多则更容易导致系统复杂性。多种类主体会导致相互关系和作用方式的多种变化，多样性形式则表现千差万别，因此，众多主体的多样性加上异质性才是产生系统复杂性的根本原因。

③系统等级层次结构的复杂性。众多组成主体与复杂系统整体之间均存在中间层次，因此，信息从主体经过中间层次的逐渐过渡才能到达整体层次。系统组成主体类型越多导致相互关系和作用越多样、复杂，系统结构越复杂，涉及的中间层次越多，也会导致系统的状态、行为和属性越复杂。当复杂性增加到一定程度时，系统层次间的界限就会变得模糊不清，且产生不同层次的相互缠绕。④系统开放性的复杂性。众多系统所处的环境都存在变化性、差异性和不确定性，而在开放状态下的系统会通过与环境进行物质、能量和信息交换来改变系统内部主体的活动行为和相互作用，复杂的环境变化信息会反映到系统内部，进而影响主体之间的互动行为；而主体之间形成的复杂结构又反作用于环境，使系统与环境的相互关系复杂化。⑤系统动力学因素的复杂性。系统科学将时间维度中考察系统演变动态的定性认识发展为量化描述事物变异性的动力学方式。系统状态会随着时间推移发生动态变化，表现出系统的动态性，系统中主体行为呈现为动态过程。由于系统的状态、特性、行为会受时间变化的根本影响，且方式复杂多样，故动力学特征是系统复杂性产生的重要根源。⑥系统发展过程不可逆的复杂性。系统的发展过程都是不可逆的，可以反复循环的系统将没有复杂性，故复杂性只存在于不可逆的系统发展过程中。⑦系统的非线性具有创造性和创新性。在运动中非线性因素会产生新质事物，会促使系统发展到一个全新境界。非线性有着无穷的变化形式，也能产生无穷的性质不同的复杂性。非线性与动态性更容易共同产生复杂性。⑧系统主体的主观能动性、智能性的复杂性。系统主体均具有主观能动性，且相互之间存在着竞争、激发与制约，进而导致系统变得复杂。涉及人的系统，人的情感、思想、认识等都是复杂的，人为活动与互动中也交织着权变性、必然性、人工性和复杂性，因此人的特性很大程度上造就了社会系统的复杂性，故社会系统中人为因素制造的复杂性和管理复杂性尤为突出[81]。

## 3.3　国内外职业篮球联赛发展历程

对职业篮球联赛运行状况的评价及对未来改革模式的探究，首先应对联赛发展的整个历程追踪溯源，准确掌握联赛不同阶段发展的特征，才能够客观地评价联赛存在的问题与不足；另外，由于国内外不同职业篮球联赛所处国家制度与政策、社会环境及经济基础等不同，因此，各自联赛的发展路径存在明显的差异性。本书只对当前开展较好的及由于所处社会环境、经济基础不同而形成各自鲜明特点的 NBA、欧洲职业篮球联赛和中职篮发展历程进行阐释，以便于对不同国家职业篮球联赛整体上做初步了解。

### 3.3.1 NBA 联赛

早在 1898 年，美国就出现了一些职业篮球俱乐部的雏形：在新泽西州特伦顿，一支篮球队以 25 美元租用了一家礼堂进行比赛，并通过向观众售票获得收入给球员赛后发放报酬。不列颠百科全书认为，该场"有偿篮球比赛"是世界上第一场"职业篮球赛事"，其真正贡献在于发现并实现了篮球比赛的市场价值。在 20 世纪 20—50 年代，美国先后出现了美国篮球联盟（American Basketball League，ABL）、美国国家篮球联盟（Natioanl Basketball League，NBL）、美国篮球协会（Basketball Association Of America，BAA）。其中，ABL1925 年成立后拥有 9 家职业篮球俱乐部，美国国家篮球联盟 1937 年成立后由 14 家俱乐部组成。由于当时环境的影响和自身发展有限，这些篮球组织一直处于生存发展的艰难境地。第二次世界大战期间，这些球队和俱乐部的发展受到了严重影响。"二战"后，由于美国经济迅速崛起，美国国家篮球联盟很快扩张到了 12 支球队，BAA 也达到 11 个俱乐部。两个联盟组织的迅速发展导致美国职业篮球市场竞争加剧，最终，BAA 于 1949 年实现了对美国国家篮球联盟的吞并，形成了由 17 支俱乐部组成的国家篮球协会（National Basketball Association，NBA）[82]。NBA 的成立也标志着美国职业篮球踏上了新的发展之路。由于美国经济和篮球市场需求的迅猛发展，1967 年又一家职业篮球联盟 ABA 成立，随后，两大联盟组织又展开了新的激烈竞争。直到 1975—1976 赛季，ABA 在残酷竞争中宣告全面失败，而 NBA 在接收了原 ABA 的 6 支俱乐部球队后规模达到了 22 家，NBA 也借此时机实现了对美国职业篮球人才、资金、市场的全部垄断，为后续的高速发展完成了原始积累、奠定了坚实的基础[83]。至今，拥有 30 家职业俱乐部的 NBA 已经发展成为经济产值相当可观的超级职业篮球联盟。

NBA 联盟在众多组织的激烈竞争中脱颖而出，很多学者认为这与 NBA 在制度力、竞争力、影响力、吸引力、文化力等方面所具备的雄厚实力和丰富经验是分不开的。

1）联赛的国家政策环境。美国经济发展的主导思想是鼓励和支持各行业在市场上自由、公平竞争，并专门制定了针对各行业恶意竞争的"反垄断法"，但美国联邦法院准许职业体育联盟不受此法律条例限制，反垄断豁免政策的实施推动了职业体育联盟的快速发展，NBA 联盟也是最大受益者之一。该政策允许 NBA 联盟约束球员自由转会、垄断电视转播权、调控职业队的分布与数量等，使 NBA 市场垄断地位和经营政策得以实现。

2）管理机构方面。董事会作为 NBA 联盟的最高权力机构，由 30 个俱乐部的董事构成。董事会总裁由董事会选出并聘任，且各董事均有平等的选举权。NBA 根据发展的需要，下设竞赛部、球员服务部、市场与赞助部、经济部、顾客产品部、国际娱乐部、电视部等职能部门及下属公司，总人数达到约 1000 人[84]。总裁与各部门及下属公司之间的责任分工明确、路径通畅，完全以高效的现代化公司形式运营。综上所述，完善的组织结构、优秀的管理人才、完善的规章制度也是 NBA 联盟成功的关键。

3）赛制方面。NBA 赛季从上一年的 11 月上旬开始，至次年的 6 月份结束，每年共计进行长达 8 个月的赛事（包括季前赛、常规赛和季后赛）。每个赛季共计 1230 场常规赛，各球队在常规赛均要打 82 场比赛，高质量和大数量的竞赛对观众、赞助商的吸引力是其成功的又一大要素。

4）法规制度方面。NBA 联盟经过长期的运行实践，形成了一整套完善的管理制度，如有利于垄断市场的"卡特尔垄断制度"、保证球队之间实力旗鼓相当的"选秀制度"、保证俱乐部之间竞争规范有序的"限薪制、工资帽、转会制度"等。

5）联赛运营方面。NBA 联盟的运营以"一切服务为球迷"和"球迷就是上帝"的理念展开赛事营销工作。通过不断提高竞赛质量、打造舒适的球迷观赛环境，为观众球迷提供全方位的人性化观赛服务[85]。此外，NBA 联盟和俱乐部还为各类球迷观众提供了细致专业的媒体服务，通过接受媒体记者采访、向电视台提供 NBA 专业节目、向消费大众提供各类宣传杂志（如选秀指南、全明星期刊）等手段，在实现知名度和影响力不断提升的同时，也收获了巨额利润。

总体上，NBA享有保证联赛发展的国家特殊政策，建立了与媒体密切的良好合作关系，拥有健全高效的现代企业管理机构，采取全面灵活的公关手段，聘用了优秀的经营管理人才（如历任NBA总裁普多洛夫、J.威乐特肯尼迪、奥布莱恩、大卫·斯特恩等，尤其是大卫·斯特恩以NBA全球化商业运行体系的独特思维和理念，实现了NBA全球化推广和发展），拥有世界顶尖竞技篮球后备人才培养与流动体系，形成了完善的法规制度（如转会制度、选秀制度、工资帽、奢侈税、卡特尔垄断制度及区域保护政策等），坚持以观众、球迷需求为中心进行全方位人性化服务，才使得NBA俱乐部老板们的共同利益得以保证，并实现联盟快速、可持续发展的目标。

### 3.3.2 欧洲职业篮球联赛

欧洲篮球职业联赛（Europe League）是由1957年创建的欧洲联盟杯篮球赛发展而来的。它沿袭欧洲其他职业联赛市场化的成长轨迹，吸纳、整合了整个欧洲职业篮球赛事资源，并于2000年将联赛分成了分别由联盟负责的欧洲篮球冠军杯赛事和由协会管理的欧洲联盟杯赛事。目前共有来自19个欧洲国家的48支俱乐部球队参赛，每级联赛各有24支球队，每支球队可以引用4名美籍外援和4名欧洲其他国家外援，比赛中不对外援上场人数做限制要求。欧洲篮球职业联赛的球队从19个欧洲国家各自的甲级联赛选拔而来，这些国家均有与甲级联赛数量相当的乙级联赛球队，进而保证了欧洲职业联赛球队的雄厚基础。经多年发展，联盟赛制、参赛队伍数量、竞赛办法相对稳定。这非常有利于赛事组织、市场开发、招商和电视转播等。欧洲职业联赛的A级联赛由参赛各俱乐部选派股东形成股份制管理模式，并通过专业的商业化运作的公司进行电视转播费、广告和球员肖像权等销售，联赛期间的赛区广告权全部下放到俱乐部，同时不再给俱乐部下拨经费，但电视转播权由EL联盟统一管理，并对提供转播比赛场次较多的俱乐部进行奖励。赛事裁判由欧洲篮球协会统一管理和选派，协会在各赛季开赛前和联赛中期举行两次裁判员培训班，联盟根据裁判员具体的执法表现发放薪酬[86]。

### 3.3.3　中职篮发展历程

#### 3.3.3.1　中职篮发展的历史背景

中职篮是从经历了 10 年发展历史的中国男子篮球甲 A 联赛演变而来的。20 世纪 90 年代，国家体委为了贯彻执行奥运战略计划，提出了"捏紧拳头、缩短战线、合理布局、突出重点"的我国竞技体育发展方针，将有限的经费投入到夺得金牌可能性较大的乒乓球、羽毛球、体操、跳水、游泳、举重等个人项目，同时把投入大（花钱多）、产出小（夺金困难）的足球、篮球、排球三大球项目全面推向了社会，自谋出路，这一举措也推动了足、篮、排三大球项目的职业化改革[87]。

#### 3.3.3.2　中职篮改革发展历程

在我国竞技体育战略改革和足、篮、排三大球自身发展需要的双重推动下，足球项目于 1994 年首先开始了职业化改革的探索。篮球项目也紧随其后，于 1995 年实施了以"改革赛制"为突破口的职业化改革。中国篮球协会为使改革顺利进行，在 1994 年就做了精心准备，建立了球队和球员的注册登记等管理制度，重新制定竞赛规程，并寻找社会商业赞助[85]。中国男子篮球甲 A 联赛于 1995 年 2 月开赛，这标志着我国竞技篮球职业化改革迈出了重要的第一步。这一阶段所有的联赛经营管理、组织动员和赛事运作经验，都为此后中国竞技篮球职业化改革奠定了坚实的基础[88]。1995—1996赛季作为中国男子篮球甲 A 联赛的首个赛季，联赛 12 支球队中实际上只有 2 支独立的俱乐部球队，其余还属于地方或军队的专业队伍。而联赛依靠国际管理集团（IMG）买断联赛经营权的形式进行全面的市场运作，该赛季的商业冠名为"555 篮球联赛"。随后 10 年，中国经济飞速发展，人民生活水平发生了质的改善和提高，消费能力大大提升，而同时期，世界竞技篮球也普遍向市场化、职业化、娱乐化方向发展。中国篮协抓住机遇，对联赛职业化改革不断地进行着探索，并逐步在经营管理、俱乐部运营模式及赛制等方面积累了丰富经验，为建立适合于我国社会主义市场经济体制的新型职业篮球联赛运营模式不断做着尝试。

随着 2003 年末《中国职业篮球改革发展十年规划》（简称"北极星计划"）的出台和 2004 年 4 月篮协常务副主席李元伟具有历史意义的"东莞讲

话"的发表，一个此后 10 年新型职业联赛模式的构想呈现在全中国篮球人的面前。随后的 2004—2005 赛季，中国篮协对联赛的竞赛方式、赛事推广等方面进行了诸多改革与调整，例如：提出"以打造和提升品牌为中心，服务球迷、媒体及赞助商"的联赛理念，采用国际上较为成熟的 TOP 计划招商引资，取消球队升降级，推出"一周三赛"，等等。该赛季的改革很快收到了良好效果，电视总播出量达到 2220 多小时，网络视频转播了 379 场比赛，收视人口高达 2.24 亿人次，现场观众也增长到 123 万人次，NBA 的电视转播也首次购买了中职篮总决赛转播权。该赛季后，经过 10 个赛季发展的中国男子篮球甲 A 联赛于 2005—2006 赛季正式更名为"中国男子篮球职业联赛"，联赛最高权力机构"职业联赛委员会"成立，下设执行机构"联赛常委会"与办事机构"联赛办公室"，全面承担管理联赛的各项事务，并相应制定和通过了《CBA 职业联赛委员会章程》。中国篮协（占 51% 的股份）与瑞士盈方体育公司（占 49% 的股份）共同成立了合资公司，专业打造中职篮全新的职业化、市场化经营模式。中国篮协将联赛及各俱乐部除地方冠名和门票收入以外的所有商务开发权益，以未来的 7 年内每年向中职篮提供 650 万美元运行保证金的形式授权给瑞士盈方公司。另外，中国篮协与瑞士盈方公司成立合资公司，共同打造 CBA 职业联赛市场化经营模式。

随后的 7 个赛季，联赛全面实施了俱乐部准入制度，并对各俱乐部二、三线后备梯队建设提出了全方位要求。联赛以"竞技 + 娱乐 + 财富 + 文化"的新篮球观和"大目标 + 大开放 + 大整合 + 大协作"的工作方针展开工作。经过这一时期的大发展，联赛在联赛管理、运营招商、服务理念、品牌建设和篮球文化建设等众多方面均取得了快速发展，中职篮的社会知名度和影响力大幅提升。由于巨大的品牌市场价值，中职篮已经成为了众多赞助商和比赛运营公司争夺运营权的焦点。随着瑞士盈方公司 7 年合同的到期，前国际篮联主席程万琦任董事长的上海嘉懿言集团与中体产业旗下的中奥体育均加入中职篮运营商资格的争夺之中。经过激烈的竞标，盈方公司最终以 5 年16.5 亿元人民币的报价成功续约中职篮。而安踏、李宁、耐克等知名体育品牌也为争夺中职篮主赞助商展开了激烈竞争，最终李宁公司以高达 20 亿元人民币的价格成为 2012—2013 赛季至 2016—2017 赛季的中职篮主赞助商，平均每个赛季高达 4 亿元人民币。新赞助商确定之后,中职篮进一步扩大联赛规模,同时也不断加强市场运营和品牌建设制度建设。截至 2014—2015 赛季,中职篮球队已达到 20 支,比赛总场次达到 406 场,现场及电视球迷观众规模激增到约 10 亿人次,电视收视率也与日俱增,数字网络的播放量也屡创新高,该赛季赞助商总数量达到 22 家。越来越多的国内外知名品牌开始认可和重视中职篮,联赛品牌形象和市场价值大幅提升。

但是,随着中职篮的不断发展,系统管理者办赛与参与者参赛目的大相径庭、系统管理者与参与者权力分配过度失衡、系统供给侧核心产品质量与规模滞后于当前职业体育消费市场的发展等矛盾冲突愈演愈烈。针对上述问题及其他领域类似问题,国务院于 2015 年 7 月印发了《行业协会商会与行政机关脱钩总体方案》[89],要求各级行政机关与其主办、主管、联系、挂靠的行业协会商会逐步进行机构分离、职能分离、资产财务分离、人员管理分离等。2016—2017 年,篮管中心、中国篮协与 CBA 公司相继进行了中职篮管理和运营的相关授权和接管,姚明担任中国篮球协会主席,这开启了中国职业篮球深化改革的新篇章,使中职篮的市场化改革迈出了重要一步。中职篮在 2017 年 6 月正式实现管办分离,随后,CBA 公司成立,且获得了联赛的竞赛权和商务权的授权。同时,篮协主席姚明正式就任 CBA 公司董事长。本赛季 CBA 公司搭建起了五级赞助商体系:CBA 官方主赞助商、官方战略合作伙伴、官方合作伙伴、官方赞助商和官方供应商,商务开发总收入创造了历史新高,其中中国人寿以 3 年近 10 亿元的金额成为 CBA 联赛自 1995 年成立以来第一家官方主赞助商(非冠名赞助商),而官方战略合作伙伴李宁公司续约的合同金额为 5 年 10 亿元。新赛季的季后赛入围名额从 8 支球队增加到了 10 支球队,季后赛也从三个阶段增加到四个阶段,并且,常规赛时间覆盖更广,新赛季每周有六天安排比赛。之前常规赛固定在每周三、五、日进行,新赛季每周将从周二至周日每天都安排有比赛。另外,2017 年 CBA 选秀大会创纪录,共有 50 名球员报名参加当年的 CBA 选秀,其中包括 17 名大学生球员,最终有 11 名球员被 10 家俱乐部选中,参选人数、被选人数均创历史纪录。CBA 公司独立运营联赛的第二年即 2018—2019 赛季,CBA 公司董事长姚明从赛事运营、商务开发和品牌推广等多方面活动揭示了CBA新赛季的诸多变化，除常规赛增至46场、20支球队分为4组、推行5个级别的球员标准版合同、细化裁判管理方法等新亮点外，新赛季CBA的商业开发总收入历史性地突破10亿元大关。目前，CBA五级赞助商总数量已达17家，新赛季的招商赞助收入为8亿元左右。版权方面，新进入的咪咕、优酷和腾讯将共享CBA新媒体版权，三家新媒体版权合作伙伴每家的版权费为1.5亿元，CCTV5等19家电视台以及CCTV5+客户端继续转播CBA，版权费总和则为4.5亿元左右。官方合作伙伴有携程旅行、美孚速霸、TCL和广发银行4家，官方赞助商有卡特彼勒、德邦快递、水性科天、崂山啤酒和UPS 5家，官方供应商有达咖文化、金陵体育、今麦郎凉白开、全体育和贝泰科技5家。该赛季CBA商业收入继续刷新历史纪录，并首次挺进了十亿元时代。为了最大程度推广品牌影响力，CBA宁愿因此放弃用独家版权换来的那些更具诱惑力的天价数字。这种坚决不卖独家的策略也让CBA的收视数字非常喜人。CBA联赛期间，CCTV-5曾23次考核收视率周排名，CBA比赛排名第一多达14次，季后赛开始至赛季结束的8周中，有5周CBA的排名占据榜首。至于网络方面，以腾讯为例，腾讯全赛季的CBA视频点击量高达36.9亿人次，独立用户访问量（UV）达到2.13亿人次。腾讯、优酷、咪咕三家与CBA的版权合作不论是价格还是权益都是完全一致的。CBA在2017年完成管办分离后曾制订了一份2017—2022年长达五个赛季的竞赛规划，规划明确规定，管办分离后首个赛季的常规赛场次保持38场不变，第二个赛季和第三个赛季则增加至46场，第四、五个赛季则进一步将场次增加至56场，场次的大幅增加意味着2020—2022年两个赛季的商业价值大幅提升。当前，随着"CBA2.0"改革计划开始进入执行阶段，CBA赞助商达到了22家，咪咕将借助5G全方位打造与CBA联赛的智慧融合，并与真4K技术的创新应用有机结合。这将给球迷们带来史无前例的观赛体验，这份咪咕与CBA的超级合同创造了CBA历史之最。

中职篮经过近30年的改革与发展，已基本形成了真正的职业联赛框架和雏形，成长为国内形象最好、声誉最佳、影响力最大、商业前景和市场开发潜力最大的职业联赛之一。但随着联赛层次的提高和市场化的不断发展，联赛的目标定位、管理设置、市场经营、竞赛安排、制度建设等方面也面临更高的要求，这些问题也迫切需要广大学者们去进行科学的研究与论证。

## 3.4　中职篮系统的复杂性特征及其来源

苗东升[81]系统地提出，复杂系统的复杂性来源于系统规模、主体多样性、等级层次结构、系统开放性、系统动力学因素、非线性、主体主观能动性和智能性等方面。本书认为，研究复杂系统的复杂性来源也不能忽略系统所处的环境这一重要因素。根据以上分析原则，中职篮系统的复杂性特征及其来源表现有以下特性。

### 3.4.1　系统外围环境的复杂性

中职篮诞生于我国经济体制改革的特定时期，故其生存的社会环境也在进行体制转轨、社会结构的转型变化[90]。这一时期，社会阶层开始不断分化并带来利益构成重组，社会价值观也在逐渐多元化等[91]。而中职篮发展跟随着一系列复杂的外围社会环境变化过程，自身也存在着众多不确定的、非线性的复杂因素。

1）政策方面。随着政府先后推出一系列体育产业发展的促进政策，中职篮也迎来了黄金发展机遇期，但是改革过程是一个新旧体制利益冲突的过程，中职篮系统中众多相关主体在管理体制变革、相应政策制定、监管机构建立等方面均需要适应外界政策环境变化。并且，当前职业体育法律法规机制还没有建立起来，对中职篮相关主体的违规行为还很难监管。

2）经济方面。美国近期采取的单边主义、保护主义和构建发达经济体"统一战线"的政策组合，正在诱迫全球资本向美国流动，这对发展中国家形成巨大压力。由于当前世界经济呈现动能趋缓、分化明显、下行风险上升等特点，我国经济形势也面临重大威胁和挑战，这造成今后一段时间我国经济走势具有较强的波动性和不确定性。

3）社会方面。由于中职篮还处于起步发展阶段，一些与中职篮相关的管理者的旧观念和意识还没有得到转变，严重制约中职篮的改革与发展。此外，中职篮作为我国职业体育的重要组成部分，还受到与其存在密切关系的不同组织与机构关系链的制约，如俱乐部的产权归属链、我国竞技篮球后备人才培养体系的人才供应链、国家队和俱乐部的利益冲突链等，都使得中职篮所处的外围环境变得复杂。

### 3.4.2　系统规模庞大、主体多样、主体相互关系复杂

约翰·霍兰[80]认为，系统主体具有相同的结构模式，但其不断增加的绝对数量也会导致系统性质的变异。中职篮是一个由规模庞大的主体组成的系统，系统中的相关参与者（如管理者、运动员、教练员、裁判员、俱乐部工作人员、赞助商、媒体记者等）及其行为的相互关系和作用使得联赛十分复杂，在中职篮系统的运转中，这些主体的动机和行为相互交织在一起，共同发挥着作用。这体现了中职篮系统运行网络的多样性及高度复杂性。在中职篮运行过程中，很多管理层认为可行的联赛政策在执行过程中出现了大量矛盾和问题，其原因归结于中职篮相关主体在系统内外的行为动机影响力和相互作用复杂所致。

### 3.4.3　系统等级层次结构复杂

系统层次结构中组成主体类型越多，彼此的相互关系和作用越复杂多样；系统中间层次越多，系统结构越复杂，系统的状态、行为和属性也就越复杂[92]。中职篮系统的组织层次结构由多种多样的子系统和子子系统构成，每个子系统都有相对独立的结构、功能与行为，并且这些子系统和子子系统之间又存在复杂的相互作用和联系，如图3-2所示。

### 3.4.4　系统的开放性、动态性、非线性

由于中职篮系统中的主体之间以及主体与周围环境之间存在相互联系，中职篮系统会随着时间和外部环境的变化，通过不断地与环境系统交换物质、能量和信息，使系统内部主体也在不断地进行着适应、调节。故中职篮系统的运行过程不可能表现为一种完全封闭的、静态的、程序化的运作，而是表现出开放性、动态性的特征。同时，由于中职篮系统的多主体、多层次之间以及与社会巨系统之间存在着千丝万缕的关系，虽然微观子系统内部各单元局部变化之中存在着一定的因果关系，但是由于各组成主体、各层次之间错综复杂的关系与作用，系统整体可能和子系统整体的行为结果表现出不可预知性及非线性。因此，中职篮系统是一个不断与所处环境及中国竞技篮

球相关系统进行信息、物质、能量交换的开放性社会系统。同时，中职篮系统在受到与其关系密切的中国竞技篮球其他系统制约的同时，也可以促进中国竞技篮球其他系统的发展。

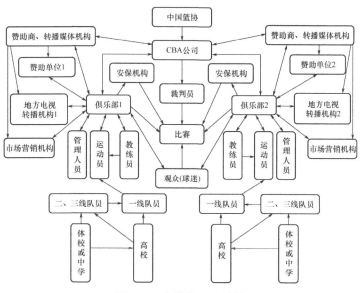

图 3-2　中职篮组织结构

### 3.4.5　系统主体的主观能动性、智能性

在涉及人的系统中，主体具有以下特性[93]：主体可以在一定程度上控制自己运行时的行为和状态而不直接被外界所控制；主体相互之间主要采取相应的通信语言对信息进行交换处理；主体会自主地感知其环境，并根据感知采取相应的行为，进而对环境进行影响改变，也会通过对周围环境感知的结果做出特定的行为。因此，具有主观能动性的人们在系统中相互作用与制约、激发与竞争，会使系统变得复杂，且社会系统中人为因素的复杂性和管理复杂性尤为突出[94]。随着中职篮所处环境的不断变化，系统中的各种主体自身及其相互关系也会随着时间的推移不断发生改变，如联赛定期的制度完善、俱乐部成绩的动态化、赛程赛制的不断调整等。造成这种结果的根源在于，中职篮系统中的参与主体人或宏观上的组织机构均具有灵活、自主实现运行的能力，可以根据环境的变化，随时连续自主地进行自身结构的调整和行为规则的改变，如图 3-3 所示。

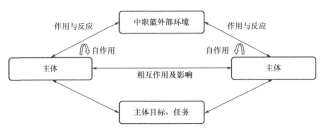

图 3-3  中职篮系统中主体行为

综上所述，中职篮系统由于规模庞大、主体众多、系统层次结构复杂、主体行为体现主观能动性，其属于社会复杂系统。虽然复杂系统中微观子系统内部各单元局部变化之中存在着一定的因果关系，但多主体、多层次之间存在错综复杂的关系与相互作用，这导致系统整体可能和子系统整体的行为结果表现出不可预知性及非线性。故对中职篮改革与发展分析时，必须以整体观和复杂系统的思维去指导我们的研究。但当前一些学者常习惯于将中职篮复杂系统分成不同的层次或部分，进行简单的因果关系评价，而忽略了中职篮系统的整体性和非线性。

## 3.5  中职篮系统的复杂网络特征决定了中职篮发展与改革的复杂性

为了进一步说明中职篮系统的复杂性，可以借用纽曼（Newman）和瓦茨（Watts）创建的 NW 小世界网络模型加以阐释，它是复杂网络理论运用较广的一种方法。该方法把组成中职篮系统的众多主体（简称"节点"）围成一个圈，然后将存在相互作用和密切关系的节点相连，形成中职篮系统的 NW 小世界网络构造模型，如图 3-4 所示。

该网络模型的绝大多数节点都直接链接，只有少数没有直接相连的节点通过中介节点与其他节点相连，这说明了中职篮系统众多主体的高度紧密性特征。进一步，我们可以通过 NW 小世界复杂网络中衡量主体相关关系的几个重要指标对中职篮系统网络复杂性做进一步分析[95]。

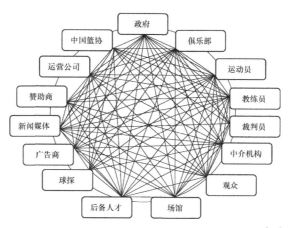

**图 3-4　中职篮系统网络的 NW 小世界构造模型**[96]

1）平均路径长度。该指标是反映系统要素相互关系亲疏的参数指标。在复杂网络中，两个节点之间最短路径上的边数为距离 $d_{ij}$，网络中任意两个节点之间距离的平均值为网络的平均路径长度 $L$，其能够科学地显示网络成员之间关系的统计特征和系统的宏观结构特征。组织系统复杂网络中的平均路径长度 $L$ 越接近 1，说明节点要素的关系越密切。在图 3-4 显示的中职篮系统小世界复杂网络模型中，几乎每两点之间都由有联系的边相连，故该网络模型的任意两个节点 $(i, j)$ 之间的最短路径上的边数 $d_{ij}$ 几乎都等于 1，因此该网络模型的平均路径长度 $L$ 也非常接近 1。

2）聚类系数。聚类系数 $C$ 就是系统中实际存在联系的边数 $E$ 与最大可能存在联系的边数 $H$ 之间的一种比例关系，即 $C=E/H$。网络中两个节点之间均可能建立联系，但现实中有可能只有部分节点存在某种关联。聚类系数代表网络中主体关系的紧密或疏散程度，显示世界上众多事情的扎堆现象。聚类系数 $C$ 越接近 1，说明节点主体关系越密切。由于中职篮系统复杂网络中几乎所有两节点之间都存在联系边，因此现实存在联系的边数 $E$ 与最大可能存在联系的边数 $H$ 几乎相等，故其聚类系数也接近 1，这说明中职篮系统中所有主体之间关系高度紧密。

3）度与度的分布。节点的度是反映这个节点在网络结构中重要性的指标，通过该节点的边数越多，则节点度越大，其重要性也越大。度的分布指该节点与 $K$ 个其他节点有关系的概率，这个概率就是这个网络的度分布。从度与度的分布上看，中职篮系统几乎所有主体节点均和其他节点存在联系的边，即所有节点都非常重要。

另外，中职篮 NW 小世界复杂网络中，每个节点细分下去又是一个该网络系统的子系统，每个子系统中也存在复杂的小世界复杂网络，如中国篮协子系统节点之间、俱乐部子系统内部节点之间、裁判员子系统内部节点之间、后备人才培养子系统内部节点之间、广告商子系统内部节点之间、运营公司子系统内部节点之间的相互关系和作用。以上阐述均说明了中职篮系统网络的高度复杂性内涵，也体现出中职篮复杂系统运行的高难度。

而在实际的中职篮运行过程中频频出现此类现象：很多联赛政策的制定，虽然在拟订方案、计划的过程中聘请了相关专家进行了反复论证，甚至经过预先试行都可行，但一进入正式执行阶段，潜在的大量矛盾和意想不到的问题就涌现而出，造成了中职篮系统运行不畅。这些现象的出现，归因于中职篮随着不断地改革与发展，系统已经变得相当复杂，而这时中职篮相关主体在系统内外的影响力和相互作用则显得尤为突出，故对中职篮发展与改革进行分析时，可以利用复杂系统理论的相关知识从中职篮系统复杂性的整体角度展开研究，这样会使研究更系统和更有价值。这里所说的"复杂性"，并不是故意把系统中简单的事情复杂化，而是针对联赛系统本身所具有的复杂特性而言的。因此，本书研究的目的是通过分析中职篮系统运行的复杂特性，寻求更简化、更全面地解决问题的方法与思路，并提倡在系统观和整体观的指导下，从复杂中寻找简单。

# 3.6 中职篮复杂系统运行评价指标体系构建

## 3.6.1 评价指标体系建立依据

中职篮系统运行体系内部结构非常复杂，多层次的合作主体组成了若干个子系统，相互联系、相互影响。众多主体对于获得利益的期望并不局限于单一方面，而是需要通过合作实现多个组织共赢的目标。故对中职篮复杂系统运行状况进行评价，需要建立系统化、层次化的评价指标体系，以实现对众多合作主体的多角度评价。另外，中职篮系统中的很多评价指标具有一定的不确定性和非线性，很难用定性的方法确定，这就需要利用数学降维的方法——主成分分析 / 因子分析法及探测非线性回归的广义加性模型，将虽然权重不大但可能对系统整体产生较大影响的非线性指标量化显示出来，以实现非线性评价模型对中职篮实际运行评价的需要。另外，根据系统模型应用的理念，对复杂系统模型分析时，应该从系统主体行为关系着手，侧重于对系统主体在互动关系中生成的行为模式进行研究。

### 3.6.2　评价指标体系的构建过程

评价指标体系在收集前人职业篮球相关研究成果的基础上，结合中职篮整体及各参与主体子系统的现状，最初设定为中职篮管理大系统、俱乐部子系统、俱乐部所属（合作）系统、赞助商子系统、后备人才培养子系统、裁判员子系统、观众子系统、媒体子系统、中介子系统、外生环境大系统（PEST）等 10 个机制维度。通过德尔菲法，第一轮主要对最初收集的 CBA 联赛运行系统评价指标按 "不合理指标" "建议修改的指标" 及 "没有考虑到的指标" 3 个方面进行专家指标筛选和补充；征求专家的意见后，将 10 个维度中相关性大的维度进行整合，形成了中职篮管理系统（原来的中职篮管理大系统）、俱乐部系统（原来的俱乐部子系统）、俱乐部所属（合作）系统、赞助商系统、后备人才培养系统、观众系统（原来的观众子系统）、媒体系统（原来的媒体子系统）、中介系统（原来的中介子系统）、外生环境系统（PEST）等 9 个机制维度（争议较大的问题还有：是否将裁判员系统、中职篮管理系统放在一个维度中，因为这两个系统是附属关系，且相关性非常大，最终专家认为放在一起研究可能将问题分析得更为透彻）；第二轮函询主要按照第一轮调查和修改后的 9 个维度的结构和内容，根据李克特五分量表法对各个指标的重要性进行评价，即 "非常重要" "比较重要" "模棱两可" "比较不重要" "非常不重要" 5 个程度，让专家对各指标做进一步评价，然后根据第二轮专家评价结果，对各个评价指标再次进行了筛选和确认，最终确立了中职篮运行系统评价指标体系的 9 个维度：中职篮管理系统、俱乐部系统、俱乐部所属（合作）系统、赞助商系统、后备人才培养系统、观众系统、媒体系统、中介系统、外生环境系统（PEST），同时根据专家意见也对三级指标进行了相应的调整，指标体系见表 3-1。

表 3-1　中职篮复杂系统运行评价指标体系

| 一级指标 | 二级指标 | 三级指标 |
|---|---|---|
| 中职篮管理系统 $C_1$ | 中国篮球协会系统 $D_1$ | 机构设置合理程度 $V_1$（中国篮球及中职篮行政监管、国家队管理、后备人才培养管理、裁判系统管理、中国其他篮球系统管理等机构设置情况） |
| | | 管理职能合理程度 $V_2$（中国篮协整体职能承担及其内部部门职权划分情况等） |
| | | 制度建设合理程度 $V_3$（中国各级篮球赛事管理、国家队管理、后备人才培养、裁判管理、群众篮球开展等制度） |
| | | 工作目标合理程度 $V_4$（中国篮协工作目标、各级篮球赛事发展目标、国家队发展目标、后备人才培养目标、裁判系统工作目标、群众篮球发展目标等） |
| | | 工作质量水平程度 $V_5$（各级赛事组织与监管质量、国家队建设质量、后备人才培养质量、裁判工作质量、群众篮球工作质量等） |
| | CBA 公司系统 $D_2$ | 机构设置合理程度 $V_6$（中职篮竞赛管理、市场运营等机构设置情况，包括董事会、监事会、办公室、市场部、竞训部、财务部、裁判委员会等） |
| | | 管理职能合理程度 $V_7$（CBA 公司的整体职权划分及其内部各部门的职权划分情况等） |
| | | 制度建设合理程度 $V_8$（联赛管理、竞赛组织、市场运营、市场准入与退出、球员、外援、裁判、赞助商、球迷、选秀等制度） |
| | | 工作目标合理程度 $V_9$（CBA 公司总目标及内部各部门工作目标等） |
| | | 工作质量水平程度 $V_{10}$（CBA 公司工作质量及内部各部门工作质量等） |
| | 裁判系统 $D_3$ | 机构组成合理程度 $V_{11}$（裁判员管理机构的设置情况） |
| | | 管理制度合理程度 $V_{12}$（管理与考核、竞赛安排、执裁评价、赛前培训、监督、激励与约束、薪金、委派、培养与选拔、升降级、退出与淘汰制度等） |
| | | 临场执裁能力水平程度 $V_{13}$（执裁率、正判率、误判率、漏判率、球场争议与冲突量、心理素质、抗干扰能力） |

（续表）

| 一级指标 | 二级指标 | 三级指标 |
|---|---|---|
| 中职篮管理<br>系统 $C_1$ | 裁判系统 $D_3$ | 职业道德好坏程度 $V_{14}$（官哨、黑哨、昏哨、主场哨、拥军哨、人情哨等发生率，球迷观众认可度） |
| | | 基本状况合理程度 $V_{15}$（性别、年龄、职业等） |
| | | 公信力认可程度 $V_{16}$（篮协认可度、俱乐部认可度、球迷观众认可度） |
| | | 执裁收入程度 $V_{17}$（联赛对裁判员的价值评价和重视程度） |
| | | 执裁经历程度 $V_{18}$（过去、现在执裁经历情况，是反映其执裁能力的重要指标） |
| | | 英语水平程度 $V_{19}$（所具备裁判规则英语水平及与外援英语口语交流能力） |
| | | 培养方式合理程度 $V_{20}$（裁判员培养途径、平台的合理情况） |
| | | 选拔方式合理程度 $V_{21}$（联赛选拔裁判员的依据及其评价方式等情况） |
| | | 职业化意愿程度 $V_{22}$（随着联赛的发展，裁判员职业化的意愿情况） |
| 俱乐部系统<br>$C_2$ | 管理人员系<br>统 $D_4$ | 俱乐部规模合理程度 $V_{23}$（中职篮俱乐部数量满足大众需求程度） |
| | | 机构设置合理程度 $V_{24}$（俱乐部针对运动员、教练员、工作人员管理，俱乐部运营，后备人才培养的机构设置情况） |
| | | 管理职能合理程度 $V_{25}$（俱乐部实体化程度、俱乐部运营的职权、俱乐部内部机构的职权分工等情况） |
| | | 制度建设合理程度 $V_{26}$（俱乐部章程、训练竞赛管理、市场运营、球员培养与选拔、薪金、奖励与处罚等制度） |
| | | 工作目标合理程度 $V_{27}$（俱乐部整体发展工作目标、俱乐部竞赛发展目标、俱乐部运营目标、俱乐部后备人才培养目标等） |
| | | 工作质量水平程度 $V_{28}$（俱乐部管理质量、市场运营质量、球队成绩、比赛场馆服务质量、后备人才培养质量等） |

（续表）

| 一级指标 | 二级指标 | 三级指标 |
|---|---|---|
| 俱乐部系统 $C_2$ | 管理人员系统 $D_4$ | 薪金水平程度 $V_{29}$（俱乐部对管理人员的价值评价和重视程度） |
| | 教练员系统 $D_5$ | 教练组组成合理程度 $V_{30}$（主教练、体能教练、战术教练、科研教练、康复教练、营养师等组成情况） |
| | | 执教成绩水平程度 $V_{31}$（教练员过去、现在执教球队的成绩情况，是反映教练员能力的重要指标之一） |
| | | 执教经历程度 $V_{32}$（教练员执教经验和执教能力的重要标志之一） |
| | | 管理水平程度 $V_{33}$（对教练组协调能力、对球员技战术整合能力、对球队凝聚力的集聚能力等，是反映教练员工作能力的重要标志之一） |
| | | 职业素养水平程度 $V_{34}$（执教的敬业精神、对球队的付出程度、对竞赛公平公正的坚持程度、对球员可持续发展的推动等） |
| | | 学历教育程度 $V_{35}$（教练员的文化程度、教育经历等情况，主要反映教练员理论积累、认知能力开发情况） |
| | | 年龄合理程度 $V_{36}$（教练员可持续发展的情况） |
| | | 教练员培养体系合理程度 $V_{37}$（教练员培养制度、模式、手段、质量监控等） |
| | | 教练员流动合理程度 $V_{38}$（教练员与各俱乐部球队供需关系落实情况，也是职业体育发展的重要标志之一） |
| | | 运动经历程度 $V_{39}$（教练员以球员身份参加各级篮球训练和比赛的情况，是反映教练员执教能力的重要标志之一） |
| | | 社会关系复杂程度 $V_{40}$（教练员为球队训练和竞赛提供高水平平台的能力） |
| | | 薪金水平程度 $V_{41}$（俱乐部对教练员的价值评价和重视程度） |
| | | 工作环境条件 $V_{42}$（教练员训练、竞赛、生活、可持续发展的环境条件，也是反映联赛职业化程度的重要标志之一） |
| | 运动员系统 $D_6$ | 竞技能力水平程度 $V_{43}$（技战术素养、技战术执行力、总结反思能力、随机应变能力、团结协作能力） |

（续表）

| 一级指标 | 二级指标 | 三级指标 |
|---|---|---|
| 俱乐部系统 $C_2$ | 运动员系统 $D_6$ | 运动经历程度 $V_{44}$（球员成长过程中参加各级篮球训练和比赛的情况，是反映球员竞技能力的重要标志之一） |
| | | 学历教育程度 $V_{45}$（球员的文化程度、教育经历等情况，主要反映球员理论积累、认知能力开发情况） |
| | | 职业素质水平程度 $V_{46}$（精神方面：爱国重誉、遵章守纪、服从指挥、顽强拼搏、团结友善、谦虚无私、乐观自信、举止文明等；行为方面：生活、训练和比赛的自我管理） |
| | | 比赛成绩水平程度 $V_{47}$（球员过去、现在参赛成绩情况，是反映球员竞技能力的重要指标） |
| | | 薪水水平程度 $V_{48}$（俱乐部对球员的价值评价，也能体现俱乐部对球员重视程度） |
| | | 参赛动机合理程度 $V_{49}$（球员对薪金的追求、对竞技能力提高的追求、对社会荣誉的追求、对退役后体面生活的追求等，是反映球员职业素养、竞技能力可持续发展的重要组成部分） |
| | | 球星作用程度 $V_{50}$（球星质量、数量和社会影响力等情况，是反映俱乐部实力的重要标志） |
| | | 伤病情况程度 $V_{51}$（球员急性损伤史、慢性损伤史、重大伤病史等情况，是反映球员训练科学性和球员成绩发挥的重要标志之一） |
| | | 工作环境条件 $V_{52}$（球员训练、竞赛、生活、可持续发展的环境条件，也是反映联赛职业化程度的重要标志之一） |
| | 场馆服务系统 $D_7$ | 使用场馆属性合理程度 $V_{53}$（场馆属于球队自有、租用，还是 PPP 模式即私营企业、民营资本与政府进行合作模式） |
| | | 场馆规模水平 $V_{54}$（俱乐部训练场馆数量、竞赛场馆容纳观众规模等，是反映俱乐部市场化程度的重要标志） |
| | | 场馆地理位置优越程度 $V_{55}$（竞赛场馆离市中心距离、球迷看球的交通便利情况等，是影响现场观众看球的重要因素） |
| | | 场馆设施质量水平 $V_{56}$（俱乐部训练、竞赛场地设施等，球迷看球的座椅、环境设施，比赛转播的设施，俱乐部地域文化和象征标志等，是反映俱乐部运作质量的重要标志） |

（续表）

| 一级指标 | 二级指标 | 三级指标 |
| --- | --- | --- |
| 俱乐部系统 $C_2$ | 场馆服务系统 $D_7$ | 场馆服务水平程度 $V_{57}$（俱乐部对与训练、竞赛的有关的裁判员、教练员、运动员、转播机构及观众等主体的服务水平等，是反映俱乐部职业化水平的重要标志之一） |
| | | 场馆费用成本程度 $V_{58}$（俱乐部训练、竞赛使用场馆的成本等，是反映俱乐部运营状况的重要组成部分） |
| 俱乐部所属（合作）系统 $C_3$ | 所属（合作）政府系统 $D_8$ | 参赛目的合理程度 $V_{59}$（政府支持俱乐部的政治、经济、社会目的等） |
| | | 支持力度 $V_{60}$（对俱乐部从政策、资金、场地、后备人才培养等方面的支持情况） |
| | | 责权利划分合理程度 $V_{61}$（政府系统与俱乐部之间的责权利划分情况） |
| | | 参赛收获程度 $V_{62}$（政府通过支持俱乐部在政治、经济、社会影响力等方面获得利益情况） |
| | 所属（合作）企业系统 $D_9$ | 参赛目的合理程度 $V_{63}$（政治、经济、社会目的及企业老板个人情结等） |
| | | 支持力度 $V_{64}$（企业对俱乐部从政策、资金等方面的支持情况） |
| | | 责权利划分合理程度 $V_{65}$（企业赋予俱乐部在经营管理等方面的责权利情况） |
| | | 参赛收获程度 $V_{66}$（企业通过举办俱乐部在政治、经济、社会影响力等方面获得利益情况） |
| 赞助商系统 $C_4$ | 联赛赞助商 $D_{10}$ | 赞助动机合理程度 $V_{67}$（在政治、经济、社会关注度及企业老板个人情结等方面的赞助目的） |
| | | 赞助力度 $V_{68}$（企业对俱乐部从资金、实物等方面的赞助力度） |
| | | 赞助形式合理程度 $V_{69}$（资金、实物、其他相关赞助形式） |
| | | 赞助商结构体系合理程度 $V_{70}$（五级赞助商体系：官方主赞助商、官方战略合作伙伴、官方合作伙伴、官方赞助商、官方供应商等） |
| | 俱乐部赞助商 $D_{11}$ | 赞助动机合理程度 $V_{71}$（在政治、经济、社会关注度及企业老板个人情结等方面赞助目的） |

（续表）

| 一级指标 | 二级指标 | 三级指标 |
|---|---|---|
| 赞助商系统 $C_4$ | 俱乐部赞助商 $D_{11}$ | 赞助力度 $V_{72}$（企业对俱乐部从资金、实物等方面的赞助力度） |
| | | 赞助形式合理程度 $V_{73}$（资金、实物、其他相关赞助形式） |
| | | 赞助商结构体系合理程度 $V_{74}$（冠名赞助商、其他合作赞助商、供应商、特许商品经销商等体系） |
| | 球员赞助商 $D_{12}$ | 赞助动机合理程度 $V_{75}$（在政治、经济、社会关注度及企业老板个人情结等方面赞助目的） |
| | | 赞助力度 $V_{76}$（企业对球员从资金、实物等方面的赞助力度） |
| | | 赞助形式合理程度 $V_{77}$（资金、实物、其他相关赞助形式） |
| | 俱乐部后备人才培养系统赞助商 $D_{13}$ | 赞助动机合理程度 $V_{78}$（在政治、经济、社会关注度及企业老板个人情结等方面的赞助目的） |
| | | 赞助力度 $V_{79}$（企业对俱乐部从资金、实物等方面的赞助力度） |
| | | 赞助形式合理程度 $V_{80}$（资金、实物、其他相关赞助形式） |
| | 全国男子篮球联赛赞助商 $D_{14}$ | 赞助动机合理程度 $V_{81}$（在政治、经济、社会关注度及企业老板个人情结等方面的赞助目的） |
| | | 赞助力度 $V_{82}$（企业对俱乐部从资金、实物等方面的赞助力度） |
| | | 赞助形式合理程度 $V_{83}$（资金、实物、其他相关赞助形式） |
| | | 赞助商结构体系合理程度 $V_{84}$（冠名赞助商、其他合作赞助商、供应商、特许商品经销商等体系） |
| | 大学生竞技篮球系统赞助商 $D_{15}$ | 赞助动机合理程度 $V_{85}$（在政治、经济、社会关注度及企业老板个人情结等方面赞助目的） |
| | | 赞助力度 $V_{86}$（企业对系统从资金、实物等方面的赞助力度） |
| | | 赞助形式合理程度 $V_{87}$（资金、实物、其他相关赞助形式） |
| | | 赞助商结构体系合理程度 $V_{88}$（冠名赞助商、其他合作赞助商、供应商、特许商品经销商等体系） |

| 一级指标 | 二级指标 | 三级指标 |
|---|---|---|
| 赞助商系统 $C_4$ | 中小学竞技篮球系统赞助商 $D_{16}$ | 赞助动机合理程度 $V_{89}$（在政治、经济、社会关注度及企业老板个人情结等方面赞助目的） |
| | | 赞助力度 $V_{90}$（企业对系统从资金、实物等方面的赞助力度） |
| | | 赞助形式合理程度 $V_{91}$（资金、实物、其他相关赞助形式） |
| | 体校系统赞助商 $D_{17}$ | 赞助动机合理程度 $V_{92}$（在政治、经济、社会关注度及企业老板个人情结等方面赞助目的） |
| | | 赞助力度 $V_{93}$（企业对系统从资金、实物等方面的赞助力度） |
| | | 赞助形式合理程度 $V_{94}$（资金、实物、其他相关赞助形式） |
| | 社会俱乐部系统赞助商 $D_{18}$ | 赞助动机合理程度 $V_{95}$（在政治、经济、社会关注度及企业老板个人情结等方面赞助目的） |
| | | 赞助力度 $V_{96}$（企业对系统从资金、实物等方面的赞助力度） |
| | | 赞助形式合理程度 $V_{97}$（资金、实物、其他相关赞助形式） |
| 后备人才培养系统 $C_5$ | 中职篮俱乐部自身后备人才培养系统 $D_{19}$ | 机构设置合理程度 $V_{98}$（俱乐部针对后备人才培养系统设立的组织机构情况） |
| | | 竞技水平程度 $V_{99}$（各俱乐部后备人才竞技水平及教练员执教能力等） |
| | | 办队动机合理程度 $V_{100}$（完成联赛设队要求条件，为俱乐部一线队输送球员等） |
| | | 球员来源合理程度 $V_{101}$（各级梯队球员被选拔前的出处） |
| | | 球员出路合理程度 $V_{102}$（各级梯队球员升入上一级队伍或转会出走情况） |
| | | 梯队结构合理程度 $V_{103}$（后备人才梯队设立情况，如二、三线球队等） |

（续表）

| 一级指标 | 二级指标 | 三级指标 |
|---|---|---|
| 后备人才培养系统 $C_5$ | 中职篮俱乐部自身后备人才培养系统 $D_{19}$ | 球员文化水平程度 $V_{104}$（后备人才文化水平情况） |
| | | 赛事规模合理程度 $V_{105}$（管理机构、参赛俱乐部数量，赛事数量与规模等情况） |
| | | 系统规模程度 $V_{106}$（后备人才培养系统中教练员、球员、工作人员等规模） |
| | | 工作环境条件 $V_{107}$（球队训练、竞赛、生活、可持续发展的环境条件） |
| | | 资金投入程度 $V_{108}$（联赛以及俱乐部为后备人才培养所投入的经费支持力度） |
| | 全国男子篮球联赛系统 $D_{20}$ | 机构设置合理程度 $V_{109}$（俱乐部设立的竞赛、市场运营、内部约束等组织机构情况） |
| | | 办赛动机合理程度 $V_{110}$（各企业办队的政治、经济、社会目的） |
| | | 联赛竞技水平 $V_{111}$（联赛整体竞技水平，各队教练员执教、运动员竞技水平等） |
| | | 球员来源合理程度 $V_{112}$（各级梯队球员被选拔前的出处） |
| | | 梯队结构合理程度 $V_{113}$（后备人才梯队设立情况，如二、三线球队等） |
| | | 赛事规模合理程度 $V_{114}$（管理机构、参赛俱乐部数量、赛事数量与规模等情况） |
| | | 联赛环境条件 $V_{115}$（联赛所处我国当前政治、经济、社会、体育等环境条件） |
| | | 俱乐部环境条件 $V_{116}$（各俱乐部球队训练、竞赛、生活的环境条件） |
| | | 联赛品牌价值及社会影响力程度 $V_{117}$（社会中的关注度、影响力等价值体现） |
| | | 联赛媒体宣传合理程度 $V_{118}$（电视、网络、报纸等媒体宣传及付费方式） |
| | | 联赛属性合理程度 $V_{119}$（联赛市场化程度及各俱乐部归属单位性质情况） |

（续表）

| 一级指标 | 二级指标 | 三级指标 |
|---|---|---|
| 后备人才培养系统 $C_5$ | 大学生竞技篮球系统 $D_{21}$ | 办赛动机合理程度 $V_{120}$（系统办赛目的、学校办队参赛目的、球员参赛目的等） |
| | | 赛事竞技水平 $V_{121}$（赛事整体竞技水平，各队教练员执教、运动员竞技水平等） |
| | | 球员来源合理程度 $V_{122}$（各级梯队球员被选拔前的出处） |
| | | 梯队结构合理程度 $V_{123}$（人才梯队设立情况，如二、三线球队等） |
| | | 赛事规模合理程度 $V_{124}$（管理机构、参赛球队数量，赛事数量与规模等情况） |
| | | 系统环境条件 $V_{125}$（系统所处我国当前政治、经济、社会、体育等环境条件） |
| | | 学训环境条件 $V_{126}$（各球队训练、竞赛、学习、生活等条件） |
| | | 政府支持力度 $V_{127}$（政府办赛或学校给球队投入经费、场地、政策等支持力度） |
| | | 赛事品牌价值及社会影响力程度 $V_{128}$（社会中的关注度、影响力等价值体现） |
| | | 赛事媒体宣传合理程度 $V_{129}$（电视、网络、报纸等宣传媒体宣传方式及力度） |
| | 中小学竞技篮球系统 $D_{22}$ | 办队动机合理程度 $V_{130}$（系统整体办赛目的、各学校参赛目的、球员参赛目的） |
| | | 系统竞技水平 $V_{131}$（赛事整体竞技水平，各队教练员执教水平、运动员竞技水平等） |
| | | 球员来源合理程度 $V_{132}$（各级梯队球员被选拔前的出处） |
| | | 梯队结构合理程度 $V_{133}$（人才梯队设立情况，如二、三线球队等） |
| | | 赛事规模合理程度 $V_{134}$（管理机构、参赛球队数量，赛事数量与规模等情况） |

（续表）

| 一级指标 | 二级指标 | 三级指标 |
|---|---|---|
| 后备人才培养系统 $C_5$ | 中小学竞技篮球系统 $D_{22}$ | 系统环境条件 $V_{135}$（系统所处我国当前政治、经济、社会、体育等环境条件） |
| | | 学训环境条件 $V_{136}$（各球队训练、竞赛、学习、生活等条件） |
| | | 政府支持力度 $V_{137}$（政府办赛或学校给球队投入经费、场地、政策等支持力度） |
| | | 社会影响力程度 $V_{138}$（系统在社会中的关注度、影响力等价值体现） |
| | | 赛事媒体宣传合理程度 $V_{139}$（电视、网络、报纸等媒体宣传方式及力度） |
| | 体校系统 $D_{23}$ | 办队动机合理程度 $V_{140}$（系统整体办赛目的、各学校参赛目的、球员参赛目的） |
| | | 系统竞技水平 $V_{141}$（赛事整体竞技水平，各队教练员执教水平、运动员竞技水平等） |
| | | 球员来源合理程度 $V_{142}$（各级梯队球员被选拔前的出处） |
| | | 梯队结构合理程度 $V_{143}$（人才梯队设立情况，如二、三线球队等） |
| | | 赛事规模合理程度 $V_{144}$（管理机构、参赛球队数量、赛事数量与规模等情况） |
| | | 系统环境条件 $V_{145}$（系统所处我国当前政治、经济、社会、体育等环境条件） |
| | | 学训环境条件 $V_{146}$（各球队训练、竞赛、学习、生活等条件） |
| | | 政府支持力度 $V_{147}$（政府办赛或学校给球队投入经费、场地、政策等支持力度） |
| | | 社会影响力程度 $V_{148}$（系统在社会中的关注度、影响力等价值体现） |
| | | 赛事媒体宣传合理程度 $V_{149}$（电视、网络、报纸等宣传媒体宣传方式及力度） |

（续表）

| 一级指标 | 二级指标 | 三级指标 |
|---|---|---|
| 后备人才培养系统 $C_5$ | 社会俱乐部 $D_{24}$ | 办队动机合理程度 $V_{150}$（系统整体办赛目的、俱乐部参赛目的、球员参赛目的） |
| | | 系统竞技水平 $V_{151}$（赛事整体竞技水平，各队教练员执教水平、运动员竞技水平等） |
| | | 球员来源合理程度 $V_{152}$（各级梯队球员被选拔前的出处） |
| | | 梯队结构合理程度 $V_{153}$（人才梯队设立情况，如二、三线球队等） |
| | | 赛事规模合理程度 $V_{154}$（管理机构、参赛球队数量，赛事数量与规模等情况） |
| | | 系统环境条件 $V_{155}$（系统所处我国当前政治、经济、社会、体育等环境条件） |
| | | 学训环境条件 $V_{156}$（各俱乐部训练、竞赛、学习、生活等条件） |
| | | 经费支持力度 $V_{157}$（政府或俱乐部给球队投入经费、场地、政策等支持力度） |
| | | 社会影响力程度 $V_{158}$（俱乐部在社会中的关注度、影响力等价值体现） |
| | | 赛事媒体宣传合理程度 $V_{159}$（电视、网络、报纸等宣传媒体宣传方式及力度） |
| 观众系统 $C_6$ | 现场观众 $D_{25}$ | 观赛动机多元化程度 $V_{160}$（现场观众观看比赛的目的或原因，如放松心情、热爱篮球、是主队粉丝、越轨闹事等） |
| | | 主队情结程度 $V_{161}$（观众对主队的热爱和忠诚程度以及看台文化建设情况） |
| | | 购票方式合理程度 $V_{162}$（球迷获得球票的渠道种类体系合理程度） |
| | | 观赛投入程度 $V_{163}$（每年现场观看比赛时投入费用程度） |
| | | 越轨行为程度 $V_{164}$（球迷违反联赛规范的一系列行为数量及严重程度，如辱骂对手和裁判员、投掷杂物、围堵客队、打架斗殴等） |

（续表）

| 一级指标 | 二级指标 | 三级指标 |
|---|---|---|
| 观众系统 $C_6$ | 现场观众 $D_{25}$ | 球迷结构合理程度 $V_{165}$（性别、年龄、职业、收入等结构合理程度） |
| | | 观赛方式多元化程度 $V_{166}$（个人、家庭、团体等） |
| | 媒体观众 $D_{26}$ | 观赛动机多元化程度 $V_{167}$（通过电视、网络等媒体观看比赛的观众的目的或原因，如放松心情、热爱篮球、是主队粉丝、越轨闹事等） |
| | | 主队情结程度 $V_{168}$（媒体观众对主队的热爱和忠诚程度） |
| | | 球迷结构合理程度 $V_{169}$（性别、年龄、职业等结构合理程度） |
| | | 观赛投入程度 $V_{170}$（通过媒体观看比赛时投入费用程度） |
| | | 观赛渠道多元化程度 $V_{171}$（观看比赛的电视、网络等多渠道程度） |
| | | 观赛方式多元化程度 $V_{172}$（个人、家庭、团体等） |
| 媒体系统 $C_7$ | 电视转播系统 $D_{27}$ | 转播机构属性合理程度 $V_{173}$（电视转播机构的国家、地方或公私隶属性质，也是影响联赛收益的重要组成因素之一） |
| | | 转播动机多元化程度 $V_{174}$（转播机构转播目的，如经济利益、社会责任等） |
| | | 转播方式多元化程度 $V_{175}$（直播、录播、时间选择等情况） |
| | | 转播规模合理程度 $V_{176}$（直播量情况） |
| | | 转播质量水平 $V_{177}$（转播理念、转播硬件、转播字幕、转播画面等） |
| | | 转播收益程度 $V_{178}$（转播获益情况） |
| | | 收费或付费合理程度 $V_{179}$（转播联赛交易方式等，是中职篮市场化的重要表现） |
| | 网络传播系统 $D_{28}$ | 传播机构属性合理程度 $V_{180}$（网络传播机构的国家、地方或公私隶属性质，也是影响联赛收益的重要组成因素之一） |
| | | 传播动机合理程度 $V_{181}$（机构传播联赛的目的，如经济利益、社会责任等） |

（续表）

| 一级指标 | 二级指标 | 三级指标 |
|---|---|---|
| 媒体系统 $C_7$ | 网络传播系统 $D_{28}$ | 传播方式合理程度 $V_{182}$（视频直播、视频录播、文字传播等情况） |
| | | 传播规模合理程度 $V_{183}$（直播量情况） |
| | | 传播质量水平程度 $V_{184}$（传播理念、传播硬件、传播字幕、传播画面等） |
| | | 传播收益程度 $V_{185}$（传播获益情况） |
| | | 收费或付费合理程度 $V_{186}$（传播联赛交易方式等，是中职篮市场化的重要表现） |
| | 其他传播系统 $D_{29}$ | 传播机构属性合理程度 $V_{187}$（传播机构的国家、地方或公私隶属性质，也是影响联赛收益的重要组成因素之一） |
| | | 传播动机合理程度 $V_{188}$（传播机构转播联赛的目的，如经济利益、社会责任等） |
| | | 传播方式合理程度 $V_{189}$（报纸、杂志传播等情况） |
| | | 传播规模合理程度 $V_{190}$（直播量情况） |
| | | 传播质量水平程度 $V_{191}$（传播理念、传播硬件、传播产品规格等） |
| | | 传播效益程度 $V_{192}$（传播获益情况） |
| | | 收费或付费合理程度 $V_{193}$（传播联赛交易方式等，是中职篮市场化的重要表现） |
| 中介系统 $C_8$ | 球员个人经纪人 $D_{30}$ | 国家法律、法规依据合理程度 $V_{194}$（球员经纪人工作政策、法律法规完善情况） |
| | | 球员经纪人组成结构合理程度 $V_{195}$（性别、年龄、职业等） |
| | | 经纪人规模合理程度 $V_{196}$（经纪人的数量情况） |
| | | 经纪人运作成果程度 $V_{197}$（联赛中经纪人运作球员流通成果情况） |
| | | 经纪人收入程度 $V_{198}$（经纪人运作球员流通所获得的收益情况） |
| | | 经纪人生存环境条件 $V_{199}$（职业篮球市场中球员经纪人生存和运营的环境情况） |

（续表）

| 一级指标 | 二级指标 | 三级指标 |
|---|---|---|
| 中介系统 $C_8$ | 职业篮球赛事经纪机构 $D_{31}$ | 经纪人职业素养程度 $V_{200}$（经纪人的诚信、运作能力、专业化水平等） |
| | | 赛事经纪机构结构合理程度 $V_{201}$（经纪人情况、机构属性、机构设置等） |
| | | 经纪机构规模合理程度 $V_{202}$（经纪机构的数量与中职篮市场需求的供求关系情况） |
| | | 经纪机构运作成功程度 $V_{203}$（经纪机构运作球员流通或赛事运营的情况） |
| | | 经纪机构收入程度 $V_{204}$（经纪机构运作球员流通或赛事运营的收益情况） |
| | | 经纪机构生存环境条件 $V_{205}$（职业篮球市场中经纪机构生存和运营的环境情况） |
| 外生环境系统 $C_9$ | 政治环境 $D_{32}$ | 政府导向合理程度 $V_{206}$（政府关于职业篮球发展的相关政策指导方向情况） |
| | | 体育产业政策支持力度 $V_{207}$（政府关于体育产业发展的相关政策力度情况） |
| | | 领导重视程度 $V_{208}$（政府领导对职业篮球发展的重视和支持情况） |
| | | 体育产业法治建设程度 $V_{209}$（职业篮球赖以生存的体育产业相关法规建设情况） |
| | 经济环境 $D_{33}$ | 国家经济发展水平 $V_{210}$（国家经济发展水平对职业体育受众消费能力的保障） |
| | | 市场经济体制发展程度 $V_{211}$（市场经济发展的程度对职业体育发展的有利程度） |
| | | 市场环境条件 $V_{212}$（国家经济市场化环境条件对职业体育发展的影响程度） |
| | | 居民收入程度 $V_{213}$（居民的可支配收入水平对职业体育消费能力的保障） |
| | | 市场成熟度 $V_{214}$（职业体育市场化发展程度，是影响中职篮开展的重要指标） |

（续表）

| 一级指标 | 二级指标 | 三级指标 |
|---|---|---|
| 外生环境系统 $C_9$ | 社会环境 $D_{34}$ | 篮球运动群众基础 $V_{215}$（篮球运动在我国开展的群众规模大小、基础厚实程度） |
| | | 篮球运动社会影响力 $V_{216}$（篮球运动在我国社会中的知名度、影响力） |
| | | 传统文化与篮球运动相融性 $V_{217}$（我国传统文化的思维方式和精神主导理念特征与西方竞技篮球运动的对抗性、团队性等理念特征的一致性、冲突性） |
| | | 中国篮球文化特征合理度 $V_{218}$（中国篮球文化特征对球员、球队成绩的影响程度） |
| | | 传统文化对球员规模影响度 $V_{219}$（传统的重文化学习对从事职业篮球人才的影响） |
| | 体育技术环境 $D_{35}$ | 职业体育政策法规发展程度 $V_{220}$（职业体育发展政策法规完善程度和同步化程度） |
| | | 职业体育人才培育规模市场满足度 $V_{221}$（职业体育发展所需从业人才规模） |
| | | 职业体育从业者价值取向合理度 $V_{222}$（从业者或机构从业动机、目的、态度情况） |
| | | 职业体育运作专业化程度 $V_{223}$（职业体育运作人员、机构运营能力的专业化水平） |

## 3.7 中职篮复杂系统运行状况评价模型构建及实证研究

通常情况下，线性模型是简单、直观、易懂的，但在中职篮复杂系统中，由于影响系统运行的指标众多，且主体之间的关系复杂，指标变量的作用通常不是线性的，线性假设很可能不能满足中职篮系统评价的实际需求，甚至直接违背实际情况。尤其是当模型中影响因素自变量数量较多时，模型的估计方差会加大，且对非参数回归中自变量与因变量间关系的解释也有很大难度。因此，本书根据中职篮复杂系统多因素、非线性等特征，尝试采用适用于探测非线性回归的广义加性模型（Generalized Additive Models，GAM）对数据进行处理分析。选择 GAM 模型进行建模的原因主要有以下几点：一是经过了主成分降维后，原始变量被综合为若干个相互正交的主成分变量，这些主成分两两不相关，故可以分别考虑；二是考虑到被解释变量与解释变量之间可能具有的非线性结构，需要对模型进行非线性假设。满足以上两点且具有很好的解释性的最适用模型就是 GAM 模型。

鉴于此，本书利用 GAM 模型分析中职篮系统运行合理程度中各一级指标与相应三级指标的主成分变量间的线性与非线性关系，识别各主成分变量的影响强度，探究中职篮系统中各级子系统的内部结构特征，并对这些主成分变量的作用进行解释说明。

1）广义加性模型的由来。斯通（Stone）为很好地解决研究对象中存在的非线性问题，经过多年的探究验证，于 1985 年第一次提出了加性模型（Additive Models，AM），并首次使用单个光滑函数来估计模型中每一个加性项，其优势在于每一加性项可以解释因变量如何随自变量变化而变化，并很好地解决了非线性问题。随后，黑斯蒂（Hastie）和蒂施莱尼（Tibshirani）分析广义线性模型（Generalized Linear Models，GLM）和加性模型（AM）的应用特征，并把二者相结合来扩展加性模型的应用范围，在 1990 年提出了广义加性模型（GAM）[97]。

2）广义加性模型应用价值。广义加性模型是一种更加自由灵活的统计模型，由于其对非参数回归的研究不需要模型满足线性的假设前提，故可以方便地探测数据变量之间非单调、非线性的复杂关系，并可以构建非参数或半参数回归模型[98]。广义加性模型作为一种数据驱动方法，基本原理是首先检查数据结构，为每个预测因子选择合适的平滑函数。这种方法在处理预测因子和预测量之间复杂的非线性和非单调关系时尤其有效，预测表达式由未指定的平滑函数代替。GAM 与 GLM 最大的区别在于，对因变量的分布要求不仅局限于正态分布，还可应用于 Poisson、二项分布等指数分布族的情况；对自变量与因变量的关系也不做线性假设，而是通过拟合非参数函数，以及进行"加性"的假设将那些非线性自变量以非参数加和的形式纳入模型，因此其灵活性强、应用范围广[99]。GAM 的突出优势在于：①可拟合多种非参数平滑函数（光滑样条函数、惩罚样条、自然立方样条、B样条、多项式、局部加权回归等），从而实现对多个混杂因素的控制；②适用于结局变量的期望与预测变量为非线性关系的情况；③当预测变量与结局变量间的关系不明确时，可通过拟合非参数平滑函数并作图进行探索性分析。当前，GAM模型在经济、管理、社会学、心理学等领域有着非常广泛和有意义的应用。

3）广义加性模型公式阐释。经典的线性回归模型假定因变量与自变量 $X_1, X_2, \cdots X_p$ 是线性形式：

$$E(Y \mid X_1, X_2, \cdots X_p) = \beta_0 + \beta_1 X_1 + \beta_2 X_2 + \cdots + \beta_p X_p \tag{3-1}$$

其中，$\beta_0, \beta_1, \beta_2, \cdots \beta_p$ 通过最小二乘法获得，而加性模型扩展了线性模型：

$$E(Y \mid X_1, X_2, \cdots X_p) = S_0 + S_1(X_1) + S_2(X_2) + \cdots + S_p(X_p) \tag{3-2}$$

其中，$S_i(\bullet)(i = 1, 2, \cdots, p)$ 是光滑函数，$Es_j(X_j) = 0$，通过 backfitting 算法获得。

广义加性模型是广义线性模型的扩展：

$$Y = \alpha + \sum_{j=1}^{\infty} f_i(x_j) + \varepsilon \tag{3-3}$$

$$g(\mu) = S_0 + S_1(X_1) + S_2(X_2) + \cdots + S_p(X_p) \tag{3-4}$$

其中，$\mu = E(Y \mid X_1, X_2, \cdots X_p)$ 为线性预测值，$S_i(\bullet)$ 是非参数光滑函数，它可以是光滑样条函数、核函数或局部回归光滑函数，它的非参数形式使得模型非常灵活，可以揭示出自变量的非线性效应。模型不需要 $Y$ 对 $X$ 的任何假设，由随机部分（Random Component）、加性部分（Additive Component）及连接两者的连接函数 $g(\bullet)$（Link Function）组成，反应变量 $Y$ 的分布属于指数分布族，可以是二项分布、Poisson 分布、Gamma 分布等。

4）本书研究的广义加性模型应用阐释。本书使用 R 语言软件[100]对采集的中职篮复杂系统运行评价指标体系中三级指标数据进行相关性分析，选取其显著性指标变量，通过"mgcv"程序包进行 GAM 模型的构建，并以中职篮复杂系统运行评价指标体系中的一级指标为响应变量，以筛选的相关三级指标变量作为解释变量，利用 GAM 模型对一级指标系统的运行质量及相关子系统因子变量进行回归分析。GAM 模型的表达式为[101]

$$Y = \alpha + \sum_{j=1}^{\infty} f_i(x_j) + \varepsilon \tag{3-5}$$

其中，$Y$ 为中职篮复杂系统运行评价指标体系中的一级系统运行质量；$\alpha$ 是适合函数的截距；$\varepsilon$ 是随机误差项；$x_j$ 是三级指标解释变量，即影响因子；$f_i(x_j)$ 是各三级指标变量 $x_j$ 的任意单变量函数，通过样条平滑函数来估计。然后，将筛选出的三级指标变量代入 GAM 模型，进一步筛选出影响一级系统运行质量的主要因子[102]。

本书根据构建的中职篮复杂系统运行评价指标体系中 9 个一级指标子系统，即中职篮管理系统、俱乐部系统、俱乐部所属（合作）系统、赞助商系统、后备人才培养系统、观众系统、媒体系统、中介系统、外生环境系统（PEST），分别进行 GAM 建模并展开实证分析。

### 3.7.1　中职篮管理系统运行评价模型构建及其实证分析

#### 3.7.1.1　评价模型构建

1）三级指标降维处理。将中职篮管理系统一级指标作为被解释变量、对应的三级指标 $V_1 \sim V_{22}$ 作为解释变量进行建模。考虑到三级指标之间存在的多重共线性，首先对 $V_1 \sim V_{22}$ 这 22 个解释变量进行主成分分析（PCA）降维，并根据累计贡献率来确定主成分的个数。经过计算，前 4 个主成分的累计贡献率达到 79.76%，故将这 4 个主成分变量作为综合后的新解释变量用 $Z_1 \sim Z_4$ 表示，表 3-2 中每一个数值表示主成分变量 $Z_1 \sim Z_4$ 在原始变量 $V_1 \sim V_{22}$ 上的因子载荷。

表 3-2　中职篮管理系统主成分在原始变量 $V_1 \sim V_{22}$ 上的因子载荷情况

| 指标 | $Z_1$ | $Z_2$ | $Z_3$ | $Z_4$ |
|---|---|---|---|---|
| $V_1$ | 0.201 | 0.311 | 0.148 | 0.289 |
| $V_2$ | 0.233 | 0.126 | 0.118 | 0.238 |
| $V_3$ | 0.228 | 0.162 | 0.171 | 0.215 |
| $V_4$ | 0.221 | 0.155 | 0.169 | 0.295 |
| $V_5$ | 0.000 | 0.000 | 0.860 | −0.313 |

（续表）

| 指标 | $Z_1$ | $Z_2$ | $Z_3$ | $Z_4$ |
|---|---|---|---|---|
| $V_6$ | 0.216 | 0.283 | 0.000 | 0.000 |
| $V_7$ | 0.225 | 0.301 | 0.000 | −0.162 |
| $V_8$ | 0.215 | 0.269 | −0.106 | −0.257 |
| $V_9$ | 0.210 | 0.316 | −0.192 | −0.181 |
| $V_{10}$ | 0.212 | 0.213 | 0.000 | −0.282 |
| $V_{11}$ | 0.229 | −0.120 | 0.000 | 0.218 |
| $V_{12}$ | 0.235 | 0.000 | −0.126 | 0.185 |
| $V_{13}$ | 0.228 | −0.235 | 0.000 | 0.209 |
| $V_{14}$ | 0.220 | −0.279 | 0.000 | 0.000 |
| $V_{15}$ | 0.212 | −0.126 | −0.178 | 0.000 |
| $V_{16}$ | 0.230 | −0.236 | 0.000 | 0.000 |
| $V_{17}$ | 0.193 | 0.000 | 0.000 | −0.434 |
| $V_{18}$ | 0.219 | −0.109 | −0.144 | −0.192 |
| $V_{19}$ | 0.202 | −0.252 | −0.134 | −0.134 |
| $V_{20}$ | 0.225 | −0.212 | 0.000 | −0.159 |
| $V_{21}$ | 0.226 | −0.227 | 0.000 | −0.100 |
| $V_{22}$ | 0.185 | −0.219 | 0.000 | 0.000 |

根据这4个主成分变量的因子载荷情况对其重新命名：主成分变量 $Z_1$ 的各因子载荷值十分接近，并且变量载荷值都为正，它可以代表中职篮管理系统的综合水平，故称其为综合满意度因子；主成分变量 $Z_2$ 的因子载荷值呈两极化，其中涉及中国篮球协会系统和CBA公司系统变量 $V_1 \sim V_{10}$ 的因子载荷值与涉及裁判系统变量的 $V_{11} \sim V_{22}$ 因子载荷值相反，它反映了中职篮运营管理者与裁判主体之间的监督制衡关系，故称其为管理主体与裁判主体关系合理度因子；主成分变量 $Z_3$ 在变量 $V_5$（中国篮协工作质量水平程度，如各级赛事组织与监管质量、国家队建设质量、后备人才培养质量、裁判工作质量、群众篮球工作质量等）上的因子载荷绝对值为0.860，远远高于其余21个变量的因子载荷值，故它主要反映了中国篮球协会系统的工作质量

状况，故称其为中国篮球协会系统工作质量满意度因子；主成分变量 $Z_4$ 在 $D_1$（中国篮球协会系统）指标 $V_1 \sim V_4$ 与 $D_2$（CBA 公司系统）指标 $V_7 \sim V_{10}$ 和 $D_3$（裁判系统）指标 $V_{17} \sim V_{21}$ 之间的因子载荷值呈明显的正负两极化，它反映了这 3 个系统在各自机构设置目标下的完成满意度，故称其为各系统目标实现满意度因子。

下面对一级指标中职篮管理系统与上述 4 个主成分变量 $Z_1 \sim Z_4$ 进行 GAM 统计建模，以解释变量与被解释变量之间的线性和非线性关系。假定模型如下：

$$C_1 = S_0 + S_1(Z_1) + S_2(Z_2) + S_3(Z_3) + S_4(Z_4) + \varepsilon \tag{3-6}$$

其中，$S_0$ 是常数项，$S_i(\cdot)(i=1,\cdots,4)$ 是未知的光滑函数，并且有 $ES_i(Z_i)=0(i=1,\cdots,4)$，$\varepsilon$ 是均值为 0 的随机误差项。

2）模型结果。利用统计编程软件 R 语言对上述的可加模型进行估计，其中对非线性部分 $S_i(\cdot)$ $(i=1,\cdots,4)$ 的估计通过样条函数进行仿真，具体结果如图 3-5 所示。图 3-5 显示：①中职篮管理系统模型的常数项中，$S_0$ 以及非线性部分 $S_1(\cdot)$ 和 $S_2(\cdot)$ 对应的 $p$ 值均小于 0.05，即在 5% 的显著性水平下，模型的常数项 $S_0$ 以及非线性部分 $S_1(\cdot)$ 和 $S_2(\cdot)$ 均呈现显著。②4 个主成分 $S_i(\cdot)(i=1,\cdots,4)$ 的自由度均大于 1，说明各部分均有不同程度的非线性成分。edf 表示估计的自由度，其值越接近 1 表示对该部分未知函数的估计越接近线性函数，反之如果其值大于 1 越多，表示该部分未知函数的估计越复杂、非线性程度越高）③模型调整后的 $R$ 方为 0.605，同时偏差解释度达到 66.3%，这表明模型可以非常好地对数据进行解释。另通过提取各主成分变量的 $F$ 统计量数值来判断各主成分变量对中职篮管理系统运行合理程度的影响大小，其中 $F$ 统计量数值越大，其对中职篮管理大系统运行合理程度的影响就越大。

3）各主成分变量的非线性关系。为进一步挖掘中职篮管理系统内部各主成分指标变量的线性与非线性关系，现绘制各主成分变量的非线性结构图。图 3-6 ～ 图 3-9 是各解释变量 $Z_1 \sim Z_4$ 的非线性结构图，图中横轴是各

主成分变量 $Z_1 \sim Z_4$ 的主成分得分值，纵轴是非线性函数自由度的估计值，图形中实线是该主成分变量对中职篮管理系统运行合理程度的平滑化拟合值，虚线表示拟合的函数的逐点置信区间上下限。

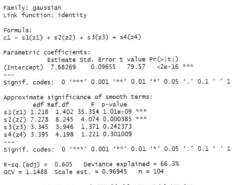

```
Family: gaussian
Link function: identity

Formula:
c1 ~ s1(z1) + s2(z2) + s3(z3) + s4(z4)

Parametric coefficients:
            Estimate Std. Error t value Pr(>|t|)
(Intercept)  7.68269    0.09655   79.57   <2e-16 ***
---
Signif. codes:  0 '***' 0.001 '**' 0.01 '*' 0.05 '.' 0.1 ' ' 1

Approximate significance of smooth terms:
          edf Ref.df      F  p-value
s1(z1)  1.218  1.402 35.354 1.01e-09 ***
s2(z2)  7.278  8.245  4.074 0.000385 ***
s3(z3)  3.345  3.946  1.371 0.242373
s4(z4)  3.395  4.198  1.221 0.301009
---
Signif. codes:  0 '***' 0.001 '**' 0.01 '*' 0.05 '.' 0.1 ' ' 1

R-sq.(adj) =  0.605   Deviance explained = 66.3%
GCV = 1.1488  Scale est. = 0.96945   n = 104
```

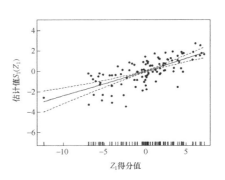

**图 3-5　中职篮管理系统运行评价模型常数项情况**

**图 3-6　综合满意度因子（$Z_1$）对中职篮管理系统运行的影响**

图 3-6 显示，中职篮管理系统运行合理程度与综合满意度指标呈明显的线性正相关关系（edf=1.218）。综合满意度指标数值越大，表明对中职篮管理系统运行合理程度的评价满意度越高。结构图绝大部分的点都散布在拟合直线附近，并且没有明显的聚集现象，这为利用 $Z_1$（综合满意度）评价中职篮管理系统运行合理程度提供了依据。进一步，这里 $S_1(Z_1)$ 的 $F$ 统计量数值（35.354）远大于其余 3 个主成分变量，这说明 $Z_1$（综合满意度）可以作为评价中职篮管理系统运行合理程度的主要参考指标。在全部的问卷中，$Z_1$（综合满意度）评价得分 9 分及 9 分以上的有 8 人，8 ～ 8.99 分的有 15 人，7 ～ 7.99 分的有 30 人，6 ～ 6.99 分的有 24 人，5 ～ 5.99 分 的 有 13 人，4 ～ 4.99 分的有 13 人，3.99 分以下的有 1 人，总体上为正的有 90 份，负值的只有 14 份。这说明专家们对中职篮管理系统运行合理程度总体上持肯定态度，只有少数专家认为中职篮管理系统运行还存在较多问题。

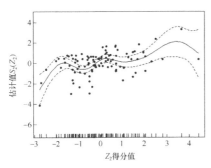

**图 3-7　运营管理与监督制衡因子（$Z_2$）对中职篮管理系统运行的影响**

由图 3-7 可以看到，中职篮管理系统运行合理程度与中职篮运营管理与裁判系统监督制衡程度指标呈明显的非线性关系（edf=7.278），这表明该部分具有较强的非线性结构。图中数据点呈现一定的集聚性，靠近中心点的密度比远离中心点的密度略大。拟合曲线的形状显示，该拟合曲线呈波动形态，总体上有一个较小的正斜率，局部有上升、有下降。曲线斜率较小表明该主成分变量 $Z_2$ 对中职篮管理系统运行合理程度有一定的正面解释性。$Z_2$（监督制衡合理度）数值越大，表明中职篮管理大系统运行合理程度越高，这也符合经济学原理特征：如果一个系统内部的各单位可以很好地彼此制衡，那么整个系统的运转就会按照既定规则来进行。当这种监督制衡合理程度越来越高时，整个中职篮管理系统的运转也会越来越流畅。这里 $S_2(Z_2)$ 的 $F$ 统计量数值达到了 4.074，排在 4 个主成分变量影响力第 2 位，这说明 $Z_2$（监督制衡合理度）可以作为评价中职篮管理系统运行合理程度的第二个重要参考指标。现阶段专家评价总体数据显示，中职篮运营管理与监督制衡合理度总体上情况较好，但这种监督制衡关系还需要不断地进行完善。

由图 3-8 可以看到，中国篮球协会系统工作质量满意度指标对中职篮管理系统运行合理程度的作用具有明显的非线性结构（edf=3.345）。除了一个明显的离群点，数据呈现明显的聚集特点，基本上分布在一个矩形区域内。但该主成分变量的 $F$ 统计量数值非常小（1.371），表明该变量对中职篮管理系统运行合理程度的影响也最小。这也说明中国篮球协会系统对中职篮的介入越多，反而越不利于中职篮的尽快发展，只有在适度的介入下，才最有益于中职篮的改革与发展，这部分对整个模型的贡献程度较低，不是当前影响中职篮发展的主要因素。

由图 3-9 可以看到，中职篮管理系统运行合理程度与目标实现满意度指标呈非线性关系（edf=3.395）。数据点有一定程度的集聚特点，除少数几个点外，从趋势上看，拟合曲线比较平缓，结合该部分的 $F$ 统计值（1.221）可知，该主成分作为中职篮管理系统运行结果的表现因素，对于模型的解释度较弱，不是主要影响中职篮管理系统运行质量的因素。

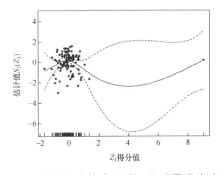 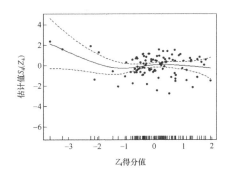

**图 3-8　中国篮球协会系统工作质量满意度**
**　　　因子（$Z_3$）对中职篮管理系统运行的影响**

**图 3-9　目标实现满意度因子（$Z_4$）**
**　　　对中职篮管理系统运行的影响**

#### 3.7.1.2　实证分析

从上述广义加性模型对中职篮管理运行系统非线性的分析可知，综合满意度因子、运营管理与监督制衡因子是该一级指标系统的主要影响因素。因此，针对这两个最重要的影响因子，可结合中职篮管理系统的实际状况做进一步的详细分析。

**1. 中职篮管理运行系统综合满意度方面**

由于中职篮管理运行系统包括范围非常大，因此，对其进行综合满意度分析时，我们主要利用复杂系统理论机理，侧重于从系统主体关系的角度对中职篮管理系统运行情况进行分析，并根据指标体系中三级指标的情况，对二级指标下的中国篮球协会系统 $D_1$、CBA 公司系统 $D_2$、裁判系统 $D_3$ 的机构设置、管理职能、制度建设、工作目标与质量等方面及其之间的复杂关系进行深入研究。

1）机构改革和管理职能方面。表 3-3 显示，关于机构改革和管理职能的指标 $V_1$（中国篮球协会机构设置合理程度）、$V_2$（中国篮球协会管理职能合理程度），专家评价打分均在 7.19 分以上，关于 $V_6$（CBA 公司机构设置合理程度）、$V_7$（CBA 公司机构管理职能合理程度）的专家评价打分均在 7.34 分以上，关于 $V_{11}$（裁判管理机构设置合理程度）、$V_{12}$（裁判机构管理职能合理程度）的专家评价打分也达到了 6.84 ～ 6.91 分，这说明中职篮相关的管理机构和管理职能在中职篮的发展过程中均发挥着重要的作用，且近期大幅度的改革得到了专家们的广泛认同，但其仍存在众多问题，尤其是裁判机构和管理职能方面需要不断地改革与完善。

表 3-3　专家对中职篮管理系统指标变量的评价得分情况

| 指标 | $N$ | 极小值 | 极大值 | 均值 | 标准差 |
|---|---|---|---|---|---|
| $V_1$ | 104 | 2.00 | 10.00 | 7.221 2 | 1.751 32 |
| $V_2$ | 104 | 2.00 | 10.00 | 7.192 3 | 1.637 41 |
| $V_3$ | 104 | 1.00 | 10.00 | 6.932 7 | 1.917 04 |
| $V_4$ | 104 | 2.00 | 10.00 | 7.173 1 | 1.765 05 |
| $V_5$ | 104 | 1.00 | 10.00 | 6.884 6 | 1.860 72 |
| $V_6$ | 104 | 2.00 | 10.00 | 7.500 0 | 1.545 43 |
| $V_7$ | 104 | 2.00 | 10.00 | 7.346 2 | 1.479 76 |
| $V_8$ | 104 | 1.00 | 10.00 | 7.182 7 | 1.617 65 |
| $V_9$ | 104 | 2.00 | 10.00 | 7.278 8 | 1.464 51 |
| $V_{10}$ | 104 | 2.00 | 10.00 | 7.125 0 | 1.586 88 |
| $V_{11}$ | 104 | 1.00 | 10.00 | 6.846 2 | 1.969 52 |
| $V_{12}$ | 104 | 2.00 | 10.00 | 6.903 8 | 1.958 40 |
| $V_{13}$ | 104 | 1.00 | 10.00 | 6.625 0 | 2.136 99 |
| $V_{14}$ | 104 | 1.00 | 10.00 | 6.480 8 | 2.122 38 |
| $V_{15}$ | 104 | 3.00 | 10.00 | 6.961 5 | 1.618 60 |
| $V_{16}$ | 104 | 1.00 | 10.00 | 6.567 3 | 2.032 57 |
| $V_{17}$ | 104 | 2.00 | 10.00 | 6.730 8 | 1.685 06 |
| $V_{18}$ | 104 | 2.00 | 10.00 | 7.250 0 | 1.716 57 |
| $V_{19}$ | 104 | 1.00 | 10.00 | 6.442 3 | 1.945 01 |
| $V_{20}$ | 104 | 2.00 | 10.00 | 6.442 3 | 1.711 34 |
| $V_{21}$ | 104 | 1.00 | 10.00 | 6.432 7 | 1.919 57 |
| $V_{22}$ | 104 | 1.00 | 10.00 | 6.625 0 | 1.880 86 |

新中国成立后，根据国家体育事业发展的需要，在 20 世纪 50 年代，具有独立法人资格的全国性群众体育组织中国篮球协会（简称"中国篮协"）就已经成立；而根据我国不同时期对竞技篮球发展的需要，又先后诞生了国家体育总局篮球运动管理中心（简称"篮管中心"）、中篮联（北京）体育有限公司及 CBA 联赛各俱乐部有限公司等管理系统，它们在中职篮的不同发

展时期均发挥了重要作用。其中，早在 20 世纪 90 年代初，为了贯彻执行奥运战略，国家体委提出了"捏紧拳头、缩短战线、合理布局、突出重点"的口号，将有限的经费投入到乒乓球、羽毛球、体操、跳水、游泳、举重等夺得金牌可能性较大的个人项目上，同时，把投入大（花钱多）、产出小（夺金困难）的足球、篮球、排球三大球项目全面推向了社会，在竞技体育战略改革和足篮排三大球自身发展需要的双重推动下，中国篮球协会在 1994 年做了精心准备。随后，为了更好地对职业篮球等项目进行管理和运营，国家体育总局又先后成立了具有行政管理职能的事业单位——足篮排项目运动管理中心。中国篮协和篮管中心对早期联赛发展虽起到了重要的推动和引导作用，但随着中职篮职业化改革的不断深入，"两块牌子、一队人马"所组成的联赛管理体制弊端频现，产生了联赛职业化性质、规模、盈利分配、国家队与联赛平衡等问题，且争议愈演愈烈，管办不分已成为中职篮发展的最大阻碍。针对上述问题，国务院于 2015 年 7 月印发了《行业协会商会与行政机关脱钩总体方案》[103]，要求各级行政机关与其主办、主管、联系、挂靠的行业协会或商会逐步进行机构分离、职能分离、资产财务分离、人员管理分离等。2016 年 11 月，CBA 公司以注册资本 6000 万元正式在北京揭牌，2017 年 2 月，姚明当选中国篮球协会主席，同年 7 月其出任 CBA 公司董事长。同时，2016—2017 赛季，篮管中心、中国篮协与 CBA 公司也相继进行了中职篮管理和运营的相关授权和接管，进而为中职篮的市场化改革迈出了重要一步。随后，CBA 公司内部进行了进一步的股权改革，每一支俱乐部认购资本 300 万，平均占有 5% 的股份，且成立了董事会、监事会及各俱乐部股份有限公司，通过联赛管理机构的大幅度改革与重构，联赛已经形成了全新的现代化企业管理模式（图 3-10）。

**图 3-10　CBA 公司现代化企业管理模式**

当前，中职篮的整体管理系统已经形成了全新的结构模式，系统中中国篮协、篮管中心中篮联（北京）体育有限公司、CBA 联赛各俱乐部有限公司也形成了全新的关系（如图 3-11 所示）。其中，国家体育总局篮球运动管理中心下设综合部、竞赛管理部、社会发展部、运动队管理部等六大部门，主要职责是：指导全国篮球运动，促进体育事业发展，促进后备人才培养，并监督 CBA 联赛的赛事组织，负责 CBA 无形资产管理，负责裁判员队伍培养与建设等。中国篮球协会下设竞赛部、技术部、公关与市场部、社会发展部等，主要职责是：制定全国篮球运动发展目标、政策、行业规范，主办全国性篮球赛事，组建并运营国家队等。中篮联（北京）体育有限公司下设办公室、品牌媒介部、赛事运行部等，主要职责是：负责 CBA 联赛广播电视节目制作、体育项目经营、体育经纪业务、门票销售代理、版权贸易等。CBA 联赛各俱乐部有限公司下设市场部、竞训部、财务部、办公室等，主要职责是：负责俱乐部多项管理，有组织地参加联赛，负责俱乐部市场运营等。另外，每支俱乐部也构建了自己的管理机构。管理机构一般包括董事会、俱乐部办公室、运动员管理部、青少年训练部、市场开发部、后勤服务部和竞赛部等，董事会主要负责俱乐部的重大事件及战略方向决策，球队总经理协调下设各个部门的竞赛、经营、制度、文化及社会服务等工作。可以看出，在责、权、利的划分当中，篮管中心的竞赛管理部、社会发展部及中国篮协的竞赛部还有监督和指导中职篮的义务，而两个机构的其他部门则将主要精力和职责放在了我国篮球运动的大众开展、后备人才培养、裁判员队伍培养、国家队建设、全国性篮球其他赛事组织等方面。CBA 公司按照与中国篮协签署的授权协议，拥有中职篮独家开发、推广和经营的商务运营权，并全面承担中职篮联赛的办赛组织、管理和实施等任务。

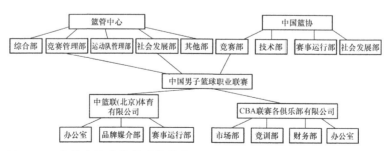

**图 3-11　当前中国竞技篮球整体管理系统结构与中职篮管理系统的关系**

通过上述全新现代化企业的组织机构与模式可知，中职篮的职业化改革已向前迈出了重要的步伐。近几年的实践证明，其改革取得的成果斐然，但管理者还需要清楚地认识到，中职篮的职业化改革不是一蹴而就的事情，还需要在不断实践中摸索与研究、改革与完善。但从复杂系统的角度分析，虽然中职篮的管理机构经过了现代化企业模式的改革，与之前的行政指导和管理相比，解决了管办分离问题和中职篮系统参与主体利益统一体的问题，但由于中职篮产生的历史背景问题，当前众多俱乐部的独立属性还不够清晰，再加上核心主体（教练员、运动员）的竞技能力还不够高，俱乐部的独立造血能力有限，并且参与主体与相关外界的关系又非常复杂，中职篮的健康发展还面临诸多的不可测因素，同时，还有中职篮利益统一体与参加俱乐部规模扩张造成的直接利益分配冲突、俱乐部之间优秀后备人才的抢夺、裁判员的制裁管理与监督等一系列问题。怎样保证中职篮这一利益共同体在建立之后不断地将核心竞争力（赛事质量、规模、影响力）持续提升，还有待进一步去实践和深入研究。

2）制度建设、工作目标与质量方面。根据制度变迁理论，制度有替代、转换与交易的过程，制度是所有系统主体决策行为的根本约束准则，同时也是有效保证系统参与主体利益最大化的基础。系统运行的质量好坏、制度的建设和执行起到关键的指导和约束作用，因此，合理有效的制度有利于系统健康发展[104]。关于机构改革和管理职能的指标 $V_3$（中国篮球协会制度建设合理程度）、$V_4$（中国篮球协会工作目标合理程度）、$V_5$（中国篮球协会工作质量水平程度），专家打分均在 6.88 分以上；关于 $V_8$（CBA 公司制度建设合理程度）、$V_9$（CBA 公司工作目标合理程度）、$V_{10}$（CBA 公司工作目标合理程度），专家打分最高，达到了 7.12 分以上；而关于裁判员工作目标能力与质量，$V_{13}$（裁判临场执裁能力水平程度）、$V_{14}$（裁判员职业道德好坏程度）、$V_{20}$（裁判员培养方式合理程度）、$V_{21}$（裁判员选拔方式合理程度）等指标的专家评价打分较低，均在 6.44～6.63 分。这说明，当前专家们对中国篮协、CBA 公司的管理制度、工作目标与质量方面认可度比较高，尤其肯定当前 CBA 公司的制度建设及其工作成果；但对于裁判员制度建设和工作目标质量的评价较低。这可能是由近年来中职篮赛场上裁判员的众多争议造成的，也从侧面反映了当前我国裁判员培养与选拔、执裁水平等方面还存在较多的问题。

　　中职篮改革是响应 20 世纪 90 年代中国体育体制改革要放权于社会的呼声而采取的渐进式的改革。最初，联赛作为体育事业的一种补充、一种解决发展资金的尝试，现今，其已逐步形成自己的规模和体系。其改革的大方向是由政府管理型的管理体制逐渐向社团管理型的管理体制再到现代化企业管理模式转变。但是，由于联赛受起源的影响，其虽然经历了 20 多年的改革、发展，逐渐形成了一系列的规章制度体系，并在摸索中不断地进行补充完善，尤其是在职业化、市场化改革力度较大的近些年，中职篮原来所有制度制定和决策安排均由中国篮协等管理机构来决定转变为中职篮管理者、参与者的利益共同体代表机构进行所有制度制定和决策安排，这一制定规制的转制过程，也由原来的政府主管机构按照国外先进的联赛规制并结合自己对国内联赛发展的认识需要进行制定，转变为中职篮系统管理者和参与者共同考虑所有相关系统参与主体发展需要，并结合当前社会需求的客观分析，使得制度的建设更加具体化、细节化、系统化、全面化，但由于系统内外部分管理者和参与者个体狭隘的逐利思想，产生了一定的个体和集体的冲突，这使得中职篮的规模发展远远滞后于我国经济的发展速度与规模，也造成了中职篮的次级联赛全国男子篮球联赛（NBL）成为鸡肋，并且，由于中职篮青年联赛培养的队员淘汰率过高，使得系统后备人才培养改革的步伐缓慢，相关系统主体抱怨很多。当前，中职篮制度主要包括竞赛日程、竞赛注册、报名管理规定、球员选秀制度、俱乐部准入制度、经营制度、薪金制度、监管制度、裁判员选拔与制裁制度、媒体制度等。对俱乐部、高校、中学、体校的专家进行访谈时发现，大家对目前联赛制度争议比较大的有：① CBA 俱乐部准入制度。随着管办分离的进行，中职篮做出 5 年内不扩军的重大决定。管理层对这一决定分歧很大，对 NBL 的打击更大。管理层做出决定的理由有以下几点：一是国内优秀球员不足，急速扩军容易造成联赛质量下降、俱乐部之间实力失衡。二是 5 年期限也是对基础后备人才培养的一个积淀，等优秀人才达到一定数量，整个中职篮系统发展才可能整体稳步推进。三是当前的中职篮球员水平和薪金水涨船高，各俱乐部均面临经济压力，CBA公司希望将中职篮蛋糕做大，力争为各俱乐部争取最大利益，使其达到收支平衡。但这样的决定首先使仅次于中职篮的NBL联赛在5年内成为鸡肋，且当前很多人口大省都没有中职篮俱乐部，这也给NBA提供了继续抢占中国市场的大量机会。②竞赛制度。由于中职篮改革是摸着石头过河进行的，早期联赛管理者一切以国家队的竞技成绩为首要任务，联赛的赛制与国家队比赛发生冲突时，必须给国家队让路，这样就导致了很多赛季的竞赛时间和赛程频繁变动，俱乐部赛季前不能有针对性地提早准备各项竞赛和经营工作，进而影响到俱乐部的竞赛成绩等产品质量和市场开发。当前，为了扩大竞赛规模，在不增加球队的基础上，增加了季后赛的比赛场次，但由于球队较少，增加了赛事规模和强度，这使得赛季球员的受伤率急速提升。并且，由于向上输送平台人才需求规模有限，后备人才培养规模和质量一直没有得到顶层设计的推动。③CBA职业联赛外援引进与管理制度。当前，中职篮各俱乐部引进外援的目的是增强球队实力、提高球队名次，同时引进大牌外援还能够吸引观众球迷眼光、提高俱乐部收入。但由于外援在比赛中拥有绝对主力地位，在比赛的整个过程中一直起着主导作用，尤其是关键球的处理几乎全是由外援完成，此现象引起了众多争议。很多专家认为，外援占用了比赛的大量时间和机会，造成场面上更多是外籍球员的表演，国内球员的锻炼机会大大降低，也影响到国内球员在球迷观众中的形象和国家队的成绩。对外援的引进和使用如何进行政策引导，也引起了联赛系统内外主体的争议。当前，中职篮管理者也一直在尝试通过外援引用制度的不断改革去解决上述问题，比如由以前的"四节六人次"到"四节四人次"等一系列尝试，但比赛观赏性和国内球员的培养一直是争议的焦点。④CBA职业联赛纪律处罚规定。由于我国体育法建设的滞后，中职篮纪律处罚制度制定一直无法可依，这造成了联赛制定制度内容和标准的难度，因此，违规行为的处罚一旦损害了联赛系统参与主体利益，就很可能产生一系列影响，尤其是明星球员和教练员在球迷观众中的影响力非常大，加上媒体为吸引关注度进行的热点炒作，他们的言行势必会对中职篮品牌形象造成很大的社会影响。近几个赛季篮协和CBA公司制定和执行规章制度不断严格，但也时常出现乌龙现象，如球员的赛季违规罚款执行问题、常规赛 MVP 问题等。因此，当前 CBA 公司专门成立了纪律委员会来制定、审议、完善《中国男子篮球职业联赛纪律准则》，并专门负责受理受到 CBA 公司处罚的联赛相关主体（运动员、教练员、裁判员及其他相关人员）或俱乐部的申诉，同时有权对相关主体在赛前、赛中、赛后在比赛场地内、场外出现的任何违规违纪情况进行复查。这也是当前中职篮监管机制的一大进步。⑤裁判管理规制。CBA 公司成立前，联赛已经建立的裁判员管理制度有《中国篮球协会裁判员管理办法》《联赛纪律准则》《裁判竞赛工作规定》等。当前，中职篮经过管办分离改革后，CBA 公司在前期裁判员管理办法的基础上又制定了《裁判员工作管理办法》。其将联赛裁判员纪律准则增加到 14 条，进一步增加了裁判员的竞赛工作规定条数。其共分为 17 章，包含如何对比赛中发生的特殊情况进行处理、对裁判员在临场过程中临场判罚正确率的认定等。可以看出，当前的裁判员相关规制较之前相更加细化。同时，作为负责整个联赛运行的管理系统，为加强对联赛裁判员的选拔和执裁管理，其专门的组织机构联赛组织委员会和联赛纪律委员会下设的裁判组、裁判督导组和纪律部门专门负责联赛裁判员的相关工作[105]。其中，裁判组的主要职责包括考核、选派、评估、奖惩、监督联赛技术代表和裁判员工作，裁判督导组则对联赛进行期间临场裁判和技术代表进行评价和指导。中职篮的裁判员都是通过 CBA 公司在中国篮协注册的国家级以上裁判员库中进行选拔的，且库中符合中联赛选拔条件的裁判员均有机会参加联赛学习班，通过了联赛考核标准考试就有机会对新赛季联赛进行执裁。与 CBA 公司成立前的裁判员管理模式相比，当前的机构设置和管理工作相对更加趋于完善。但目前联赛还存在诸多问题，例如：联赛中裁判员错判、漏判、改判现象还时有发生，很多裁判员缺少临场实践机会，临场经验欠缺；裁判员管理规制过于轮廓化、缺乏执行力；裁判员的工作性质改变不大，裁判员职业化进程缓慢；裁判员考核评定的规章制度需进一步完善；中职篮裁判员选拔程序设置对于年轻裁判员门槛过高；裁判员篮球专业英语水平较弱；论资排辈现象严重；裁判员的培训次数不足，考核内容及要求较低，培训考核结果运用狭隘；薪酬体系还不完善；缺乏对黑哨的处罚力度和司法监督介入的相关规制[106]。因此，当前中国篮协裁判委员会选派和管理裁判员的模式已滞后于中职篮联赛的发展。中职篮裁判队伍职业化呼声越来越高。因联赛绝大部分裁判员都来自高校，由于工作性质、职业操守、劳务报酬和执裁经验等多方面原因，裁判员群体不可能把大部分精力投入到联赛裁判的相关学习、培训、执裁等工作之中，这也是造成联赛裁判员系统整体水平不高的重要原因。经过一段时间的改革，当前中职篮实现半职业化管理的裁判员只有约20名，故推进中职篮独立的职业裁判员系统建设已势在必行。

另外，经过多年的建设，虽然不同时期的制度在中职篮发展过程中的各个环节均起到了一定的约束、监督和促进联赛发展作用，但由于早期人力不足或其他原因使得中职篮制度还存在公开性不足、解决问题滞后等问题，也影响到大众对中职篮发展方向和执行规制依据进一步的了解；众多规制的制定均是在中职篮运行过程中出现了问题时才开始研究和制定，缺乏对产生问题的预防意识，当问题出现且影响很大时采取制定规制显然不利于中职篮的社会知名度和公众形象的建立。而经过近几年的现代化企业制度改革，CBA公司成立后，由专业人员干专业的事，使得中职篮的细节管理从行政粗放式管理向专业系统化转变。当前，联赛官方网站（www.cbaleague.com）会将联赛制度进行公示，对相关联赛的政策决定和赛事违规处理事宜都会及时进行通告，可见，当前的改革提升了制度的公开性、问题解决的时效性。

**2.中职篮运营管理与监督制衡方面**

我国竞技篮球职业化是在政府的主导下开展的市场化、社会化改革。在中职篮改革早期，篮管中心是国家体育总局指定的负责联赛管理的机构，这就决定了中职篮的运行机制必然带有一定的行政色彩。篮管中心和篮协具有政府管理部门和社会管理部门的双重性质与功能，在中职篮运营的权利与义务分配中，由于政府往往占据联赛的绝大多数资源，也拥有绝对的发言权和决策权，这造成了行政垄断。这种垄断造成联赛系统的其他主要主体（俱乐部、投资人等）在联赛系统中只是弱势群体，只能按照篮管中心和篮协所规定的规章制度进行活动。这种权利分配失衡会导致管理者更注重成绩和业绩，不注重联赛市场发展，或由于达不到利益追求目标且得不到利益维护，严重损害投资者和俱乐部参与联赛的积极性，制约联赛的快速健康发展。因为中职篮的职业化改革是在社会主义市场经济体制的环境中进行的，而市场经济作为一种通过商品交换实现分散决策的经济体制，其发生作用的内在逻辑，是追求自身利益最大化的个体在市场价格的引导下实现资源配置的帕累托最优。经过近几年的改革，CBA 公司以及俱乐部股东虽然形成了利益统一体，但由于中职篮产生的历史根源以及管理者的认识、思维方式等多种原因，这一现代化企业模式与我国当前的社会主义市场经济体制的发展还不能迅速、有效结合，虽然中国篮协作为监督机构对中职篮的运行进行监督，CBA 公司及董事会、监事会及各俱乐部股东之间形成了内部相互的制衡关系，但这种现代化企业模式的内部制衡关系应该充分考虑中职篮系统中监管主体（中国篮协）、经营主体（CBA 公司）和系统外消费主体（观众、赞助商、媒体等）的目标动力，其中消费主体的注意力是靠经营主体的产品质量体现出来的，而经营主体在监管主体的监管下，按照消费主体或市场需求的原则去提高产品质量，就势必会在规制的引导下促进中职篮的发展。所以，如何在中职篮系统中合理地规定监管主体、经营主体和消费主体的权利与义务，也是中职篮职业化改革成败的关键部分。中职篮和俱乐部为了提升产品赛事质量，必须从资源市场获得各种生产要素，如 CBA 公司按照经济法对中职篮发展制定的具体发展规划制度，各俱乐部投资建设或租用所在地域的体育场馆、球员转会、球员权利与义务、后备人才培养与选拔规定等。作为中职篮内部最高管理机构，CBA 公司与俱乐部管理者在中职篮运营中所采取的一切决策和行为，首先必须符合我国的社会主义市场经济法律，符合相关参与主体的基本利益不受损害，如果出现违规或损害了参与者相关利益，就需要一个更有力的监督机构对其产生制衡作用。当前，中国篮协对中职篮运营的监督职能起到这样的制衡作用，代表中国篮球运动更大范围参与者利益的中国篮协和篮管中心应该从中国篮球运动全面发展的高度对中职篮及其外部相关主体进行把关和监督，如图 3-11 所示，而中职篮相关管理者则应将更多的精力放在中职篮内部的运营上。这种制衡模式在当前的中职篮发展过程中，已经显示出很好的适用性、合理性。同时，这种制衡模式也显示出其局限性。例如，CBA公司改制过程中，将30%的股份全部转交给各俱乐部为将来中职篮规模扩大埋下了隐患。一旦开启新俱乐部加盟通道，股份的划分涉及当前20个俱乐部的根本利益，如何让各俱乐部拿出股份转让或转卖给新加盟俱乐部成为新的问题。

### 3.7.2 俱乐部系统运行评价模型构建及其实证分析

职业体育俱乐部指按照现代公司治理模式，以体育及相关产业为载体，以营利为目的，具有独立法人资格且产权创新的俱乐部组织形式，以职业形态、专业人员、市场品牌、大众传播为社会提供具有商业价值的体育赛事及其衍生商品，引领职业、大众、休闲、竞技等项目发展的高端组织形态[107]。

#### 3.7.2.1 评价模型构建

1）三级指标降维处理。将中职篮俱乐部系统一级指标作为被解释变量、对应的三级指标 $V_{23} \sim V_{58}$ 作为解释变量进行建模。考虑到三级指标之间存在的多重共线性，首先对 $V_{23} \sim V_{58}$ 这36个解释变量进行主成分分析（PCA）降维，并根据累计贡献率来确定主成分的个数。经过计算，前6个主成分的累计贡献率达到了77.46%，故将这6个主成分变量作为综合后的新解释变量用 $Z_1 \sim Z_6$ 表示，表3-4中每一个数值表示主成分变量 $Z_1 \sim Z_6$ 在原始变量 $V_{23} \sim V_{58}$ 上的因子载荷。

表3-4  俱乐部系统主成分在原始变量 $V_{23} \sim V_{58}$ 上的因子载荷情况

| 指标 | $Z_1$ | $Z_2$ | $Z_3$ | $Z_4$ | $Z_5$ | $Z_6$ |
|---|---|---|---|---|---|---|
| $V_{23}$ | 0.154 | 0.280 | 0.000 | 0.109 | 0.184 | 0.000 |
| $V_{24}$ | 0.168 | 0.301 | 0.194 | 0.000 | 0.000 | 0.153 |
| $V_{25}$ | 0.179 | 0.187 | 0.174 | 0.113 | 0.000 | 0.000 |
| $V_{26}$ | 0.183 | 0.234 | 0.183 | 0.000 | 0.000 | 0.000 |
| $V_{27}$ | 0.160 | 0.312 | 0.219 | 0.000 | 0.000 | 0.150 |
| $V_{28}$ | 0.180 | 0.190 | 0.185 | 0.220 | 0.000 | 0.000 |
| $V_{29}$ | 0.165 | 0.215 | 0.000 | 0.000 | 0.000 | 0.253 |
| $V_{30}$ | 0.160 | 0.116 | 0.000 | 0.000 | −0.122 | −0.252 |

（续表）

| 指标 | $Z_1$ | $Z_2$ | $Z_3$ | $Z_4$ | $Z_5$ | $Z_6$ |
|---|---|---|---|---|---|---|
| $V_{31}$ | 0.170 | 0.000 | 0.154 | −0.206 | −0.210 | −0.177 |
| $V_{32}$ | 0.000 | 0.000 | 0.000 | 0.236 | −0.841 | 0.199 |
| $V_{33}$ | 0.184 | 0.000 | 0.000 | 0.000 | −0.181 | 0.000 |
| $V_{34}$ | 0.183 | 0.000 | 0.000 | 0.000 | −0.208 | 0.000 |
| $V_{35}$ | 0.177 | −0.146 | 0.000 | 0.000 | 0.000 | −0.121 |
| $V_{36}$ | 0.155 | 0.112 | 0.000 | −0.291 | 0.000 | −0.182 |
| $V_{37}$ | 0.182 | −0.135 | 0.000 | 0.000 | −0.112 | 0.000 |
| $V_{38}$ | 0.179 | 0.000 | 0.000 | 0.000 | −0.251 | 0.000 |
| $V_{39}$ | 0.129 | 0.107 | −0.105 | −0.432 | 0.000 | −0.142 |
| $V_{40}$ | 0.159 | 0.000 | 0.000 | −0.345 | 0.000 | 0.000 |
| $V_{41}$ | 0.174 | −0.130 | −0.145 | 0.000 | 0.000 | 0.170 |
| $V_{42}$ | 0.179 | 0.000 | 0.000 | −0.240 | 0.000 | 0.000 |
| $V_{43}$ | 0.182 | −0.211 | 0.000 | 0.178 | 0.000 | 0.000 |
| $V_{44}$ | 0.175 | −0.188 | 0.000 | 0.000 | 0.000 | −0.237 |
| $V_{45}$ | 0.168 | −0.219 | 0.212 | 0.000 | 0.000 | −0.170 |
| $V_{46}$ | 0.165 | −0.248 | 0.272 | 0.000 | 0.112 | 0.000 |
| $V_{47}$ | 0.179 | −0.199 | 0.000 | 0.000 | 0.000 | 0.000 |
| $V_{48}$ | 0.148 | −0.113 | 0.000 | 0.000 | 0.225 | 0.569 |
| $V_{49}$ | 0.168 | −0.213 | 0.193 | 0.100 | 0.000 | 0.106 |
| $V_{50}$ | 0.150 | −0.171 | 0.000 | −0.249 | 0.000 | 0.197 |
| $V_{51}$ | 0.157 | −0.328 | 0.000 | 0.000 | −0.150 | 0.084 |
| $V_{52}$ | 0.167 | 0.010 | −0.134 | −0.180 | −0.068 | 0.187 |
| $V_{53}$ | 0.171 | 0.000 | −0.277 | 0.000 | 0.000 | 0.000 |
| $V_{54}$ | 0.177 | 0.000 | −0.323 | 0.000 | 0.111 | 0.119 |
| $V_{55}$ | 0.169 | 0.000 | −0.385 | 0.122 | 0.133 | 0.000 |
| $V_{56}$ | 0.164 | 0.047 | −0.347 | 0.274 | 0.076 | −0.046 |
| $V_{57}$ | 0.168 | 0.000 | −0.236 | 0.284 | 0.000 | −0.194 |
| $V_{58}$ | 0.174 9 | −0.118 | −0.116 | 0.000 | 0.000 | 0.000 |

　　根据这 6 个主成分变量的因子载荷情况，现对其重新命名：主成分变量 $Z_1$ 的各因子载荷值比较均衡，并且载荷值都为正数，故它可以代表俱乐部

系统的综合水平，可称其为俱乐部综合满意度因子；主成分变量 $Z_2$ 的因子载荷值呈两极化，其中涉及二级指标 $D_4$（俱乐部管理人员系统）的指标因子载荷与 $D_6$（运动员系统）指标因子载荷值的符号相反，它反映了俱乐部核心主体（管理者与运动员）之间的相互制衡关系，故称其为俱乐部管理者与运动员关系合理度因子；主成分变量 $Z_3$ 在 $D_4$（俱乐部管理人员系统）中的变量 $V_{24} \sim V_{28}$ 与 $D_7$（场馆服务系统）中的 $V_{53} \sim V_{58}$ 上的因子载荷值均较大，且明显不同于其余指标变量因子载荷值，它主要反映了俱乐部系统的 $D_4$（俱乐部管理人员系统）与 $D_7$（场馆服务系统）之间的关系呈相互制衡关系，可以理解为俱乐部管理系统为训练与竞赛提供场馆环境服务条件质量，故称其为俱乐部训练比赛环境条件满意度因子；主成分变量 $Z_4$ 在俱乐部管理人员系统指标 $V_{28}$（工作质量水平）、教练员系统 $V_{31}$（执教成绩水平程度）、$V_{32}$（执教经历程度）、$V_{39}$（运动经历程度）、$V_{40}$（社会关系复杂程度）、$V_{50}$（球星作用程度）、$V_{56}$（场馆设施质量水平）、$V_{57}$（场馆服务水平程度）等指标变量的载荷值均较大，主要体现了俱乐部主体（管理人员、教练员、运动员、场地工作人员）的工作能力水平程度，故称其为俱乐部主体工作质量水平因子。主成分变量 $Z_5$ 在教练员系统中指标 $V_{30} \sim V_{34}$（教练员能力）、$V_{38}$（教练员流动性）及运动员系统 $V_{48}$（薪水水平）上的因子载荷值明显大于其他变量，主要体现了俱乐部教练员与运动员工作能力水平之间的关系，故称其为教练员与运动员关系合理度因子。主成分变量 $Z_6$ 在指标 $V_{29}$（管理人员薪金水平程度）、$V_{30}$（教练组组成合理程度）、$V_{44}$（运动员运动经历程度）、$V_{48}$（运动员薪水水平程度）上的因子载荷值明显大于其他变量，主要体现了俱乐部主体的薪金定位水平合理度，故称其为俱乐部薪金水平合理度因子。

接下来对一级指标俱乐部系统与上述 6 个主成分变量 $Z_1 \sim Z_6$ 进行 GAM 统计建模，以解释变量与被解释变量之间的线性和非线性关系。这里假定模型如下：

$$C_1 = S_0 + S_1(Z_1) + S_2(Z_2) + S_3(Z_3) + S_4(Z_4) + S_5(Z_5) + S_6(Z_6) + \varepsilon \quad (3-7)$$

其中，$S_0$ 是常数项，$S_i(\cdot)(i=1,\cdots,6)$ 是未知的光滑函数，并且有 $ES_i(Z_i)=$

$0(i=1,\cdots,6)$，$\varepsilon$ 是均值为 0 的随机误差项。

　　2）模型结果。利用统计编程软件 R 语言对上述可加模型进行估计，其中对非线性部分 $S_i(\cdot)(i=1,\cdots,6)$ 的估计通过样条函数进行仿真，具体结果见图 3-12。

```
Family: gaussian
Link function: identity

Formula:
c1 ~ s0(z1) + s1(z2) + s2(z3) + s3(z4) + s4(z5) + s5(z6)

Parametric coefficients:
            Estimate Std. Error t value Pr(>|t|)
(Intercept) 7.68269  0.09921    77.44   <2e-16 ***
---
Signif. codes:  0  '***'  0.001  '**'  0.01  '*'  0.05  '.'  0.1  ' '  1

Approximate significance of smooth terms:
         edf   Ref.df  F      p-value
s1 (z1) 2.999  3.722  14.380  1.36e-08 ***
s2 (z2) 6.696  7.708   4.374  0.000255 ***
s3 (z3) 1.000  1.000   0.967  0.328604
s4 (z4) 5.612  6.680   1.752  0.109625
s5 (z5) 3.334  4.033   1.082  0.381544
s6 (z6) 8.048  8.688   3.453  0.001398 **
---
Signif. codes:  0  '***'  0.001  '**'  0.01  '*'  0.05  '.'  0.1  ' '  1

R-sq.(adj) = 0.583   Deviance explained = 69.5%
GCV = 1.4135   Scale est. = 1.0236   n = 104
```

**图 3-12　俱乐部系统运行评价模型常数项情况**

　　图 3-12 显示，俱乐部系统模型的常数项中，$S_0$ 及非线性部分 $S_1(\cdot)$、$S_2(\cdot)$ 和 $S_6(\cdot)$ 对应的 $p$ 值均小于 0.00，即在 5% 的显著性水平下，模型的常数项 $S_0$ 及非线性部分 $S_1(\cdot)$、$S_2(\cdot)$ 和 $S_6(\cdot)$ 均呈现显著。其中，5 个主成分 $S_i(\cdot)(i=1,2,4,5,6)$ 的自由度均大于 1，这说明该部分存在不同程度的非线性成分。edf 表示估计的自由度，其值越接近 1 表示对该部分未知函数的估计越接近线性函数，反之如果其值大于 1 越多，表示该部分未知函数的估计越复杂、非线性程度越高。模型调整后的 $R$ 方为 0.583，同时偏差解释度达到 69.5%，这表明模型可以非常好地对数据进行解释。另通过提取各主成分变量的 $F$ 统计量数值来判断各主成分变量对俱乐部系统运行合理程度的影响大小，其中 $Z_1$（14.380）、$Z_2$（4.374）、$Z_6$（3.453）的 $F$ 值统计量数值均比较大，这 3 个主成分对俱乐部系统运行合理程度的影响较大。

　　3）各主成分变量的非线性关系。为进一步挖掘俱乐部系统内部各主成分指标变量的线性与非线性关系，现绘制各主成分变量的非线性结构图。图 3-13 ～图 3-16 是各解释变量 $Z_1$ ～ $Z_6$ 的非线性结构图，其中横轴是各主

成分变量 $Z_1 \sim Z_6$ 的主成分得分值，纵轴数值是对非线性函数自由度的估计值，实线是该主成分变量对俱乐部系统运行合理程度的平滑化拟合值，虚线表示拟合的函数的逐点置信区间上下限。

图 3-13 显示，俱乐部系统运行合理程度与综合满意度指标呈非线性关系（edf=2.999）。图中拟合曲线略有波动，但总体上有一个较小的、向上的正斜率，说明综合满意度指标数值越大俱乐部系统合理运行程度越高。绝大部分的点都散布在拟合曲线附近，并且没有明显的聚集现象，这为利用 $Z_1$（综合满意度）评价俱乐部系统运行合理程度提供了依据。进一步，这里 $S_1(Z_1)$ 的 $F$ 统计量数值（14.380）大于其余几个主成分变量，说明 $Z_1$（综合满意度）可以作为俱乐部系统运行合理程度评价的主要参考指标。在全部的问卷中，$Z_1$（综合满意度）评价得分 9 分及 9 分以上的有 7 人，8～8.99 分的有 19 人，7～7.99 分的有 32 人，6～6.99 分的有 26 人，5～5.99 分的有 13 人，4～4.99 分的有 5 人，3.99 分以下的有 2 人，总体上为正的有 97 份，为负值的只有 7 份。这说明大部分专家们认为当前俱乐部系统运行比较合理。

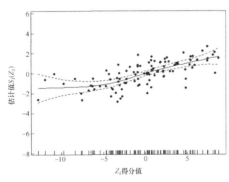 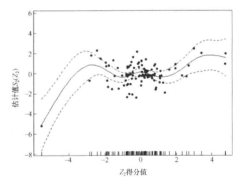

图 3-13　综合满意度因子（$Z_1$）
对俱乐部系统运行的影响

图 3-14　管理者与运动员关系合理度
因子（$Z_2$）对俱乐部系统运行的影响

图 3-14 显示，俱乐部系统运行合理程度与管理者和运动员关系合理度指标呈明显的非线性关系（edf=6.696）。数据点呈现一定的集聚性，靠近中心点处的密度比远离中心点处的密度大。拟合曲线的形状呈波浪形态。曲线斜率较小，表明该主成分 $Z_2$ 对俱乐部系统运行合理程度有一定的正面解释性，说明 $Z_2$ 所代表的俱乐部管理者与运动员关系合理度中，俱乐部管理者

与部分球员合作程度在一定范围内越向两极发展对俱乐部系统运行越有利，管理者与部分运动员较好的合作关系能够使这些球队中坚力量在比赛中全力以赴，同时，管理者与部分运动员较差的关系有利于球员内部之间的竞争和在俱乐部之间流动，这都有益于俱乐部系统的运行，但如果管理者与球员合作关系达到剑拔弩张的极端地步，则会对俱乐部的运行带来巨大的负面效应。这也符合经济学原理：如果一个系统内部的各单位在一定范围内可以很好地彼此融洽合作，那么整个系统的运转就会按照良性循环进行。当这种关系融洽度越来越高时，整个俱乐部系统的运转也会越来越流畅。当一个俱乐部的管理者和球员关系和睦到没有竞争，甚至抱团取暖、凌驾于俱乐部的规制和奋斗目标之上，且抱团出工不出力形成势力垄断，这样对俱乐部影响一定会很差，即如图 3-14 中管理者与运动员关系横轴中间部分所表达的那样，这种和睦关系反而不利于俱乐部的运行发展。这里 $S_2(Z_2)$ 的 $F$ 统计量数值（4.374）较大，说明 $Z_2$（管理者与运动员关系合理度）可以作为评价俱乐部系统运行合理程度的较为重要的参考指标。现阶段专家评价总体数据显示，俱乐部管理者与运动员关系合理度情况较好，但这种合作融洽关系还需要在激励、奖惩和竞争等方面不断地进行完善。

图 3-15 显示，俱乐部系统运行合理程度与训练比赛环境条件满意度指标呈明显的线性关系（edf=1.000）。除少数的离群点，数据呈现明显的聚集特点，且拟合线段只有轻微的向上斜度，基本上分布在一个矩形区域内。但该主成分变量的 $F$ 统计量数值非常小（0.967），表明该变量对俱乐部系统运行合理程度的影响非常小。这还说明中职篮各俱乐部经过多年的发展，当前在训练和比赛环境条件方面达到了一定的水准，且各俱乐部的环境条件差距不大，也使得该主成分从整体上对俱乐部的运行合理度影响较小。

由图 3-16 可以了解到，俱乐部系统运行合理程度与俱乐部主体工作质量水平指标呈明显的非线性关系（edf=5.612），数据点有一定程度的集聚特点，除少数几个点外，从趋势上看，拟合曲线比较平缓，结合该部分的 $F$ 统计值（1.752）可知，该主成分作为俱乐部系统运行结果的表现因素，对于模型的解释度较弱，不是主要影响俱乐部系统运行质量的因素。

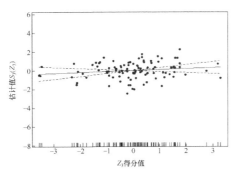 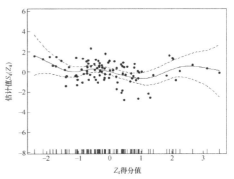

**图 3-15　俱乐部训练比赛环境条件满意度**
**因子（$Z_3$）对俱乐部系统运行的影响**

**图 3-16　俱乐部主体工作质量水平**
**因子（$Z_4$）对俱乐部系统运行的影响**

由图 3-17 可以看到，教练员与运动员关系合理度指标对俱乐部系统运行合理程度的作用具有明显的非线性结构（edf=3.334）。除一个明显的离群点，数据呈现明显的聚集特点。但该主成分变量的 $F$ 统计量数值非常小（1.082），表明该主成分变量对俱乐部系统运行合理程度的影响也非常小，也说明当前各俱乐部的教练员与运动员关系不是影响俱乐部运行合理度的重要指标，每个俱乐部选择教练员和运动员时，均将俱乐部的财力、物力、发展目标等进行综合评估后决定，而经过多年的发展，作为职业教练和职业球员的参与主体，其相互关系相处的融洽性已经是各自应具备的基本能力，因此对俱乐部发展来说，他们之间的关系良性发展非常重要，但由于职业运动员与职业教练员关系不良而对俱乐部产生影响的情况非常少。

俱乐部薪金水平合理度指标对俱乐部系统运行合理程度的作用具有明显的非线性结构（edf=8.048），如图 3-18 所示，数据呈现明显的聚集特点，且表现为中间高、两头低的波浪曲线。但该主成分变量的 $F$ 统计量数值较大（3.453），表明该主成分变量对俱乐部系统运行合理程度的影响比较大。当前各俱乐部薪金水平合理度是影响俱乐部运行合理度的重要指标，优秀的教练员、运动员、管理人员在选择俱乐部时，均根据俱乐部的财力、物力、发展目标及能够为其提供的薪水水平等进行综合评估后决定，当前各俱乐部薪金水平也由于各俱乐部的所属企业财力、俱乐部本身的成绩等差异很大。同时，每个俱乐部的薪金制度的合理性对俱乐部主体的引进、工作激励等方面均起到非常关键的作用：有些俱乐部引进了不少好的球员，但由于过高的薪水水平使球员非常满足，进而使其缺乏赛场拼搏的动力而影响到俱乐部的比赛成绩；有些俱乐部过低的薪水水平激励不起球员在竞赛中全力以赴的劲头，影响了俱乐部的成绩和发展。所以，适度的薪水和合理的薪水规制能促使俱乐部参与主体高效、努力地工作，进而实现最合理的、多劳多得的分配方案。

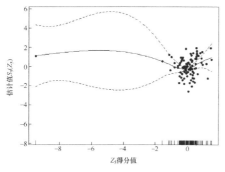 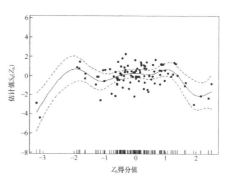

图 3-17　教练员与运动员关系合理度因子（$Z_5$）对俱乐部系统运行的影响　　图 3-18　俱乐部薪金水平合理度因子（$Z_6$）对俱乐部系统运行的影响

### 3.7.2.2　实证分析

从上述广义加性模型对俱乐部运行系统非线性的分析可知，俱乐部运行综合满意度因子、俱乐部管理者与运动员关系合理度因子、俱乐部薪金水平合理度因子是该一级指标系统的主要影响因素。因此，针对这 3 个最重要的影响因子，我们结合俱乐部运行系统的实际状况做进一步的详细分析（表 3-5）。

表 3-5　专家对俱乐部系统指标变量的评价得分情况

| 指标 | $N$ | 极小值 | 极大值 | 均值 | 标准差 |
|------|-----|--------|--------|------|--------|
| $V_{23}$ | 104 | 2.00 | 10.00 | 6.903 8 | 1.709 59 |
| $V_{24}$ | 104 | 2.00 | 10.00 | 6.894 2 | 1.677 48 |
| $V_{25}$ | 104 | 2.00 | 10.00 | 6.798 1 | 1.786 57 |
| $V_{26}$ | 104 | 2.00 | 10.00 | 6.884 6 | 1.730 97 |
| $V_{27}$ | 104 | 2.00 | 10.00 | 6.942 3 | 1.629 98 |
| $V_{28}$ | 104 | 3.00 | 10.00 | 6.855 8 | 1.686 14 |
| $V_{29}$ | 104 | 2.00 | 10.00 | 6.884 6 | 1.566 07 |
| $V_{30}$ | 104 | 2.00 | 10.00 | 7.298 1 | 1.734 18 |
| $V_{31}$ | 104 | 3.00 | 10.00 | 7.355 8 | 1.544 92 |

（续表）

| 指标 | $N$ | 极小值 | 极大值 | 均值 | 标准差 |
|---|---|---|---|---|---|
| $V_{32}$ | 104 | 4.00 | 76.00 | 8.211 5 | 6.834 62 |
| $V_{33}$ | 104 | 4.00 | 10.00 | 7.278 8 | 1.609 78 |
| $V_{34}$ | 104 | 2.00 | 10.00 | 7.288 5 | 1.658 59 |
| $V_{35}$ | 104 | 1.00 | 10.00 | 6.471 2 | 1.900 21 |
| $V_{36}$ | 104 | 4.00 | 10.00 | 7.144 2 | 1.302 86 |
| $V_{37}$ | 103 | 2.00 | 10.00 | 6.922 3 | 1.818 69 |
| $V_{38}$ | 104 | 2.00 | 10.00 | 6.990 4 | 1.703 77 |
| $V_{39}$ | 104 | 3.00 | 10.00 | 7.538 5 | 1.551 22 |
| $V_{40}$ | 104 | 2.00 | 10.00 | 6.971 2 | 1.597 67 |
| $V_{41}$ | 104 | 2.00 | 10.00 | 7.317 3 | 1.596 50 |
| $V_{42}$ | 104 | 1.00 | 10.00 | 7.317 3 | 1.476 45 |
| $V_{43}$ | 104 | 3.00 | 10.00 | 7.057 7 | 1.884 15 |
| $V_{44}$ | 104 | 3.00 | 10.00 | 7.250 0 | 1.722 21 |
| $V_{45}$ | 104 | 2.00 | 10.00 | 5.980 8 | 2.080 80 |
| $V_{46}$ | 104 | 1.00 | 10.00 | 6.413 5 | 2.170 46 |
| $V_{47}$ | 104 | 3.00 | 10.00 | 7.048 1 | 1.829 53 |
| $V_{48}$ | 104 | 1.00 | 10.00 | 7.278 8 | 1.726 19 |
| $V_{49}$ | 104 | 2.00 | 10.00 | 7.009 6 | 1.754 30 |
| $V_{50}$ | 104 | 1.00 | 10.00 | 7.307 7 | 1.678 40 |
| $V_{51}$ | 104 | 2.00 | 10.00 | 7.048 1 | 1.927 72 |
| $V_{52}$ | 104 | 2.00 | 10.00 | 7.336 5 | 1.604 67 |
| $V_{53}$ | 104 | 2.00 | 10.00 | 7.067 3 | 1.596 50 |
| $V_{54}$ | 104 | 1.00 | 10.00 | 7.192 3 | 1.672 61 |
| $V_{55}$ | 104 | 2.00 | 10.00 | 7.192 3 | 1.689 93 |
| $V_{56}$ | 104 | 2.00 | 10.00 | 7.355 8 | 1.660 03 |
| $V_{57}$ | 104 | 2.00 | 10.00 | 7.125 0 | 1.809 83 |
| $V_{58}$ | 104 | 1.00 | 10.00 | 7.096 2 | 1.726 54 |

## 1. 俱乐部运行综合满意度方面

由于俱乐部运行系统包括范围非常大，其运行受外围政治、经济、文化、体育环境及中职篮俱乐部相关内外部参与主体、关联主体之间相互复杂关系的影响，因此，对其综合满意度，主要利用复杂系统理论机理，并侧重于从系统主体关系的角度对俱乐部系统运行情况进行分析。根据指标体系中三级指标的情况，对二级指标下的管理人员系统 $D_4$、教练员系统 $D_5$、运动员系统 $D_6$、场馆服务系统 $D_7$ 等方面与俱乐部系统之间的复杂关系进行深入研究。其中二级指标的专家打分情况显示，管理人员系统 $D_4$ 得分为 6.9712分，教练员系统 $D_5$ 为 6.9808 分，运动员系统 $D_6$ 为 6.9519 分，场馆服务系统 $D_7$ 为 6.9934 分。专家对当前俱乐部运行系统的满意度处于中等偏上程度，这说明当前俱乐部的改革日趋合理，但也存在较多的问题。

1）俱乐部规模与中职篮消费市场发展协同度方面。职业体育联盟组成俱乐部之间复杂的竞争与合作关系，诞生了职业体育所特有的多个俱乐部组织组成的联盟市场垄断模式。经过多年的市场垄断与反垄断争议与实践，作为一种特殊的经济实体，其已经得到了各国的认可。职业体育以高度商业化、市场化的高水平体育赛事运作和推广为核心，向社会提供高质量的竞技体育表演服务和相关产品。作为一种社会复杂系统，职业体育是基于参与者之间遵循市场经济竞争、供求、价格基本规律和体育运动发展特征的前提而形成的局部相互关系和整体复杂行为而存在的[108]。当前，中职篮作为我国职业篮球联盟的形式，是由 20 支男子篮球俱乐部在中国篮协的监督下、CBA 公司的领导下组成的。这种联赛结构是将各俱乐部聚集在一起并进行相互竞争和合作的组织系统。如图 3-19 所示，中职篮赛事和各俱乐部作为职业体育系统的供给侧主体，为系统提供比赛需要的最核心主体（运动员、教练员和裁判员），三者之间相互影响、相互促进，且通过俱乐部之间的相互竞争与依存，共同影响着中职篮比赛的整体质量。只有高质量竞赛才能为俱乐部提供良好的生存基础，中职篮系统才能实现良性发展；而观众、转播媒体、赞助企业等组成了产品需求主体。其中，赞助企业为获取社会观众的注意力向中职篮或俱乐部和转播媒体支付赞助或广告宣传费，进而达到使观众关注并购买企业产品的目的，故赞助企业非常注重中职篮赛事的大众关注度及其作为广告宣传媒介的价值，如果赞助赛事关注度非常高，则通过赛事转播的媒介作用，既能提高企业产品知名度，又能实现产品销售增长、扩大市场竞争力。因此，为赞助企业提供的宣传效果越好，中职篮赛事对赞助企业的吸引力就越大，故中职篮系统和赞助企业之间存在互惠双赢的关系。而媒体则通过为中职篮赛事提供信号转播来获取赞助企业的广告费，社会观众的关注度及收视费，部分俱乐部支付的宣传费[56]。网络时代使转播媒体转变为社会高效产业，作为依赖注意力经济生存的中职篮赛事的信号载体，媒体转播赛事选择、转播质量、观众观赛热情等也很大程度上关系着赞助企业对中职篮赛事的投资规模。综上所述，中职篮赛事的商业价值、媒体的转播规模质量、赞助企业的资本投入与观众关注程度关系密不可分，且四者相互依存、相互促进[47]。因此，中职篮、转播媒体、赞助企业和观众等主体围绕赛事表演这一核心平台，组成了各获所需的中职篮市场大系统。其中，相关资本主体向中职篮赛事系统投入资本，俱乐部的教练员、运动员等向系统投入竞技表演无形资产，转播媒体向系统投入信号传播载体，观众向系统投入直接注意力和间接购买力。所有主体就这样遵循职业体育的运行规律，形成以竞赛表演市场运作为中心的循环系统展开市场化运作，相关利益主体在相互联系中建立一种系统秩序。这是维系中职篮健康运营的关键所在。因此，在研究当前中职篮运营时，一定要重视系统内各方的利益关系等多方问题[69]。一旦忽视系统内外任何环节和主体动机，都有可能导致改革措施在实践中失败。

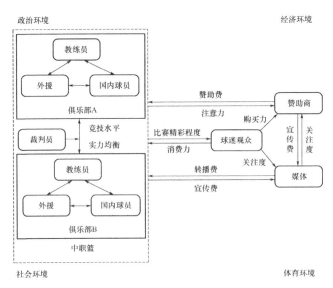

图 3-19　中职篮的核心主体关系

过去 20 多年的中职篮改革与发展，其目的是通过中职篮管理体制转轨和运行机制改革，做大做活联赛产品市场。现实中，当前中国有 3 亿多人喜欢打篮球，且近年来篮球消费主体的规模剧增，这给中职篮消费市场带来了巨大的发展空间。有研究表明，国家的 GDP 发展水平、恩格尔系数与大众服务性消费密切相关。大数据统计显示：人均 GDP 达 1600 美元时，恩格尔系数约为 33%，服务性消费支出占个人总消费的 50%。早期，美国在人均 GDP 超过 5000 美元后，中产阶级规模逐渐壮大，人均体育消费开始飞速增长。而当前中国人均 GDP 已达 1 万美元，人民生活水平大幅提高，我国中产阶级已达近 2 亿，但人均体育消费只是全球平均水平的十分之一。在当前国家众多利好政策的推动下，体育产业飞速发展，2019 年体育产业总规模已达 29 483.4 亿元，占国家 GDP 比重已突破 1%，专家预计 2035 年将会占 GDP 4% 左右[109]。可以预见，中产阶级规模的不断壮大及其健康消费转型需求，加上以及国家不断颁布的体育产业政策利好，将会快速拉动人均体育消费及相关消费的增长，也会为中职篮的发展提供广阔的市场空间。而当前中职篮系统供给侧核心产品质量与规模严重滞后于当前职业体育消费市场的发展。由于当前中职篮联赛规模小、赛程短等原因，至今占中国总人口一半以上的多个省份没有中职篮球队，导致 NBL、CBA 青年联赛、CUBA 等联赛球员的发展受到严重制约，也致使众多有潜力的球员中途被淘汰，或一些具备潜力的青少年直接放弃了参与竞技篮球运动。加之我国竞技篮球后备人才培养系统的改革依然滞后，联赛发展对大规模、高质量后备人才的需求与当前的三级培养体系供给显然存在严重失衡，致使中职篮系统供给侧核心产品（运动员、教练员等）远远不能满足当前职业体育消费市场的需求，同时，严重限制了赞助商的赞助力度及联赛市场开发。当前，虽有众多企业关注中职篮的巨大潜在市场，但参与联赛的仅有中国人寿、一汽大众、SOHU 等实力较强赞助商，与 NBA 的中国赞助商还存在较大差距。所以，中职篮系统供给侧核心产品（运动员、教练员等）规模和质量问题不但影响到消费者的关注程度，限制了联赛赞助商的投资，不利于联赛产品提供者俱乐部和投资人的利益最大化，还会影响到其关系链上其他系统的发展。近期篮协在未来赛程规划中，虽然增加了季后赛球队和场次作为扩大联赛影响力的进一步尝试，但不能从根本上解决联赛规模和质量不足问题。从我国联赛复杂系统的整体上考虑，首先，我国竞技篮球环境非常好，前篮管中心主任李元伟和 NBA 专家对我国篮球市场调研的数据均显示，中国篮球人口有 3 亿，且近年来篮球消费主体人口剧增。这给中职篮带来了巨大的商机。近年来李宁公司、中国人寿、中国移动等给中职篮的巨额投入，已经体现出联赛的巨大商机潜力。其次，我国地缘辽阔，当前的联赛俱乐部主要集中在发达的沿海地区，而中西部地区的很多省，如河南省、河北省、湖南省、湖北省、内蒙古自治区、广西壮族自治区等，中职篮俱乐部还是空白，这些土地面积占国土三分之二以上、人口占中国总人口一半以上的地域，篮球市场还没有得到充分开发（见表3-6），这些地区的球迷还没找到自己地区所支持的球队，这使得这些省份的球迷在看球时没有归属感，或直接把注意力转向了 NBA，这不得不说是中职篮市场的巨大损失。最后，由于中职篮经历了多年的发展，目前已成为中国男篮培养和选拔教练员和运动员的主要平台，但由于联赛规模较小，很多有潜力的球员得不到联赛的锻炼而被半路淘汰，还一些有潜力的青少年害怕极高的淘汰率而放弃选择竞技篮球。当前，我国竞技篮球后备人才质量和数量下降与联赛俱乐部规模也存在直接的关系，这与中国篮协开办联赛的目标不相符。

**表3-6    我国拥有和没有中职篮球队省份统计** [110]

| 无中职篮球队省份 | 有中职篮球队省份 |
| --- | --- |
| 黑龙江 | 吉林 |
| 内蒙古 | 辽宁 |
| 河北 | 北京 |
| 河南 | 天津 |
| 陕西 | 山东 |
| 甘肃 | 山西 |
| 宁夏 | 江苏 |
| 青海 | 浙江 |
| 西藏 | 福建 |
| 云南 | 广东 |

（续表）

| 无中职篮球队省份 | 有中职篮球队省份 |
|---|---|
| 贵州 | 四川 |
| 广西 | 新疆 |
| 湖南 | 上海 |
| 湖北 | — |
| 重庆 | — |
| 江西 | — |
| 安徽 | — |
| 海南 | — |

中职篮将股份平均分给 20 个俱乐部以及中职篮宣布近期没有俱乐部扩军的规划，使 NBL 与中职篮之间的通道彻底关闭，这严重损害了 NBL 联赛俱乐部参与的积极性，毕竟两个联赛的影响力和关注度差距非常大，也使得 NBL 联赛的举办质量和俱乐部参赛动机受到严重打击。因此，有些受访专家认为，当前中职篮至少每个省份拥有一支俱乐部比较合理，甚至有些专家认为当前我国经济飞速发展，中职篮拥有 40 支俱乐部球队参赛也不为过。因此，当前中职篮系统供给侧产品质量和规模的提升问题依然需要科学合理的改革方案。

2）管理人员系统。表 3-5 显示，专家对管理人员系统各指标的打分普遍在 6.79～6.91 分。这也说明中职篮俱乐部作为一种特殊的企业形式，经历了 20 多年职业化发展，至今已逐步形成了关于俱乐部机构设置、运行和责权利分配的管理体系。该体系一般包括董事会、俱乐部办公室、运动员管理部、青少年训练部、市场开发部、后勤服务部及竞赛部等。董事会主要负责俱乐部的重大事件及战略方向决策，球队总经理协调下设的办公室、财务部、竞赛部、青少年培训部、市场开发部等部门，负责竞赛、经营、制度、文化及社会服务等相关工作。其中，办公室负责俱乐部日常事务、规章制度制定、球队运行后勤保障和与媒体联系等工作；财务部负责俱乐部财务管理制度制定和俱乐部财务运作；竞赛部负责俱乐部球队的训练、比赛等事务；青少年训练部负责俱乐部二、三线梯队的选拔、训练与比赛等事务；市场开发部负责俱乐部的商务运营与推广，包括广告设计、赞助商洽谈和球迷市场开发等。可以看出，当前中职篮俱乐部组织结构日趋合理，在部门分工细化和明确方面可进一步完善。

在对俱乐部的走访与调研中发现，每个俱乐部均按照中职篮制定的《中国男子篮球职业联赛俱乐部准入实施方案》《中国男子篮球职业联赛俱乐部准入标准及评估细则》及各种相关规定，对俱乐部机构设置、管理制度、俱乐部参赛队伍设置及评估资格、俱乐部申报及评估检查等各方面进行了有针对性的准备，但由于中职篮"行政化、职业化"产生背景"双轨制"的特殊性，加上俱乐部属性的复杂性等，使得各俱乐部规章制度及俱乐部内部管理均处于边实践边完善状态，虽经过多年的发展，各俱乐部也均形成了现代企业管理的基本形式，但由于俱乐部组建和前期发展需要投入大量资本，故俱乐部上属投资主体的资本属性决定了俱乐部资金来源。纵观中职篮俱乐部近30年的发展历程，其上述投资主体的资本属性包括民营企业独资、国有企业独资、政企合资、军企合资和个人独资等5种类型，其中国有企业独资俱乐部4个，政府和企业合资的俱乐部4个，民营企业独资俱乐部有10个[111]。而处于职业化改革初期的各俱乐部还不能完全独立出来实现自我造血，只能依附于上属不同资本属性的投资主体。在中职篮和上述投资主体的双重管理下，当前各俱乐部普遍存在以下问题：①俱乐部产权不清晰，独立造血功能不足。众多俱乐部存在产权属性复杂化现象，由于国企和职业体育实体金融制度的冲突，也造成部分俱乐部的经济运营与所属上属企业的资金管理模式和制度冲突，进而影响到俱乐部在人才培养、产业经营上的正常运转，也产生了一些俱乐部频繁更换投资方的现象。例如：有的俱乐部短短几年多次易主，有的俱乐部由于体育局和俱乐部之间的矛盾，产生经营问题，这些不稳定的现象进而导致了企业对俱乐部投资减少。当前，在CBA公司的带动下，相关民营企业独资俱乐部也由早期的个人制、合伙制逐渐过渡到如今的股份制，并不断向产权公众化、组织实体化、管理专业化的方向转变。在双轨制不断融合和改革的过程中，俱乐部在职业化和市场化进程中不断发展与完善，也逐渐体现出中职篮俱乐部产权结构改革的成效。②俱乐部管理机构、人员设置、职能分配不完善。中职篮俱乐部的管理机构虽然设置了董事会、俱乐部办公室、运动员管理部、青少年训练部、市场开发部、后勤服务部及竞赛部等，但管理人员的专业性和数量均与职业化的要求差距较大，董事会领导往往由上属公司直接任命，很多俱乐部早期的总经理和董事会领导均不是职业体育专业出身，甚至很多管理者任命前从没有接触过竞技体育，在管理中也出现了众多不职业现象。即使经过近几年的大力改革，俱乐部管理者的职业体育管理经验和认识不断得到提高，但由于俱乐部属性归属问题，当前很多俱乐部还存在权职系统设置复杂的问题，有些俱乐部竟然同时存在执行副总、常务副总等职，也增加了俱乐部重大事宜和细节管理决策冲突的风险[112]。另外，各俱乐部总经理对各部门的直接领导，也产生管理者权力高度集中的现象。在俱乐部管理人员的部门设置与分工中，经常存在部门分工不明确的情况，有些部门仅有 1、2 名工作人员，有些部门形同虚设，由其他部门人员兼职，且很多工作人员都不具备专业和经验基础，很多是大专院校毕业就直接上岗的实习生，且所学专业与从业专业大相径庭，学经济管理的不懂体育，学体育专业的不懂经济，这也使得俱乐部的管理细节质量得不到保障。另外，俱乐部经过几年努力刚培养出能够独当一面的人才，很快就被其他高新俱乐部挖走。作者团队在走访调查中发现，在内陆经济实力差的俱乐部，这样的人才流失现象尤为严重。这也是制约俱乐部运营质量保证和提升的重要原因。并且，一些俱乐部中机构纵向划分为 4～5 个层级，由于中间层次繁多，降低了俱乐部工作精神传达与落实的时效性。中职篮职业化程度的不断提升对俱乐部的管理提出了更高的要求，因此，俱乐部应在管理机构设置、人员配备、职能分工等方面深入研究，真正实现俱乐部现代化企业管理运营模式，进行高效的管理和决策，专业人做专业事，并经过一段时间的积累，在实现自我造血功能发挥作用的基础上，逐渐成为能够独立运营的真正职业化俱乐部。

3）教练员系统。表 3-5 显示，在教练员系统中，专家打分最高的是教练员的执教经历指标（8.2115），最低的是学历程度指标（6.4712）。这说明，当前中职篮教练员普遍为运动员出身，他们在从专业运动员转化为职业教练员过程中，积累了丰富的执教经历，但普遍存在文化学习不足、学历水平不高的情况。教练员作为俱乐部球队训练与竞赛的核心主体,一直是中职篮核心产品质量的主导者。据统计,长期以来,优秀教练员一直是中职篮的稀缺资源。中职篮教练员结构数据显示,本土绝大多数教练员都是由原我国竞技篮球优秀运动员退役后转型而来。早期我国专业运动员"重训练、轻学习"的培养模式,致使他们文化水平较低,知识结构不完善,创新能力缺乏[113]。他们执教时基本上按照自己当运动员期间所接受的"师傅传徒弟"的经验来指导训练,在确定球队技战术打法时也基本上围绕自己的优势和经验强迫球员学习、演练,而不善于学习和吸收竞技篮球训练前沿的先进方法和手段,也不能根据球队球员的特点制定适合的技战术打法,从而使该群体的执教能力难以提高。另外,中职篮多年来引进了不少外籍教练来提高俱乐部的竞技水平。整体上看,俱乐部对于外籍教练的引用有成功案例,例如,外籍教练"篮球恺撒"尤纳斯、美国的布莱恩·戈尔、斯蒂芬·马布里等以先进的篮球哲学理念、训练方法和临场指挥艺术,为球队竞技能力提升作出了很大贡献,但同时,也存在外籍教练引用失败的情况,使得俱乐部高投入没有达到预期目的而损失惨重。这反映出当前中职篮外籍教练员选择、聘用和管理还存在一定的盲目性、片面性,没有形成科学合理的选聘评估机制。

4)运动员系统。表3-5显示,在运动员系统中,专家打分最高的是运动员的工作环境条件$V_{52}$(7.3365)和薪水水平程度$V_{48}$(7.2788),最低的是学历教育程度$V_{45}$(5.9808)和职业素质水平程度$V_{46}$(6.4135)。这说明,经过多年的职业化改革,当前俱乐部球员训练、竞赛、生活、可持续发展的环境条件不断得到改善,且专家们认为运动员的薪水水平也比较合理,但职业球员普遍存在教育程度低、职业素质水平不足的问题。

(1)本土球员方面。高水平球员是竞技篮球最核心的产品,也是高质量篮球赛事的直接创造者,因此俱乐部的核心工作是选拔、培养和训练高水平球员,并在比赛中转化成高质量的竞技状态,进而取得比赛的胜利。在中职篮改革初期,篮管中心制定了北极星计划,利用国家的培养系统为中国竞技篮球培养优质球员,但后来由于中国竞技篮球管理者换届,新领导为确保国家队成绩进行了思维方式改变,使得大范围、厚基础的培养方式转变为窄口径、小范围的精英式培养，也为后续多年我国优秀球员短缺埋下了隐患。近年，我国竞技篮球优质运动员变得非常稀缺，也直接影响到中职篮扩军的需要和国家队的成绩。而由于中职篮优质球员的稀缺，使得少数高水平球员竞争压力减小，导致了当前中职篮竞赛产品质量受到影响，一些本土优秀球员均集中在广东宏远、辽宁飞豹、北京首钢等少数俱乐部，进而影响到中职篮整体俱乐部实力的均衡，只能采取外援引进模式对其进行补充。

（2）外籍球员方面。作为中职篮最重要的竞赛组成部分，外援、国内球员与教练员组成了供给侧主体，三者之间相互影响、相互促进，进而影响着联赛的整体竞赛质量；而球迷观众、媒体、赞助商等组成了产品需求主体。中职篮自 1995 年成立起，就开始尝试引进高质量外援，并为合理使用和管理外援做了很多的尝试[114]。根据中职篮引援方式和薪金限制规定特征，其变化历程可分为 4 个阶段[114]。① 1995—2003 赛季（初试阶段）。该阶段中职篮外援引用模式表现特征为：各俱乐部依据自身的财政状况自由挑选外援和支付外援薪金；外援上场从起初的"每节使用 1 人次"逐渐过渡到"2 名外援轮流上场""4 节 4 人次""常规赛 4 节 5 人次、季后赛 4 节 4 人次"；赛季更换外援规定从起初的"联赛间不允许更换"逐渐过渡到"联赛间可更换 1 人""常规赛可更换 2 人次"。自 1995—1996 赛季浙江队引进了乌兹别克前锋米哈依尔·萨文科夫起，随后几个赛季，大批外援涌入中职篮，使中职篮竞技水平明显提升，这也快速推动了中国职业篮球市场开发。但由于中职篮引援没有统一的标准，各俱乐部经验不足，并且我国职业经纪人还没有出现，部分俱乐部在引援质量、引援竞争及引援管理等方面问题层出不穷，中职篮在引援政策上急需改革。② 2003—2008 赛季（规范阶段）。中国篮协为保证引援质量并避免中职篮俱乐部之间引援冲突，尝试组织协调各俱乐部到美国篮球学院进行中职篮选秀营外援挑选。外援质量由资深美国篮球专家和教练员通过评价后排出优劣顺次，再由中职篮各俱乐部实行"倒摘牌"挑选外援[29]。该阶段还逐渐采取月薪不超过 2.5 万美元的薪金限制。外援上场规定变化不大，只在"常规赛 4 节 5 人次、季后赛 4 节 4 人次"基础上进行了微调，但赛季更换外援规定变化幅度比较大，从起初的"常规赛可 3 次更换"改为"常规赛可更换 2 人次"，再过渡到"联赛间不允许更换"，后又允许"季后赛可从非决赛队伍中更换 1 名"。集中选秀在当时中职篮的发展背景下，一定程度上规范了外援引用和管理。但经过几个赛季的实践发现，集中选秀存在可选择范围窄、对外援了解不足等问题，时常发生俱乐部选不到理想外援的情况，对球队的竞技能力和成绩也造成了一定的影响。③ 2008—2010 赛季（突破阶段）。中国篮协基于前期集中选秀实践中存在的问题，决定从 2008—2009 赛季起取消集中选秀，改为自由引援。由于各俱乐部前期的经营积累，经济实力均有了一定提升，也提高了"两名外援月薪不超过 6 万美元"的外援引进薪金限制标准。外援上场和赛季更换等方面规定的限制也开始放开，其中上场规定改为"无上场时间和人次限制"，后又改回"4 节 6 人次"，赛季更换也放开到"可更换 2 人次、亚洲球员不允许更换""联赛间可更换 3 人"。该阶段，NBA 明星外援邦奇·威尔斯等高水平的大牌外援开始进入中职篮，这些大牌外援的到来快速提升了中职篮的观赏性和球迷关注度，刺激了球市。但这一时期，联赛对外援薪金的限制制约了外援引进，导致了"阴阳合同"现象，中国篮协也意识到该条款已不适应于当前联赛的需要，急需进行改革。④ 2011 年至今（爆发阶段）。中国篮协根据前期外援引用实践中存在的问题，作出自 2011—2012 赛季取消对外援薪金的限制并可自由挑选外援的决定。当时正值 NBA 发生停摆事件，中国篮协取消限薪的政策彻底摘除了各俱乐部引援的紧箍咒，使得肯扬·马丁（Kenyon Martin）、J.R. 史密斯（J.R.Smith）、威尔森·钱德勒（Wilson Chandler）等大批 NBA 球星来华参赛，也使得中职篮的品牌价值和社会影响力得到了爆发式的提升，进而在 2012—2013 赛季，李宁公司与中职篮签署了 5 年 20 亿人民币的大合同，至此，中职篮职业化改革取得了历史性突破。另外，该阶段外援上场时间和人次规定只是在"2 人 4 节 6 人次、末节 1 人次"的基础上进行微调，赛季更换规定也呈放开趋势，从"赛季间更换 3 人次、季后赛只能 1 人次"逐渐过渡到"常规赛更换 4 人次、季后赛更换 2 人次"，并决定在 2020—2021 赛季采取"不限制更换外援次数、可注册 4 名外援"的模式[115]。中职篮 24 个赛季的外援引进和使用模式演变经历表明，外援引进在方式、规模、薪金限制、上场使用和赛季更换等方面均呈逐渐放开限制的趋势，这对提高中职篮竞赛整体水平以及中职篮的品牌价值等方面起到了非常重要的作用，同时也促进了中国篮球运动与世界的接轨[116]。

影响职业联赛成功最重要因素之一是各球队实力的均衡，这样可使比赛结果充满不可预知性。中职篮各俱乐部之间的竞争力越平衡，比赛往往打到最后一刻决胜负时，比赛就越精彩、越激烈，比赛结果就越充满悬念，提供给观众的感官刺激就越大，进而令无数球迷充满激情。因此，中职篮为适应市场快速发展的需求，各俱乐部球队实力平衡也是联赛改革的核心目的。实践证明，外援的引用为中职篮俱乐部的实力均衡起到了非常重要的作用。例如，从中职篮改革之前的"八一王朝"，到改革之初的"广东宏远王朝"，再发展到现在的"群雄逐鹿"，均与中职篮外援引用有很大关系。其中的典型案例有：北京首钢引入大牌外援马布里等，豪取中职篮三连冠；四川金强引入"邓-哈-哈"，跳跃式获得 2015—2016 赛季中职篮总冠军。这些俱乐部均依靠外援打破了中职篮王朝式的垄断，实现了诸多俱乐部的实力均衡。另外，学者李国兴、刘永峰等利用 HHI 指数对多年来中职篮各俱乐部的竞争实力进行分析发现，不论是联赛整体还是各赛季的常规赛、季后赛，HHI 值均呈下降趋势，各俱乐部整体竞争实力正向着均衡方向发展，比赛结果的不确定性在增强，且场均观众人数总体保持着上升的态势[117]。在 CBA 公司最新公布的 2018—2019 赛季，常规赛主场胜率为 60.9%，季后赛仅为 48.7%，这些数据均为联赛开展以来历史最低，这反映出各俱乐部实力越来越接近。同时，中职篮市场发展的核心影响因素取决于中职篮提供给观众的竞赛表演产品质量，这也是职业体育市场充满生机和活力的重要来源，而竞赛表演产品质量主要表现在球员的竞技水平、比赛结果不确定性等方面。中职篮采取的外援引用模式提高了联赛水平，均衡了俱乐部的竞技实力，大牌明星外援的引用更是刺激了观众球迷对中职篮的关注，引起了轰动。据统计，北京首钢引入斯蒂芬·马布里后的赛季，上座率提升了 25.2%，浙江广厦引入 J.R. 史密斯后的赛季，上座率提升了 36.5%，青岛双星引入特雷西·麦格雷迪（Tracy McGrady）后的赛季，上座率提升了43.3%。为满足更多观众需求，北京和青岛两家俱乐部甚至更换了主场[118]。球迷观众的大幅增加必然会引起赞助商与媒体关注度的提升，中职篮也先后出现了李宁公司5年20亿元、中国人寿3年10亿元的大合同。2018—2019赛季中职篮宣布进入10亿时代，赞助费8亿元加版权费4.5亿元也创造了联赛新高[119]。央视、腾讯、中国体育直播、优酷体育与中国移动咪咕等媒体共同形成了中职篮转播的立体网络，赛事及相关视频直播、点播的总播放量已经上亿，常规赛现场观众人数达到192万6千多人。对众多球迷、观众的调查数据显示，"对外援的关注"是其观看中职篮赛事的重要原因之一。

当前，学者们对外援引用可以提高俱乐部成绩和联赛整体竞技水平的观点一致，最大的争议在于"外援引进与国内俱乐部财力负担问题"和"外援引用对国内球员竞技能力提高的影响"。外援引用着实吸引了更多球迷观众、赞助商及大众媒体的关注度，进而提高了中职篮整体及各俱乐部的品牌价值。因此，外援引用费用的增加和俱乐部财政收入的关系是相辅相成的，只是存在时空错位的问题。只要解决好不同时期引援费用和俱乐部的财力负担均衡问题，俱乐部就会不断地积累财富，中职篮价值总量也会随之大幅提升。另外，一些学者认为，外援引用为中职篮带来了先进的技术、战术及竞技篮球理念，在日常训练中，可以潜移默化地影响国内球员，使其在技战术应用能力、身体对抗能力及先进竞技理念理解等方面得到提高。在比赛中，不管国内球员面对高水平外援的防守，还是对高水平外援的防守，每一次对抗其实都是一次很好的历练，久而久之，国内球员适应了高水平防守和对抗，自然竞技能力就会得到大幅提升。也有一些学者认为，外援在比赛中占据了大量的比赛时间和关键球处理机会，导致国内球员比赛时间和比赛经历大幅缩减，这一现象严重制约了国内球员竞技能力的提高。著名篮球解说专家张卫平认为，当前的中职篮比赛中，外援几乎是各球队的绝对核心，中国球员只是把球带过半场，给外援传传球、打打下手，最后由外援来终结比赛[120]。这样的联赛现状非常不利于国内球员的发展。从复杂系统角度分析，作为联赛最核心的子系统主体，教练员、外援和国内球员是俱乐部一切工作的中心，子系统任何主体（教练员、外援、国内球员）能力的变化，都会给子系统带来一系列的影响，其中外援引进和使用是一把双刃剑，如果三者关系处理得当，该子系统就会良性发展，三者关系处理不当，俱乐部成绩就会大受影响。因此，该子系统中最重要的影响因素应该为训练和比赛中的细节管理。例如：引援时，应对外援的思想、人格、竞技能力、自我约束能力等指标体系进行综合评价；训练时，教练员应因势利导地加强国内球员结合自身特点对外援拥有的先进技术水平、战术运用能力的学习，并在教学比赛中增加外援和国内球员的攻防对抗；通过大量的视频分析发现，比赛中，进攻时往往球权交给外援，但这个过程中，对手教练员为保护外援、避免其犯规过早过多，往往会使用国内球员防守对手的外援，这样国内球员就会面对外援。通过对这一系列细节的重视以及一系列措施的实施，外援的引用就会朝着有利于国内球员竞技实力提升的方向发展，进而促进俱乐部成绩的提高和中职篮竞技水平的提高。其实，在复杂系统中，重视了主体之间的复杂关系，因势利导，整个关系链或子系统整体就会向好的方向发展。

（3）网红篮球明星方面。21世纪以来，人工智能、大数据、区块链等网络技术正在对全球经济发展产生颠覆性的影响，人类社会正加速迈进"智能互动"的注意力经济时代。当前，注意力经济已发展成为我国经济发展的新动力，而具有典型注意力经济特征的中职篮也随之涌现出众多网红现象。网红现象作为中职篮的新事物、新现象，对中职篮系统微观个体和宏观整体发展的影响是"促进"还是"制约"？下面从网红现象的概念、生成演变的逻辑机制，以及从注意力经济时代的中职篮网红现象价值体现等方面进行系统解析，旨在为正确认识和合理挖掘中职篮网红价值，进而促进中职篮健康、快速发展提供参考。

网红即网络红人，泛指在互联网平台通过自身某种行为、特质或者事件引发网民关注集聚围观，进而被网民追捧而走红的人[121]。表面看，网红是一种网络主体存在，但实际上是借助网络以某种方式传播的特定信息，以及由此形成的一种网络文化现象。网红按照形象呈现和身份特征不同，可划分为明星型、知识型、才艺型、娱乐型和意外成名型等，是消费受众用自己的网络选择权寻找属于自己偶像的结果。网红契合了注意力消费经济时代盛行的商品符号化趋向[122]。随着微信、公众号、视频、直播等移动多媒体社交平台的出现，中国互联网迈入了web3.0全方位互动时代，网络社群化生活的改变奠定了网络走红现象的关键基础。截至2019年6月，我国网民规模达8.54亿，互联网普及率达61.2%，移动社交媒体也随之迅猛发展，尤其是超9亿用户的微信平台已成为中国移动社交媒体的老大[123]。微信、抖音等移动社交工具的使用使更多人通过网红模式实现了网络经济收益，并进一步促进了中国网络社群化的深入发展。此时，中国实体经济与网络经济的关系被重构，大众日益习惯的网络化生活方式加上旺盛的消费需求，使网络走红与经济效益、社会效益的关联度愈加紧密，现象级网络走红也随着资本市场的商业打造逐步衍生出网红经济独特的商业模式。据易观智库《2016中国网红产业专题研究报告》显示，2016年网红产业估值达528亿元，远超过2015年中国电影总票房产值440亿元[124]；另据艾瑞咨询发布的《2018年中国网红经济发展研究报告》，截至2018年5月，中国网红粉丝总人数达到5.88亿人，网红经济增长将突破2万亿元。拥有100万以上规模粉丝的头部网红年均增长率达到了23%。可见，中国网红经济进入高速发展期。[125]当前，网红经济已经涵盖了影视娱乐、出版传媒、服装、食品、竞技体育等行业。各行业职业化的网红也开始出现，进而形成了数字网络平台、广告包装、资本推手公司以及其他相关行业的产业链，在国家经济宏观层面，实体经济与网络经济之间的比重被重新塑造，"互联网＋"的地位已上升为经济创新发展的战略。

网红经济产业链网络是以众多参与主体围绕互联网新媒体公司平台进行各取所需的活动的方式来运行的。由于产业链上众多主体的关系紧密且复杂，为从产业链的整体角度更加系统地理解其运作模式和参与主体的复杂关系，可以用纽曼（Newman）和瓦茨（Watts）提出的NW小世界复杂网络模型对其进行仿真阐释[126]。把与网红经济产业链相关的主体要素围成一个环，把其中每个主体作为一个节点与和其有相互作用和关系的其他节点相连来表示他们之间的相互作用和关系，就形成了网红经济产业链运行网络的NW小世界构造模型，如图3-20所示。

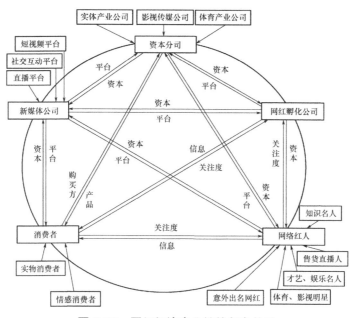

**图 3-20　网红经济产业链的复杂关系**

网红经济产业链的参与主体包括新媒体公司、资本公司、网红公司、网络红人、消费者等，且所有参与主体都直接或间接与网络红人有着利益关系，例如，新媒体公司利用网络互动平台（短视频、社会互动、直播等平台）在向资本公司、网络红人、消费者收取流量费用的同时向相关主体收取广告宣传费用；资本公司（实体产业公司、影视传媒公司、体育产业公司等）利用网络红人（销售直播人、知识名人、影视明星、体育明星、才艺娱乐名人、意外出名人等）可以吸引大量消费者关注，向该人群支付雇佣费来实现对产品实物销售、影视传媒作品和体育比赛的宣传，继而使消费者通过"关注—接受—喜爱—付出金钱"去购买实物、影视作品、体育竞赛观看权等，进而扩展到购买直接产品的衍生产品；网络红人作为职业的宣传主体，在支付网络公司流量费用后，获得了向消费者宣传的平台使用权，进一步通过提供令粉丝消费者感兴趣的内容集聚和吸引粉丝消费者，然后向资本公司收取宣传赞助费用，或向消费者进行代言公司的相关产品宣传的同时获取消费者情感投入（打赏费）等，最终将粉丝注意力转化为影响力和购买力[127]；网红孵化公司在专业化包装网络红人的基础上，为网络红人联系资本公司商谈商业赞助合同，进而实现资本公司商业赞助提成，同时继续挖掘"新网红"；而消费者在对网络红人关注、信赖和感情投入的过程中向网络公司支付网络流量费用，同时还向资本公司支付实物购买费，并支付对网红的情感打赏费，影视作品、体育竞赛观看费等。可以看出，网络红人通过容貌、气质、能力、才华、故事、热点炒作等身体与信息符号与粉丝互动，以此寻求关注度和人气[128]，同时，粉丝消费者为实现社交需求、猎奇心理、购买欲望、审美偏好等推动了网络红人的价值[129]。资本公司对网络红人超强的创造经济价值能力的嗅觉非常敏锐，竞相追逐，并对网红经济产业链进行全覆盖式的开发和挖掘，最终实现将注意力、影响力经济转化为最大化的经济效益的目的[130]。综上所述，互联网技术平台、资本公司、粉丝社群、网红孵化公司等网红经济产业链的相关主体都可以围绕网络红人获得可观的利益。网红经济产业链的运行模式在表达参与主体紧密和复杂关系的基础上，参与主体围绕着利益最大化的动机主线在供需两端进行互动与合作，表现出互联网新经济时代发展的动力和活力。

随着中职篮的职业化、市场化逐步推进，体育信息传播由早期的意识形态、政治宣传与教育全面向自由化、娱乐化、个性化需求转变。媒体为满足大众关注度自由化的需求，对中职篮明星形象的呈现也从早期的具有浓厚政治意义的榜样引领风格转向对明星生活、训练、学习、竞赛等细节的人性化追踪。而早期球星留给人们的"四肢发达、头脑简单"的形象也随着体育娱乐化而转变，这使得广大受众更加深入地了解球星聪慧、活泼的一面，球星的公众形象也逐步步入正轨，社会知名度不断提高，逐渐能够吸引和聚集更多观众粉丝消费者的关注，中职篮球星网红现象也随之出现。一些球星频繁介入媒体举办的各种访谈和娱乐活动，引来了不同的声音，有理解、赞同也有指责、非议。在此，我们利用系统科学、网红经济等理论对中职篮与网红现象的关系以及网红球星价值等进行系统分析，以审视中职篮网红现象的利弊。第一，网红球星对中职篮的网络发散式宣传价值。传统的中职篮赛事以电视与互联网这"两块屏幕"作为信号传播窗口，且主要局限于赛事的整体传播，而网红球星通常可以通过手机、电脑、平板等多屏终端社交平台与大众粉丝进行互动，这种形式传播的信息覆盖面更广、方式更加灵活、时间更加自由，也为中职篮打开了一条通向市场的新传播渠道。中职篮个体和整体的影响力借助庞大的粉丝群所特有的亲朋好友、族系、同学、同阶层等关系被快速扩散，网红球星常常成为微博、微信、抖音等网络社交媒体平台的热搜榜单和热门话题，通过与大众粉丝的热情互动，网红球星与俱乐部的相关信息被不断转发扩散至更多的粉丝受众，甚至发散至那些根本不涉及中职篮的网民人群。网红球星或俱乐部将中职篮赛事的赛场内外话题作为与大众粉丝互动的载体，逐渐形成更大规模的贴有自己"网红"标签的粉丝社群。第二，网红球星的"互动—认同—期待—凝视"价值。中职篮赛事除了带给球迷视觉刺激体验外，网红球星在网络互动平台还能满足大众粉丝"互动—认同"的情结诉求，通过互动，球星们的衣、食、住、行、用等均被粉丝们热切关注，这种特殊威力逐渐变成了大众粉丝认同情结的产物[131]。同时，网红球星具有英俊潇洒、成绩突出、魅力十足的特点，在互联网媒体宣传引导下深受大众粉丝的喜爱，球星们通过与粉丝社群直接、间接的互动，使这些粉丝消费者群体感同身受。粉丝不但为了能看到崇拜的球星购买门票并前往赛场实现"追星梦"，还会将这种观赛满足感通过拍照并炫耀式地发送朋友圈来满足情感需求、文化认同需求等，进而大众粉丝对球星个体、俱乐部整体的口碑以及对赛事的评价在发散式的粉丝网群落中逐步构成一种强烈的期待氛围。大众粉丝为实现这种强烈期待会选择现场观赛，且这种期待定式一旦被建构起来，大众粉丝的注意力就会产生凝视，这种"期待—凝视"心理，不断强化并刺激着大众粉丝们从网络视听感知到现场观赛触碰体验的行为转变，又会增加更多的"铁杆"粉丝受众[132]。并且，通过这种"互动—认同—期待—凝视"建立起来的关系网稳定性更好、扩散力更大，带来经济效益的潜力更强。

早在 20 世纪 90 年代，媒体对体育明星等社会影响力较大人群的娱乐性报道明显增加。现在，自媒体对其的精心包装，更使其成为大众消费时尚的潮流大使。在大众粉丝心目中，体育明星从比赛的高水平表演者转变成大众粉丝心中的偶像。高水平表演可以提供给观众感官刺激和享受，偶像则是丰富大众粉丝心灵的知己，消费属性、娱乐属性和享受属性进一步彰显偶像体育明星"网络红人"功能与价值[133]。"互联网＋"时代，网红球星现象发展的逻辑是从注意力经济到影响力经济转化的范式。尽管有些人认为网红是对球星过度娱乐化、不务正业的歧义称谓，但球星们作为网红在很大程度上体现出其受欢迎、有影响力等价值，故我们应该把网红视为与粉丝互动、向大众推广中职篮的平台和路径，促使职业篮球社会效益、项目推广、团队形象和对整个社会的贡献等方面更高的提升[134]。另外，互联网经济有利于职业球星完整人格的塑造。认为网红球星过度娱乐化、不务正业等负面观点，恰恰忽略了该人群最本质、最核心的刻苦训练、奋力拼搏、赛场上表现出超人竞技能力等特征，这也是他们值得被大众尊重、崇拜的根本原因。在当前中职篮球员培养过程中，由于从小的训练和比赛占据了其绝大多数时间，使得众多球员的成长环境只停留在运动场上，进而限制了其社会完整人格和科学人生观的培养。当技术水平达到一定高度时，由于早期情商和人格塑造的缺陷，球员们就会出现发展目标模糊、高水平赛事理解能力差、主动适应能力差的特点，这种典型的竞技能力高原现象的出现，进一步限制了其竞技能力向更高水平发展。而互联网时代的到来和网红经济的发展有助于青少年球员借助互联网互动平台，在了解社会发展、环境变化、大众粉丝需求的基础上，促使其明确自我生存与发展的目标，激发其对职业的主动设计规划，进而在首先成为一个完整社会人的基础上，实现其可持续发展。很多教练和社会学者认为，网络消耗了网红球星的很多精力，而影响了其训练和比赛的质量，但有些网红球员的经历显示，其在频繁的社会互动中，不但其竞技能力没有受到影响，其在赛场上的表现反而越来越出色。其根本原因就在于，在与社会广泛的交流互动中，其社会责任意识、自我发展目标意识和主动的思考意识不断得到培养，在训练和比赛中，他们展现出心态更好、会主动评估对手及应变能力更强的特点，也体现了互联网对一个运动员完整人格的塑造。此外，网红的情感经济属性更有利于中职篮网红经济新模式的构建。大众粉丝规模是网红重要的价值体现，也是其注意力资源的来源，而中职篮的根基也是大众粉丝的注意力。因此，网红的粉丝量和中职篮观众数量均属于市场价值的同一维度，观众粉丝群体的构成与消费水平、愿为支持的球星偶像消费所形成的购买力等属于另一维度。中职篮网红经济作为一种粉丝经济，得益于粉丝被网红的个性、气质、能力等所吸引并产生情感认同，再为这种情感进行消费。由于观众粉丝的情感黏性是其发展的关键，是否消费和消费多少取决于粉丝对网红球星的认同程度以及对粉丝社群归属感的诉求程度，故中职篮网红经济本质上更倾向于情感经济属性，且优质的网红球星形象、有深度的互动内容是提高粉丝忠诚度及扩大观众规模的基础。因此，当前中职篮网红球星和粉丝规模大幅增长，为中职篮产业链各方发展壮大提供了新通道，为创建中职篮网红经济模式提供了新时机。

5）场馆服务系统。主场球馆是各俱乐部球队训练和比赛、球迷看球的基本硬件设施和保障，也是物质文化建设的软件质量的重要体现。表 3-7 显示，总体上专家对该指标体系的评价分数比较高，这说明俱乐部整体的场馆系统条件在不断改善，服务质量也在不断提升。营利是中职篮俱乐部这一特殊经济实体的主要目的，球迷观众现场观赛也是其重要的收入渠道之一。而场馆服务系统作为影响俱乐部对球迷观众吸引力的重要因素，其地理位置、规模、设施质量与服务均对球迷观众的观赛起到一定的影响作用。

（1）场馆地理位置。俱乐部主场场馆地理位置的选择取决于其所在城市的经济状况和球迷看球的便利性因素。经济状况较好的城市市民相对收入比较高，故其也具有更强的消费能力和观赛欲望，也为俱乐部提供了更多的球迷和观众。此外，拥有众多实力雄厚的大企业的经济发达城市，为俱乐部提供了更多的赞助商。当前，中职篮 20 家俱乐部的城市分布特征显示，中职篮俱乐部主要分布在经济发达地区，如北京、天津、济南、青岛、上海、杭州、宁波、深圳等。北京拥有首钢、紫禁勇士两支俱乐部，浙江拥有广厦猛狮、稠州金牛、宁波富邦三所俱乐部，广东有宏远华南虎、深圳新世纪领航者、龙狮篮球三所俱乐部，山东拥有西王王者、青岛国信双星雄鹰两所俱乐部，江苏拥有龙肯帝亚、南京同曦大圣两所俱乐部。而中西部只有成都、太原、乌鲁木齐等城市各拥有一所中职篮俱乐部，石家庄、郑州、武汉、长沙、南宁这些中部大城市却没有一所中职篮俱乐部。从这样的状况可以看出，经济环境决定了俱乐部的分布，同时由于我国近年来经济的飞速发展，中西部很多有实力的城市不断兴起，也带动了我国近三分之一的人口对中职篮的潜在需求，但由于中职篮后备人才培养的窄口径和中职篮俱乐部不扩军，使得这些地区的篮球市场开发受到极大的影响。另外，多支俱乐部在同一省份的布局过于集中，从经济、文化、社会影响力等角度来说，势必造成当地球迷、赞助商关注度和俱乐部影响力的分流，进而影响到俱乐部的生存和可持续发展。因此，当前中职篮俱乐部的地理区位布局存在一定的不足。

表 3-7　部分中职篮俱乐部场馆及配套设施情况

| 俱乐部 | 场馆 | 地理位置及场馆规模设施情况 |
| --- | --- | --- |
| 广东宏远华南虎俱乐部 | 东风日产文体中心 | 交通便利，大型场馆，可容纳 16133 名观众，配套设施好 |
| 深圳新世纪领航者俱乐部 | 深圳龙岗大运中心体育馆 | 交通不便，大型场馆，可容纳 18000 名观众，配套设施先进 |
| 广州龙狮篮球俱乐部 | 广州天河体育中心 | 交通便利，大型场馆，可容纳 9000 名观众，配套设施较好 |
| 北京鸭首钢俱乐部 | 凯迪拉克中心 | 交通便利，大型场馆，可容纳 17178 名观众，配套设施好 |
| 北京控股紫禁勇士俱乐部 | 国家奥林匹克体育中心体育馆 | 交通便利，中型场馆，可容纳 6500 名观众，配套设施较好 |
| 山东西王王者俱乐部 | 山东西王大球馆 | 交通便利，中型场馆，可容纳 8000 名观众，配套设施较好 |
| 青岛国信双星雄鹰俱乐部 | 青岛国信体育中心钻石体育馆 | 交通便利，大型场馆，可容纳 12500 名观众，配套设施完善 |
| 浙江广厦猛狮俱乐部 | 诸暨暨阳体育中心 | 交通不便，中型场馆，可容纳 6077 名观众，配套设施较好 |
| 浙江稠州金牛俱乐部 | 滨江区体育馆 | 交通便利，小型场馆，可容纳 5000 名观众，配套设施一般 |
| 宁波富邦男子篮球俱乐部 | 雅戈尔体育中心 | 交通便利，小型场馆，可容纳 4552 名观众，配套设施一般 |
| 江苏龙肯帝亚俱乐部 | 苏州市体育中心 | 交通便利，中型场馆，可容纳 6000 名观众，配套设施较好 |
| 南京同曦大圣俱乐部 | 南京青奥公园体育馆 | 交通不便，大型场馆，可容纳 20000 名观众，配套设施完善 |

（续表）

| 俱乐部 | 场馆 | 地理位置及场馆规模设施情况 |
|---|---|---|
| 上海久事大鲨鱼俱乐部 | 浦东源深体育馆 | 交通便利，小型场馆，可容纳 5000 名观众，配套设施较好 |
| 辽宁沈阳三生飞豹俱乐部 | 辽宁体育馆 | 交通不便，大型场馆，可容纳 12000 名观众，配套设施先进 |
| 吉林九台农商行东北虎俱乐部 | 长春市体育馆 | 交通便利，小型场馆，可容纳 4150 名观众，配套设施差 |
| 山西国投猛龙俱乐部 | 山西省体育中心 | 交通不便，中型场馆，可容纳 8071 名观众，配套设施完善 |
| 四川金强蓝鲸俱乐部 | 四川省体育馆 | 交通便利，中型场馆，可容纳 9064 名观众，配套设施完善 |
| 福建鲟浔兴俱乐部 | 祖昌体育馆 | 交通便利，小型场馆，可容纳 4500 名观众，配套设施一般 |
| 新疆广汇飞虎俱乐部 | 乌鲁木齐红山体育馆 | 交通便利，小型场馆，可容纳 4000 名观众，配套设施差 |
| 天津荣钢先行者俱乐部 | 东丽体育馆 | 交通便利，小型场馆，可容纳 3000 名观众，配套设施较差 |

（2）场馆规模与设施质量、赛事服务。球迷观众是中职篮俱乐部所提供竞赛产品的终端消费者，俱乐部要实现拥有大规模球迷观众的目标，除了赛事的精彩度、比赛结果的悬念性，俱乐部为其提供的场馆规模、在城市的位置和提供的服务质量等均是影响球迷观众观赛的重要影响因素。中国篮协在2014 年颁布的《CBA 联赛俱乐部准入方案》和《2014 年加盟 CBA 联赛俱乐部评选标准及细则》中对俱乐部球馆设施标准作出了明确规定：俱乐部要自有或通过长期协议（至少两年）拥有完全符合联赛需要的比赛场馆；该场馆必须符合联赛统一规定，观众席至少达到 5000 个座位。而中职篮只有 6个俱乐部拥有自己的场馆，其他俱乐部场馆都属于长期租用。球馆的座位数量在 10 000 个以上的有广东宏远华南虎、深圳新世纪领航者、北京鸭首钢、青岛国信双星雄鹰和辽宁沈阳三生飞豹等 5 个俱乐部，球馆的座位数量在5000 个以下的有宁波富邦、吉林九台农商行东北虎、新疆广汇、福建鲟浔兴和天津荣钢先行者等 5 个俱乐部。表 3-6 显示，当前中职篮俱乐部中交通

便利程度和场馆规模、设施呈负相关关系，规模较大、设施较好的新型场馆由于市中心场地建设成本太高等原因，一般都选择在城市的边缘区域，这样为大型场馆提供了很大的空间和较低的建设成本。但首先带来的问题是交通不便利，深圳龙岗大运中心体育馆、南京青奥公园体育馆、辽宁体育馆、山西省体育中心等均建立在城市的边缘地带，球迷看球需要驾车30分钟以上才能到达现场，公共交通对于具有明显时效性的比赛，还不能承担比赛观众的集聚和分流，这也使很多热爱看球的球迷选择了观看电视或其他新媒体转播。而此前建立较早的体育场馆虽然交通便利，但大多数属于小型场馆，且由于建设时间久远，很多配套设施既旧又差，影响了球迷看球的舒适性，比如新疆红山体育馆现场非常火爆、一票难求，但设施差和规模小，大大影响了门票的销售和俱乐部影响力的扩大。中职篮从球馆规模和设施等方面与职业化程度比较高的NBA相比还有很大的差距，例如，NBA30支俱乐部主场座位数均在15 000个以上，且除了舒适的观赛环境，各球馆还安装了"VR直播""球员跟踪系统""回放中心""3D投影技术""360度3D回放"等多类高科技设备，给球迷观众带来了更舒适、更直观、更清晰的观赛体验。因此，中职篮在各俱乐部实力逐渐得到增强的同时，为了进一步吸引广大球迷观众现场观赛，应不断地改进和完善球馆的软硬件环境。

**2. 俱乐部管理者与运动员关系合理度**

球员作为中职篮供给侧核心产品，是联赛的高水平竞技表演者，需经过长期科学系统的训练、具备了超人的竞技表演能力并通过层层严格选拔才可能进入俱乐部。数据显示，从基层培养到中职篮的选用过程中，球员的淘汰率在90%以上，可见职业球员作为高度稀缺的人力资本，是俱乐部生存与发展的核心产品。职业篮球明星或巨星更是各俱乐部培养和追求的重点。而职业球员具备的高超技战术能力只能自身携带，这一特征说明，球员竞技能力资本是人力资源的自然垄断，经济学家威廉姆森认为职业球员的人力资产专用性很强，其高度稀缺性决定了职业球员培养和流动的高成本价值。因此职业俱乐部与运动员必须要应该保持一种稳定、持久的契约关系。

而现代行为学派与科学管理学派的冲突理论认为，人是社会人，团队内一定程度的冲突能够提升团队绩效[135]。因此，俱乐部内部如果能够控制好主体之间冲突的强度对于俱乐部的发展是有益的，因为适度的冲突能够将当前俱乐部存在的问题反映出来，并且能够激发俱乐部内部的合理竞争，这样就可以推进俱乐部规制的不断完善并提高供给侧产品质量。在对中职篮俱乐部的调研中发现，一个俱乐部主力阵容长时间呈稳定态时，反而不利于成绩的提高。其原因有以下几点：第一，这种稳定态会导致主力运动员由于位置非常稳固进而竞争意识下降，进而导致其训练和竞赛动力不足，影响训练和比赛的效果。第二，替补队员也由于主力队员长期的稳定态状况，影响其训练的积极性，进而其比赛的表现也会受影响，这也是 NBA 俱乐部之间球员频繁流动的重要原因之一。而中职篮由于球员私有培养属性的原因，明星球员在俱乐部之间流动性很差，这造成了球队内部球员使用的稳定态现象，久而久之，这种稳定态还会导致队员、教练员的团伙现象，使得这种团伙抱团现象一方面反映出教练员和部分运动员之间过于亲密的关系，不利于整个球队的相互信任和团结，也会引发团伙外的其他参与主体与其发生规避和冲突现象（包括教练之间、运动员之间、教练与运动员之间等）。不管哪一种情况产生，均不利于球队成绩的取得。第三，还有一些俱乐部的教练员和球员之间关系由于一些微小的理念冲突、训练冲突和其他问题引发了更大的矛盾，进而导致了教练员和球员之间激烈的冲突，最终很大程度上影响了球队团结和比赛成绩。第四，外援和国内教练与球员之间也频频发生冲突，导致了外援为俱乐部比赛不尽全力、流于形式等问题。因此，根据前期中职篮俱乐部教练员和运动员之间非线性的数据统计结果，各俱乐部也应重视引导教练员和运动员之间适度的关系，避免部分教练员与球员的抱团现象及过于亲密的现象，也要避免矛盾激烈产生的冲突，利用合理的激励和惩罚规制引导教练员和球员始终保持在公平合理的努力竞争水平，这样有利于促进教练员和球员的加倍努力，使其感觉到通过努力可以在公平合理的温馨环境中实现参赛奋斗目标。

### 3. 俱乐部薪金水平合理度

在中职篮的市场价格机制中，由于联赛系统有众多的供给主体和消费主体，且提供的产品也包括竞赛服务产品和与其相关的竞赛无形资产类产品，且多主体特征和产品多种类特征也造就了价格形成的多成本和需求多样化特征，呈现出联赛市场价格机制复杂性[111]。因此，用单一的价格标准和水平无法衡量俱乐部主体的薪金水平合理度，只能根据不同的供给主体和消费主体供需特征进行分析。联赛的生产和运营成本主要包括：管理机构的人员工资、劳务费用、培训费用、赛事管理支出、工作场所支出等；运动员、教练员的工资、奖金及其日常生活费用等；俱乐部工作人员的工资、奖金等；训练场馆使用费用、市场开拓费；比赛与训练的相关费用等；实际联赛的运行中包含的很多其他潜在的费用。联赛的收益主要包括：篮协对联赛整体商务运作的收益；俱乐部的冠名费、门票、地方电视台、球员转会收入等。另外，整个市场经济环境的改善与相关制度、法规的建设及政府政策性的宏观调控对联赛组织机构与俱乐部（企业）的收益结构也产生很大影响，这也符合复杂系统环境理论的观点。从表 3-5 数据可以看出，当前专家对教练员和运动员的薪金水平合理度评价较高，认为当前教练员和运动员是职业篮球最核心的稀缺资源，且职业球员保持高水平竞技能力的年限有限，所以高薪金是其理所应当的收益。调查显示，所有俱乐部最大的支出都是引进一线球员和教练员的薪水的费用。球员、教练员的薪金水平包括工资、训练补助、奖金等。根据中国篮协 2009 年发布的《CBA 俱乐部球员和教练员工资管理办法（试行）》规定，赛季给教练员、球员发放的薪酬总额不得高于该俱乐部上年度收入总额的 55%，远高于国际惯例规定，可见各个俱乐部对提高竞赛产品的质量和成绩的重视程度。另外，球员的个人薪酬额度规定，国内球员和教练最高年薪酬额度不能超过 100 万元人民币，外籍球员每月薪酬额度不能超过 6 万元美元。尽管中国篮协根据各俱乐部和中职篮的整体情况，2009年制定了相应的工资管理办法，但由于各俱乐部产权属性复杂多元化，财务状况很难统计、审核，加上中职篮薪金监督制度不健全，使该制度形同虚设，因为不超过 100 万元人民币很难吸引优秀的国内外球员。因长期后备人才培养不足的问题，国内优秀球员稀缺，这引起了各俱乐部对优秀球员的激烈争夺。随着联赛的发展，运动员、教练员的成本支出也水涨船高，运动员、教练员年薪也从 15 年前的 10 ～ 30 万元增加到 2014—2015 赛季联赛的100 ～ 300 万元，很多主力球员的年薪都达到了 500 ～ 1000 万元，增长了

10 倍左右，教练员年薪涨幅也在 10 倍以上。同时，每个俱乐部对运动员的投入中最多的是外援费用，2～3 名外援的引进费用及其薪水就会占据俱乐部球员总支出的一半以上。例如，2014—2015 赛季，新疆队布拉切税后薪水为 250 万美元，克劳福德税后为 200 万美元，山西队韦弗税后为 150 万美元，北京队马布里税后 150 万美元，其他球队的外援薪金也均在 100～150 万美元。而球队的整体薪金支出也普遍远远超过 2009 年"限薪令"的规定，例如：2011—2012 赛季，广东宏远俱乐部收入 6700 万元，而球员工资支出达 4500 万元，占球队总收入的 67%；2012—2013 赛季，浙江稠州俱乐部支付球员的工资为 2300 万元，其收入仅有 1600 万元；2015—2016 赛季，广东宏远、辽宁衡润、深圳新世纪和佛山龙狮等俱乐部的球员工资占各俱乐部总支出的 50%、70%、70% 和 50%。

2016—2017 赛季至今，在中职篮管办分离后，随着赞助费模式的改革，中职篮也由最初的少数企业赞助模式，逐渐发展成为由官方主赞助商、官方战略和合作伙伴、官方合作伙伴、官方赞助商、官方供应商、媒体合作伙伴、官方服务机构构成的立体赞助与合作体系模式，各俱乐部除了投资人外，都有自己的俱乐部球队冠名赞助商，冠名费也水涨船高，普遍达到千万元以上，这为中职篮增加收入打下了坚实的基础，也使得各俱乐部的收入有了一定的改观。在此情况下，很多的教练员、球员、管理人员、工作人员的薪金水平相应增长。至 2019—2020 赛季，国内优秀球员年薪在 200 万元人民币以上的比比皆是，国家队成员甚至达到了千万元级别，外援薪金也普遍达到了 100～300 万美元，甚至个别 NBA 球星薪金达到 400 万美元，成为除 NBA 联赛以外世界竞技篮球外援平均薪金最高的联赛。实际上，中职篮俱乐部对球员的投资已远远超过了球员工资支出不超过球队收入 50% 的国际惯例。从联赛系统整体上看，短期内如此大的薪资投入可能对俱乐部运营造成很大的压力，但从长期发展的角度分析，竞赛产品质量的提高是竞赛系统发展的核心因素，只有竞赛产品——运动员竞技水平提高，才可能吸引更多的消费者关注中职篮，中职篮才可能获得更多的收入，同时整体收入的增加也会使各个提供产品的俱乐部收入增加，这是一个良性循环的过程。但球员的价格也应该受到竞赛系统所处环境的制约，根据消费者的消费水平和俱乐部的经营能力进行合理制定，盲目提高很可能导致失败。

而疫情期间，中职篮办赛的赛会制也使得各俱乐部的收入受到了非常大的影响，姚明和 CBA 公司管理机构带头减薪减负。2020 年 8 月，CBA 公司股东大会决议通过了《2020—2021 赛季 CBA 联赛球员注册、报名管理规定》，以工资帽制度来统一球员薪资结构，遏制国内球员薪资增长过快的趋势。制度包括球队工资帽和球员工资帽规定。其中，国内球员的基本球队工资帽为 3200 万元，设有 1200 万元的缓冲值，即最终上限为 4400 万元，下限为 2000 万元，若球队工资总额高于（或低于）上限（或下限），超出（或低于）的部分将按 25% 的比例缴纳调节费；外籍球员的球队工资帽上限为 700 万美元（硬性上限）；球员工资帽按照合同类别划分为 A、B、C、D、E 5 档，每档合同分别规定了相应类别球员薪金最高上限和最低下限，例如，顶薪（D 类）合同薪资不超过 800 万元人民币，每支球队最多可以拥有 3 名顶薪球员；顶薪球员必须比常规合同的球员（C 类球员）高至少 50 万元，C 类合同不低于 30 万元，E 类不得超过俱乐部第 3 名 D 类合同球员薪资，如俱乐部无顶薪球员或顶薪球员不满 3 人，则不得超过该俱乐部最高 C 类合同球员薪资，E 类合同基本工资不计入工资帽；A1 类合同最低薪金为 15 万元，在 A1 类合同到期后如果俱乐部行使独家签约权，则需要提供一份大于该球员执行 A1 类合同最后一年基本工资 100% 的 B 类合同。在今年的注册表单中，一共有 15 支球队，合计 25 位球员拿到 D 类合同。中职篮在健康发展的过程中，突然遇到了疫情，为了使中职篮联盟和各俱乐部能够平稳渡过难关，尽管中职篮借鉴 NBA 的工资帽制度，及时颁布了中职篮工资帽制度，但其制定过程依然存在诸多问题。从球员个人角度分析，一是中职篮工资帽制度的制定只是中职篮管理者商讨的结果，缺失球员话语权和协商权利的体现，直接实行球员限薪，损害球员利益；二是对顶薪（D 类）合同球员来说，从原来的动辄年薪千万元一下降到不到 800 万元，对球员比赛的积极性、转会的身价等影响较大；三是对顶尖球员潜在的商业价值影响非常大，顶尖球员的薪金也是体现其商业价值重要的方面，工资帽制度使其身价的体现在商业价值方面损失惨重。从俱乐部的整体角度分析，一是严重影响了球员流动，即工资帽制度使得俱乐部不能高价引进球员或支付球员较高的薪金，导致了球员转会动机的下降，进而影响关系链上经纪人或经纪运作机构的生存，中职篮规定的培养费制度（新俱乐部在签约自由球员时必须向原俱乐部支付一定费用以弥补培养该球员的损失）进一步影响球员的流动，各俱乐部引进新球员不但受工资帽制度限制，还要负担额外的球员培养费，更加打击了俱乐部引进新球员的热情；二是工资帽设定的超出（或低于）工资帽上限（或下限）部分 25% 的调节费惩罚力度不足，因为该规定对一些财大气粗的俱乐部影响不大，例如，由于联赛没有硬性规定 D 类合同的固定区间，会造成在短时间内财力雄厚球队的 C 类合同高于小本运营球队的 D 类顶薪，且有很大概率高于一些小球队的 D 类。一份 D 类合同则可能在数值上没有那么丰厚。以上情况不利于俱乐部之间实力平衡的目的实现；另外工资帽制度的特例如允许新疆广汇飞虎俱乐部的基本工资帽上浮 20% 也不利于俱乐部之间竞争的平衡性。

当前，中职篮制定的工资帽制度虽然能暂时遏制球员收入增长过快，缓解俱乐部之间的恶性竞争，减轻俱乐部财政压力，但严重限制了球员个体在市场中的竞争、流动，损害球员的利益。在对一些专家的访谈中发现，他们认为，虽然中职篮工资帽参照 NBA 办法进行制定，但制定的过程与 NBA 存在天壤之别，故其缺乏法律依据，因此建议中职篮应尽快完善工资帽制度的构造，致力于设计既不违反《反垄断法》，又能促进竞争平衡的新方案，推动中职篮健康有序地朝着商业化转型[136]。

### 3.7.3　俱乐部所属（合作）系统运行评价模型构建及其实证分析

#### 3.7.3.1　评价模型构建

1）三级指标降维处理。将一级指标 $C_3$ 作为被解释变量，对应的三级指标 $V_{59} \sim V_{66}$ 作为解释变量进行建模。考虑到三级指标之间存在的多重共线性，首先对 $V_{59} \sim V_{66}$ 这 8 个解释变量进行主成分分析（PCA）降维，并根据累计贡献率来确定主成分的个数。经过计算，前 4 个主成分的累计贡献率达到了 90.89%，故将这 4 个主成分变量作为综合后的新解释变量用 $Z_1 \sim Z_4$ 表示。主成分变量 $Z_1 \sim Z_4$ 在原始变量 $V_{59} \sim V_{66}$ 上的因子载荷见表 3-8。

表 3-8　俱乐部所属（合作）系统主成分在原始变量 $V_{59} \sim V_{66}$ 上的因子载荷情况

| 指标 | $Z_1$ | $Z_2$ | $Z_3$ | $Z_4$ |
|------|-------|-------|-------|-------|
| $V_{59}$ | 0.351 | 0.561 | 0.269 | 0.301 |
| $V_{60}$ | 0.367 | 0.291 | −0.285 | 0.000 |
| $V_{61}$ | 0.367 | 0.250 | −0.360 | 0.000 |
| $V_{62}$ | 0.344 | −0.184 | −0.388 | 0.394 |
| $V_{63}$ | 0.347 | 0.114 | 0.653 | −0.138 |
| $V_{64}$ | 0.363 | −0.258 | 0.199 | −0.412 |
| $V_{65}$ | 0.358 | −0.203 | −0.248 | −0.560 |
| $V_{66}$ | 0.330 | −0.620 | 0.197 | 0.486 |

4个主成分变量的因子载荷情况显示，主成分变量 $Z_1$ 的各因子载荷值十分接近，并且符号相同，都为正，它可以代表俱乐部所属（合作）系统的综合水平，故称其为俱乐部所属（合作）系统综合满意度因子；主成分变量 $Z_2$ 的因子载荷值呈两极化，尤其是在 $V_{59}$（政府支持俱乐部的政治、经济、社会目的等）、$V_{66}$（企业通过举办俱乐部在政治、经济、社会影响力等方面获得利益情况）上的因子载荷值分别为 0.561、−0.620，其中，涉及政府支持俱乐部参赛目的的因子载荷的符号与企业支持俱乐部参赛动机的因子载荷值的符号相反，这也说明了政府支持俱乐部参赛目的与企业支持俱乐部参赛动机之间的关系，故称其为政府与企业支持俱乐部参赛动机一致性因子；主成分变量 $Z_3$ 在变量 $V_{61}$（政府系统与俱乐部之间的责权利划分情况）、$V_{62}$（政府通过支持俱乐部在政治、经济、社会影响力等方面获得利益情况）、$V_{63}$（政治、经济、社会目的以及企业老板个人情结等）上的因子载荷值绝对值高于其余变量的因子载荷值，它主要反映了负责中职篮的政府具体机构行为对企业参赛目的定位的影响情况，故称其为政府对俱乐部所属企业参赛动机的影响因子；主成分变量 $Z_4$ 在 $V_{59}$（政府支持俱乐部的政治、经济、社会目的等）、$V_{62}$（政府通过支持俱乐部在政治、经济、社会影响力等方面获得利益情况）、$V_{64}$（企业对俱乐部从政策、资金等方面的支持情况）、$V_{65}$（企业赋予俱乐部在经营管理等方面的责、权、利情况）、$V_{66}$（企业通过举办俱乐部在政治、经济、社会影响力等方面获得利益情况）上的因子载荷值较高，它主要反映了政府、企业办赛动机及

实施措施后其在政治、经济、社会影响力等方面获得利益情况，故称其为政府、企业参与中职篮获利情况因子。

对一级指标俱乐部所属（合作）系统与上述 4 个主成分变量 $Z_1 \sim Z_4$ 进行 GAM 统计建模，可解释变量与被解释变量之间的线性和非线性关系。在这里假定模型如下：

$$C_1 = S_0 + S_1(Z_1) + S_2(Z_2) + S_3(Z_3) + S_4(Z_4) + e \tag{3-8}$$

其中，$S_0$ 是常数项，$S_i(\cdot)(i=1,\cdots,4)$ 是未知的光滑函数，并且有 $ES_i(Z_i)=0(i=1,\cdots,4)$，$e$ 是均值为 0 的随机误差项。

2）模型结果。利用统计编程软件 R 语言对上述的可加模型进行估计，其中对非线性部分 $S_i(\cdot)(i=1,\cdots,4)$ 的估计通过样条函数进行仿真，具体结果见图 3-21。

图 3-21 显示，俱乐部所属（合作）系统模型的常数项中，$S_0$ 及非线性部分 $S_1(\cdot)$ 对应的 $p$ 值均小于 0.00，即在 5% 的显著性水平下，模型的常数项 $S_0$ 以及非线性部分 $S_1(\cdot)$ 均呈现显著。其中 4 个主成分 $S_i(\cdot)(i=1,\cdots,4)$ 的自由度均大于 1，说明各部分均有不同程度的非线性成分。edf 表示估计的自由度，其值越接近于 1 表示对该部分未知函数的估计越接近线性函数，反之，如果其值大

```
Family: gaussian
Link function: identity

Formula:
c ~ s1(z1) + s2(z2) + s3(z3) + s4(z4)

Parametric coefficients:
            Estimate Std. Error t value Pr(>|t|)
(Intercept)  6.8269     0.1318    51.8   <2e-16 ***

Signif. codes: 0 '***' 0.001 '**' 0.01 '*' 0.05 '.' 0.1 ' ' 1

Approximate significance of smooth terms:
        edf Ref.df      F  p-value
s1(z1) 5.086  6.207 12.227  <2e-16 ***
s2(z2) 2.851  3.593  0.704   0.502
s3(z3) 1.000  1.000  2.689   0.104
s4(z4) 1.000  1.000  0.046   0.830

Signif. codes: 0 '***' 0.001 '**' 0.01 '*' 0.05 '.' 0.1 ' ' 1

R-sq.(adj) = 0.441   Deviance explained = 49.5%
GCV = 2.0187  Scale est. = 1.8065   n = 104
```

图 3-21　俱乐部所属（合作）系统运行评价模型常数项情况

于 1 越多，表示该部分未知函数的估计越复杂、非线性程度越高。模型调整后的 $R$ 方为 0.441，同时偏差解释度达到 49.5%，这表明模型可以非常好地对数据进行解释。另通过提取各主成分变量的 $F$ 统计量数值来判断各主成分变量对俱乐部所属（合作）系统运行合理程度的影响大小，其中 $Z_1$（12.227）、$Z_3$（2.689）的 $F$ 值统计量数值均比较大，这两个主成分对俱乐部所属（合作）系统运行合理程度的影响较大。

3）各主成分变量的非线性关系。为进一步挖掘俱乐部所属（合作）系

内部各主成分指标变量的线性与非线性关系，现绘制各主成分变量的非线性结构图。解释变量 $Z_1 \sim Z_4$ 的非线性结构图如图 3-22 ～图 3-25 所示，图中横轴是各主成分变量 $Z_1 \sim Z_4$ 的主成分得分值，纵轴数值是对非线性函数自由度的估计值，实线是该主成分变量对俱乐部所属（合作）系统运行合理程度的平滑化拟合值，虚线表示拟合的函数的逐点置信区间上下限。

图 3-22 显示，综合满意度因子与俱乐部所属（合作）系统运行合理程度呈明显的非线性关系（edf=5.089）。图中拟合曲线略呈波动斜向上趋势，达到一定范围后掉头向下，但总体上，有一个较小的、向上的正斜率，这说明综合满意度指标在一定范围内数值越大，俱乐部所属（合作）系统运行越合理。绝大部分的点都散布在拟合曲线附近，并且没有明显的聚集现象，这为利用 $Z_1$（综合满意度）评价俱乐部所属（合作）系统运行合理程度提供了依据。进一步，这里 $S_1(Z_1)$ 的 $F$ 统计量数值（12.227）远远大于其余几个主成分变量，说明 $Z_1$（综合满意度）可以作为俱乐部所属（合作）系统运行合理程度评价的主要参考指标。在全部的问卷中，$Z_1$（综合满意度）评价得分 9 分及 9 分以上的有 12 人，8 ～ 8.99 分的有 25 人，7 ～ 7.99 分的有 25 人，6 ～ 6.99 分的有 22 人，5 ～ 5.99 分的有 14 人，4 ～ 4.99 分的有 4 人，3.99 分以下的有 2 人，总体上为正的有 98 份，为负值的只有 6 份。这说明大部分专家们认为当前俱乐部所属（合作）系统运行比较合理。

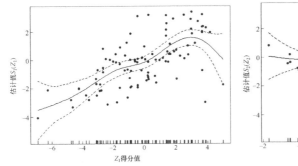 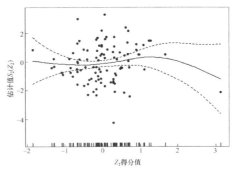

图 3-22　综合满意度因子（$Z_1$）对俱乐部所属（合作）系统运行的影响

图 3-23　政府与企业支持俱乐部参赛动机一致性因子（$Z_2$）对俱乐部所属（合作）系统运行的影响

图 3-23 显示，政府与企业支持俱乐部参赛动机一致性因子与俱乐部所

属（合作）系统运行合理程度呈明显的非线性关系（edf=2.851），数据点呈现一定的集聚性，靠近中心点的密度比远离中心点的密度大，拟合曲线的形状呈中段收紧、两端发散的波浪形态。这表明，该主成分 $Z_2$ 在合理范围内，有利于俱乐部系统运行，并说明，$Z_2$ 所代表的政府与企业支持俱乐部参赛动机一致性在一定范围内有利于俱乐部系统运营，政府与企业支持俱乐部参赛动机较好的一致性能够使俱乐部在良好的环境平台上生存与发展，同时，如果政府与企业支持俱乐部参赛动机一致性较差或过于吻合，则会对俱乐部的运行带来巨大的负面效应。当双方参赛动机在一定程度上达成一致，整个俱乐部系统的运转则会越来越流畅。如果政府强制企业支持俱乐部即参赛动机过度一致时，会使企业不支持俱乐部参赛达到自己的动机，故这种过度一致的关系反而不利于俱乐部的运行发展。这里 $S_2(Z_2)$ 的 $F$ 统计量数值（0.704）非常小，说明 $Z_2$（政府与企业支持俱乐部参赛动机一致性）在当前中职篮已经完成管办分离的情况下，作为评价俱乐部所属（合作）系统运行合理程度的参考指标影响不大。现阶段专家评价总体数据显示，俱乐部所属（合作）政府与企业支持俱乐部参赛动机合理度情况较好。

图 3-24 显示，政府对俱乐部所属企业参赛动机的影响因子与俱乐部所属（合作）系统运行合理度呈线性关系（edf=1.000），且数据呈现明显的聚集特点，拟合线段只有轻微的向下斜度，基本上分布在一个矩形区域内。该主成分变量的 $F$ 统计量数值较大（2.689），表明该变量对俱乐部系统运行合理程度具有一定的影响，也说明政府对中职篮俱乐部职业化的改革仍具有很大的影响力，政府相关政策对俱乐部所属（合作）系统参赛动机具有引导性作用。

从图 3-25 中可以了解到，政府、企业参与中职篮获利情况因子与俱乐部所属（合作）系统运行合理度呈线性关系（edf=1.000），数据点分布比较分散，结合该部分的 $F$ 统计值（0.046）可知，该主成分作为俱乐部所属（合作）系统运行结果的表现因素，对于模型的解释度较弱，非主要影响俱乐部所属（合作）系统运行质量的因素。

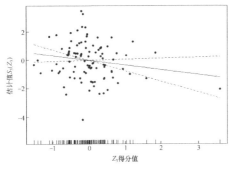

图 3-24 政府对俱乐部所属企业参赛动机的影响因子对俱乐部所属（合作）系统运行的影响（$Z_3$）

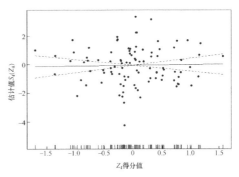

图 3-25 政府、企业参与中职篮获利情况因子对俱乐部所属（合作）系统运行的影响（$Z_4$）

#### 3.7.3.2 实证分析

从上述广义加性模型对俱乐部所属（合作）系统关系的非线性分析可知，综合满意度因子、政府对俱乐部所属企业参赛动机的影响因子是该一级指标系统的主要影响因素。因此，针对这两个最重要的影响因子，可结合俱乐部所属（合作）系统的实际状况做进一步的详细分析（见表3-9）。

表 3-9 专家对俱乐部所属（合作）系统指标变量的评价得分情况

| 指标 | $N$ | 极小值 | 极大值 | 均值 | 标准差 |
| --- | --- | --- | --- | --- | --- |
| $V_{59}$ | 104 | 2.00 | 10.00 | 7.288 5 | 1.580 67 |
| $V_{60}$ | 104 | 3.00 | 10.00 | 7.221 2 | 1.551 43 |
| $V_{61}$ | 104 | 3.00 | 10.00 | 6.951 9 | 1.759 19 |
| $V_{62}$ | 104 | 2.00 | 10.00 | 7.096 2 | 1.732 16 |
| $V_{63}$ | 104 | 3.00 | 10.00 | 7.326 9 | 1.477 61 |
| $V_{64}$ | 104 | 4.00 | 10.00 | 7.451 9 | 1.440 60 |
| $V_{65}$ | 104 | 3.00 | 10.00 | 7.163 5 | 1.577 21 |
| $V_{66}$ | 104 | 3.00 | 10.00 | 7.259 6 | 1.474 67 |

#### 1. 俱乐部所属（合作）系统综合满意度情况分析

中职篮职业化是在政府的主导下开展并进行探索的市场化、社会化改革。中职篮俱乐部改革前所属（合作）系统属性的多元化造成了中职篮俱乐部当前所属（合作）系统属性的复杂性。虽然经历了近30年的职业化改革，中职篮各俱乐部依然未形成独立造血的能力。四川金强、北京首钢、新疆广汇等俱乐部单赛季投入均在 8000 万元以上，投入最少的江苏同曦、吉林东北虎、天津荣钢等俱乐部也超过 3000 万元，且中职篮俱乐部投入金额还在以每年约 15% 的速度增长。由此可见，俱乐部的职业化、市场化推进是建立在强大的资金支撑与保障基础上的。因此，俱乐部所属或合作的政府机构或企业资本属性在很大程度上影响着俱乐部资金实力。经统计，当前中职篮俱乐部所属（合作）投资主体的属性主要有政府和企业合资、国有企业独资、民营企业独资和个人独资等 4 种类型，见表 3-10。

表 3-10　中职篮俱乐部所属（合作）系统情况统计

| 俱乐部 | 所属（合作）系统 | 资本属性 |
|---|---|---|
| 广东宏远华南虎俱乐部 | 广东宏远集团 | 民营企业独资 |
| 深圳新世纪领航者俱乐部 | 新世纪房地产开发有限公司 | 民营企业独资 |
| 广州龙狮篮球俱乐部 | 佛山南海能兴集团有限公司 | 民营企业独资 |
| 北京鸭首钢篮球俱乐部 | 首钢集团有限公司 | 国有企业独资 |
| 北京控股紫禁勇士俱乐部 | 北京控股集团有限公司 | 国有企业独资 |
| 山东西王王者俱乐部 | 山东高速集团 | 国有企业独资 |
| 青岛国信双星雄鹰俱乐部 | 青岛市体育局和双星集团有限公司 | 政府和企业合资 |
| 浙江广厦猛狮俱乐部 | 浙江广厦控股集团有限公司 | 民营企业独资 |
| 浙江稠州金牛俱乐部 | 浙江省体育局和浙江稠州银行 | 政府和企业合资 |
| 宁波富邦男子篮球俱乐部 | 宁波富邦控股集团 | 国有企业独资 |
| 江苏龙肯帝亚俱乐部 | 江苏省体育局和江苏肯帝亚集团 | 政府和企业合资 |
| 南京同曦大圣俱乐部 | 江苏同曦集团有限公司 | 民营企业独资 |
| 上海久事大鲨鱼俱乐部 | 上海泰戈鲨客投资管理有限公司 | 民营企业独资 |
| 辽宁沈阳三生飞豹俱乐部 | 辽宁省体育局和辽宁衡业集团 | 政府和企业合资 |
| 吉林九台农商行东北虎俱乐部 | 蒋力和孙军 | 个人独资 |
| 山西建投猛龙俱乐部 | 山西建投集团有限公司 | 国有企业独资 |
| 四川金强蓝鲸俱乐部 | 四川金强集团 | 民营企业独资 |
| 福建鲟浔兴俱乐部 | 福建鲟浔兴集团有限公司 | 民营企业独资 |
| 新疆广汇飞虎俱乐部 | 新疆广汇实业投资集团 | 民营企业独资 |
| 天津荣钢先行者俱乐部 | 天津荣程联合钢铁有限公司 | 民营企业独资 |

中职篮 20 个俱乐部中，政府和企业合资俱乐部目前还有 4 个（青岛国信双星雄鹰俱乐部、浙江稠州金牛俱乐部、江苏龙肯帝亚俱乐部、辽宁沈阳三生飞豹俱乐部）、国有企业独资 5 个（北京鸭首钢俱乐部、北京控股紫禁勇士俱乐部、山东西王王者俱乐部、宁波富邦男子篮球俱乐部、山西建投猛龙俱乐部）、民营企业独资 10 个（广东宏远华南虎俱乐部、深圳新世纪领航者俱乐部、广州龙狮篮球俱乐部、浙江广厦猛狮俱乐部、南京同曦大圣俱乐部、上海久事大鲨鱼俱乐部、四川金强蓝鲸俱乐部、福建鲟浔兴俱乐部、新疆广汇飞虎俱乐部、天津荣钢先行者俱乐部）和个人独资 1 个（吉林九台农商行东北虎俱乐部）。在产权方面，由于俱乐部现在的管理存在多种形式，企业独资形式的俱乐部一般由所在企业的老板分派俱乐部的人事管理，这种俱乐部发展模式下，如果没有盈利保障，当企业亏损的时候，职业俱乐部很容易随之瓦解；而采用企业与地方体育局合资并共同承担俱乐部的人事管理模式的俱乐部虽然有体育局作保障，但由于受地方政府机构的限制，往往不能按照市场规律运行，因此可能失去职业化的发展动力。当前，中职篮唯一一所由军队和企业合资的俱乐部——八一富邦男子篮球职业俱乐部，由于投入资金政策、外援政策等矛盾突出，2020—2021 赛季其已经退出中职篮；而政府和企业合资的俱乐部由于政府和企业对俱乐部的产权关系相互纠缠，常常引发合作双方的矛盾冲突。例如：江苏肯帝亚俱乐部球员的人事权和管理权归江苏省体育局所有，江苏肯帝亚集团作为投资方，在教练员和球员的聘请、俱乐部运营、球员工资等方面的决策与江苏省体育局由于多元性办队动机等问题产生了诸多的矛盾，进而引发了相互推诿、投资减少、欠薪等一系列事件，最终导致球队人心涣散、核心球员出走、球队成绩一落千丈。近年来，随着国家对俱乐部所属国有企业财务预算和支出的收紧，与职业体育在财务预算和支出上大相径庭的国有企业在国有企业独资俱乐部财力投入上也遇到了非常大的矛盾和路径冲突。而具有财务独立性的民营企业独资俱乐部已发展到 10 个，这体现出该模式对职业体育发展的适应性较强。从俱乐部所属（合作）系统属性的变迁来看，中职篮俱乐部已经由早期的个人制、政府和企业合资、军队和企业合资等逐渐向具有独立财务自由的股份制发展，并在不断向产权公众化、组织实体化、管理专业化的方向转变。这反映出中职篮俱乐部在职业化和市场化进程中已更进一步，并彰显出中职篮俱乐部产权结构调整的职业化成效[137]。

### 2. 政府对俱乐部所属企业参赛动机的影响分析

社会组织系统及其组成主体总是在追求一定利益的动力结构支配下从事各种活动，这一利益动力结构就是系统组织的目标。组织为了求得生存和发展，在确立组织目标时，必须审时度势、科学决策，并体现出组织的战略发展取向，这种能够体现社会组织发展战略的目标才是有效的目标[138]。中职篮与NBA、欧洲等职业篮球联赛有着明显不同的发展历程。西方职业篮球的发展更多遵循市场经济的基本规律，即投资—收益原则，因此西方联赛主要围绕着经营效益最大化来进行。而中职篮是20世纪90年代我国体育职业化改革探索的产物，其本身就具有营利性和公益特定性的二重性，以及俱乐部体制和机制的过渡性等特征[139]。以政府行政推动为主导就决定了中职篮的产生与发展不同于市场自发的模式，其主要是为弥补原有体制的不足。这种联赛机制虽然融入了市场经济的元素，但其性质决定了其很容易受政治目的与经济目的的双重制约。中职篮的组织动机包括"提高技战术能力，为国效力""适应市场经济体制改革"和"促进群众体育发展和满足群众社会文化生活需要"等浓郁的社会公益目的。在对俱乐部所属（合作）系统从业情况调查后发现，中职篮各俱乐部所属企业多为房地产、金融、钢铁行业企业或多元化集团，其参与联赛的主要动机为"提高企业社会知名度、提高所属企业的影响力"，"谋求国家政策福利"，其最终目的均是力争盈利最大化。另外，调查发现，四川金强周仕强、原山西中宇王兴江、新疆广汇孙广信、广东宏远陈林、上海东方姚明等俱乐部企业投资人投资中职篮的动机除直接和间接利益诉求外，大抵都源于深厚的篮球情结。这些投资人在成长经历上都与篮球结缘，每周在自己的俱乐部里打几场球已成为他们生活的一部分。

张兵等认为，欧、美等职业体育按需求推进型模式，经历了百年发展，逐渐形成了相对完备的制度体系，中国职业体育制度体系建设则主要在行政干预和生产需求的双重作用下进行，当前中国职业体育受到的行政干预远超过西方职业体育[140]。如果运用复杂系统的整体方法论思维去认识该矛盾，应该会有全新的认识。

### 3.7.4 赞助商系统运行评价模型构建及其实证分析

赞助指体育赛事或组织与资金、实物或服务提供者之间，以获得商业竞争力为目的，权衡彼此关联进行交换的一种商业关系[141]。赞助是营销的一种沟通工具，通过赞助，企业可把品牌产品与体育赛事关联起来，进而提高产品在市场上销售力，保证被赞助方和赞助方都能获得利益[142]。蒋家珍和钟秉枢等认为体育赞助的本质就是一种等价交换，体育赞助是以体育的主要相关要素（如体育赛事、运动队及运动员等）作为对象进行的赞助行为。企业通过对体育活动或者直接对运动员提供资金或者物资上的支持，再借助赞助的对象对产品及企业品牌进行正面的影响，如提高产品销售量，以提高企业的知名度和美誉度[143]。

#### 3.7.4.1 评价模型构建

1）三级指标降维处理。将一级指标 $C_4$ 作为被解释变量，将对应的三级指标 $V_{67} \sim V_{98}$ 作为解释变量进行建模。考虑到三级指标之间存在的多重共线性，首先对 $V_{67} \sim V_{98}$ 这 32 个解释变量进行主成分分析（PCA）降维，并根据累计贡献率来确定主成分的个数。经过计算，前 6 个主成分的累计贡献率达到了 86.24%，故将这 6 个主成分变量作为综合后的新解释变量用 $Z_1 \sim Z_6$ 表示，见表 3-11。表中每一个数值表示主成分变量 $Z_1 \sim Z_6$ 在原始变量 $V_{67} \sim V_{98}$ 上的因子载荷。

表 3-11　赞助商系统主成分在原始变量 $V_{67} \sim V_{98}$ 上的因子载荷情况

| 指标 | $Z_1$ | $Z_2$ | $Z_3$ | $Z_4$ | $Z_5$ | $Z_6$ |
|---|---|---|---|---|---|---|
| $V_{67}$ | 0.160 | 0.287 | 0.181 | 0.000 | 0.000 | 0.000 |
| $V_{68}$ | 0.140 | 0.294 | 0.000 | −0.166 8 | 0.000 | 0.000 |
| $V_{69}$ | 0.164 | 0.269 | 0.000 | 0.000 | 0.231 | 0.057 |
| $V_{70}$ | 0.159 | 0.287 | 0.117 | −0.117 | 0.000 | 0.108 |
| $V_{71}$ | 0.185 | 0.190 | 0.148 | 0.000 | 0.000 | 0.146 |
| $V_{72}$ | 0.180 | 0.179 | 0.000 | −0.159 | 0.000 | 0.313 |
| $V_{73}$ | 0.184 | 0.206 | 0.000 | 0.000 | 0.000 | 0.304 |

（续表）

| 指标 | $Z_1$ | $Z_2$ | $Z_3$ | $Z_4$ | $Z_5$ | $Z_6$ |
|---|---|---|---|---|---|---|
| $V_{74}$ | 0.186 | 0.157 | 0.043 | 0.032 | 0.000 | 0.181 |
| $V_{75}$ | 0.171 | 0.209 | 0.000 | −0.180 | 0.000 | −0.210 |
| $V_{76}$ | 0.178 | 0.204 | 0.000 | −0.115 | 0.000 | −0.404 |
| $V_{77}$ | 0.168 | 0.158 | −0.160 | −0.107 | 0.000 | −0.537 |
| $V_{78}$ | 0.183 | 0.000 | −0.231 | 0.000 | −0.467 | 0.000 |
| $V_{79}$ | 0.183 | 0.000 | −0.318 | 0.000 | −0.442 | 0.000 |
| $V_{80}$ | 0.182 | 0.000 | −0.347 | 0.000 | −0.319 | 0.000 |
| $V_{81}$ | 0.192 | 0.000 | 0.000 | 0.311 | 0.000 | 0.000 |
| $V_{82}$ | 0.189 | 0.000 | −0.188 | 0.317 | 0.000 | 0.000 |
| $V_{83}$ | 0.179 | 0.000 | −0.223 | 0.432 | 0.162 | 0.000 |
| $V_{84}$ | 0.179 | 0.000 | −0.204 | 0.372 | 0.284 | 0.000 |
| $V_{85}$ | 0.177 | 0.000 | 0.345 | 0.000 | −0.253 | −0.204 |
| $V_{86}$ | 0.180 | −0.114 | 0.305 | 0.209 | −0.238 | 0.000 |
| $V_{87}$ | 0.174 | −0.191 | 0.247 | 0.202 | −0.132 | 0.000 |
| $V_{88}$ | 0.178 | −0.144 | 0.278 | 0.149 | 0.000 | −0.215 |
| $V_{89}$ | 0.190 | −0.164 | 0.205 | 0.000 | 0.000 | 0.000 |
| $V_{90}$ | 0.190 | −0.185 | 0.129 | 0.000 | 0.000 | 0.125 |
| $V_{91}$ | 0.185 | −0.199 | 0.136 | 0.000 | 0.136 | 0.000 |
| $V_{92}$ | 0.187 | −0.200 | 0.000 | −0.138 | 0.000 | 0.176 |
| $V_{93}$ | 0.190 | −0.214 | −0.106 | 0.000 | 0.000 | 0.177 |
| $V_{94}$ | 0.184 | −0.231 | −0.150 | −0.115 | 0.190 | 0.081 |
| $V_{95}$ | 0.187 | −0.180 | 0.025 | −0.253 | 0.100 | 0.000 |
| $V_{96}$ | 0.186 | −0.194 | 0.000 | −0.249 | 0.197 | 0.000 |
| $V_{97}$ | 0.186 | −0.197 | 0.000 | −0.218 | 0.213 | −0.138 |

6个主成分变量的因子载荷情况显示，主成分变量 $Z_1$ 的各因子载荷值十分接近，并且变量载荷值都为正。它可以代表赞助商系统的综合水平，故称为综合满意度因子；主成分变量 $Z_2$ 的因子载荷值呈两极化，其中涉及中职篮、俱乐部和中职篮球员赞助商情况的变量 $V_{67} \sim V_{77}$ 的因子载荷值与涉及大中小学、体校和社会俱乐部竞技篮球系统变量的 $V_{86} \sim V_{97}$ 因子载荷值相反，它反映了赞助商对职业篮球的赞助与对后备人才培养系统赞助的关系，故称其为赞助商对职业篮球与后备人才培养系统赞助选择合理度因子；主成分变量 $Z_3$ 在变量 $V_{79}$（企业对俱乐部青年队从资金、实物等方面的赞助力度）、$V_{80}$（企业对俱乐部青年队资金、实物及其他相关赞助）、$V_{85}$（企业对大学生竞技篮球系统在政治、经济、社会关注度及企业老板个人情结等方面赞助目的）、$V_{86}$（企业对大学生竞技篮球系统从资金、实物等方面的赞助力度）上的因子载荷均大于其余变量，故它主要反映了赞助商对中职篮各俱乐部青年队和大学生篮球系统的赞助情况，故称为赞助商对俱乐部青年队和CUBA系统赞助选择合理度因子；主成分变量 $Z_4$ 在 $V_{81} \sim V_{84}$ 的因子载荷值明显较大，它反映了赞助商赞助全国男子篮球联赛（NBL）的力度，故称为全国男子篮球联赛（NBL）赞助合理度因子；主成分变量 $Z_5$ 在二级指标 $D_{13}$（中职篮俱乐部自身后备人才培养系统赞助商变量）中 $V_{78} \sim V_{80}$ 与 $D_{15}$（大学生竞技篮球系统赞助商）中 $V_{85} \sim V_{86}$ 上的因子载荷均大于其余变量，且正负值相反，故它主要反映了赞助商对中职篮各俱乐部青年队和大学生篮球系统的赞助力度选择与动机关系，故称为赞助商对俱乐部青年队和CUBA系统赞助选择动机合理度因子；主成分变量 $Z_6$ 在二级指标 $D_{11}$（中职篮俱乐部赞助商）中 $V_{72} \sim V_{73}$ 与 $D_{12}$（中职篮球员赞助商）中 $V_{76} \sim V_{77}$ 上的因子载荷均大于其余变量，且正负值相反，故它主要反映了赞助商对中职篮各俱乐部和俱乐部球员的赞助力度选择与动机关系，故称为赞助商对俱乐部和俱乐部球员的赞助选择合理度因子。

接下来对一级指标赞助商系统与上述6个主成分变量 $Z_1 \sim Z_6$ 进行GAM统计建模，以此来解释变量与被解释变量之间的线性和非线性关系。假定模型如下：

$$C_1=S_0+S_1(Z_1)+S_2(Z_2)+S_3(Z_3)+S_4(Z_4)+S_5(Z_5)+S_6(Z_6)+e \tag{3-9}$$

其中，$S_0$ 是常数项，$S_i(\cdot)(i=1,\cdots,6)$ 是未知的光滑函数，并且有 $ES_i(Z_i)=0(i=1,\cdots,6)$，$e$ 是均值为 0 的随机误差项。

2）模型结果。利用统计编程软件 R 语言对上述的可加模型进行估计，其中对非线性部分 $S_i(\cdot)(i=1,\cdots,6)$ 的估计通过样条函数进行仿真，具体结果如图 3-26 所示。

图 3-26 显示，赞助商系统模型的常数项中，$S_0$ 及非线性部分 $S_1(\cdot)$ 对应的 $p$ 值均小于 0.00，即在 5% 的显著性水平下，模型的常数项 $S_0$ 及非线性部分 $S_1(\cdot)$ 均呈现显著。其中 6 个主成分 $S_i(\cdot)$ $(i=1,\cdots,6)$ 的自由度均大于 1，这说明各部分均有不同程度的非线性成分。edf 表示估计的自由度，其值越接近 1 表示对该部分未知函数的估计越接近线性函数，反之，如果其值大于 1 越多，表示该部分未知函数的估计越复杂、非线性程度越

```
Family: gaussian
Link function: identity

Formula:
c1 ~ s1(z1) + s2(z2) + s3(z3) + s4(z4) + s5(z5) + s6(z6)

Parametric coefficients:
            Estimate Std. Error t value Pr(>|t|)
(Intercept)   7.683      0.113      68   <2e-16 ***
---
Signif. codes: 0 '***' 0.001 '**' 0.01 '*' 0.05 '.' 0.1 ' ' 1

Approximate significance of smooth terms:
        edf Ref.df     F  p-value
s1(z1) 1.000 1.000 53.686 3.77e-11 ***
s2(z2) 2.159 2.752  2.908  0.0674 .
s3(z3) 1.000 1.000  0.004  0.9470
s4(z4) 4.019 4.997  1.343  0.2443
s5(z5) 2.283 2.892  2.740  0.0432 *
s6(z6) 1.498 1.845  1.285  0.3633
---
Signif. codes: 0 '***' 0.001 '**' 0.01 '*' 0.05 '.' 0.1 ' ' 1

R-sq.(adj) = 0.459  Deviance explained = 52.1%
GCV = 1.5164  Scale est. = 1.3274  n = 104
```

**图 3-26　赞助商系统运行评价模型常数项情况**

高。模型调整后的 $R$ 方为 0.459，同时偏差解释度达 52.1%，这表明模型可以非常好地对数据进行解释。另外，可通过提取各主成分变量的 $F$ 统计量数值来判断各主成分变量对俱乐部系统运行合理程度影响的大小，其中 $Z_1$（53.686）、$Z_2$（2.908）、$Z_5$（2.740）的 $F$ 值统计量数值均比较大，这 3 个主成分对赞助商系统运行合理程度的影响较大。

3）各主成分变量的非线性关系。为进一步挖掘赞助商系统内部各主成分指标变量的线性与非线性关系，现绘制各主成分变量的非线性结构图。各解释变量 $Z_1 \sim Z_6$ 的非线性结构如图 3-27～图 3-32 所示，其中横轴是各主成分变量 $Z_1 \sim Z_6$ 的主成分得分值，纵轴数值是对非线性函数自由度的估计值，实线是该主成分变量对赞助商系统运行合理程度的平滑化拟合值，虚线表示拟合的函数的逐点置信区间上下限。

图 3-27 显示，综合满意度指标与赞助商系统运行合理程度呈线性关系（edf=1.000）。综合满意度指标数值越大，表明对赞助商系统运行合理程度的评价满意度越高。绝大部分的点都散布在拟合直线附近，并且没有明显的聚集现象，这为利用 $Z_1$（综合满意度）评价赞助商系统运行合理程度提供了依据。进一步，这里 $S_1(Z_1)$ 的 F 统计量数值（53.686）远大于其余 5 个主成分变量，说明 $Z_1$（综合满意度）可以作为评价赞助商系统运行合理程度的主要参考指标。在全部的问卷中，$Z_1$（综合满意度）评价得分 9 分及 9 分以上的有 7 人，得分 8 ~ 8.99 分的有 15 人，得分 7 ~ 7.99 分的有 18 人，得分 6 ~ 6.99 分的有 30 人，得分 5 ~ 5.99 分的有 15 人，得分 4 ~ 4.99 分的有 17 人，得分 3.99 分以下的有 2 人，总体上为正的有 85 份，负值的只有 19 份。这说明专家们对中职篮赞助商系统运行合理程度总体上持肯定态度，但中职篮赞助商系统还存在一些问题。

赞助商对职业篮球与后备人才培养系统赞助选择合理度与赞助商系统运行合理度呈非线性关系（edf=2.159），如图 3-28 所示。数据点呈现一定的集聚性，靠近中心点处密度比远离中心点处密度大。拟合曲线的形状呈斜向上趋势并逐渐放缓。曲线斜率较小，表明该主成分 $Z_2$ 对赞助商系统运行合理程度有一定的正面解释性，说明 $Z_2$ 所代表的赞助商对职业篮球与后备人才培养系统赞助选择合理度中，赞助商对职业篮球的赞助力度与后备人才培养系统赞助力度选择合理度在一定范围内对赞助商系统运行有利。赞助商对职业篮球的赞助力度与后备人才培养系统赞助力度应该有一个合适的比例才能够使赞助商投入有限赞助资本的同时利益最大化，而不是投入资本量和赞助效果成正比的关系。赞助商只有对职业篮球系统和其后备人才培养系统在社会中的影响力程度进行科学评估后进行相应的赞助投入，才能够使投入与产出比达到最佳，过度投入、少投入或选择投入错误均不利于赞助商系统的发展。另外，该因子的 $S_2(Z_2)$ 的 F 统计量数值（2.908）较大，说明 $Z_2$（赞助商对职业篮球与后备人才培养系统赞助选择合理度）可以作为评价赞助商系统运行合理程度的较为重要参考指标。

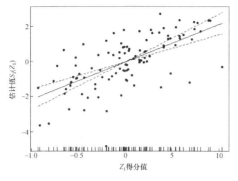 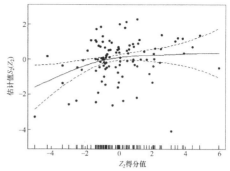

图 3-27 综合满意度因子（$Z_1$）对 赞助商系统运行的影响

图 3-28 赞助商对职业篮球与后备 人才培养系统赞助选择合理度因子（$Z_2$） 对赞助商系统运行的影响

图 3-29 显示，赞助商对俱乐部青年队和 CUBA 系统赞助选择合理度与赞助商系统运行合理程度呈线性关系（edf=1.000），但数据呈现明显的离散特点，且拟合线段只有轻微向下的斜度。但该主成分变量的 $F$ 统计量数值非常小（0.004），表明该变量当前还不是赞助商资本投入的重点对象，对赞助商系统运行合理程度的影响非常小，也说明赞助商目前还处于将大量资本投入到中职篮系统和各俱乐部阶段，对后备人才培养系统的投入还没有引起赞助商们足够的兴趣。

从图 3-30 中可以了解到，全国男子篮球联赛（NBL）赞助合理度与赞助商系统运行合理程度呈明显的非线性关系（edf=4.019）。数据分布有一定程度的集聚特点，除少数几个点外，从趋势上看，拟合曲线呈波浪形延伸，结合该部分的 $F$ 统计值（1.343）可知，该主成分作为赞助商系统运行影响不大，这也和当前全国男子篮球联赛（NBL）在我国社会的影响力和知名度情况相符，赞助商由于 NBL 较小的社会影响力和知名度，对其投入非常小，因而不影响赞助商的投入产出比对赞助商系统所造成的影响。因此，对模型的解释度较弱，非主要影响赞助商系统运行质量的因素。

图 3-31 显示，赞助商对俱乐部青年队和 CUBA 系统赞助选择动机合理度与赞助商系统运行合理程度呈非线性关系（edf=2.283），但数据呈现明显的离散特点，且拟合曲线呈 U 形波动。该主成分变量的 $F$ 统计量数值较大（2.740），表明该变量当前虽还不是赞助商资本投入的重点对象，

但赞助商对俱乐部青年队和 CUBA 系统做出赞助动机选择时，当前还处于比较均衡的态势，但图形显示，当前 CUBA 联赛的影响力在学校和年轻人群中影响力愈来愈大，赞助商对 CUBA 系统赞助动机会逐渐大于俱乐部青年队，这也符合当前我国职业篮球后备人才培养体系改革的趋势。

图 3-32 显示，赞助商对俱乐部和俱乐部球员赞助选择合理度与赞助商系统运行合理程度呈非线性关系（edf=1.498），但数据呈现明显的离散特点，且呈现拟合曲线略有倾角的斜向下过渡关系。但该主成分变量的 $F$ 统计量数值较小（1.285），表明赞助商对俱乐部赞助投入力度选择和对俱乐部球员赞助力度选择合理度对赞助商系统获得的收益均不构成影响。

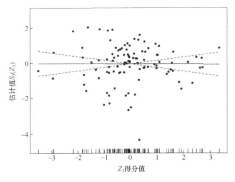

图 3-29　赞助商对俱乐部青年队和
CUBA 系统赞助选择合理度因子（$Z_3$）
对赞助商系统运行的影响

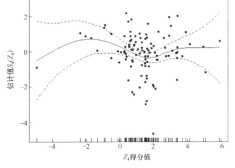

图 3-30　全国男子篮球联赛（NBL）
赞助合理度因子（$Z_4$）对赞助商
系统运行的影响

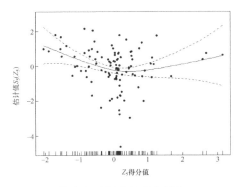

图 3-31　赞助商对俱乐部青年队和
CUBA 系统赞助选择动机合理度因子（$Z_5$）
对赞助商系统运行的影响

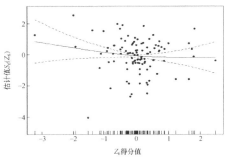

图 3-32　赞助商对俱乐部和俱乐部
球员的赞助选择合理度因子（$Z_6$）
对赞助商系统运行的影响

#### 3.7.4.2　实证分析

从上述广义加性模型对赞助商运行系统的非线性分析可知，赞助商运行综合满意度因子、赞助商对职业篮球与后备人才培养系统赞助选择合理度因子、赞助商对俱乐部青年队和 CUBA 系统赞助选择动机合理度因子是该一级指标系统的主要影响因素。因此，针对这 3 个最重要的影响因子，我们结合赞助商运行系统的实际状况做进一步的详细分析。专家对赞助商系统指标变量的评价得分情况见表 3-12。

表 3-12　专家对赞助商系统指标变量的评价得分情况

| 指标 | $N$ | 极小值 | 极大值 | 均值 | 标准差 |
|---|---|---|---|---|---|
| $V_{67}$ | 104 | 3.00 | 10.00 | 7.336 5 | 1.536 68 |
| $V_{68}$ | 104 | 3.00 | 10.00 | 7.403 8 | 1.458 28 |
| $V_{69}$ | 103 | 3.00 | 10.00 | 7.271 8 | 1.463 24 |
| $V_{70}$ | 104 | 2.00 | 10.00 | 7.500 0 | 1.481 27 |
| $V_{71}$ | 104 | 3.00 | 10.00 | 7.355 8 | 1.544 92 |
| $V_{72}$ | 104 | 3.00 | 10.00 | 7.269 2 | 1.521 57 |
| $V_{73}$ | 104 | 4.00 | 10.00 | 7.192 3 | 1.435 18 |
| $V_{74}$ | 104 | 4.00 | 10.00 | 7.221 2 | 1.447 84 |
| $V_{75}$ | 104 | 4.00 | 10.00 | 7.442 3 | 1.466 96 |
| $V_{76}$ | 104 | 3.00 | 10.00 | 7.317 3 | 1.547 09 |
| $V_{77}$ | 104 | 3.00 | 10.00 | 7.173 1 | 1.490 70 |
| $V_{78}$ | 104 | 2.00 | 10.00 | 6.625 0 | 1.870 50 |
| $V_{79}$ | 104 | 2.00 | 10.00 | 6.500 0 | 1.925 81 |
| $V_{80}$ | 104 | 2.00 | 10.00 | 6.528 8 | 1.905 32 |
| $V_{81}$ | 104 | 2.00 | 10.00 | 6.605 8 | 1.786 78 |
| $V_{82}$ | 104 | 2.00 | 10.00 | 6.461 5 | 1.869 13 |
| $V_{83}$ | 104 | 2.00 | 10.00 | 6.480 8 | 1.768 00 |
| $V_{84}$ | 104 | 2.00 | 10.00 | 6.625 0 | 1.747 05 |
| $V_{85}$ | 104 | 2.00 | 10.00 | 6.865 4 | 1.801 07 |

（续表）

| 指标 | $N$ | 极小值 | 极大值 | 均值 | 标准差 |
|---|---|---|---|---|---|
| $V_{86}$ | 104 | 2.00 | 10.00 | 6.644 2 | 1.832 39 |
| $V_{87}$ | 104 | 2.00 | 10.00 | 6.567 3 | 1.842 14 |
| $V_{88}$ | 104 | 2.00 | 10.00 | 6.528 8 | 1.789 70 |
| $V_{89}$ | 104 | 1.00 | 10.00 | 6.048 1 | 2.213 73 |
| $V_{90}$ | 104 | 1.00 | 10.00 | 5.673 1 | 2.253 12 |
| $V_{91}$ | 104 | 1.00 | 10.00 | 5.798 1 | 2.209 34 |
| $V_{92}$ | 104 | 1.00 | 10.00 | 6.067 3 | 2.200 02 |
| $V_{93}$ | 104 | 1.00 | 10.00 | 5.730 8 | 2.239 24 |
| $V_{94}$ | 104 | 1.00 | 10.00 | 5.769 2 | 2.252 21 |
| $V_{95}$ | 104 | 1.00 | 10.00 | 6.038 5 | 2.167 38 |
| $V_{96}$ | 104 | 1.00 | 10.00 | 5.865 4 | 2.323 61 |
| $V_{97}$ | 104 | 1.00 | 10.00 | 5.750 0 | 2.121 32 |

### 1. 赞助商运行综合满意度分析

在中职篮改革初期，赞助运作一直处于探索过程，起初主要委托国际管理集团（IMG）先后以"555""希尔顿""摩托罗拉""联通新时空"等交易冠名权获得了一些赞助，由于起步晚、影响力不大的原因，赞助费用一直很低。经过 10 年的品牌建设与经验积累，2004—2005 赛季开始，中职篮参照"TOP"计划取消联赛"总冠名"赞助商，设立了主要赞助商、鞋类服装赞助商、市场合作伙伴组成的四级赞助商体系。随后，中国篮协以每年 650 万美元的价格将中职篮及各俱乐部 2005—2012 赛季所有商务开发权包给瑞士盈方公司，2012 年盈方公司又以 3.36 亿的价格获得中职篮 2012—2017 赛季的商务开发权。联赛也由最初少数企业赞助，形成了现在的官方赞助体系（图 3-33）。另外，各俱乐部除了投资人外都有自己的俱乐部球队冠名赞助商，冠名费也水涨船高，普遍达到千万元以上。自 2012 年，中职篮的赞助商体系开始飞速发展，其中 2012—2013 赛季中职篮赞助商已达到 23 家，每年赞助金额达到 6.3 亿元。

赞助商包括战略合作伙伴 1 家、合作伙伴 5 家、赞助商 4 家、供应商 13 家；2014—2015 赛季赞助商数量为 22 家，包括战略合作伙伴 1 家、合作伙伴 7 家、赞助商 3 家、供应商 11 家；2015—2016 赛季赞助商数量为 26 家，新增 3 家，包括战略合作伙伴 1 家、合作伙伴 6 家、赞助商 4 家、供应商 13 家。

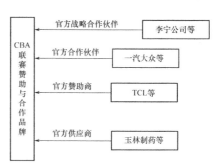

图 3-33　2012—2013 赛季中职篮赞助商体系情况

为更好地适应市场的发展，中职篮在 2017—2018 赛季取消了冠名权，建立了官方主赞助商、官方战略合作伙伴、官方合作伙伴、官方赞助商、官方供应商、媒体合作伙伴和官方服务机构七级立体结构赞助与合作模式（图 3-34）。近几个赛季中职篮的赞助企业均在各自领域具有雄厚实力和强大的营利能力，这与中职篮消费的人群和观众的影响力有很大的关联性。通过中职篮提高企业的知名度、产品的辨识度、社会影响力，既保证了企业能担负起赞助的物资及费用，同时也能适应

图 3-34　中职篮立体结构赞助商模式

企业的发展需求和战略目标。多年来众多调查报告显示，在国内众多体育赛事品牌的赛事认知、赛事关注和赛事喜爱度 3 项统计排名中，中职篮均高居国内 16 项体育赛事品牌的榜首，联赛的品牌形象和市场价值得到不断的提升，越来越多的知名大品牌开始关注和认可中职篮，赞助资本也逐年提升，进而促进了中职篮的可持续发展。

另外，中职篮在发展的 20 多个赛季中版权收益极低。NBA 、FIBA 和欧洲篮球联赛等多年来一直将赛事版权和普通商务运营权进行切割销售，赛事版权收益也是赛事总收入的最大来源。NBA 相关收入的几次大幅度提升也与签下电视转播权息息相关。而 2000 年国家广播电影电视总局颁布的《关于加强体育比赛电视报道和转播工作的通知》明确规定，重大的国际体育比赛，包括奥运会、亚运会和世界杯足球赛（包括预选赛），在我国境内的电视转播权统一由中央电视台负责谈判与购买，其他各电视台不得直接购

买。2016年，国家新闻出版广电总局又颁布了《关于改进体育比赛广播电视报道和转播工作的通知》，规定重大的国际体育比赛，包括奥运会、亚运会和世界杯足球赛（包括预选赛），在我国境内的电视转播权统一由中央电视台负责谈判与购买，其他电台、电视台不得直接购买[144]。由此，央视对体育转播已实现垄断，可在体育版权采购方面压价，使中职篮的电视转播权出售价格较低，有时甚至倒贴转播费。而俱乐部在地方台进行转播还需要支付一笔转播劳务费。因此可见，中职篮赞助权益是有限的，并不能与所有有赞助意向的企业开展合作，而只能选择其中部分企业达成合作协议，因此，中职篮如何选择最佳的赞助商使资源得到优化配置，值得深入探讨。但随着近几年新媒体的兴起，媒体转播也从联赛最初中国篮协以付费给中国电视台的形式对中职篮进行转播，发展到2004—2005赛季出现电视台付费转播，至今又形成了电视、网络、广播等全方位覆盖转播；在2014—2015赛季中，18家电视台转播的2328场比赛累计超过3705小时；CCTV5直播60场，累计收视人次大幅增长，超过7.4亿；中职篮收视率在CCTV5周排名中屡登榜首，联赛期间22次周排名中13次排名第一，比例达60%；季后赛第3轮开始至赛季结束，连续7周蝉联榜首。搜狐CBA视频日均播放量为166万，PPTV全赛季视频播放量超过8亿。随后，腾讯和优酷投入上亿资金购买中职篮的网络转播权。由于2020年4月中职篮和中国移动旗下的咪咕视频续签下一份长达5年、总价值超20亿元的网络转播权合同，加上疫情影响，腾讯和优酷转播商在博弈中最终放弃续约中职篮转播权。

综上所述，当前中职篮的赞助商体系日渐完善，版权收益也摆脱了央视一家独大和地方电视台付费转播的局面，并利用新媒体巨头的资本介入，不断提升中职篮的社会影响力，同时增加了中职篮的赞助收益。在调查的全部问卷中，该方面得分6分以上的有70人，这说明专家们对近年来中职篮赞助商体系的发展总体上持肯定态度。但从复杂系统关系方面，其还存在一些问题，例如：①中职篮赞助商与俱乐部赞助商的利益冲突。多年来，中职篮的赞助权益都由中国篮协负责，俱乐部只有冠名权等极少的权利，随着管办分离的改革，中国篮协将中职篮商务运营权下放给CBA公司，而CBA公司根据俱乐部的具体情况，在俱乐部拥有球队冠名权、球衣背后广告使用权、官方称谓和标示使用权的基础上，也逐渐将主场广告资源（如球场地贴广告、球馆横幅广告）等 8 个权益下放给俱乐部，而各俱乐部随着赞助商权益的增多，也逐渐建立了自己的赞助商体系，这体现了俱乐部生存与发展逐步得到中职篮的重视。但如何能够使俱乐部实现独立造血，在赞助商权益方面实现最合理的配置，处理好整体与个体利益最优化的分配，恐怕 CBA 公司还要花费更多的精力进行探究；②球队冠名权使用情况复杂，不利于俱乐部品牌发展。从多年来中职篮俱乐部冠名权的使用看，众多俱乐部的冠名频繁更换，如辽宁俱乐部更换冠名多达 6 次以上，而北京首钢、江苏同曦大圣、青岛国信双星雄鹰俱乐部等竟然没有使用冠名权，由于其行为表现背后的归因比较复杂，也体现了各俱乐部投资主体与市场之间的博弈关系。有的俱乐部频繁更换冠名权进而影响到其品牌建设，有的俱乐部害怕冠名权影响到投资企业宣传力度选择舍弃冠名权的使用，在俱乐部财务紧张的同时，造成了商务资源的浪费。③装备赞助商与球员、球队赞助利益冲突。由于当前很多中职篮知名球星均有自己的签约代言公司品牌，与中职篮的联盟赞助商的赞助目标产生冲突，整体上影响了中职篮的职业化形象。例如，2020 年 11 月 CBA 联盟对 23 起 CBA 联赛装备违规事件进行通报和处理，其中涉及多位球员和教练员[145]。并且，以上事件都是中职篮整体赞助商和俱乐部球员个人赞助商利益冲突的典型表现，最终均因缺乏处罚依据而通过协商不了了之。因此，中职篮在快速发展改革的关键期，如何前置性地制定好相关规制将是解决问题的关键。④俱乐部赞助商体系不完善，球衣广告标准不规范，造成资源浪费。由于众多俱乐部在达到 CBA 授权后，俱乐部缺乏足够的影响力或俱乐部自身市场运营人才专业性不高，或运营经验不足，多数俱乐部仅签约了球队冠名赞助商，甚至有些俱乐部连冠名权都放弃了。这造成了冠名权、球衣广告、场地广告搁置等资源浪费现象，也充分体现出俱乐部职业化市场运营的滞后问题。

**2. 赞助商对职业篮球与后备人才培养系统赞助选择合理度分析**

相对于已经发展较为成熟的中职篮，赞助商对其投资的重视程度要比投资其后备人才培养系统大得多。当前，中职篮后备人才培养系统已经由原来体育系统的"精英式"三级培养系统，逐渐发展成了中职篮俱乐部青年队、NBL、全国大学生篮球联赛（CUBA）、全国中学生超级篮球联赛、体校、社会俱乐部等共同组成的综合培养网络系统。其中，中国篮协在中职篮俱乐部准入制度中明文规定：中职篮俱乐部必须拥有或协议拥有（俱乐部与大学或体育局合办）一支不少于12名球员并在中国篮协注册的二线队伍，二线队伍的年度经费不少于70万元，其中二线队伍（协议拥有二线队伍的俱乐部除外）主教练年度总体收入不低于一线队伍助理教练的70%；二线队伍必须参加中国篮协组织的各相应组别的比赛。因此，该政策为中职篮俱乐部青年队的培养提供了强有力的财政保障。由于近年来高水平运动员的稀缺，各俱乐部非常重视各自青年队的培养工作，每年在青训上也进行了大量的投入，且俱乐部训练基地的场地、力量房、餐饮、住宿和医疗康复等硬件条件基本能满足青年队训练需要。并且，由于青年队属于中职篮俱乐部内部系统，缺少赞助商对其的直接赞助，否则很容易引起赞助商合同违约风险。

而在中国竞技篮球后备人才培养系统中，近年来发展最快的CUBA联赛逐渐引起了赞助资本的重视。CUBA自1998年创建以来，先后得到了摩托罗拉、万事达卡、FILA、一汽大众、中国电信、红牛、李宁、安踏等10多家国内外知名品牌赞助商的赞助。在此过程中，CUBA为保持阳光、纯洁的形象，也摒弃了很多烟酒等赞助商。当前，CUBA已拥有20多年的发展历史底蕴，校园体育独特的纯洁、阳光品牌形象，央视和优酷为首的媒体超高曝光率，数百万高校大学生的巨大消费市场和品牌忠诚度。CUBA所拥有的品牌优势和巨大的商业潜力已得到了众多赞助商的关注。同时，作为具有重要影响力的校园第一品牌赛事，其还吸引着全国数千万的初高中学子群体。赞助CUBA无疑使赞助商提前锁定了大量的年轻消费群体，并让受众们很容易对赞助商品牌保持超高的品牌忠诚度。因此，2018年7月，阿里体育以7年10亿元人民币的价格购买了CUBA商务运营权，而后，随着2017年11月、2020年5月中国篮协与教育部学生体育协会签署了《战略合作关系谅解备忘录》[146]《促进体教融合发展谅解备忘录》[147]，双方在篮球领域展开了"体教融合"新模式的探索与合作，更是将教育系统与体育系统联合办赛推向了高潮。刚刚拿下 CUBA 独家运营权的阿里体育很快就促成了阿迪达斯与 CUBA 的合作，并借鉴全球最顶级篮球联赛 NCAA 的做法，新赛季在 14 个省市一百多所高校的基层赛中实施了主客场制，央视、优酷及十多家地方电视台都对赛事进行了转播，总数超过 300 场。CUBA 赛事扩容、包装改革和视频传播推广升级迅速提高了校园吸引力、社会影响力。随后，CUBA 于 2019 年 3 月与准者体育商定每年上千万元的资本赞助，完成官方唯一指定装备供应商签约，同时也促成斯伯丁成为 CUBA 未来五年的比赛用球供应商。准者体育经历了两年多的推广后，经市场调查发现，其在学生群体中的知名度得到了质的飞跃，也注定其将成为品牌知名度和市场占有率全面提升的大赢家。

目前，CUBA 刚刚开始得到赞助商的重视，所有的赞助运营只是刚刚起步，相比于篮球产业高度发达的 NCAA，赞助资本规模、赞助类型体系、赞助赛事衍生品种类等方面都还处于起步阶段，反观 NCAA，赞助商非常注重在球衣和衍生产品方面对名校的文化底蕴的挖掘，从而，使很多名校仅球衣一项的商业收入就相当可观。例如，2016 年 UCLA 与安德玛就签下了一份 15 年高达 2.8 亿美元的装备赞助合同。鉴于中国篮球产业日益火热，而 CUBA 通过中职篮选秀打通了与 CBA 之间的人才输送渠道，众多赞助商和 CUBA 若能进行携手共进、彼此激励的商业合作，更是将整个中国篮球产业发展推向高潮。

另外，作为中职篮其他后备人才培养系统，目前中学生、体校等球队普遍社会影响力比较低，赞助商对其像职业篮球和高级别篮球联赛一样进行资本投入不太现实。根据课题团队的调研发现，当前很多球队一方面积极申请学校的经费投入，另一方面也在积极通过多渠道融资实现"社体融合"的尝试，即利用社会资本结合校园篮球开展互利共赢的合作，立足自身的实际情况拓展经费渠道，例如，寻找社会赞助，通过社会资本的投入来拓展经费渠道，以学校名义，通过出售球队冠名权、为产品代言等方式来寻找赞助。当前有很多企业与中小学体育市场都有很大关联，通过较小的投入来获得高水平篮球队的冠名权，对于企业而言并不是赔本的买卖。同时，还可寻找校友捐赠。近年来一些青少年篮球队开展得比较好的名校培养出了大量的优秀球员，通过他们的平台寻求捐赠，或者通过他们的影响力为学校球队拉一部分赞助，都有助于解决球队经费不足的问题。调查显示，山西省、河南省、浙江省等成绩排名靠前的中小学篮球队均有社会赞助，这说明社会资金对青少年竞技篮球的青睐。可以看出，当前我国竞技篮球后备人才系统的赞助才刚刚起步，赞助系统还处于雏形阶段，但中国竞技篮球大市场的火热，已经为其孕育了丰厚的土壤，很多社会资本一定会逐渐嗅到该系统巨大的市场商业价值。

**3. 赞助商对俱乐部青年队和 CUBA 系统赞助选择动机合理度分析**

前文对赞助商关于俱乐部青年队和 CUBA 系统赞助选择情况作了介绍。由于青年队属于中职篮俱乐部内部系统，缺少赞助商，而拥有多年历史底蕴、较强的校园品牌形象、媒体超高曝光率、数百万高校消费群体的 CUBA 联赛则逐渐引起了赞助资本的重视。赞助商对中职篮各子系统赞助选择动机是否合理，涉及深层次的动机需求问题。由前文分析可知，赞助商投入资本主要为吸引关注该系统消费群体的眼球，使得该群体认识、了解、接受自己的品牌，以达到使其购买并习惯性忠实消费的目的。但赞助商选择投资对象时，不光直接对某系统直接的社会影响力和关注度进行评估，还对具有发展潜力的系统进行评估。因为某系统一旦在社会上形成了巨大的影响力和知名度，赞助资本想介入并得到宣传，就不得不投入巨大的资本。例如，2010 年新浪以每年 700 万美元的价格与 NBA 签了 3 年转播协议，随着 NBA 在中国市场影响力不断扩大，腾讯 2015 年不得不付出 5 年 5 亿美元巨资完成资本介入 NBA。不难看出，赞助商选择赞助的动机合理度与选择对象的发展潜力有很大的关系。例如，篮管中心主任李元伟负责中职篮职业化改革的初期，各大知名运动品牌均因为对中职篮发展并不看好，纷纷婉拒了中职篮伸出的橄榄枝。此时，规模很小、知名度不高的安踏靠敏锐的资本嗅觉抓住了机会，以 3 年 6000 万元的巨额投入成为中职篮官方合作伙伴并为中职篮提供全部运动装备，且在 3 年合约期满后，安踏又以年均 2000 万元为基准外加一定的浮动指标续约 5 年。与中职篮牵手则让安踏的社会知名度和影响力暴增，据统计，在 2004 年与中职篮签约时，安踏一年的销售额仅 3.1 亿元，一年后则暴增至 6.7 亿元，2006 年则达到 12.5 亿元，2007 年更是增长至 29.8 亿元，2008 年继续暴涨至 46.3 亿元。2011 年实现 89 亿元的销售额。在安踏赞助中职篮的 8 年间，伴随着中职篮整体影响力的快速提升，安踏不仅迅速崛起成为全国知名的运动品牌，而且平均每年的营收额都实现了接近 100% 的增幅。通过赞助中职篮，李宁公司也得到了丰厚回报。

综上所述，赞助商对中职篮等成熟的职业联赛赞助越来越重视，赞助力度与中职篮的影响力匹配程度也越来越合理，但赞助商对中职篮后备人才培养系统赞助选择动机合理度还存在较多的问题，对中职篮后备人才培养系统发展的潜力评估远远不够。当前，随着国家一系列促进体育产业发展、促进体教融合政策的实施，举国体制办赛的措施已经给中职篮后备人才培养系统的发展提供了坚实的环境保障，看得出，其市场潜力巨大。但当前这一市场中，除了 CUBA 有较强的资本企业介入，其他的后备人才培养系统赞助还处于空白，或仅有部分微小企业尝试。因此，赞助商对其赞助潜力评估则显得更加重要。

### 3.7.5　后备人才培养系统运行评价模型构建及其实证分析

2017 年习近平总书记在考察北京冬奥会、东京奥运会筹备工作时提出："少年强则中国强，体育强则中国强，中国以后要变成强国，各方面都要强[148]。"中职篮竞技水平和比赛质量最核心的要素取决于我国高水平竞技篮球后备人才培养的数量和质量，而完善的后备人才培养体系和合理的模式才能够保证培养出大规模的高质量球员，中国竞技篮球大系统才能保证健康、稳定、可持续发展。因此，中国职业篮球的发展、国家队成绩的保障均离不开后备人才培养系统的发展。

#### 3.7.5.1　评价模型构建

1）三级指标降维处理。将一级指标 $C_5$ 作为被解释变量，对应的三级指标 $V_{98} \sim V_{159}$ 作为解释变量进行建模。考虑到三级指标之间存在的多重共线性，首先对 $V_{98} \sim V_{159}$ 这 62 个解释变量进行主成分分析（PCA）降维，并根据累计贡献率来确定主成分的个数。经过计算，前 6 个主成分的累计贡献率达到了 79.65%，故将这 6 个主成分变量作为综合后的新解释变量用 $Z_1 \sim Z_6$ 表示，表 3-13 中每一个数值表示主成分变量 $Z_1 \sim Z_6$ 在原始变量 $V_{98} \sim V_{159}$ 上的因子载荷。

表 3-13　后备人才培养系统主成分在原始变量 $V_{98} \sim V_{159}$ 上的因子载荷情况

| 指标 | $Z_1$ | $Z_2$ | $Z_3$ | $Z_4$ | $Z_5$ | $Z_6$ |
|---|---|---|---|---|---|---|
| $V_{98}$ | 0.125 | 0.000 | 0.118 | 0.183 | 0.168 | 0.209 |
| $V_{99}$ | 0.136 | 0.000 | 0.000 | 0.180 | 0.115 | 0.000 |
| $V_{100}$ | 0.123 | 0.000 | 0.113 | 0.160 | 0.122 | 0.215 |
| $V_{101}$ | 0.136 | 0.000 | 0.105 | 0.112 | 0.000 | 0.000 |
| $V_{102}$ | 0.132 | −0.124 | 0.000 | 0.000 | 0.218 | 0.000 |
| $V_{103}$ | 0.134 | 0.000 | 0.133 | 0.000 | 0.162 | 0.000 |
| $V_{104}$ | 0.124 | −0.155 | 0.107 | 0.000 | 0.224 | 0.000 |
| $V_{105}$ | 0.133 | 0.000 | 0.000 | 0.000 | 0.198 | 0.000 |
| $V_{106}$ | 0.143 | 0.000 | 0.000 | 0.113 | 0.151 | 0.000 |
| $V_{107}$ | 0.134 | 0.000 | 0.000 | 0.101 | 0.000 | 0.188 |
| $V_{108}$ | 0.126 | 0.000 | 0.134 | 0.000 | 0.225 | 0.034 |
| $V_{109}$ | 0.128 | 0.000 | 0.207 | 0.000 | 0.000 | 0.000 |
| $V_{110}$ | 0.119 | 0.000 | 0.295 | 0.000 | −0.113 | 0.000 |
| $V_{111}$ | 0.130 | −0.167 | 0.134 | 0.000 | −0.112 | 0.000 |
| $V_{112}$ | 0.130 | −0.197 | 0.000 | 0.000 | −0.101 | 0.000 |
| $V_{113}$ | 0.130 | −0.204 | 0.000 | 0.000 | 0.000 | 0.000 |
| $V_{114}$ | 0.126 | −0.113 | 0.000 | −0.124 | −0.160 | 0.102 |
| $V_{115}$ | 0.133 | −0.158 | 0.125 | 0.000 | −0.132 | 0.000 |
| $V_{116}$ | 0.129 | −0.169 | 0.142 | −0.148 | 0.000 | 0.000 |
| $V_{117}$ | 0.130 | −0.227 | 0.000 | −0.137 | 0.000 | 0.000 |
| $V_{118}$ | 0.124 | −0.251 | 0.000 | −0.137 | 0.000 | 0.000 |
| $V_{119}$ | 0.123 | −0.138 | 0.000 | −0.167 | 0.000 | 0.000 |
| $V_{120}$ | 0.000 | 0.256 | 0.220 | 0.107 | 0.000 | 0.000 |
| $V_{121}$ | 0.117 | 0.071 | 0.194 | 0.000 | 0.000 | −0.143 |

（续表）

| 指标 | $Z_1$ | $Z_2$ | $Z_3$ | $Z_4$ | $Z_5$ | $Z_6$ |
|---|---|---|---|---|---|---|
| $V_{122}$ | 0.123 | 0.117 | 0.136 | 0.000 | −0.130 | −0.312 |
| $V_{123}$ | 0.126 | 0.000 | 0.000 | −0.137 | 0.000 | −0.303 |
| $V_{124}$ | 0.111 | 0.175 | 0.000 | −0.184 | 0.000 | 0.101 |
| $V_{125}$ | 0.116 | 0.168 | 0.076 | −0.200 | 0.000 | 0.174 |
| $V_{126}$ | 0.125 | 0.110 | 0.000 | −0.258 | 0.000 | −0.114 |
| $V_{127}$ | 0.121 | 0.000 | 0.000 | −0.296 | 0.000 | 0.000 |
| $V_{128}$ | 0.108 | 0.173 | 0.113 | 0.000 | 0.144 | 0.207 |
| $V_{129}$ | 0.117 | 0.159 | 0.014 | −0.221 | 0.000 | 0.000 |
| $V_{130}$ | 0.107 | 0.303 | 0.154 | 0.123 | 0.000 | 0.000 |
| $V_{131}$ | 0.139 | 0.124 | 0.000 | 0.000 | 0.000 | 0.000 |
| $V_{132}$ | 0.000 | 0.000 | 0.000 | 0.113 | 0.270 | −0.402 |
| $V_{133}$ | 0.119 | 0.131 | 0.000 | 0.000 | 0.266 | 0.191 |
| $V_{134}$ | 0.125 | 0.180 | −0.148 | −0.110 | 0.000 | 0.106 |
| $V_{135}$ | 0.125 | 0.196 | 0.000 | −0.149 | 0.000 | 0.000 |
| $V_{136}$ | 0.128 | 0.132 | 0.000 | −0.182 | 0.000 | 0.000 |
| $V_{137}$ | 0.126 | 0.150 | −0.186 | −0.102 | 0.101 | 0.000 |
| $V_{138}$ | 0.125 | 0.000 | −0.171 | −0.154 | 0.166 | 0.000 |
| $V_{139}$ | 0.140 | 0.000 | −0.127 | 0.000 | 0.172 | 0.000 |
| $V_{140}$ | 0.112 | 0.230 | 0.122 | 0.247 | −0.149 | 0.000 |
| $V_{141}$ | 0.133 | 0.000 | 0.000 | 0.153 | −0.190 | 0.000 |
| $V_{142}$ | 0.141 | 0.000 | 0.000 | 0.000 | −0.228 | 0.000 |
| $V_{143}$ | 0.138 | 0.000 | 0.000 | 0.000 | −0.173 | 0.000 |
| $V_{144}$ | 0.134 | 0.000 | 0.000 | 0.122 | −0.148 | 0.133 |
| $V_{145}$ | 0.129 | 0.000 | −0.137 | 0.000 | −0.231 | 0.230 |
| $V_{146}$ | 0.145 | 0.000 | 0.000 | 0.000 | −0.124 | 0.000 |
| $V_{147}$ | 0.130 | 0.000 | 0.000 | 0.114 | −0.108 | 0.160 |
| $V_{148}$ | 0.140 | −0.125 | −0.143 | 0.000 | 0.000 | 0.000 |
| $V_{149}$ | 0.134 | −0.139 | −0.154 | 0.000 | 0.000 | 0.000 |

（续表）

| 指标 | $Z_1$ | $Z_2$ | $Z_3$ | $Z_4$ | $Z_5$ | $Z_6$ |
|---|---|---|---|---|---|---|
| $V_{150}$ | 0.111 | 0.181 | 0.000 | 0.228 | 0.000 | −0.185 |
| $V_{151}$ | 0.139 | 0.000 | 0.000 | 0.115 | 0.000 | 0.000 |
| $V_{152}$ | 0.135 | 0.000 | −0.152 | 0.109 | 0.000 | −0.219 |
| $V_{153}$ | 0.132 | 0.000 | −0.148 | 0.133 | 0.000 | −0.173 |
| $V_{154}$ | 0.136 | 0.000 | −0.129 | 0.000 | 0.000 | 0.000 |
| $V_{155}$ | 0.132 | 0.000 | −0.196 | 0.000 | 0.000 | 0.000 |
| $V_{156}$ | 0.129 | 0.000 | −0.161 | 0.000 | 0.000 | −0.149 |
| $V_{157}$ | 0.129 | 0.000 | −0.184 | 0.125 | 0.000 | 0.000 |
| $V_{158}$ | 0.133 | 0.000 | −0.235 | 0.000 | 0.000 | 0.000 |
| $V_{159}$ | 0.131 | 0.000 | −0.234 | 0.000 | 0.113 | 0.000 |

现根据这 6 个主成分变量的因子载荷情况对其重新命名：主成分变量 $Z_1$ 的各因子载荷值十分接近，并且符号相同都为正，它可以代表后备人才培养系统的综合水平，故称其为综合满意度因子；主成分变量 $Z_2$ 中涉及 $D_{20}$（NBL 系统）和 $D_{21}$（大学生竞技篮球系统）、$D_{22}$（中小学竞技篮球系统）的因子载荷值呈两极化，且 $D_{21}$（大学生竞技篮球系统）、$D_{22}$（中小学竞技篮球系统）的因子载荷值均为正值，它反映了教育系统培养体系作为当前中职篮后备人才培养系统的新模式，日益受到专家和社会的重视，而 NBL 系统对后备人才培养的价值越来越小，故称其为教育系统后备人才培养模式因子；主成分变量 $Z_3$ 在变量 $V_{109}$（NBL 机构设置合理程度）、$V_{110}$（NBL 办赛动机合理程度）、$V_{120}$（大学生竞技篮球系统办赛动机合理程度）、$V_{158}$（社会俱乐部社会影响力程度）、$V_{159}$（社会俱乐部赛事媒体宣传合理程度）上的因子载荷绝对值较大，但社会俱乐部的相关变量载荷值均为较大的负值。这说明，NBL 经过多年的发展，其机构设置、竞赛动机均比较合理，大学生竞技篮球系统办赛动机的合理性也较好，但社会俱乐部作为我国竞技篮球后备人才培养的辅助系统，其社会影响力、赛事媒体宣传等方面工作问题较多，合理性比较差，故称其为中职篮后备人才培养子系

统协同发展模式因子；主成分变量 $Z_4$ 在二级指标 $D_{21}$ 大学生竞技篮球系统中变量 $V_{125}$（环境条件）、$V_{126}$（学训条件）、$V_{127}$（政府支持力度）、$V_{129}$（赛事媒体宣传合理程度）、$V_{140}$（体校系统办队动机合理程度）、$V_{150}$（社会俱乐部办队动机合理程度）上的因子载荷绝对值较大，这反映了大学生竞技篮球系统的内外围环境情况与体校、社会俱乐部比赛动机情况的关系，也说明了当前大学生竞技篮球系统的基本条件和社会影响力是否能够影响到体校、社会俱乐部系统的办队动机变化，故称其为体校、社会俱乐部系统的办队动机变化因子；主成分变量 $Z_5$ 在二级指标 $D_{20}$ 俱乐部青年队系统变量 $V_{102}$（球员出路合理程度）、$V_{104}$（球员文化水平程度）、$V_{108}$（资金投入程度）、$V_{132}$（中小学球员来源合理程度）、$V_{133}$（中小学梯队结构合理程度）、$V_{142}$（体校球员来源合理程度）、$V_{145}$（体校系统环境条件）上的因子载荷绝对值较大，反映了俱乐部青年队与中小学、体校的竞技篮球系统的人才培养通道与环境情况的关系，且体校系统的球员来源、系统环境等因子载荷均为负值，这说明了当前俱乐部青年队、中小学培养和体校培养三大系统生源、培养环境、出路的比较关系，故称其为后备人才培养系统的球员输送通道合理度因子；主成分变量 $Z_6$ 在 $V_{122}$（大学生球员来源合理程度）、$V_{123}$（大学生球员文化水平程度）、$V_{132}$（中小学球员来源合理程度）上的因子载荷绝对值较大，反映了教育系统的竞技篮球人才培养通道合理程度，其载荷值均为负值，说明了当前教育系统的竞技篮球人才培养通道的合理度情况，故称其为教育系统后备人才培养球员输送通道合理度因子。

　　接下来，将上述 6 个主成分变量 $Z_1 \sim Z_6$ 对一级指标中职篮后备人才培养系统运行合理度的影响情况进行 GAM 统计建模，以此来解释变量与被解释变量之间的线性和非线性关系。在这里假定模型如下：

$$C_1 = S_0 + S_1(Z_1) + S_2(Z_2) + S_3(Z_3) + S_4(Z_4) + S_5(Z_5) + S_6(Z_6) + e \qquad (3\text{-}10)$$

其中，$S_0$ 是常数项，$S_i(\cdot)(i=1,\cdots,6)$ 是未知的光滑函数，并且有 $ES_i(Z_i)=0(i=1,\cdots,6)$，$e$ 是均值为 0 的随机误差项。

　　2）模型结果。利用统计编程软件 R 语言对上述的可加模型进行估计，其中对非线性部分 $S_i(\cdot)(i=1,\cdots,6)$ 的估计通过样条函数进行仿真，具体结果见图 3-35。

```
Formula:
c1 ~ s1(z1) + s2(z2) + s3(z3) + s4(z4) + s5(z5) + s6(z6)

Parametric coefficients:
         Estimate Std. Error t value Pr(>|t|)
(Intercept) 7.6827   0.1221   62.93  <2e-16 ***
---
Signif. codes: 0 '***' 0.001 '**' 0.01 '*' 0.05 '.' 0.1 ' ' 1

Approximate significance of smooth terms:
        edf Ref.df    F  p-value
s1(z1) 1.000 1.000 39.490 7.28e-09 ***
s2(z2) 1.000 1.000 0.125 0.72463
s3(z3) 2.358 3.010 4.341 0.00645 **
s4(z4) 1.000 1.000 0.580 0.44832
s5(z5) 2.209 2.775 0.428 0.59260
s6(z6) 1.663 2.087 0.492 0.66678
---
Signif. codes: 0 '***' 0.001 '**' 0.01 '*' 0.05 '.' 0.1 ' ' 1

R-sq.(adj) = 0.368  Deviance explained = 42.4%
GCV = 1.7193  Scale est. = 1.5502   n = 104
```

**图 3-35　中职篮后备人才培养系统运行评价模型常数项情况**

图 3-35 显示，中职篮后备人才培养系统模型的常数项中，$S_0$ 以及非线性部分 $S_1(\cdot)$、$S_3(\cdot)$ 对应的 $p$ 值均小于 0.00，即在 5% 的显著性水平下，模型的常数项 $S_0$ 以及非线性部分 $S_1(\cdot)$、$S_3(\cdot)$ 均呈现显著。其中 6 个主成分 $S_i(\cdot)$（$i=1,\cdots,6$）的自由度有 3 个大于 1，说明有部分非线性主成分。edf 表示估计的自由度，其值越接近 1 表示对该部分未知函数的估计越接近线性函数，反之，其值大于 1 越多，表示该部分未知函数的估计越复杂、非线性程度越高。模型调整后的 $R$ 方为 0.368，同时偏差解释度达到 42.4%，这表明模型可以对数据进行解释。另外，通过提取各主成分变量的 $F$ 统计量数值来判断各主成分变量对中职篮后备人才培养系统运行合理程度的影响大小，其中 $Z_1$（39.490）、$Z_3$（4.341）的 $F$ 值统计量数值较大，这两个主成分对俱乐部系统运行合理程度的影响较大。

3）各主成分变量的非线性关系。为进一步挖掘中职篮后备人才培养系统内部各主成分指标变量的线性与非线性关系，现绘制各主成分变量的非线性结构图。图 3-36～图 3-41 为各解释变量 $Z_1$～$Z_6$ 的非线性结构图，其中横轴是各主成分变量 $Z_1$～$Z_6$ 的主成分得分值，纵轴数值是对非线性函数自由度的估计值，实线是该主成分变量对中职篮后备人才培养系统运行合理程度的平滑化拟合值，虚线表示拟合的函数的逐点置信区间上下限。

图 3-36 显示，综合满意度因子与后备人才培养系统运行合理程度呈线性关系（edf=1.000）。图形中拟合直线总体上呈正斜率向上的趋势，说明综合满意度指标数值越大，后备人才培养系统合理运行程度越高。绝大部分的点都散布在拟合曲线附近，并且没有明显的聚集现象，这为利用 $Z_1$（综合满意度）评价后备人才培养系统运行合理程度提供了依据。进一步，这里 $S_1(Z_1)$ 的 $F$ 统计量数值（39.490）远大于其余几个主成分变量，说明 $Z_1$

（综合满意度）可以作为后备人才培养系统运行合理程度评价的主要参考指标。在全部的问卷中，$Z_1$（综合满意度）评价得分为 9 分及 9 分以上的有 5 人，8～8.99 分的有 12 人，7～7.99 分的有 14 人，6～6.99 分的有 24 人，5～5.99 分的有 26 人，4～4.99 分的有 18 人，3.99 分以下的有 6 人，总体上为正的有 80 份，为负值的只有 24 份。与其他一级指标变量相比，专家们认为当前中职篮后备人才培养系统的问题比较多。

图 3-37 显示，教育系统后备人才培养模式因子与中职篮后备人才培养系统运行合理度呈线性关系（edf=1.000）。数据点呈现一定的集聚性，靠近中心点处密度比远离中心点处密度大。拟合直线基本上呈平直状态，斜率非常小。这表明当前教育系统后备人才培养模式还处于起步阶段，对中职篮后备人才培养系统运行合理度解释性较小。另外，$S_2(Z_2)$ 的 $F$ 统计量数值（0.125）非常小，这说明 $Z_2$ 对中职篮后备人才培养系统运行合理度的影响非常小。现阶段专家评价总体数据显示，教育系统后备人才培养模式逐渐达到社会认可，但还需要对教育系统竞技篮球的各个方面进行不断的完善与加强。

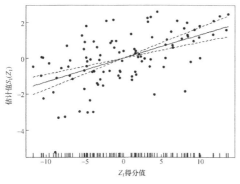 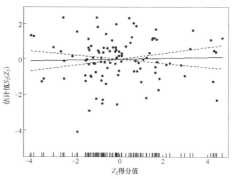

图 3-36　综合满意度因子（$Z_1$）对中职篮后备人才培养系统运行合理度的影响

图 3-37　教育系统后备人才培养模式因子（$Z_2$）对中职篮后备人才培养系统运行合理度的影响

图 3-38 所示，中职篮后备人才培养子系统（NBL、CUBA、中学生、体校、社会俱乐部）协同发展模式因子与后备人才培养系统运行合理度具有明显的非线性结构（edf=2.358）。数据呈现明显的聚集特点，且表现为中间高、两头低的倒 U 形曲线。这说明，中职篮后备人才培养子系统（NBL、

CUBA、中学生、体校、社会俱乐部）协同发展模式因子中，专家们认为NBL、CUBA、中学生、体校、社会俱乐部等子系统协同发展达到适度平衡时，中职篮的后备人才培养系统运行合理度才能达到最佳，而协同度过低时对后备人才培养系统运行影响较大。该主成分变量的 $F$ 统计量数值较大（4.341），这表明该主成分变量对后备人才培养系统运行合理程度的影响比较大，也表明了当前专家们认为中职篮的后备人才培养系统不应仅以自身俱乐部青年队为主要培养渠道，还应建立包括 NBL、大中学生、体校、社会俱乐部在内的多系统、多渠道后备人才培养协同新模式，这种宽口径、大范围的立体网状培养模式是当前中职篮后备人才培养的最佳选择。

图 3-39 显示，体校、社会俱乐部系统的办队动机变化因子与中职篮后备人才培养系统运行合理度呈明显的线性关系（edf=1.000）。除了少数的离群点，数据呈明显的聚集特点，且拟合线段只有轻微向上的斜度，基本上分布在一个圆形区域内。但该主成分变量的 $F$ 统计量数值非常小（0.580），这表明该变量对中职篮后备人才培养系统运行合理程度的影响非常小，也说明中职篮后备人才培养系统中，体校作为以前的主要培养渠道，在当前俱乐部青年队、大中学生培养体系日益壮大的情况下，作用越来越小，另外，虽然我国经济飞速发展，大众参与社会俱乐部的热情愈来愈高，但由于起步较晚，师资、资本不足，其培养优秀球员的功能还没有体现出来。

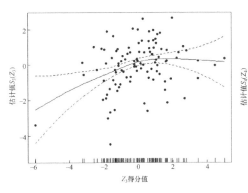

图 3-38 中职篮后备人才培养子系统协同发展模式因子（$Z_3$）对后备人才培养系统运行合理度的影响

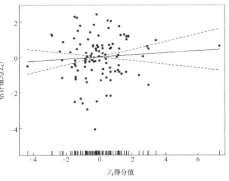

图 3-39 体校、社会俱乐部系统的办队动机变化因子（$Z_4$）对后备人才培养系统运行合理度的影响

从图 3-40 中可以了解到，球员输送通道合理度因子与后备人才培养系统运行合理度呈明显的非线性关系（edf=2.209）。数据点比较分散，除少数几个点外，从趋势上看，拟合曲线比较平缓，结合该部分的 $F$ 统计值（0.428）可知，该主成分作为中职篮后备人才培养系统运行合理度的表现因素，对模型的解释度较弱，非主要影响中职篮后备人才培养系统运行质量的因素。

图 3-41 显示，教育系统后备人才培养球员输送通道合理度因子与中职篮后备人才培养系统运行合理度呈非线性关系（edf=1.663）。除少数的离群点，数据呈现明显的聚集特点，除少数几个点外，从趋势上看，拟合曲线比较平缓，结合该部分的 $F$ 统计值（0.492）可知，该主成分作为中职篮后备人才培养系统运行合理度的表现因素，对模型的解释度较弱，非主要影响中职篮后备人才培养系统运行质量的因素。

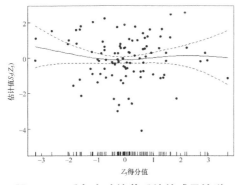

图 3-40　后备人才培养系统的球员输送通道合理度因子（$Z_5$）对后备人才培养系统运行合理度的影响　　图 3-41　教育系统后备人才培养球员输送通道合理度因子（$Z_6$）对后备人才培养系统运行合理度的影响

### 3.7.5.2　实证分析

从上述广义加性模型对中职篮后备人才培养系统关系的非线性分析可知，中职篮后备人才培养系统运行综合满意度因子与 NBL、CUBA、中学生、社会俱乐部后备人才培养协同模式发展因子是该一级指标系统的主要影响因素。因此，针对这两个最重要的影响因子，我们结合中职篮后备人才培养系统的实际状况做进一步的详细分析（表 3-14）。

表 3-14　专家对后备人才培养系统指标变量的评价得分情况

| 指标 | $N$ | 极小值 | 极大值 | 均值 | 标准差 |
|---|---|---|---|---|---|
| $V_{98}$ | 104 | 1.00 | 10.00 | 6.692 3 | 1.779 48 |
| $V_{99}$ | 104 | 2.00 | 10.00 | 6.673 1 | 1.912 87 |
| $V_{100}$ | 104 | 2.00 | 10.00 | 6.846 2 | 1.711 01 |
| $V_{101}$ | 104 | 2.00 | 10.00 | 6.461 5 | 1.874 32 |
| $V_{102}$ | 104 | 1.00 | 10.00 | 6.048 1 | 2.006 69 |
| $V_{103}$ | 104 | 1.00 | 10.00 | 6.471 2 | 2.126 84 |
| $V_{104}$ | 104 | 1.00 | 10.00 | 5.240 4 | 2.192 20 |
| $V_{105}$ | 104 | 2.00 | 10.00 | 6.250 0 | 1.964 49 |
| $V_{106}$ | 104 | 1.00 | 10.00 | 6.125 0 | 1.898 84 |
| $V_{107}$ | 104 | 2.00 | 10.00 | 6.355 8 | 1.784 06 |
| $V_{108}$ | 104 | 1.00 | 10.00 | 6.250 0 | 2.107 55 |
| $V_{109}$ | 104 | 2.00 | 10.00 | 6.769 2 | 1.620 44 |
| $V_{110}$ | 104 | 3.00 | 10.00 | 6.903 8 | 1.504 16 |
| $V_{111}$ | 104 | 2.00 | 10.00 | 6.384 6 | 1.742 15 |
| $V_{112}$ | 104 | 2.00 | 10.00 | 6.211 5 | 1.809 75 |
| $V_{113}$ | 104 | 2.00 | 10.00 | 5.942 3 | 2.107 90 |
| $V_{114}$ | 104 | 3.00 | 10.00 | 6.269 2 | 1.758 37 |
| $V_{115}$ | 104 | 2.00 | 10.00 | 6.173 1 | 1.953 05 |
| $V_{116}$ | 104 | 1.00 | 10.00 | 6.153 8 | 1.939 72 |
| $V_{117}$ | 104 | 1.00 | 10.00 | 5.951 9 | 2.110 44 |
| $V_{118}$ | 104 | 1.00 | 10.00 | 5.894 2 | 2.085 17 |
| $V_{119}$ | 104 | 2.00 | 10.00 | 6.057 7 | 1.945 01 |
| $V_{120}$ | 104 | 2.00 | 10.00 | 7.567 3 | 1.611 64 |
| $V_{121}$ | 104 | 3.00 | 10.00 | 6.721 2 | 1.627 77 |
| $V_{122}$ | 104 | 2.00 | 10.00 | 6.836 5 | 1.724 25 |
| $V_{123}$ | 104 | 1.00 | 10.00 | 6.105 8 | 2.042 83 |
| $V_{124}$ | 104 | 2.00 | 10.00 | 6.721 2 | 1.759 62 |
| $V_{125}$ | 104 | 3.00 | 10.00 | 6.942 3 | 1.873 82 |
| $V_{126}$ | 104 | 2.00 | 10.00 | 6.634 6 | 1.961 07 |
| $V_{127}$ | 104 | 1.00 | 10.00 | 6.403 8 | 1.997 66 |
| $V_{128}$ | 104 | 2.00 | 10.00 | 6.798 1 | 1.881 85 |
| $V_{129}$ | 104 | 2.00 | 10.00 | 6.451 9 | 1.970 07 |

（续表）

| 指标 | $N$ | 极小值 | 极大值 | 均值 | 标准差 |
|---|---|---|---|---|---|
| $V_{130}$ | 103 | 2.00 | 10.00 | 7.068 0 | 1.794 67 |
| $V_{131}$ | 104 | 2.00 | 10.00 | 6.134 6 | 1.833 12 |
| $V_{132}$ | 104 | 1.00 | 54.00 | 6.951 9 | 5.050 00 |
| $V_{133}$ | 104 | 1.00 | 10.00 | 6.000 0 | 2.024 13 |
| $V_{134}$ | 104 | 2.00 | 10.00 | 6.269 2 | 2.001 12 |
| $V_{135}$ | 104 | 2.00 | 10.00 | 6.192 3 | 1.941 26 |
| $V_{136}$ | 104 | 2.00 | 10.00 | 6.028 8 | 1.977 82 |
| $V_{137}$ | 104 | 2.00 | 10.00 | 5.961 5 | 2.018 95 |
| $V_{138}$ | 104 | 2.00 | 10.00 | 5.807 7 | 2.019 69 |
| $V_{139}$ | 104 | 1.00 | 10.00 | 5.682 7 | 2.177 84 |
| $V_{140}$ | 104 | 2.00 | 10.00 | 6.663 5 | 1.787 83 |
| $V_{141}$ | 104 | 2.00 | 10.00 | 6.211 5 | 1.760 81 |
| $V_{142}$ | 104 | 2.00 | 10.00 | 5.903 8 | 1.928 42 |
| $V_{143}$ | 104 | 2.00 | 10.00 | 5.826 9 | 1.845 71 |
| $V_{144}$ | 104 | 2.00 | 10.00 | 5.884 6 | 1.786 18 |
| $V_{145}$ | 104 | 2.00 | 10.00 | 6.115 4 | 2.039 93 |
| $V_{146}$ | 104 | 1.00 | 10.00 | 5.596 2 | 2.209 95 |
| $V_{147}$ | 104 | 2.00 | 10.00 | 5.875 0 | 2.041 74 |
| $V_{148}$ | 104 | 2.00 | 10.00 | 5.432 7 | 1.924 62 |
| $V_{149}$ | 104 | 1.00 | 10.00 | 5.115 4 | 2.178 04 |
| $V_{150}$ | 104 | 2.00 | 10.00 | 6.634 6 | 1.695 55 |
| $V_{151}$ | 104 | 2.00 | 10.00 | 5.932 7 | 1.834 22 |
| $V_{152}$ | 104 | 2.00 | 10.00 | 5.884 6 | 1.982 00 |
| $V_{153}$ | 104 | 2.00 | 10.00 | 5.355 8 | 1.955 42 |
| $V_{154}$ | 104 | 2.00 | 10.00 | 5.846 2 | 1.954 68 |
| $V_{155}$ | 104 | 2.00 | 10.00 | 6.038 5 | 1.994 77 |
| $V_{156}$ | 104 | 2.00 | 10.00 | 5.509 6 | 2.043 20 |
| $V_{157}$ | 104 | 1.00 | 10.00 | 5.538 5 | 2.194 09 |
| $V_{158}$ | 104 | 2.00 | 10.00 | 5.653 8 | 2.065 76 |
| $V_{159}$ | 104 | 1.00 | 10.00 | 5.432 7 | 2.232 87 |

### 1. 中职篮后备人才培养系统运行综合满意度分析

根据系统科学理论，对中国竞技篮球后备人才培养系统可阐释为：坚持以人为本，把在身体、技术、心理上有篮球运动天赋和发展潜力的，正在接受科学、系统的篮球训练的，以及参加篮球竞赛的青少年运动员培养成为符合中国竞技篮球需要的高水平运动员的系统，且此系统可能由若干个子系统组成，子系统之间也存在相互联系、相互制约，总体上呈现为具有一定结构和功能的复杂体系。竞技篮球后备人才培养系统是一个复杂运行系统，它包括球员选材、人才梯队培养、训练、管理、竞赛、科研等多个子系统，为了达到总系统的总目标，各个子系统需要相互协调配合才能取得最佳效应[149]。

1）中国竞技篮球后备人才培养模式演变历程。新中国在20世纪50年代成立了篮球管理机构，逐步建立了解放军和各大行政区篮球队，初步制定和健全了我国篮球后备人才培养的各项章程、制度和规划。经过多年的发展，我国形成了基层业余体校、篮球传统项目学校、重点业余体校、体育运动学校、体工队等层层衔接的三级培养体系和网络。长期以来，此后备人才培养模式在举国体制的背景下一直承担着我国竞技篮球高水平运动员的供给，在缺乏社会广泛关注和参与的情况下，虽然形式单一、范围较小，但可举全国之力保证系统的正常运行，也为我国竞技篮球在国际上获得成绩起到了作用。但随着20世纪末世界竞技篮球的快速发展，我国与世界强队差距愈拉愈大，我国后备人才培养模式的利弊也成为了争论的焦点，竞技篮球界也开始了对我国竞技篮球后备人才培养改革创新模式的探索。到了20世纪90年代，由于国家竞技战略的调整，足篮排等投入大、收益小的集体项目被推向社会进行职业化、市场化改革，利用社会资金进行维持和建设。这些改革也使得后备人才培养体系随之有了很大的变革，很多省的篮球专业队改制成为俱乐部的后备人才队伍，篮协通过建立篮球学校、高水平后备人才基地、篮球城市，以及联合教育系统进行传统项目学校和大学办高水平运动队等途径拓宽培养人才范围。中职篮的"准入制度"要求俱乐部都必须有自己的青年梯队，每年对后备力量投入不少于70万元，并将联赛收入的15%作为篮协组织后备人才培养经费，依托体校、高水平篮球后备人才基地、篮球传统学校等组织形式设置从 U12 到 U19 各级培养体系。为了保证培养质量，篮协每年都组织从 U13 到 U19 的各个等级训练营和全国比赛。从上述的联赛相关规定可以看出，当前篮管中心非常重视竞技篮球人才培养问题，为后备人才培养提供了大量的财力和物力支持。但相关资料显示，这种精英培养方式使得 2013 年中国篮协注册的一、二、三线队员分别仅为 672、1551、323 人[150]，而根据中国篮协下发的"2013、2015 年全国青少年篮球竞赛计划"可以了解到，在未满 16 岁的各级竞赛（U13-15）中，每年能够参加正规比赛的球员均不到 600 人，且一年中只有 1～2 次正规比赛的机会[151-152]，而美国仅高中的篮球运动员数量就是中国青少年篮球运动员的 15.5 倍[153]。加上近两年教育系统篮球联赛开始禁止注册球员参加，使得注册球员人数加速萎缩，这导致当前体育系统篮球训练的开展遭遇前所未有的人员危机。截至 2016 年 12 月，男篮竞技篮球后备人才还主要来自职业俱乐部二、三线球队，全国高水平后备人才培养基地，重点体校和篮球学校。而中职篮 20 个俱乐部的二线球员仅有 304 名、三线球员仅 267 名；18 支 NBL 俱乐部二线队和体育局青年队球员有 273 名；45 个高水平后人才培养基地有球员 5730 名；22 所重点体校有球员 1100 名；4 所全国重点篮球学校有球员 710 名。而在篮球中心注册的男篮青少年运动员一共 4600 人，其中青年队 528 人，少年队 4072人，这就是中国竞技篮球后备人才全部规模。通过与 2013 年的统计数据相比，基层篮球训练人数萎缩速度虽已得到控制，但与世界发达国家后备人才培养规模相比差距非常大[150]。如 2010 年的美国中小学篮球运动员就有 200 多万，NCAA 大学生运动员近 5 万余人，且其现役职业选手与大学篮球运动员的比例为 1：144，大学与中小学篮球运动员比例为1：40[154]。

教育系统虽然开始重视青少年培养体系的构建尝试，但是在"重文轻武"思想严重的大中小学，从重视程度，到学校具备的硬件设施，再到教练等专业人员的配备方面，短期内都不可能满足竞技篮球开展的需要，各级篮球培养体系的建立又何其艰难。传统培养模式被打破，新的培养模式又不能够及时跟进，这些原因造成了当前我国篮球的青训体系情况恶化，呈现出"三级训练"梯队运动员人数"头重脚轻"的"倒金字塔"现象，这也是中国男篮长时间完不成新老更替的根源。另外，我国在训青少年篮球运动员人数远远低于美国的同期水平，主要原因还包括无才参选（有人才但不愿从事篮球专业训练）、训练体制僵化、退役运动员安置困难、"学训矛盾"突出等[155]。目前在我国新的竞技篮球后备人才体系没有建立起来的前提下，由于 CBA、NBL 联赛规模较小，优秀队员需求较少、淘汰率较高，退役运动员安置系统不完善，我国教育制度的主流思想是"重文化、轻体育"等问题，大量有潜质的青少年在需求动机上得不到满足的情况下远离篮球，这也是造成目前我国竞技篮球后备人才萎缩和匮乏的主要原因。另外，国内一些学者还认为当前我国竞技篮球后备人才输送衔接存在缺陷：体教结合模式、职业化培养模式和社会化培养模式在纵、横通道上都存在障碍，人才在初、中、高级之间没有形成完整的输送链条。只依靠体育系统进行竞技篮球后备人才培养已经不能适应社会的要求，多元化人才培养模式才能提高人才培养的整体效益[156]，我国篮球后备人才培养中缺乏先进的训练方法和医学监测[157]。

负责当前我国竞技篮球后备人才培养的政府管理部门也注意到了以上问题的严重性，因此，其借助国家促进青少年体育发展的一系列政策，积极加强全国竞技篮球赛事体系建设来带动后备人才培养体系的发展。经过多年的努力，当前涵盖 13～17 岁年龄阶段我国竞技篮球后备人才的竞赛体系已逐步形成。其中包括：全国 U11、U12、U14 篮球训练营比赛，全国高水平后备人才基地 U13、U15 篮球比赛，全国 U15 比赛、U16 职业俱乐部篮球比赛，全国传统校 U17 篮球比赛，全国篮校杯 U17 篮球比赛，全国 U17 男篮集训赛，全国篮球青年联赛和全国篮球青年锦标赛，全国青年运动会（U16、U18），全运会 U18 比赛，等等。可以相信，这些立体竞赛网络的初步形成以及后续的不断完善，会为我国竞技篮球后备人才培养新模式的创建奠定坚实的基础。但与国外发达国家竞技篮球赛事体系相比，国外以常年的联赛为主，而我们的赛事体系主要以赛会制为主，这也导致了我国青少年球员参加高水平正式竞技篮球比赛场次、规模与国外相比普遍偏少，同时也普遍影响到各地方青少年球队的社会效益。

2）后备人才培养模式的长期发展趋势。经过 20 多年的尝试，中国竞技篮球后备人才的"精英式"培养和"体教结合模式"培养的效果均不明显。根据调研发现，作为当前我国竞技篮球"精英式"后备人才培养最主要平台的俱乐部，均根据篮协的要求建立了自己的二、三线青训队伍，并很重视青训队伍的训练工作，并邀请了经验丰富的教练员负责训练，且在参加篮协组织的各种集训和比赛的基础上，还拓展自己队伍的训练和比赛空间，例如，与地方 NBL、CUBA 等强队进行定期的教学比赛，并积极与高校合作开发新的运动员培养方式。但是，由于体育系统和教育系统的制度约束，使得这些合作只是民间的表面行为，而不能继续深入。另外，长期的体教结合模式的尝试效果也不明显，优秀的球员主要还是体育系统培养出来的，教育系统培养出来的优秀球员凤毛麟角，归其原因，还是两大系统的结合有限所致。两大系统培养后备人才的目标多元化、利益多元化严重限制了两大系统之间的合作，通过高水平运动队和运动训练专业招生合作的摸索可发现，优秀的球员只是在学校挂名，而不能对学校的比赛成绩有任何帮助，高校也成了各俱乐部获取虚学历和文凭的基地，在高校得不到自己所预定的需求时，就会放弃招收俱乐部优秀球员。尤其是 2015—2016 赛季 CUBS（大学生超级联赛）与 CUBA（全国大学生篮球联赛）合并为 CUBA 联赛，且不允许篮协注册球员参加联赛，更是将两大系统的合作推向了失败边缘，其结果是，当前俱乐部的注册球员后路被堵死，并且各高校也参加到 U14-15 年龄段基层优秀球员的争夺之中。由于"重文轻武"思想的影响，家长更想让孩子通过竞技篮球选择一个具有长期发展的稳定职业，因此，高校与俱乐部的竞争会具备更大的优势，也使得俱乐部的二、三线队伍选拔人才越发困难。

综上所述，带有浓厚计划经济色彩的"三级训练培养体制"曾经为我国竞技篮球运动作出了巨大的贡献，但随着世界竞技篮球的发展、我国社会的进步及体育发展方式的改变，当前社会更加重视人的全面发展，强调体育原本就是教育的一部分，并且更加注重竞技篮球与文化教育的协调发展，更加强调学校应担负起培养竞技篮球后备人才的重任。在我国社会主义市场经济体制发展的过程中，现有的传统竞技篮球后备人才培养模式已经不能适应社会和市场发展的要求，这就需要结合当前我国竞技篮球发展需要和竞技篮球自身实际情况，不断完善适应当前国内外竞技篮球发展要求的后备人才培养创新模式。

**2. NBL、CUBA、中学生、社会俱乐部后备人才培养协同模式发展因子**

当前中职篮俱乐部青年队、NBL、CUBA以及全国中学生超级篮球联赛、体校、社会俱乐部等竞赛体系子系统共同组成了当前我国竞技篮球的后备人才培养体系系统，且以上众多竞赛系统之间关系非常密切和复杂（如图3-42所示）。例如，中职篮的球员主要来源于各自俱乐部CBA青年联赛、NBL和CUBA，而NBL球员主要来自中职篮、CBA青年联赛、CUBA，CBA青年联赛的球员主要来源于中职篮俱乐部、CUBA和全国中学生超级篮球联赛等联赛，以上密切和复杂的中国竞技篮球系统内部的关系也决定了中职篮系统的竞赛质量受众多系统因素的影响和制约。可以看出，由于中国竞技篮球各子系统都在中国竞技篮球大系统中存活与发展，各子系统本应该根据环境变化以及自身需要来选择与其他系统的联系，但由于某些原因，导致当前中国竞技篮球的各子系统之间存在着很多通道不畅的状况，例如：①中职篮与NBL之间球员流动以单方向为主，即中职篮球员流向NBL，而NBL球员很少流向中职篮。由于中职篮球队规模较小，青年队培养的球员供大于求，只能流向NBL，而NBL由于资金、规模及社会关注度等原因，在我国竞技篮球系统中处于非常尴尬的地位，他们的球员培养体系基本上处于瘫痪状态，主要接受中职篮淘汰的球员、CUBA球员等，这也使得其竞技水平不高，进一步导致国家队与NBL之间呈现通道堵塞现象，即国家队很少有NBL球员进出。作为我国竞技篮球非常重要的环节，由于多年来中职篮不扩容等原因，造成了NBL成为我国竞技篮球系统的鸡肋，故打通其与中职篮的通道将成为其能否健康快速发展的关键，这也符合国家对竞技篮球人才培养和市场发展的需要。②体育系统与教育系统的单向通道不通。例如，教育系统规定体育系统注册球员不允许参加教育系统的CUBA等联赛，故造成了NBL、中职篮、中职篮青年联赛与CUBA之间通道堵塞，中职篮青年联赛与全国中学生超级篮球联赛之间通道堵塞等。究其原因，主要是由于两大系统管理体制不同，这造成了培养后备人才的目标多元化、利益多元化冲突，也限制了两大系统之间的合作程度。通过对多年的高校高水平运动队和运动训练专业招生合作的情况调查发现，能够参加高校比赛的中职篮、NBL 俱乐部球员均是二、三线球员，而俱乐部一线优秀球员由于赛程冲突和损伤预防等原因只是在高校挂名，而不能对高校的比赛成绩有任何帮助，高校也成了各俱乐部一线球员获取虚学历和文凭的基地，在高校达不到自己所预定的需求目标时，就会放弃招收俱乐部优秀球员。2015—2016 赛季 CUBS（大学生超级联赛）与 CUBA 合并为 CUBA 联赛，且不允许篮协注册球员参加联赛，这更是将两大系统的合作推向了失败的边缘，直接导致当前俱乐部的注册球员上大学的通道被堵死，继而引发各高校也参加到 U14-16 年龄段基层优秀球员的争夺之中。由于"重文轻武"思想的影响，家长更想让孩子通过竞技篮球选择一个具有长期发展的稳定职业，因此，高校与俱乐部的竞争会具备更大的优势，也使得俱乐部的二、三线队伍选拔人才越发困难。

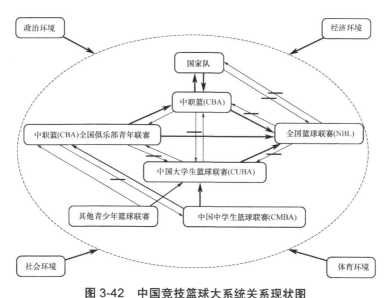

**图 3-42　中国竞技篮球大系统关系现状图**

注：箭头粗细示意两者关系的紧密程度，越粗表示关系越密切，反之越疏远；

箭头横杠表示关系通道阻塞

由于我国竞技篮球特殊的发展历程，以及众多系统通道堵塞，导致了当前中国竞技篮球后备人才培养系统存在诸多问题。例如：①"三级培养体系"培养规模严重不足。中职篮后备人才培养还主要依靠精英式的三级培养体系进行，由于该模式属于小范围、窄口径的"体校（篮校）—俱乐部二、三线队—俱乐部一线队"培养与选拔体系，造成了当前我国高水平竞技篮球后备人才培养规模在 U13 年龄段就基本定型。这种模式不但过早地限制了球员的培养规模范围，也使得更多身体发育较晚、具有优秀竞技篮球潜质的青少年丧失了从事竞技篮球运动的机会。加上近两年教育系统 CUBA 联赛开始禁止篮协注册球员参赛，进一步导致体育系统注册球员规模加速萎缩，也使得当前体育系统的三级培养模式面临前所未有的人源危机。②"体教结合"形同虚设。20 世纪 90 年代，我国体育系统就联合教育系统通过组建传统项目学校和大学高水平运动队的形式进行了"体教结合"模式的探索。但经过 20 多年的尝试，效果并不明显，优秀球员主要还是以体育系统培养为主，教育系统培养出来的优秀球员却凤毛麟角。③"俱乐部球员培养私有化"模式缺陷明显。与 NBA 相比，中职篮的后备人才培养和选拔主要来自于俱乐部自身所辖的二、三线青年队，国际球员的选拔也是各俱乐部自行组织，而选秀制度经过几年的实践，才刚刚开始起到作用。NBA 球员的培养则主要放在了 NCAA 大学生联赛以及其他国家联赛，绝大部分球员想进入 NBA 参赛，都要经过联盟的选秀，这样就使得联盟牢牢控制着联盟各俱乐部球队优秀球员的分配（如图 3-43）。NBA 利用美国和其他国家的资源对其后备人才进行培养并利用选秀制度对俱乐部优秀球员分配进行严格控制，这与中职篮俱乐部各自培养后备人才并各自选拔外援的制度形成了鲜明的对比。NBA 后备人才的公共属性可以实现倒摘牌制度的实施，使弱队能够选到优秀的球员，而中职篮后备人才的俱乐部私有属性也造成了当前倒摘牌制度形同虚设，每个俱乐部是不可能把自己培养的最优秀青年球员交易出去的。虽然近年来联赛管理者通过对亚洲外援名额的调配和国内球员短期流动的规定实现了俱乐部竞争实力短期的平衡，但这样的方式恰恰提升了别国球员竞技能力，而限制了自己后备人才的培养。因此，当务之急要解决国内球员俱乐部培养属性的私有性问题。

近期中国竞技篮球管理者也意识到上述问题的严重性。随着姚明入主中国篮协，2017 年 11 月 15 日，中国篮协与教育部学生体育协会签署了《战略合作关系谅解备忘录》[153]，双方在篮球领域展开了"体教融合"新模式的探索与合作。例如：2017—2018 赛季中职篮全明星星锐赛上出现的北大、清华等大学生球员与职业队球员同场竞技；由中国篮协与教育部联合主办，并允许体育系统和教育系统青少年共同参加的 U15、U17、U19 等系列篮球竞赛也陆续展开[158]。这些举措都是打通"体教融合"新通道的有益尝试。随后，为贯彻落实 2020 年 4 月 27 日习近平总书记在中央全面深化改革委员会第十三次会议审议通过的《关于深化体教融合促进青少年健康发展的意见》精神[159]，2020 年 5 月 19 日中国篮协与教育部大、中学生体育协会再次聚首北京大学共同签署了《促进体教融合发展谅解备忘录》，[147] 双方在篮球教练员培训及双认证、整合竞赛体系促进篮球人才培养与输送、联合推广小篮球项目、赛事数据共享、弘扬篮球文化等诸多方面展开了更加深入的战略合作磋商。

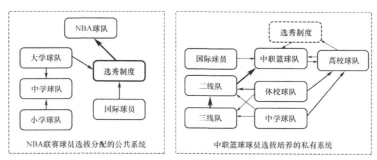

**图 3-43　NBA 与中职篮球员选拔系统比较图**

注：输送渠道箭头越粗，表明该渠道输送球员越多

综上所述，当前中职篮俱乐部青年队、NBL、CUBA、全国中学生超级篮球联赛、体校及社会俱乐部等子系统共同组成了当前我国竞技篮球的后备人才培养系统体系。而当前中职篮的多数顶级球员还来源于各自俱乐部，且部分俱乐部后备人才培养工作也非常出色，如广东宏远俱乐部多年来不但为自己俱乐部培养出众多的优秀球员，且为中职篮很多俱乐部输送

了大量优秀球员。据现场调查发现，宏远俱乐部后备力量培养已经建立了先进的管理制度和运作模式。首先，宏远俱乐部与广东体育运动技术学院、广东省高级职业技术学院附属体校篮球队（原广东省体育运动学校篮球队）共同合作对自己的二、三线球员进行长期、系统和高质量的训练；同时，俱乐部拥有发达的球探网络，与全国各地的基层优秀球队和教练保持着紧密的联系，各基层优秀球队和教练员给宏远俱乐部输送的球员不论将来代表俱乐部在什么比赛中获得了奖励，都会将其拿出一定比例转发给输送球员的基础教练，这种利益共同体的建立，也使得全国范围内具有篮球天赋和竞技潜质的优秀青少年源源不断地被送往宏远俱乐部；另外，俱乐部每年都会投入大量经费保证球员的训练、比赛，并且球员一旦被选入青训编制序列，每月都有 2000 元的工资和 1000 元的生活补贴（据课题组调研，各俱乐部基本上都执行着二线球队球员工资和补贴制度）。广东宏远俱乐部以上先进的选材系统和培养系统共同保证了俱乐部优秀球员的培养和输送，也使得俱乐部培养出一批批优秀青年球员，近 5 年为俱乐部获得了全国青年联赛大多数冠军。另外，由于中职篮不扩军以及全国影响力较小，NBL 成为中国竞技篮球后备人才培养的鸡肋。而随着 CUBA 及全国中学生超级篮球联赛等竞技篮球联赛体系的飞速发展和影响力不断扩大，加上中职篮选秀制度的不断完善，CUBA 等向中职篮输送球员也越来越多，这也成为我国竞技篮球后备人才培养的重要力量。根据课题组调研，当前在河北的廊坊、邢台、沧州，江苏的扬州、泰州等地，体校系统和中小学系统的资源共享合作已经有了很好的实践，体校系统利用自己拥有专业教练员和良好场地的优势与附近的中学合作，中学的校队可以和体校的校队一起训练与竞赛，也可以共同组队参加一些高水平赛事。同时，中学利用自身的文化课师资和教学条件，让体校的球员进入中学接受良好的、系统的文化课学习。这些典型的体教融合模式取得了很好的效果，球员的文化课和训练水平均得到了保障，升学率得到了很大的提高，也在一定程度上解决了体校和中学生源和向上输送高质量青少年篮球人才的学训矛盾问题。此外，由于我国经济飞速发展，大众生活质量不断提高，社会篮球俱乐部系统的发展拥有了丰厚的土壤，当前全国各地的社会篮球培训俱乐部像雨后春笋一样快速发展起来，这已经成为一股不可小视的竞技篮球后备人才培养力量。但由于师资力量培养严重滞后，培训质量得不到保证，青少年篮球参与者不够满意，这对正在蓬勃发展的我国竞技篮球后备人才培养造成负面影响，进一步会影响到家长和社会对篮球运动的热情，因此，急需国家相关部门重视青少年篮球培训市场的规范性建设，协调加强培训机构的资质审核、教练员持证上岗的检查，重点建立监督机制，严把培训机构的培训质量关。

因此，以俱乐部青年队为主的中职篮后备人才培养力量、不断发展且潜力巨大的 CUBA 后备人才培养系统、通过体教融合健康发展的体校—中学后备人才培养系统以及作为辅助力量的社会篮球培训俱乐部系统，共同承担起了我国竞技篮球的后备人才培养重任。进一步做好各子系统之间人才输送和流动的协同，就能够保证我国竞技篮球的后备人才培养系统新模式的健康快速发展。

### 3.7.6　观众系统运行评价模型构建及其实证分析

在中职篮系统运行中，观众作为赛事表演观赏者、赞助商的宣传目标、赛事产品的消费者，是中职篮系统运行的资源提供者。如果中职篮没有观众参与就无法走向商业化、市场化，因此，观众系统在维持中职篮健康发展中承担着重要的角色，也是中职篮生存的造血者。观众规模和消费水平也直接决定了中职篮的发展水平和赞助商的资本投入，因此，如何做到在满足现有观众诉求的基础上吸引、保持和增加观众规模及其消费投入则显得十分重要。

#### 3.7.6.1　评价模型构建

1）三级指标降维处理。将一级指标 $C_6$ 作为被解释变量、对应的三级指 $V_{160} \sim V_{172}$ 作为解释变量进行建模。考虑到三级指标之间存在的多重共线性，首先对 $V_{160} \sim V_{172}$ 这 13 个解释变量进行主成分分析（PCA）降维，并根据累计贡献率来确定主成分的个数。经过计算，前 6 个主成分的累计贡献率达到了 87.76%，故将这 6 个主成分变量作为降维后的新解释变量用 $Z_1 \sim Z_6$ 表示，表 3-15 中每一个数值表示主成分变量 $Z_1 \sim Z_6$ 在原始变量 $V_{160} \sim V_{172}$ 上的因子载荷。

表 3-15　观众培养系统主成分在原始变量 $V_{160} \sim V_{172}$ 上的因子载荷情况

| 指标 | $Z_1$ | $Z_2$ | $Z_3$ | $Z_4$ | $Z_5$ | $Z_6$ |
|---|---|---|---|---|---|---|
| $V_{160}$ | 0.289 | 0.237 | 0.361 | 0.000 | 0.121 | 0.182 |
| $V_{161}$ | 0.289 | 0.242 | 0.348 | 0.000 | 0.132 | 0.121 |
| $V_{162}$ | 0.262 | 0.000 | 0.318 | 0.602 | −0.245 | −0.219 |
| $V_{163}$ | 0.298 | −0.220 | 0.112 | 0.357 | 0.000 | 0.000 |
| $V_{164}$ | 0.180 | −0.551 | 0.307 | −0.361 | 0.433 | −0.432 |
| $V_{165}$ | 0.271 | −0.432 | 0.000 | −0.130 | 0.000 | 0.394 |
| $V_{166}$ | 0.273 | −0.243 | 0.000 | −0.332 | −0.647 | 0.243 |
| $V_{167}$ | 0.270 | 0.375 | 0.000 | −0.365 | 0.000 | 0.000 |
| $V_{168}$ | 0.285 | 0.338 | 0.000 | −0.249 | 0.000 | −0.136 |
| $V_{169}$ | 0.302 | 0.132 | −0.196 | 0.000 | −0.313 | −0.475 |
| $V_{170}$ | 0.296 | 0.000 | −0.298 | 0.225 | 0.311 | 0.324 |
| $V_{171}$ | 0.291 | 0.000 | −0.404 | 0.000 | 0.301 | 0.174 |
| $V_{172}$ | 0.279 | 0.000 | −0.492 | 0.000 | 0.000 | −0.345 |

根据这 6 个主成分变量的因子载荷情况，现对其进行重新命名：主成分变量 $Z_1$ 的各因子载荷值十分接近，并且符号相同都为正，它可以代表观众系统运行满意度的综合水平，故称其为综合满意度因子；主成分变量 $Z_2$ 在二级指标 $D_{25}$（现场观众）中变量 $V_{160}$（观赛动机多元化程度）、$V_{161}$（主队情节程度）、$V_{163}$（观赛投入程度）、$V_{164}$（越轨行为程度）、$V_{165}$（球迷结构合理程度）、$V_{166}$（观赛方式多元化程度）以及在二级指标 $D_{26}$（媒体观众）中变量 $V_{167}$（观赛动机多元化程度）、$V_{168}$（主队情结程度）上的因子载荷绝对值较大，其中 $V_{163} \sim V_{166}$ 的相关变量载荷值均为较大的负值。这也说明当前中职篮观众的投入程度、越轨行为、球迷结构合理度及观赛方式等方面均存在较大的问题，合理度均较差，故称其为观众观赛动机及行为合理度因子；主成分变量 $Z_3$ 在二级指标 $D_{25}$（现场观众）变量 $V_{160} \sim V_{164}$ 的因子载荷值与二级指标 $D_{26}$（媒体观众）中变量 $V_{169} \sim V_{172}$ 的因子载荷绝对值较大，且呈负相关关系，尤其体现在观众球迷观赛动机、观赛渠道、观赛方式多元化方面，故称其为现场与网络观众观赛动机及行为关系因子；主成分变量 $Z_4$ 在

二级指标 $D_{25}$（现场观众）变量 $V_{162}$（购票方式合理程度）、$V_{163}$（观赛投入程度）、$V_{164}$（越轨行为程度）、$V_{166}$（观赛方式多元化程度）的因子载荷值与二级指标 $D_{26}$（媒体观众）中变量 $V_{167}$（观赛动机多元化程度）、$V_{168}$（主队情结程度）、$V_{170}$（观赛投入程度）的因子载荷绝对值较大，且基本呈负相关关系，尤其体现在观众球迷观赛动机指导下选择的购票方式和投入程度方面，故称其为观众观赛动机、投入程度与越轨行为关系因子；主成分变量 $Z_5$ 在二级指标 $D_{25}$（现场观众）变量 $V_{162}$（购票方式合理程度）、$V_{164}$（越轨行为程度）、$V_{166}$（观赛方式多元化程度）的因子载荷值与二级指标 $D_{26}$（媒体观众）中变量 $V_{169}$（球迷结构合理程度）、$V_{170}$（观赛投入程度）、$V_{171}$（观赛渠道多元化程度）的因子载荷绝对值较大，其中球迷越轨行为与观赛投入程度、观赛渠道多元化程度呈正相关，故称其为观众球迷越轨行为动因因子；主成分变量 $Z_6$ 在二级指标 $D_{25}$（现场观众）变量 $V_{164}$（越轨行为程度）、$V_{165}$（球迷结构合理程度）的因子载荷值与二级指标 $D_{26}$（媒体观众）中变量 $V_{169}$（球迷结构合理程度）、$V_{170}$（观赛投入程度）、$V_{172}$（观赛方式多元化程度）的因子载荷绝对值较大，其中现场球迷越轨行为与网络球迷结构合理程度、网络观赛方式多元化程度同为较大的载荷负值，现场球迷结构合理程度、网络观赛投入程度同为较大的载荷正值，可见这些指标变量之间具有协同关系，故称其为观众球迷系统的协同因子。

接下来对一级指标中职篮管理系统与上述 4 个主成分变量 $Z_1 \sim Z_6$ 进行 GAM 统计建模，以此来解释变量与被解释变量之间的线性和非线性关系。在这里假定模型如下：

$$C_1 = S_0 + S_1(Z_1) + S_2(Z_2) + S_3(Z_3) + S_4(Z_4) + S_5(Z_5) + S_6(Z_6) + e \qquad (3\text{-}11)$$

其中，$S_0$ 是常数项，$S_i(\cdot)(i=1,\cdots,6)$ 是未知的光滑函数，并且有 $ES_i(Z_i)=0(i=1,\cdots,6)$，$e$ 是均值为 0 的随机误差项。

2）模型结果。利用统计编程软件 R 语言对上述的可加模型进行估计，其中对非线性部分 $S_i(\cdot)(i=1,\cdots,6)$ 的估计通过样条函数进行仿真，具体结果如图 3-44 所示。

图 3-44 显示，观众系统模型的常数项中，$S_0$ 及非线性部分 $S_1(\cdot)$ 对应

的 $p$ 值均小于 0.00，即在 5% 的显著性水平下，模型的常数项 $S_0$ 及非线性部分 $S_1(\cdot)$ 均呈现显著。其中 4 个主成分 $S_i(\cdot)$($i=1,2,3,5$) 的自由度均大于 1，说明部分主成分有不同程度的非线性成分。edf 表示估计的自由度，其值越接近于 1 表示对该部分未知函数的估计越接近线性函数，反之如果其值大于 1 越多，表示该部分未知函数的估计越复杂、非线性程度越高。模型调整后的 $R$ 方为 0.334，同时偏差解释度达到 41.2%，表明模型可以对数据进

```
Formula:
c1 ~ s1(z1) + s2(z2) + s3(z3) + s4(z4) + s5(z5) + s6(z6)

Parametric coefficients:
          Estimate Std. Error t value Pr(>|t|)
(Intercept) 7.6827   0.1253   61.31   <2e-16 ***
---
Signif. codes: 0 '***' 0.001 '**' 0.01 '*' 0.05 '.' 0.1 ' ' 1

Approximate significance of smooth terms:
         edf  Ref.df   F    p-value
s1(z1) 4.522 5.5573 8.998 1.38e-07 ***
s2(z2) 2.967 3.735 1.120 0.443
s3(z3) 1.132 1.250 0.221 0.752
s4(z4) 1.000 1.000 0.107 0.744
s5(z5) 1.374 1.661 0.401 0.523
s6(z6) 1.000 1.000 0.319 0.574
---
Signif. codes: 0 '***' 0.001 '**' 0.01 '*' 0.05 '.' 0.1 ' ' 1

R-sq.(adj) = 0.334  Deviance explained = 41.2%
GCV = 1.866  Scale est. = 1.6329  n = 104
```

**图 3-44　观众系统运行评价模型常数项情况**

行解释。另通过提取各主成分变量的 $F$ 统计量数值来判断各主成分变量对观众系统运行合理程度影响的大小，其中 $Z_1$（8.998）、$Z_2$（1.120）的 $F$ 值统计量数值较大，尤其是主成分 $Z_1$ 是影响俱乐部系统运行合理程度的最重要因子。

3）各主成分变量的非线性关系。为进一步挖掘观众系统内部各主成分指标变量的线性与非线性关系，现绘制各主成分变量的非线性结构图。图 3-45 ～图 3-50 是各解释变量 $Z_1$ ～ $Z_6$ 的非线性结构图，其中横轴是各主成分变量 $Z_1$ ～ $Z_6$ 的主成分得分值，纵轴数值是对非线性函数自由度的估计值，实线是该主成分变量对观众系统运行合理程度的平滑化拟合值，虚线表示拟合的函数的逐点置信区间上下限。

图 3-45 显示，综合满意度因子与观众系统运行合理程度呈明显的非线性关系（edf=4.522）。图中拟合曲线略呈波动斜向上趋势，总体上有一个较大的、向上的正斜率，这说明，综合满意度因子数值越大，观众系统运行越合理。绝大部分的点都散布在拟合曲线附近，并且没有明显的聚集现象，这为利用 $Z_1$（综合满意度）评价观众系统运行合理程度提供了依据。进一步，这里 $S_1(Z_1)$ 的 $F$ 统计量数值（8.998）远远大于其余几个主成分变量，说明 $Z_1$（综合满意度）可以作为观众系统运行合理程度评价的主要参考指标。在全部的问卷中，$Z_1$（综合满意度）评价得分 9 分及 9 分以上的有 5

人，8 ～ 8.99 分的有 28 人，7 ～ 7.99 分的有 33 人，6 ～ 6.99 分的有 23 人，5 ～ 5.99 分的有 12 人，4 ～ 4.99 分的有 2 人，3.99 分及以下的有 1 人，总体上为正的有 101 份，为负值的只有 3 份。这说明大部分专家认为当前观众系统运行比较合理，且还存在很大的潜力可挖。

图 3-46 显示，观众观赛动机及行为合理度因子与观众系统运行合理程度呈非线性关系（edf=2.967）。数据点呈现一定的集聚性，靠近中心点的密度比远离中心点的密度大。拟合曲线的形状呈中段收紧、两端发散的逐渐向上波浪形态。这表明经过多年的观赛历练，当前观众观赛动机及行为日趋合理，且有利于俱乐部系统运行，图形波浪线倾斜向上很小也说明观众动机和行为将来的细节完善化趋势，即观众观赛动机及行为较好，整个观众系统以及俱乐部系统的运转也会越来越流畅。另外，$S_2(Z_2)$ 的 $F$ 统计量数值（1.120）较小，这说明 $Z_2$（观众观赛动机及行为合理度因子）在当前中职篮运行中作为影响中职篮系统运行合理程度的参考指标影响不大。

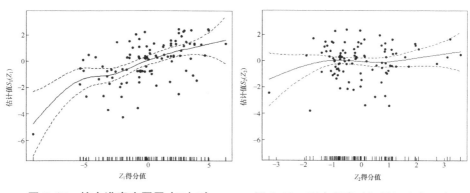

图 3-45　综合满意度因子（$Z_1$）对　　图 3-46　观众观赛动机及行为合理度
　　　观众系统运行的影响　　　　　　因子（$Z_2$）对观众系统运行的影响

图 3-47 显示，现场与网络观众观赛动机及行为关系因子与观众系统运行合理度略呈线性关系（edf=1.132），且数据呈现明显的聚集特点，拟合线段只有轻微向上的斜度，基本上分布在一个矩形区域内。该主成分变量的 $F$ 统计量数值较大（0.221），这表明该变量对观众系统运行合理程度不构成影响，也说明中职篮各俱乐部近 30 多年的发展与引导使现场与网络观众观赛

动机与观赛行为关系日趋协同。

图 3-48 显示，观众观赛动机、投入程度及越轨行为关系因子与观众系统运行合理度呈线性关系（edf=1.000），且数据呈分散的特点，拟合线段只有轻微向下的斜度，基本上分布在一个矩形区域内。该主成分变量的 $F$ 统计量数值较大（0.107），这表明该变量对观众系统运行合理程度不构成影响，也说明中职篮各俱乐部经过 20 多年的发展与引导，观众因观赛动机与投入程度导致的越轨行为越来越少。

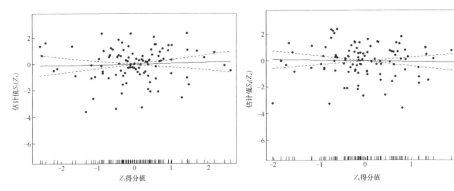

图 3-47 现场与网络观众观赛动机及行为关系因子（$Z_3$）对观众系统运行的影响　　图 3-48 观众观赛动机、投入程度与越轨行为关系因子（$Z_4$）对观众系统运行的影响

图 3-49 显示，观众球迷越轨行为动因因子与观众系统运行合理度略呈非线性关系（edf=1.374），且数据呈现明显分散的特点，拟合曲线只有轻微向上的斜度，基本上分布在一个矩形区域内。另外，该主成分变量的 $F$ 统计量数值较大（0.401），这表明该变量对观众系统运行合理程度不构成影响，也说明在中职篮长期治理下，当前中职篮观众越轨行为产生的动因越来越少，影响力越来越小。

图 3-50 显示，观众球迷系统的协同因子与观众系统运行合理度呈线性关系（edf=1.000），且数据呈现明显的集聚特点，基本上分布在一个矩形区域内，拟合直线只有轻微向上的斜度。另该主成分变量的 $F$ 统计量数值较大（0.319），这表明该变量对观众系统运行合理程度不构成影响，也说明在中职篮长期治理下，当前中职篮观众球迷系统各指标的协同运行越来越好，对

观众系统的负面影响力越来越小。

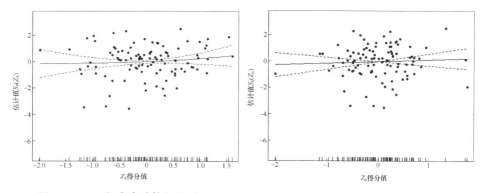

图 3-49　观众球迷越轨行为动因　　　图 3-50　观众球迷系统的协同
因子（$Z_5$）对观众系统运行的影响　　因子（$Z_6$）对观众系统运行的影响

### 3.7.6.2　实证分析

由上述广义加性模型对观众系统关系的非线性分析可知，综合满意度因子是该一级指标系统的最重要影响因素，因此，针对这一影响因子，可结合观众系统的实际状况从现场观众系统和媒体观众系统两方面做进一步的详细分析（见表 3-16）。据艾瑞咨询统计报告，2019 年新赛季，联赛收视率、现场上座率均有明显上升。联赛期间，中职篮作为社会热点话题多次进入微博热搜。可见，当前中职篮作为中国观众球迷最为关注的职业体育赛事，已具备非常强大的社会影响力。2019 年中职篮商业收入突破 12 亿元，2020 年中国约有 1.5 亿名篮球核心粉丝。中职篮作为我国顶级职业篮球赛事，已发展成为坐拥庞大国内市场并有机会与 NBA 具有同等影响力和商业价值的世界顶级篮球联赛。

表 3-16　专家对观众系统指标变量的评价得分情况

| 指标 | $N$ | 极小值 | 极大值 | 均值 | 标准差 |
|---|---|---|---|---|---|
| $V_{160}$ | 104 | 2.00 | 10.00 | 7.644 2 | 1.467 57 |
| $V_{161}$ | 104 | 2.00 | 10.00 | 7.836 5 | 1.482 00 |
| $V_{162}$ | 104 | 3.00 | 10.00 | 7.259 6 | 1.434 63 |
| $V_{163}$ | 104 | 3.00 | 10.00 | 7.153 8 | 1.739 15 |
| $V_{164}$ | 104 | 1.00 | 10.00 | 6.509 6 | 1.945 85 |

（续表）

| | $N$ | 极小值 | 极大值 | 均值 | 标准差 |
|---|---|---|---|---|---|
| $V_{165}$ | 104 | 2.00 | 10.00 | 6.855 8 | 1.503 51 |
| $V_{166}$ | 104 | 3.00 | 10.00 | 6.980 8 | 1.494 20 |
| $V_{167}$ | 104 | 2.00 | 10.00 | 7.538 5 | 1.569 88 |
| $V_{168}$ | 104 | 4.00 | 10.00 | 7.663 5 | 1.362 54 |
| $V_{169}$ | 104 | 3.00 | 10.00 | 7.259 6 | 1.454 79 |
| $V_{170}$ | 104 | 2.00 | 10.00 | 7.076 9 | 1.611 20 |
| $V_{171}$ | 104 | 4.00 | 10.00 | 7.461 5 | 1.487 31 |
| $V_{172}$ | 104 | 3.00 | 10.00 | 7.230 8 | 1.626 42 |

**1. 现场观众系统**

本部分根据观众系统三级指标情况，从中职篮现场观众规模、观赛动机、观赛消费、越轨行为以及影响现场观众观赛的原因等各方面进行分析。

1）现场观众规模情况及其影响因素。中职篮赛事现场观众规模是客观衡量中职篮赛事观赏性的最重要指标。中职篮赛事表演整体观赏性的提升、竞赛双方俱乐部球队在比赛中体现出的势均力敌的气氛，都会促进中职篮现场观赛观众规模的扩大[160]。中职篮各俱乐部之间的竞争力越平衡，比赛打到最后一刻决胜负时比赛就越精彩、激烈。这样，提供给观众的感官刺激也越大，进而令无数观众球迷充满激情。因此，为适应市场快速发展的需求，中职篮促使各俱乐部球队实力平衡将是其改革的核心。随着中职篮的管办分离、CBA公司的成立，近几年的中职篮赛现场观赛观众规模呈小幅上升趋势。改革前的2014—2015赛季现场观众总人数约为162万，380场常规赛中胜负比分差在10分以内的有162场、在5分以内的有72场、在3分以内的有41场，另有加时赛10场，共占总场次的75.00%；2015—2016赛季，观众人数增长到179万，380场常规赛中胜负比分差在10分以内的有182场、在5分以内有86场、在3分以内45场，另有加时赛12场，共占总场次的85.53%；管办分离后的2016—2017赛季，观众达到173万，380场常规赛中胜负比分差在10分以内的有195场、在5分以内的有93场、在3分以内的有 54 场，另有加时赛 19 场，共占总场次的 95.00%；而改革后的近 3 个赛季，现场观众规模一直保持稳中有升的态势。学者李国兴[161]、刘永峰[162]等利用 HHI 指数对多年来中职篮各俱乐部的竞争实力进行分析后发现，不论是联赛整体还是各赛季的常规赛、季后赛，HHI 值均呈下降趋势，俱乐部整体竞争实力正向着均衡方向发展，比赛结果的不确定性在增强，且场均观众人数总体保持着上升的态势。在 CBA 公司最新公布的 2018—2019 赛季，常规赛主场胜率为 60.9%，季后赛仅为 48.7%，这些数据为联赛开展以来历史最低，这反映出各俱乐部实力越来越接近。可以看出，随着中职篮各俱乐部间竞技实力差距减小，竞争激烈程度和比赛结果的不可预知性不断提升，赛事观赏性和社会关注度也随之提升，这促使现场观众观赛规模愈来愈大。而学者邹俊峰利用胜率标准差指数对中职篮 2014—2019 近 5 个赛季的俱乐部竞争性平衡分析后发现，2014—2015 赛季的竞争性平衡最低，2017—2018 赛季球队间的竞争性平衡最优，总体上季后赛球队与非季后赛球队间的竞技实力趋于均衡，但 2018—2019 赛季俱乐部球队竞争性平衡有所下降。这也证实了当前中职篮俱乐部球队竞争性失衡的发展趋势依然存在[163]。

从俱乐部个体角度分析，俱乐部球队成绩、比赛精彩度、球星影响力、对手实力、主场服务水平、主场交通便利程度、市场运营水平、品牌推广水平、餐饮便利程度等一系列因素均影响到主队的现场观众规模。以山西国投俱乐部为例：①球队成绩方面。如在过去的五个赛季里，山西国投男篮比赛成绩呈持续下滑状态，球队比赛成绩作为俱乐部市场营销的核心产品质量不断下降，直接导致了俱乐部现场观众数量的大幅下降。②主场交通方面。该俱乐部赛场离市区偏远、交通不便，观众到达现场的时间为 0.5 ～ 1.5 小时，还有 20% 观众到达赛场需两个小时以上，故调查显示，21.80% 的现场观众对主场馆的交通情况表示不满。加上观众前往赛场时恰恰碰上下班高峰期，容易堵车，经长时间乘车才到达现场会消耗观众许多精力，这大大降低了观众观看比赛的兴趣。由于俱乐部和物业管理协调不畅，还曾经取消了免费停车的措施，赛后车辆缴纳停车费造成观众观赛后驾车出场拥堵长达 2 个小时以上。很小的停车费大大影响了现场观赛观众的热情。这导致一段时间观赛人数下降一大半。③餐饮方面。由于场馆位置偏远，周边餐饮、休息场所不多，且俱乐部规定观赛禁止自带饮食入场，场内餐饮价格又较高，给观众留下了非常不好的印象。④硬件设施方面。有58.00%的观众表示一般或不满意，例如，一些硬质塑料座椅设施陈旧，座椅之间也没有扶手分隔、相邻过密，这造成观赛拥挤，使观众长时间久坐很不舒适，产生不好的消费体验。⑤俱乐部品牌稳定性方面。该俱乐部多次易主，在山西国投公司接手俱乐部后，将管理机构工作人员缩减到20人左右，且多数为体育专业出身，缺少专业的市场营销人员，部门设置仅有办公室、财务部和球队3个部门，之前的市场推广部也被撤销。上述的一系列状况致使山西男篮近年来从成绩、观众规模、收入等多方面均呈下降趋势[164]。

另外，赛事的稳定性会对到场观众规模产生非常大的影响。赛事时间、地点长期比较稳定，会促进观众观赛习惯的养成，提高观众对主队的忠诚度，进而影响到其周围人群也到场观赛。这也遵循职业体育联赛规律，即循环稳定的赛事重复时间、赛事重复地点和稳定的赛事运作管理者更能提升观众总数和非本地观众总数。

2）现场观众观赛动机及其影响因素。结合国内外学者与课题团队对中职篮现场观众观赛动机的调查发现，消遣娱乐、主队情结、需求刺激、社交活动等是当前中职篮现场观众观赛的主要动机。①消遣娱乐方面。随着社会高速发展，城市居民生活节奏越来越快，这导致了生活压力和紧张程度越来越大。据团队中职篮现场调查发现，更多观众球迷现场观赛主要是为了感受比赛精彩程度及现场啦啦队、解说等氛围，使自身在一场激烈对抗的高水平精彩比赛中宣泄情绪压力，进而调节身心、愉悦生活。②主队情结方面。中职篮既是俱乐部之间的比赛平台，也是观众、球迷与球员、教练员的情感交流平台。球员在观众营造的赛场气氛中打出精彩的比赛，而观众球迷为球队加油呐喊，将激励和支持不断地传递给场上球员。观众、球迷在主队比赛中，能够在赛场气氛的影响下将自己完全置身其中，和球员、俱乐部一起成为球队的一部分，这样，该人群与球队就拥有了持久不变的情感关系，这种关系如同和自己家庭、朋友一样密切。他们会积极购买球队门票及俱乐部相关衍生产品，并且，不论球队胜利还是失败，他们都会同球队共同喜怒哀乐。有些啦啦队人员脸涂俱乐部图案，身着俱乐部服装，引领现场观众摇旗呐喊，组织人浪。他们之所以如此热衷于到场观赛并为主队摇旗呐喊，就是因为其与球队拥有感情共通。另外，观众球迷主场情结的又一重要来源就是俱乐部超级球星的存在，调查发现，很多观众到现场观赛不仅为关注主队胜负，还为能够现场欣赏自己崇拜的球星。超级球星无疑成为了中职篮赛事核心影响力，也是观众球迷热议的话题。例如，2011—2012 赛季，NBA 停摆时期前后，众多 NBA 大牌明星外援来华参赛，刺激了观众、球迷对中职篮的关注，产生了轰动效应。据统计，北京首钢引入斯蒂芬·马布里（Stephon Marbury）后的赛季，上座率提升了 25.2%，浙江广厦引入 J.R. 史密斯（J.R.Smith）后的赛季上座率提升了 36.5%，青岛双星引入特雷西·麦格雷迪（Tracy McGrady）后的赛季上座率提升了 43.3%。为满足更多观众需求，北京和青岛两家俱乐部甚至更换了主场[165]。在姚明以状元秀身份选入 NBA 休斯顿火箭队后，球星对俱乐部发展的作用更成为职业篮球的典范。中国超级球星姚明加盟休斯顿火箭俱乐部使得众多中国的 NBA 伪球迷变成休斯顿火箭队的铁杆球迷，巨量的球迷观众将火箭队当成自己的主队，经过一段时间的积累，火箭俱乐部从姚明加盟之前在所有 NBA 俱乐部中总资产排名倒数第二一跃上升到前几位，这充分说明超级巨星在观众球迷心中的影响力。③家庭熏陶方面。课题团队对到场观众球迷调查发现，家庭亲人的熏陶影响也是观众球迷观赛的主要影响因素。很多观众球迷对于篮球的热爱都是从父母对篮球的热爱中培养起来的，父母对篮球的参与、热爱很容易潜移默化地影响子女对篮球运动的爱好。例如，NBA 球星林书豪认为，父亲对篮球的热爱，不断影响着他对篮球的追求，使他走上了职业篮球的道路；足球明星贝克汉姆的父亲同样也是一名足球爱好者，贝克汉姆从小在生活中的方方面面都受其影响，在父亲影响下，父子常常一起观看球赛、谈论足球、共同踢球，也正是在父亲的熏陶影响下，其最终成为一名职业足球运动员。④社交活动方面。调查中发现，很多观众球迷在受到同学朋友观赛的影响和感染并一起到现场观赛后，逐渐养成了现场观赛的习惯。复杂系统理论认为，群体对个体的影响，主要是由于影响和相互感染。群体系统中的个体常常会受到系统精神感染式的影响，且长期的感染结果使个体潜移默化地形成与系统多数主体一致的观点和看法。青少年群体是中职篮的主要观众，他们大多数时间与同学、朋友在一起，而同学、朋友的兴趣爱好也时时刻刻影响自己的兴趣爱好，因此，同学、朋友的影响也是中职篮现场观众观赛动机的重要影响因素。

3）现场观众观赛投入及其影响因素。由中职篮观众球迷每年现场观赛的主要支出状况统计可以看出，其观赛主要消费包括购买门票、购买球队产品、赛场消费、交通消费等。①门票价格。因为中职篮各俱乐部观赛门票的价格是其核心产品（赛事水平）价值的直接体现，票价高低也直接影响到观众球迷到场观赛行为。2019—2020赛季中职篮部分俱乐部主场比赛门票价格见表3-17。由表可见，各俱乐部普遍采取套票、A类、B类、C类等多种档次票价相结合的价格机制，将与强队、与热门球队、拥有球星的比赛的门票定为A类票，将与中等球队比赛的门票定为B类票，将与实力较差球队比赛的门票定为C类票。可以看出，经过多年的摸索，中职篮的各俱乐部门票价格能够根据市场形势和产品质量来灵活制定，与职业体育市场相符合的价格机动机制已形成。现场观赛观众大致分为两大类，一是具有稳定较高收入的职员和个体工商户，他们的消费档次在中高端以上，并占了观众消费群体大部分比例；二是大、中学生，他们消费能力较低，但出于对中职篮的喜爱和同学朋友的影响来到现场观赛，所以在各俱乐部所在城市学生的数量也非常多，如能利用体教融合的大趋势加深与学校合作，加强在学校的赛事宣传，给予学生更多优惠，不但可以吸引更多的学生观众，还可以为长久的铁杆球迷的培养打下基础。通过对长期的中职篮门票价格和销售关系的统计、分析可发现，如果门票价格超出观众球迷消费承受能力或者票价与赛事实际价值不符，就会影响观众球迷到场观赛的动机和行为。因此，门票价格制定受观众球迷所在城市居民人均可支配收入、球队成绩、比赛对手实力、比赛是否有球星参与、观众球迷对俱乐部球队的忠实度等各方面的影响。因此，俱乐部在制定票价时，在最大限度地保证俱乐部盈利和满足现场观众观赛需求的基础上，要从众多方面综合考虑。调查发现，当前中职篮影响门票定价和销售最主要的影响因素还是俱乐部球队成绩。以山西汾酒男篮为例，在2012—2013赛季，山西汾酒男篮常规赛打进前四，赛季观众场场爆满，之后随着山西汾酒成绩的不断下滑，到场观赛观众也不断减少。这说明，中职篮虽经过 20 多年的发展，自身职业化不断地完善，但大多数俱乐部对观众、球迷群体忠实度培养还不够重视或不够专业，例如，国外职业联赛的观众、球迷会员制度在中职篮还是空白。虽然中职篮俱乐部经营管理处于摸索阶段，但应重视观众、球迷，尤其是铁杆球迷粉丝会员群体的组建，积极引导观众球迷会员的加入。如广东宏远俱乐部每个赛季套票预设 2000 套左右，套票最高价位定为 5000 ～ 6000 元 / 套，每个赛季的门票平均收入约 1000 万元。在整个中职篮的俱乐部中，广东宏远的门票收入属于顶级，其门票收入如此之好，归因于其球队优异的战绩、火爆的球市和先进的市场推广管理等。首先，广东宏远俱乐部主场球馆是一座拥有 16 133 个座位和现代化、高科技设施的球馆，相当于 NBA 球馆的水准，观众球迷在此能够享受舒适的观赛体验。另外，俱乐部通过开展与观众球迷互动活动和参与社会公益活动，不断加深俱乐部与观众球迷的关系，以获得更多观众球迷关注。并且，其实施"网上 + 现场 + 代售点"等多样化的门票销售手段和途径，门票定价也依据对手强弱、球星多少机动确定。②球队产品方面。除了中职篮的核心产品——高质量的赛事，由其衍生出来的俱乐部各类产品（毛绒吉祥物、球队围脖、帽子、装饰品等）也是俱乐部收入的来源之一，也是体现俱乐部品牌文化及市场开发程度的重要标志之一。团队调查发现，每个俱乐部均有一系列体现俱乐部标识的衍生产品，但只是在俱乐部赛场的一角放置，也鲜有专门的工作人员进行推销，更难见到俱乐部设有专卖店销售该类产品。而国外成熟职业联赛的各俱乐部均通过自己的专卖店或联合其他经销商进行球队上千种衍生产品的销售，包括：球迷版的成人衣服、儿童休闲服饰、球队签名衣帽围巾、球队签名体育用品、球星命名球衣、球鞋等。而当前中职篮观众、球迷主要购买的俱乐部产品还主要以带有俱乐部标识的球衣、球帽、球袜等为主，观众球迷对于俱乐部其他产品购买较少。由于观众球迷购买印有俱乐部特殊标识的衍生产品能够反映出观众球迷对俱乐部球队的忠实程度，因此俱乐部可以从观众、球迷购买俱乐部产品的类型、门票情况、获取俱乐部信息途径等方面来了解观众球迷对于俱乐部的关注度。③赛场消费、交通消费等方面。从团队调查和统计的结果来看，现场观众、球迷在中职篮观赛的支出主要是球队产品和门票,而在赛场消费较少。为了防止观众在比赛中投掷杂物等越轨行为,大部分俱乐部规定观众观赛时禁止自带饮食入场,而场馆内的餐饮价格基本上高出正常物价的 2 ~ 3 倍,这使得现场观众消费欲望急剧下降。好的职业比赛可以带动城市的交通、住宿消费,但由于中职篮发展还处于起步阶段,目前跟随球队异地观赛的球迷规模还较小,对主队城市的交通、住宿餐饮的消费影响不大。

表 3-17　2019—2020 赛季中职篮部分俱乐部主场比赛门票价格　　　单位:元

| 俱乐部 | 门票价格 |
| --- | --- |
| 广东宏远华南虎俱乐部 | 100/120/150/200/260/300/400/450/500/550/600/700/750/900/950/1200 |
| 广州龙狮篮球俱乐部 | A 类票:880/480/280/180;B 类票:550/220/140/90;C 类票:330/165/110/45 |
| 北京控股紫禁勇士俱乐部 | A 类票:680/580/420/320;B 类票:480/380/280/180;C 类票:400/320/240/160 |
| 山东西王王者俱乐部 | 赛季套票:8500/4900/2900/1600/800;A 类票:500/300/150/100/50;B 类票:400/200/120/60/40 |
| 青岛国信双星雄鹰俱乐部 | 100、200、300、3000 |
| 浙江广厦猛狮俱乐部 | A 类票:580/380/180/80;B 类票:480/280/120/60 |
| 宁波富邦男子篮球俱乐部 | 50/80/100/120/180/240/280/380/480 |
| 南京同曦大圣俱乐部 | 赛季套票:4088/2680/2080/998/688;A 类票:1280/880/600/400/300;B 类票:1020/700/480/300/200;C 类票:750/500/350/200/150 |
| 辽宁沈阳三生飞豹俱乐部 | 赛季套票:场地沙发 24800/20800/12999/10699/8299/6499/4399/3099;A 类票:880/680/580/480/380/280/180;B 类票:680/580/450/300/220/150/80;C 类票:580/480/380/280/150/100/50 |
| 山西建投猛龙俱乐部 | 90/180/240/290/580/980 |
| 福建鲟浔兴俱乐部 | 赛季套票:7500/5800/3800/2000/1700;A 类票:580/480/380/200/100;B 类票:480/380/250/120/80;C 类票:380/280/150/90/60 |

注:数据来源于中职篮各俱乐部官方微信公众号

综上所述，中职篮观众为获取、享受中职篮产品所采取的观赛行为以及决定采取行为的决策过程是影响观众到场观赛的动机所在。如果中职篮俱乐部与观众之间能够建立长久稳定的赛事产品或服务的交换关系，即培育更多的忠诚观众球迷、铁杆球迷、球星粉丝，则有利于俱乐部市场的可持续发展[166]。

4）现场观众观赛越轨行为及其影响因素。依据《大百科全书·社会学卷》，越轨指违反重要的社会规范的行为，又称为离轨行为或偏离行为[167]。我国学者结合该概念将体育越轨行为定义为：在体育领域里的成员（个体、群体、组织）偏离和违背现存体育规范和标准的行为[168]。而国外越轨概念（deviance）包含了positive deviance、negative deviance 等概念[169]。这些不同的理解主要来自于不同价值观，国内学者主要偏向于同质研究，而国外则侧重于异质研究。相对来讲，国内学者的研究主要针对体育越轨行为的负面意义，而国外学者的研究倾向于多元化，将体育越轨行为分成了破坏性越轨和良性越轨[170-171]，充分尊重了体育越轨行为的生存意义，使体育越轨行为的概念和理论更加丰富和完善。随着竞技体育越轨行为研究的进展，近期学者们多从体育越轨行为特征、类型、方式及产生的原因等方面进行研究，并将越轨行为具体分为违反风俗、违反纪律、违反道德、违法和犯罪 5 个级别[172]。根据以上界定和研究思路，我们将中职篮近年来现场观众观赛发生的越轨行为进行了统计、梳理和分析。观众破坏中职篮赛场秩序的行为、表现主要有：投掷杂物，包括投掷饮料罐、矿泉水瓶、喇叭、椅子、旗杆、化妆盒、硬币、水果、鸡蛋等；大规模辱骂，包括辱骂主队、辱骂客队、辱骂裁判等；使用侮辱性文字，包括展示带有侮辱性标语的牌子或条幅，挥舞带有侮辱性标语的旗帜，穿着带有侮辱性标语的服装等；暴力冲突行为，包括球迷间的挥拳互殴，在观众席打架，围攻、殴打客队队员、教练或裁判，甚至与赛场保安或者警察发生械斗等；其他不当行为，包括使用激光笔干扰客队罚球，使用电喇叭影响比赛正常进行，用掉到观众席的篮球攻击客队球员，赛后冲击客队球员更衣室，围堵球员、教练或裁判乘坐的交通工具等[173-174]。中职篮的处罚形式主要包括对俱乐部主场进行罚款、警告、严重警告、通报批评、取消赛区评优、停赛等方式。尽管罚款的金额越来越大，但是因越轨行为而罚款的次数却有增无减，罚款、通报批评、停赛及取消赛区评优的处罚次数逐年增加。这一方面说明中国篮协管理越来越严，另一方面也显示了比赛的激烈。结合中职篮的现场调研发现，监管中职篮处罚越来越严厉，但观众球迷越轨行为发生率居高不下，且其越轨行为致因复杂。首先，随着中职篮赛事质量不断提高，吸引的观众和球迷数量也不断增多，球迷对主队的狂热度也越发高涨。其次，尽管篮协近几年对裁判员在赛季休息期间、赛前以及赛后进行严格培训，并把裁判职业化定为中职篮改革的方向，且近年来裁判员坚决贯彻"球队、球迷有主客场，而裁判没有主客场"的执法理念，公平、公正性进一步提升。但是，多年来中职篮观众因对裁判的判罚不满而发生的越轨行为居高不下。通过对裁判判罚引起观众违规行为的观察发现，裁判判罚的失误率比较低，但观众球迷越轨行为建立在对主队的情怀和对裁判员的不信任基础上，一旦裁判判罚不利于主队，球迷和观众对客队和裁判的习惯性辱骂声依然此起彼伏，甚至投掷杂物。从违规数据种类上分析，以前发生的观众用激光笔、电喇叭干扰球员的事件基本上没有了，投掷水果、水瓶等事件也有显著下降。这说明各俱乐部在安全检查等方面工作不断地进步[175]。新的违规情况在不断地涌现，如球场观众超员、观众与球员发生冲突、观众与教练员发生冲突、观众将盛水的纸杯直接抛撒现象开始增加[176-177]。这说明联赛虽然意识到观众就是上帝，是赞助商支持联赛运作的根本，但是对观众在比赛中的精神满足还没有引起足够的重视[178]。

**2. 媒体观众系统**

媒体观众主要是指通过电视、网络新媒体等现代化媒体关注中职篮赛事的观众群体。媒体观众属于现代新生球迷群体，他们与钟爱的俱乐部球队同样保持着亲密联系，但这种关系与现场观众的表现要相对疏远，因为媒体观众与中职篮相关主体的联系主要依靠媒体观众购买与俱乐部赛事相关的媒体信号来实现。根据观众系统三级指标情况，对该部分观众主要从中职篮媒体观众规模、观赛动机、观赛消费及影响观赛的原因等多方面进行分析。

1）媒体观众规模情况及其影响因素。随着中职篮社会影响力的不断扩

大，观众球迷基数规模也在不断扩大，中职篮发布 CBA2.0 以来，其市场
化、职业化进一步加快，新媒体和赞助商也全面介入中职篮市场的各个角
落，而近两年的改革也使得中职篮收视率暴涨（如图 3-51 所示）[179]。当前
中职篮及各俱乐部在微博上的布局和与粉丝互动的通道也日趋完善，中职篮
官方微博账号拥有超过 242 万名粉丝，多数俱乐部都已开设官方微博认证
账号，虎扑 CBA 专区作为中职篮官方球迷社区，当前共有超过 1601 万条
球迷互动。数据显示，中职篮整体在球迷社群建设方面已完成初步布局（如
图 3-51 所示）。

**图 3-51　2019—2020 赛季中职篮常规赛首轮央视和新媒体观众收视率情况**[179]

　　但是，各俱乐部球队与球迷互动平台建设相对缓慢，俱乐部忠诚球迷群
体仍需培养和建立（如图 3-52 所示）。

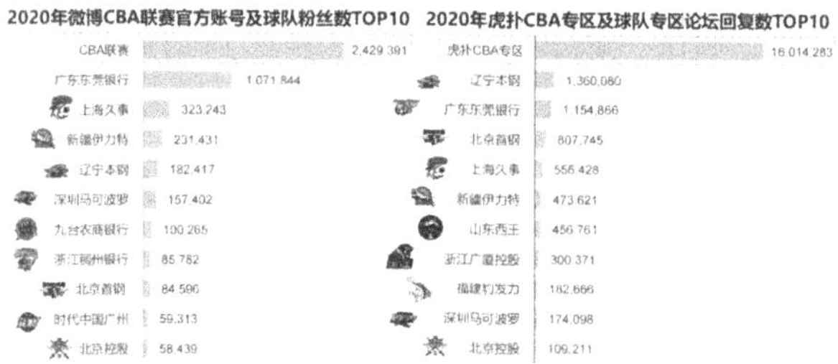

**图 3-52　当前中职篮与观众球迷网络平台互动热度**[179]

　　当前，在中职篮比赛期间，一半以上的观众球迷会通过电视或网络直播
观看比赛，三分之二的观众球迷每天会花费一定的时间通过新媒体阅读中职
篮最新消息。年轻观众球迷偏好通过网络视频、网站等媒体关注中职篮，而
中老年观众球迷则偏好电视、广播来获得中职篮信息。随着中职篮线上网络
布局逐渐形成，新媒体平台终究会成为球迷获取信息、交流、观赛、娱乐的

最主要渠道。当前中职篮与观众球迷网络互动平台建设情况如图 3-53 所示。

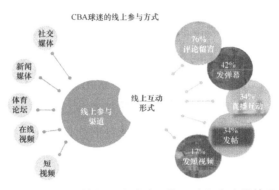

**图 3-53　当前中职篮与观众球迷网络互动平台建设情况**[179]

2）媒体观众观赛动机及其影响因素。调查发现，中职篮媒体观众观赛动机与现场观众相似，均呈观赛动机多元化特征，主要包括消遣娱乐、热爱篮球、主队情结、需求刺激等。媒体观众在通过中介媒体宣传接受信息并作出观看决策的过程中，媒体对俱乐部比赛的宣传和报道对其影响至关重要。当前，中职篮媒体观众主要通过电视和网络观看中职篮赛事，其次才是阅读电子报刊、杂志等。在多元化的观众观赛动机中，主队情结所体现出来的观众球迷忠实度是衡量媒体观众选择的重要因素。例如，观众球迷在选择观看俱乐部赛事时，首先会选择关注有主队情结的俱乐部，而到了季后赛阶段，一旦自己主队被淘汰，则会将关注焦点转移到结果最充满悬念的比赛中去。因此，不只是中职篮，众多职业联盟也会从观众空暇时间、球队对位等各方面对赛程编排煞费苦心，争取实现赛事精彩程度最大化、观众关注率最大化。另外，主队情结还体现在媒体观众虽不能到场观赛，但几乎每天都会通过媒体了解自己钟爱的球队消息。调查发现，这些观众球迷之所以如此热衷于自己钟爱的球队，其最大动力就是和俱乐部主体的情感共同性。该群体中，有的球迷梦想成为该俱乐部的球星，有的认为自己能够胜任球队主教练之职。所以，当主队获胜时，其与球队一样感到兴奋和愉悦，主队失败时就像自己被打败一样感到失望和沮丧[180]。

当然，随着观众、球迷关注度越来越高，中职篮的赛事产品外延范围也会不断扩大，例如，为满足观众、球迷的需求对热门俱乐部之间的季前赛、热身赛等进行的转播，以及对俱乐部衍生产品销售宣传的扩大。所以，中职篮及各俱乐部要想获取更大利润，其营销策略应重点侧重于发展壮大观众、球迷，还应侧重于培育观众、球迷的主队归属感，使其成为俱乐部球队或球星的忠实粉丝。因此，对中职篮改革创新模式的研究，应该以观众球迷市场的竞争为中心，继而扩大到中职篮产业利益相关主体的复杂关系。

3）媒体观众观赛投入及其影响因素。媒体观众不能到现场观赛的原因有很多，如地理位置较远、工作出差需要等。有的媒体观众只是受周围人群影响，还达不到球迷如痴如醉的程度，只在媒体上观赛就可以满足其观赛需求。也有些媒体观众由于经济原因不愿意花费更多金钱到场观赛，通过电视和网络等媒体观看比赛就能满足看球需要。一些媒体观众通常还会受到俱乐部战绩和球星的影响，等俱乐部战绩较好或有自己喜欢的球星时才非常关注，不然则会选择其他娱乐项目。这一类观众主要通过新媒体、电视体验观赛感觉，他们也很少购买俱乐部相关产品，更极少到现场观赛，故其对观赛的投入比较少。综上所述，媒体观众更多只是对中职篮赛事关注，对俱乐部的关注度还远远不够，这一类观众应该是俱乐部潜在的发展对象，因此，通过什么样的方法提高该群体的俱乐部忠诚度显得十分重要。具有高忠诚度的观众、球迷对于中职篮俱乐部来说是梦寐以求的，因为观众、球迷一旦对俱乐部球队或明星形成忠诚度，就很难再被其他竞争的产品所动。同时，观众、球迷的忠诚可以使俱乐部在定价上占得先机，从而使企业在竞争中处于有利位置[181]。忠实的铁杆球迷是俱乐部最稳定的消费者，该人群无需对其进行促销，他们对于球队的忠心和承诺是俱乐部发展的最强基石，社会学家把这种情感称为"终极关怀"。从一个观众"升级"为球迷，其对于中职篮俱乐部的忠诚心理是一个"吸引—归属—忠诚"的变化过程，这种忠诚会使观众球迷持续不断地到现场观看球队的比赛，关注球队的相关信息，并购买球队的相关产品[182]。据学者陈莹对中美男子篮球职业联赛线上观众的满意度调查发现，线上观众对 NBA 的总体满意度评价比 CBA 高，其中"赛事感知价值""观众忠诚"和"观众满意"是影响评价结果的主要因素。赛事感知价值中，NBA 因其自身比赛的悬念性和观赏性，能比 CBA 吸引更多的线上观众投入时间、花费金钱观看直播。观众忠诚中，NBA 比 CBA 更能获得线上观众的忠诚，相较于 CBA，线上观众更愿意向朋友推荐 NBA[183]。据课题团队的实地调研，中职篮仅有少数俱乐部对观众球迷的忠诚度制定专门的开发制度，大多数俱乐部往往忽略了该方面工作，也使得大多数观众、球迷根据球队战绩和球星作用对比赛产生投入。而观众、球迷的规模忽大忽小、极不稳定，也显示出俱乐部市场开发的不足和职业化的不职业。也有些俱乐部频繁更换比赛地点、球队冠名、明星球员，使俱乐部一直处于不稳定的状态，这样的情况也导致俱乐部缺乏稳定地干预、培养观众、球迷忠诚度的条件，只能在短期内由于球队战绩出色才够吸引一定规模的球迷观众，但不利于俱乐部观众观赛的可持续发展。

### 3.7.7 媒体系统运行评价模型构建及其实证分析

传媒市场即传媒产品在市场交换过程中各方利益主体所形成的利益关系的总和。中职篮媒体系统泛指转播或转载中职篮赛事及其相关产品信号的电视、广播、报纸、互联网、手机、计算机系统等。随着科学技术的不断进步，互联网、手机逐渐发展为主流媒介，而电视、广播、报纸等传统媒体市场份额逐渐减少，人们观赏和了解中职篮也从最初的电视、报纸等，发展到现在利用网络平台、手机的体育新闻类 App。

#### 3.7.7.1 评价模型构建

1）三级指标降维处理。将一级指标 $C_7$ 作为被解释变量、对应的三级指 $V_{173} \sim V_{193}$ 作为解释变量进行建模。考虑到三级指标之间存在的多重共线性，首先对 $V_{173} \sim V_{193}$ 这 21 个解释变量进行主成分分析（PCA）降维，并根据累计贡献率来确定主成分的个数。经过计算，前 6 个主成分的累计贡献率达到了 86.42%，故将这 6 个主成分变量作为综合后的新解释变量用 $Z_1 \sim Z_6$ 表示，表 3-18 中每一个数值表示主成分变量 $Z_1 \sim Z_6$ 在原始变量 $V_{173} \sim V_{193}$ 上的因子载荷。

表 3-18　媒体系统主成分在原始变量 $V_{174} \sim V_{194}$ 上的因子载荷情况

| 指标 | $Z_1$ | $Z_2$ | $Z_3$ | $Z_4$ | $Z_5$ | $Z_6$ |
|---|---|---|---|---|---|---|
| $V_{173}$ | 0.209 | 0.351 | 0.117 | 0.151 | 0.176 | 0.200 |
| $V_{174}$ | 0.215 | 0.331 | 0.219 | 0.239 | 0.000 | 0.143 |

（续表）

| | $Z_1$ | $Z_2$ | $Z_3$ | $Z_4$ | $Z_5$ | $Z_6$ |
|---|---|---|---|---|---|---|
| $V_{175}$ | 0.219 | 0.252 | 0.171 | 0.000 | 0.000 | −0.362 |
| $V_{176}$ | 0.221 | 0.107 | −0.162 | 0.274 | 0.000 | −0.502 |
| $V_{177}$ | 0.198 | 0.218 | −0.288 | 0.000 | 0.542 | 0.000 |
| $V_{178}$ | 0.210 | 0.120 | −0.340 | 0.185 | −0.144 | −0.168 |
| $V_{179}$ | 0.206 | 0.000 | −0.357 | 0.360 | 0.000 | 0.156 |
| $V_{180}$ | 0.222 | 0.261 | 0.000 | −0.205 | −0.109 | 0.263 |
| $V_{181}$ | 0.219 | 0.266 | 0.113 | −0.254 | −0.140 | 0.186 |
| $V_{182}$ | 0.229 | 0.000 | 0.000 | −0.271 | −0.257 | −0.225 |
| $V_{183}$ | 0.227 | 0.000 | −0.113 | −0.368 | 0.000 | 0.000 |
| $V_{184}$ | 0.211 | −0.135 | −0.133 | −0.450 | 0.311 | 0.000 |
| $V_{185}$ | 0.225 | 0.000 | −0.277 | −0.193 | −0.188 | 0.117 |
| $V_{186}$ | 0.217 | −0.167 | −0.264 | 0.000 | −0.429 | 0.000 |
| $V_{187}$ | 0.235 | 0.000 | 0.284 | 0.104 | −0.145 | 0.165 |
| $V_{188}$ | 0.230 | −0.100 | 0.338 | 0.108 | −0.184 | 0.140 |
| $V_{189}$ | 0.231 | −0.148 | 0.278 | 0.000 | 0.000 | −0.200 |
| $V_{190}$ | 0.217 | −0.253 | 0.272 | 0.000 | 0.000 | −0.364 |
| $V_{191}$ | 0.216 | −0.327 | 0.111 | 0.000 | 0.374 | 0.000 |
| $V_{192}$ | 0.218 | −0.325 | 0.000 | 0.000 | 0.000 | 0.217 |
| $V_{193}$ | 0.205 | −0.350 | 0.000 | 0.282 | 0.103 | 0.246 |

根据这 6 个主成分变量的因子载荷情况，现对其重新命名：主成分变量 $Z_1$ 的各因子载荷值十分接近，并且符号相同，都为正，它可以代表媒体系统的综合水平，故称其为综合满意度因子；主成分变量 $Z_2$ 的因子载荷值呈两极化，其中涉及二级指标 $D_{27}$（电视转播系统）、$D_{28}$（网络传播系统）的变量 $V_{173} \sim V_{181}$ 的因子载荷值与 $D_{29}$（其他传播系统）变量的 $V_{190} \sim V_{193}$ 因子载荷值相反，它反映了电视、网络转播系统与其他传播系统负相关与竞争关系现状，故称其为转播电视、网络与其他传播系统关系合理度因子；主成分变量 $Z_3$ 在变量 $V_{177} \sim V_{179}$（电视转播质量、收益、付费情况）与

$V_{185} \sim V_{190}$（网络转播质量和收益，其他传播系统属性、动机、方式、规模等情况）上的因子载荷要大于其余变量，故它代表了不同媒体系统转播质量与收益状况，故称其为媒体转播质量与收益合理度因子；主成分变量 $Z_4$ 的因子载荷值呈两极化，其中涉及二级指标 $D_{27}$（电视转播系统）与 $D_{28}$（网络传播系统）变量的因子载荷值相反，它反映了电视转播系统与网络传播系统负相关与竞争关系现状，故称其为电视转播与网络传播系统关系合理度因子；主成分变量 $Z_5$ 在变量 $V_{177}$（电视转播质量水平）、$V_{184}$（网络传播质量水平）、$V_{186}$（网络收费或付费合理程度）、$V_{191}$（其他传播系统传播质量水平）的因子载荷绝对值均较大，但 $V_{186}$ 因子载荷值为负，与其他因子载荷值相反，它反映了电视、网络、其他传播系统传播质量水平与网络收费或付费合理程度的关系，故称其为电视、网络与其他传播系统传播质量水平与收费协同性因子；主成分变量 $Z_6$ 在变量 $V_{175}$（电视转播方式多元化程度）、$V_{176}$（电视转播规模合理程度）、$V_{190}$（其他传播系统传播规模合理程度）的因子载荷绝对值均较大，但 $V_{190}$ 因子载荷值为负，与其他因子载荷值相反，它反映了当前作为中职篮主要转播媒体的电视系统转播方式和规模与其他传播系统传播规模的竞争关系的合理程度，故称其为电视转播与其他传播系统竞争合理度因子。

接下来对一级指标赞助商系统与上述 6 个主成分变量 $Z_1 \sim Z_6$ 进行 GAM 统计建模，以此来解释变量与被解释变量之间的线性和非线性关系。在这里假定模型如下：

$$C_1 = S_0 + S_1(Z_1) + S_2(Z_2) + S_3(Z_3) + S_4(Z_4) + S_5(Z_5) + S_6(Z_6) + e \tag{3-12}$$

其中，$S_0$ 是常数项，$S_i(\cdot)(i=1,\cdots,6)$ 是未知的光滑函数，并且有 $ES_i(Z_i)=0(i=1,\cdots,6)$，$e$ 是均值为 0 的随机误差项。

2）模型结果。利用统计编程软件 R 语言对上述的可加模型进行估计，其中对非线性部分 $S_i(\cdot)(i=1,\cdots,6)$ 的估计通过样条函数进行仿真，具体结果见图 3-54。

图 3-54 显示，媒体系统模型的常数项中，$S_0$ 及非线性部分 $S_1(\cdot)$、$S_4(\cdot)$ 对应的 $p$ 值均小于 0.00，即在 5% 的显著性水平下，模型的常数项 $S_0$

及非线性部分 $S_1(\cdot)$、$S_4(\cdot)$ 均呈现显著。其中 4 个主成分 $S_i(\cdot)$($i$=1,2,5,6) 的自由度均大于 1，说明部分主成分有不同程度的非线性成分。edf 表示估计的自由度，其值越接近于 1 表示对该部分未知函数的估计越接近线性函数，反之如果其值大于 1 越多，表示该部分未知函数的估计越复杂、非线性程度越高。模型调整后的 $R$ 方为 0.436，同时偏差解释度达到 50.5%，这表明模型可以较好地对数据进行解释。另外，通过提取各主成分变量的 $F$ 统计量数值来判断各主成分变量对媒体系统运行合理程

```
Family: gaussian
Link function: identity

Formula:
c1 ~ s1(z1) + s2(z2) + s3(z3) + s4(z4) + s5(z5) + s6(z6)

Parametric coefficients:
            Estimate Std. Error t value Pr(>|t|)
(Intercept)  7.6827     0.1153   66.55   <2e-16 ***
---
Signif. codes: 0 '***' 0.001 '**' 0.01 '*' 0.05 '.' 0.1 ' ' 1

Approximate significance of smooth terms:
        edf Ref.df      F  p-value
s1(z1) 2.738  3.432 16.727 1.24e-09 ***
s2(z2) 4.201  5.191  1.855 0.100718
s3(z3) 1.000  1.000  1.206 0.274792
s4(z4) 1.000  1.000 12.272 0.000708 ***
s5(z5) 2.468  3.094  3.380 0.020356 *
s6(z6) 1.095  1.181  0.225 0.731377
---
Signif. codes: 0 '***' 0.001 '**' 0.01 '*' 0.05 '.' 0.1 ' ' 1

R-sq.(adj) = 0.436  Deviance explained = 50.5%
GCV = 1.5882  Scale est. = 1.382    n = 104
```

图 3-54　媒体系统运行评价模型常数项情况

度影响的大小，其中 $Z_1$（16.727）、$Z_4$（12.272）、$Z_5$（3.380）的 $F$ 值统计量数值均比较大，这 3 个主成分对媒体系统运行合理程度的影响较大。

3）各主成分变量的非线性关系。为进一步挖掘媒体系统内部各主成分指标变量的线性与非线性关系，现绘制各主成分变量的非线性结构图。各解释变量 $Z_1 \sim Z_6$ 的非线性结构图如图 3-55～图 3-60 所示。图中横轴是各主成分变量 $Z_1 \sim Z_6$ 的主成分得分值，纵轴是对非线性函数自由度的估计值，实线是该主成分变量对媒体系统运行合理程度的平滑化拟合值，虚线表示拟合的函数的逐点置信区间上下限。

图 3-55 显示，综合满意度因子与媒体系统运行合理程度呈非线性关系（edf=2.738）。拟合曲线总体上以一定的倾斜度向上延伸，说明综合满意度指标数值越大，对媒体系统运行合理程度的评价满意度越高。绝大部分的点都散布在拟合曲线附近，并且没有明显的聚集现象，这为利用 $Z_1$（综合满意度）评价媒体系统运行合理程度提供了依据。进一步，$S_1(Z_1)$ 的 $F$ 统计量数值（16.727）较大，说明 $Z_1$（综合满意度）可以作为评价媒体系统运行合理程度的主要参考指标。在全部的问卷中，$Z_1$（综合满意度）评价得分 9 分及 9 分以上的有 7 人，8～8.99 分的有 21 人，7～7.99 分的有 27 人，6～6.99 分的有 26 人，5～5.99 分的有 21 人，4～4.99 分的有 1 人，3.99

分及以下的有 1 人，总体上为正的有 102 份，为负值的只有 2 份，但 7 分以下的得分明显比例较大。这说明专家们对当前我国高度发达的数字化媒体网络对中职篮传播的合理程度总体上持肯定态度，但中职篮媒体传播系统规模和传播力度还需要进一步加大，转播质量还需进一步完善。

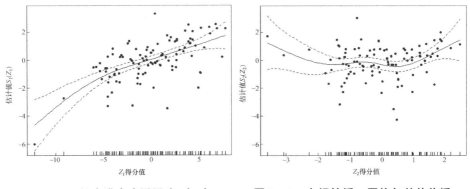

图 3-55　综合满意度因子（$Z_1$）对　　　　图 3-56　电视转播、网络与其他传播
　中职篮媒体系统运行的影响　　　　　　系统关系合理度因子（$Z_2$）对
　　　　　　　　　　　　　　　　　　　中职篮媒体系统运行的影响

图 3-56 显示，电视转播、网络与其他传播系统关系合理度因子与媒体系统运行合理度指标呈明显的非线性关系（edf=4.201）。数据点呈现一定的集聚性，靠近中心处的密度比远离中心处的密度大。拟合曲线呈波浪式逐渐向两侧上方发散，这说明 $Z_2$ 所代表的电视转播、网络与其他传播系统竞争越激烈，越有利于中职篮媒体系统运行合理度的提高。另外，该因子的 $S_2(Z_2)$ 的 $F$ 统计量数值为 1.855，这说明 $Z_2$ 可以作为评价媒体系统运行合理程度的参考因素。

图 3-57 显示，媒体传播质量与收益合理度因子与中职篮媒体系统运行合理程度呈线性关系（edf=1.000），但数据呈现明显的发散式分布的特点，且拟合线段只有轻微向上的斜度。该主成分变量的 $F$ 统计量数值（1.206）较小，这表明该因子强调的媒体传播质量与收益合理度只是作为媒体内部质量评价手段，对中职篮媒体运行合理度影响较小。

图 3-58 显示，电视转播与网络系统关系合理度因子与中职篮媒体系统运行合理程度呈线性关系（edf=1.000），且数据呈现明显的集聚式分布，拟

合直线向上呈较大的斜度。这说明电视转播系统与网络传播系统的关系越合理，中职篮媒体系统运行越合理，进而越有利于中职篮的发展。该主成分变量的 $F$ 统计量数值（12.272）非常大，这表明该因子强调的电视转播系统与网络传播系统之间的相互关系是当前中职篮媒体传播系统中最重要的组成部分，对中职篮媒体运行合理度影响非常大。

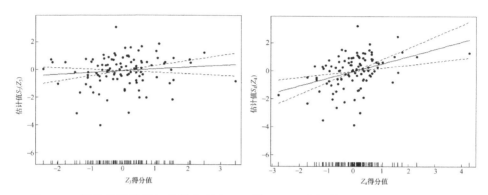

图 3-57　媒体传播质量与收益合理度因子（$Z_3$）对中职篮媒体系统运行的影响　　图 3-58　电视转播与网络系统关系合理度因子（$Z_4$）对中职篮媒体系统运行的影响

图 3-59 显示，电视、网络与其他传播系统传播质量水平与收费协同性因子与媒体系统运行合理度指标呈明显的非线性关系（edf=2.468）。数据点呈现一定的集聚性，靠近中心处的密度比远离中心处的密度大。拟合曲线呈倒 U 形，并逐渐向两侧下方发散。这说明 $Z_3$ 所代表的电视转播、网络与其他传播系统传播质量水平与适度收费的范围协同性越好，越有利于中职篮媒体系统运行合理度的提高。另外，该因子的 $S_2(Z_2)$ 的 $F$ 统计量数值为 3.380，这说明 $Z_2$ 可以作为评价媒体系统运行合理程度的参考因素。

图 3-60 显示，电视转播与其他传播系统竞争合理度因子与中职篮媒体系统运行合理程度略呈非线性关系（edf=1.095），且数据呈现明显的集聚式分布，拟合直线基本上呈水平向两侧延伸。这说明电视转播系统与其他传播系统竞争关系较弱，其对中职篮媒体系统运行影响较小。该主成分变量的 $F$ 统计量数值（0.225）非常小，表明该因子中其他传播系统作为非常弱小的传播系统，对电视转播系统形成的竞争关系非常弱，进而导致该因子对中职

篮媒体运行合理度影响非常小。

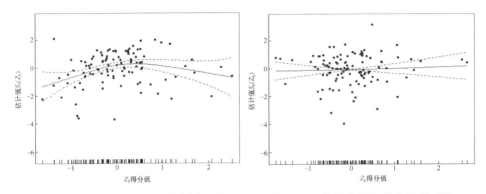

图 3-59　电视、网络与其他传播系统
传播质量水平与收费协同性因子（$Z_5$）对
中职篮媒体系统运行的影响

图 3-60　转播电视与其他传播系统
竞争合理度因子（$Z_6$）对
中职篮媒体系统运行的影响

### 3.7.7.2　实证分析

从上述广义加性模型对媒体运行系统的非线性分析可知，媒体系统运行综合满意度因子，电视转播与网络系统关系合理度因子，电视、网络及其他传播系统转播质量水平与收费协同性因子是该一级指标系统的主要影响因素。因此，针对这 3 个最重要的影响因子，我们结合媒体系统运行的实际状况做进一步的详细分析（见表 3-19）。

表 3-19　专家对媒体系统指标变量的评价得分情况

| 指标 | $N$ | 极小值 | 极大值 | 均值 | 标准差 |
|---|---|---|---|---|---|
| $V_{173}$ | 104 | 3.00 | 10.00 | 7.250 0 | 1.611 55 |
| $V_{174}$ | 104 | 2.00 | 10.00 | 7.336 5 | 1.411 54 |
| $V_{175}$ | 104 | 4.00 | 10.00 | 7.125 0 | 1.479 23 |
| $V_{176}$ | 104 | 3.00 | 10.00 | 7.105 8 | 1.606 53 |
| $V_{177}$ | 104 | 3.00 | 10.00 | 7.355 8 | 1.480 74 |
| $V_{178}$ | 104 | 3.00 | 10.00 | 7.240 4 | 1.464 77 |
| $V_{179}$ | 104 | 2.00 | 10.00 | 7.009 6 | 1.698 06 |
| $V_{180}$ | 104 | 4.00 | 10.00 | 7.288 5 | 1.605 05 |
| $V_{181}$ | 104 | 1.00 | 10.00 | 7.346 2 | 1.593 49 |
| $V_{182}$ | 104 | 3.00 | 10.00 | 7.192 3 | 1.558 42 |

（续表）

| 指标 | N | 极小值 | 极大值 | 均值 | 标准差 |
|------|---|--------|--------|------|--------|
| $V_{183}$ | 104 | 2.00 | 10.00 | 7.423 1 | 1.574 63 |
| $V_{184}$ | 104 | 3.00 | 10.00 | 7.403 8 | 1.510 60 |
| $V_{185}$ | 104 | 3.00 | 10.00 | 7.221 2 | 1.434 37 |
| $V_{186}$ | 104 | 2.00 | 10.00 | 6.961 5 | 1.519 60 |
| $V_{187}$ | 104 | 2.00 | 10.00 | 7.000 0 | 1.600 97 |
| $V_{188}$ | 104 | 3.00 | 10.00 | 7.086 5 | 1.533 51 |
| $V_{189}$ | 104 | 3.00 | 10.00 | 6.836 5 | 1.625 71 |
| $V_{190}$ | 104 | 2.00 | 10.00 | 6.769 2 | 1.702 26 |
| $V_{191}$ | 104 | 3.00 | 10.00 | 6.692 3 | 1.631 47 |
| $V_{192}$ | 104 | 3.00 | 9.00 | 6.682 7 | 1.476 45 |
| $V_{193}$ | 104 | 3.00 | 10.00 | 6.740 4 | 1.677 93 |

**1. 媒体系统运行综合满意度分析**

在全部的问卷评价中，$Z_1$（综合满意度）评价得分 9 分及 9 分以上的仅有 7 人，6 分及 6 分以上的有 81 人，6 分以下的有 23 人，其中得分 6～7 分的人数比例最高。这说明专家们对当前我国高度发达的数字化媒体网络对中职篮传播的合理程度总体上持肯定态度，但中职篮媒体传播系统规模和传播力度还需要进一步加大，传播质量还需进一步提高。另外，从媒体系统的 3 个二级指标专家打分统计结果来看（见表 3-17），$D_{28}$（网络传播系统 $V_{180}$～$V_{186}$）评价得分最高，$D_{27}$（电视转播系统 $V_{173}$～$V_{179}$）次之，$D_{29}$（其他传播系统 $V_{187}$～$V_{193}$）较低。其中，网络传播系统中指标 $V_{186}$（收费或付费合理程度）的得分较低，这说明当前新媒体传播发展得越来越强，对传统电视转播已造成巨大的冲击，广播、报纸等其他传播方式已退出主流媒体，面临转型。但当前新媒体网络传播的收费或付费还存在较多问题。

在中职篮市场相关主体利益链中，媒体为重要的一环，媒体利用中职篮精彩的赛事作为信号载体，一方面吸引广大观众球迷的关注度收取信号流量费用，一方面利用自身的广告系统吸引赞助商家的资本投入。可见，中职篮观众、球迷的规模和收视率是反映中职篮赛事产品与媒体传播力度、意愿的重要参考指标。在中职篮职业化改革初期，由于其影响力不足，对媒体的吸引力较小，这造成了早期中职篮的媒体传播系统比较单一，主要由电视、广播、新闻报纸等组成，但中职篮的电视转播率和观众球迷收视率始终保持较高水平，CCTV5周收视率排名中，中职篮直播屡登榜首，据中国篮协统计，在2016—2017赛季所有体育项目直播中，中职篮在常规赛期间23次周排名中有13次排名第一，季后赛6周中4周收视率排名第一。该赛季，全国共播出3098场次比赛，较上赛季增幅达到31%，累计播出4728小时，较上赛季增加21%。近年来，随着我国网络新媒体平台的快速发展，利用智能手机、平板电脑等移动终端进行体育赛事直播的方式，更能够为观众球迷提供多样的互动功能和个性化服务，因此，该传播方式更能体现观众球迷观赛个性化选择的功能优势。自由化选择的方式更容易为观众球迷所接受，也使得中职篮的观众球迷规模进一步扩大。中职篮的媒体传播渠道同样呈现出多元化的发展趋势。在传统媒体——电视的传播影响力不减的情况下，新媒体也逐步发展成为中职篮媒体传播的主力军。其中，PPTV整个赛季视频播放量达到3.1亿，暴风体育视频播放量也超过9338万，阿里体育视频播放量更是达到11.1亿，YYSPORTS也实现了1.1亿的播放量。同时，中职篮海外市场转播也不断拓展，其中2015—2016赛季在北美OWS有线频道和中国香港的I-Cable频道共直播107场，2016—2017赛季在中国台湾、中国香港、新加坡等地电视台共播出160场。可见，当前中职篮的媒体系统传播方式的多元化发展有利于赛事传播量和社会影响力的不断扩大。较高的媒体收视率能够反映出观众、球迷对于中职篮赛事产品的关注程度和消费意愿。随着近年来媒体系统对中职篮的作用日益凸显，自2017年中篮联（北京）体育有限公司被中国篮协授予媒体版权后，CBA公司在保证电视媒体合作的基础上，开始拓展包括腾讯、微博、优酷、咪咕等知名网络平台在内的网络媒体平台，通过不断进行网络新媒体平台推广，挖掘国内外潜在的媒体资源，以实现更好的市场开发。当前，中职篮赛事产品质量稳步提升，观众球迷规模不断扩大，这推动了媒体系统从早期央视转播"一家独大"向多元化媒体传播的新发展，促成了中职篮与媒体传播系统商业价值方面合作共赢。中职篮所拥有的依赖于典型的注意力经济特征的职业体育属性，决定了中职篮与媒体系统既保持着合作共赢、互利共生，也存在着博弈关系。在中职篮职业化改革初期，由于其影响力不足等原因，造成了主要由电视、广播和新闻报纸等作为主要的媒体系统，也使得在两者合作中媒体处于强势的位置。随着中职篮职业化改革的不断推进，在媒体系统的不断宣传、影响下，随着大规模观众、球迷对中职篮的关注度和热情不断提高，赞助商对中职篮的投入程度和赞助金额也不断加大。因此，媒体一端强势转向了两者博弈，走向平衡，媒体作为中职篮价值的传播者、形象和品牌的塑造者，也开始通过付费竞争来购买中职篮的社会影响力价值。随着互联网的迅速崛起，中职篮传播已从早期单一的传统电视媒体传播进入赛事传播多元化新时代，而多元化的媒体传播系统可以提高中职篮赞助商媒体曝光度，为中职篮和观众球迷之间提供更具消费黏性的媒体产品与互动方式，为衍生新的中职篮产品提供空间和创造更大的商业价值。可见，媒体传播力与中职篮的市场影响力紧密结合在一起，协同共进，进一步促进了中职篮观众、球迷的消费。

近年来，中职篮的媒体系统体系逐渐形成，这有利于中职篮收益的不断提升，但也存在一系列问题亟待解决。例如，传统媒体系统需要可持续发展，而网络新媒体系统快速发展的同时需注意如何与传统媒体系统做好相融；中职篮媒体版权种类的细分及版权出售细节的精细程度均存在不足，很容易导致媒体系统的垄断，这降低了中职篮媒体版权竞争力；制度条款的建立是处理媒体系统与中职篮竞争、合作关系的依据，因此，随着中职篮传媒系统的迅速发展，相关约束机制和制度的完善也应不断跟进；中职篮与媒体系统合作创造收益的方式及能力有待改进，各俱乐部与媒体系统的进一步合作与潜在资源的开发也需不断地摸索，如网红球星价值的开发等；开放的媒体环境对中职篮参与主体的管理提出更高要求，从中职篮参与主体过去的越轨行为来看，众多越轨均与媒体追逐热点、制造舆论有关；另外，传统媒体和网络新媒体的转播信号质量、转播主持人的能力、对热点焦点的把控能力、对赛事数据的快速统计和专业分析能力等均需不断改进和提升。

### 2. 电视转播与网络系统关系合理度分析

当前，中职篮作为中国水平最高且最受欢迎的篮球赛事，其媒体转播权已是央视、地方电视台和各大媒体平台竞相争夺的对象。这使得电视直播与网络直播等移动端的直播形成了百花齐放、相互博弈的关系，观众球迷也从之前选择单一、任由电视台安排节目，变成可以边观看比赛、边实时互动。显然，中职篮利用新媒体平台进行直播的方式更加受观众、球迷欢迎，这也对电视转播系统造成了很大的冲击。后来，又进一步出现了网络媒体开始向中职篮和拥有独家转播买断权的央视购买转播权的现象，形成了电视与新媒体直播平台 PPTV、乐视体育、新浪体育、虎扑体育、腾讯体育等共存的媒体系统网络。当前，电视与网络转播系统关于中职篮已形成了新的媒体系统运行模式，在这一模式中，两者的关系由于介入时间和签署合同早晚、媒体各自影响力等原因，当前还不能判断电视与网络的博弈结果。因为，早期的中职篮转播是靠央视一家独大而逐步发展起来的，央视作为我国广播电视系统的龙头，其影响力、技术基础等都是中国最好的。在近 10 年中，最精彩的、最有看点的、球迷观众最期待的中职篮赛事都会在 CCTV5 直播，这对新媒体直播平台来说是一个很大的竞争对手。虽然网络媒体的介入使得中职篮市场产业链得以更加完善，但直到 CBA 公司获得中职篮联赛的竞赛权和商务权后，CBA 公司才于 2017—2018 赛季开始探索赞助商和版权合作伙伴的商务工作。CBA 公司坚持不售卖新媒体独家版权，旨在使更多的网络媒体参与进来，宣传和推广中职篮。而在上一赛季，中职篮官方合作伙伴 PPTV、暴风体育、搜狐体育已经购买了中职篮联赛网络视频和 OTT 版权，乐视体育和腾讯体育获得了 OTT 版权，阿里体育（优酷）和 YYSPORTS 也获得了中职篮的网络版权。而一些专家认为，该赛季中职篮如果采取独家版权买断模式，其售价有可能达到 5 年 60 亿元。版权分销的模式虽有利于快速扩大中职篮的媒体覆盖率，但网络媒体拥有"独播权"则更有价值。CBA 公司实施版权分销模式的第一年，腾讯体育和直播 TV 成为中职篮此后 3 年的新媒体合作伙伴。加上其早期与中央电视台有长达 10 年的合约，这共同构成了当前中职篮电视转播与网络系统关系现状。而由于中职篮的焦点、热点赛事都将在 CCTV5 直播，加上各俱乐部所在地区的地方台也将留有各俱乐部球队的所有场次转播权，显然，中职篮与电视台的签约对网络新媒体平台的中职篮赛事转播影响力会有很大的影响，进而造成中职篮新媒体转播版权的贬值，这会给新媒体平台的运营造成很大的压力。经过 3 年的摸索，随着腾讯和优酷两家公司与中职篮版权合同的到期，以及中国移动咪咕公司和 CBA 公司的续约，CBA 历史上单笔合作费用的新纪录产生了。尽管赛事受疫情影响，但咪咕没有压价，且出价远高于其他平台。咪咕之所以在疫情期间果断出手拿下 CBA 转播权，实际上是出于对体育领域整体布局的考虑。背靠中国最大的通信运营商中国移动，让咪咕有了足够的底气，其最大优势是中国移动的 5G 技术优势及庞大的用户体量。腾讯和优酷若想共享版权，则需要给出同等价位，如此高的价格也使得腾讯和优酷经过几番博弈之后相继退出，中职篮的版权实际上又回到了独家买断的模式，而拥有雄厚资本和技术实力的央视也感觉到新媒体功能更加贴近观众、球迷，因此其在保证电视转播信号质量的基础上开发出央视频，也加入中职篮新媒体多元化转播模式之中。

综上所述，纵观中职篮电视转播媒体和网络新媒体系统介入、发展博弈的过程，两大系统存在着既相互竞争、又相互合作的关系，共同为中职篮观众、球迷提供着转播服务。从复杂系统科学的角度分析，媒体系统的相关主体在既竞争又合作的关系中，才能激发出主体变革的动力，才能够不断地提高工作质量和效率，为观众、球迷提供更优质的赛事转播信号和服务，更有利于中职篮的整体发展。

### 3. 电视、网络及其他传播系统转播质量水平与收费协同性分析

网络新媒体能够利用其数以亿计的平台用户网络覆盖能力及其强大的资金实力对篮球领域的客户开展直播与互动，个性化直播内容和互动式的转播方式将会吸引更多观众、球迷关注中职篮，这种创新运营模式有利于强化中职篮赛事观众、球迷的忠诚度和品牌建设，有利于中职篮品牌价值和商业价值可持续地、稳定地发展。其收费方式主要是通过观众球迷付出流量、广告商的宣传费用等，其支出主要体现在向中职篮支付转播版权费、向一级媒体企业支付转播权费用等。央视早期进行电视转播时，收取电视观众的信号购买费用并收取中职篮一定的信号转播费。当中职篮的观众、球迷市场不断扩大，电视转播收取的费用则从中职篮为主逐渐转向以观众付费为主，并随着

拥有强大功能的网络新媒体的介入，一家独大的央视被迫从以电视台业务为主开始向电视＋网络的多元化方向发展。央视一旦介入网络新媒体领域，其依靠强大的技术实力、人力资本实力、资金实力和前期电视平台实力，对当前众多的网络新媒体平台将形成很强的竞争。而从观众、球迷的角度，早期为观赏到中职篮精彩的比赛，不得不付出一定的电视信号购买费用，而在新媒体时代，观众、球迷往往可以通过支付流量购买费用、付费注册会员或利用自己的注意力价值观看媒体广告来实现观看中职篮赛事，不需要按时守在电视机前观赛，也不用担心由于工作而错过赛事观看。他们可以利用手机、电脑随时随地收看自己关注的球赛直播或回放，可以说，观众、球迷的可选择性愈来愈大，且更加自由和便捷。当然，网络新媒体由于其系统信号来源稳定性低于传统媒体系统，且又投入大量资金购买了中职篮版权、引进新技术、创新节目内容，初始阶段其更多直播又是免费提供给用户的，因此，在中职篮赛事转播质量保障、转播实施等方面投入不足。这导致观众、球迷观赛时经常出现网络信号不稳、画面卡顿、画面延迟、画面中断甚至直播取消等问题，这在一定程度上影响了观众、球迷对网络新媒体平台中职篮直播方面的关注度。这反映出当前中职篮转播技术团队专业水平和业务水平不足的问题。另外，网络新媒体系统还存在"观众球迷实时互动中由于幕后监管不到位常出现不道德的粗鲁攻击性语言""出镜主持人与央视专业体育节目主持人和篮球解说员专业水平、解说水平差距较大""知名度高的篮球评论员缺乏"等问题，并在一些网络新媒体转播中常出现解说不准确、普通话不标准、解说立场具有倾向性等现象，甚至在解说中还会出现一些低俗用语[184]。以上问题的出现主要归因于在网络新媒体对中职篮建设的初期，没有忠实观众、粉丝的付费视频资金收入，单靠有限的广告收益很难实现运营收支平衡，进而导致新媒体平台自身运营存在很多潜在的隐患，一旦资金链发生问题，就可能导致蝴蝶效应的发生。其中，乐视体育的大起大落就是典型的先例。在我国市场化大环境中，还没有相应的法律来维护职业体育版权和授权的合法权益，且当前网络新媒体转播侵权问题严重，盗播行为多发，行业秩序混乱，相关主体缺乏自律意识和版权意识，这使得当前中职篮的媒体运行系统还存在着很多隐患。近年，在市场价格和球迷喜好的引导下，传统媒体系统与新媒体系统在博弈的过程中，既体现出竞争，又不得不进行合作，进而围绕着观众球迷、广告商、中职篮，两者达到了动态的付费观赛价格的平衡。这种竞争也促使新媒体网络转播技术不断升级，以及 CBA 公司对赛事直播信号制作、数据统计效率的不断改进，观众球迷将会因此享受到更加清晰的多角度视频直播。在网络新媒体平台，观众、球迷还可以享受更加广阔的与主持人、球星嘉宾交流互动的空间，这样的个性化、专业化互动效果为观众球迷提供了全新的、交互性的观赛新模式。可以看出，在市场化、职业化的竞争中，传统媒体和网络新媒体各显神通，围绕着中职篮、观众、球迷展开了服务竞争、价格竞争，这些竞争机制的逐渐形成有利于中职篮的可持续发展。

### 3.7.8　中介系统运行评价模型构建及其实证分析

体育经纪人指与体育相关的运动员或组织签订合同时，充当第三人代理运动员与相关组织或俱乐部签订合同，并最终获得佣金的自然人[185]。体育经纪人应具备较强的体育专业知识，心理学、经济学和法学专业知识和相关能力，同时还应具备很强的社交能力即沟通、谈判等方面的能力[186]。而《全国篮球经纪人管理暂行办法》对篮球经纪行为进行了界定，其指在篮球项目中，为促成篮球项目活动的顺利开展，实施的居间、行纪、代理活动。篮球经纪人分为代理赛事运营、运动员流动、体育组织合作、其他共 4 类[187]。学者鲍明晓认为："体育经纪人在运动员和俱乐部之间发挥中介的作用，促进转会或交易的流畅进行，并能够创新体育市场中的营销手段，促进体育市场的规范和发展，进而推动体育事业发展。[188]"在此，我们根据专家意见，将中职篮的中介系统设定为球员个人经纪人、职业篮球赛事经纪机构两大部分展开研究。

#### 3.7.8.1　评价模型构建

1）三级指标降维处理。将一级指标 $C_8$ 作为被解释变量、对应的三级指标 $V_{194} \sim V_{205}$ 作为解释变量进行建模。考虑到三级指标之间存在的多重共线性，首先对 $V_{194} \sim V_{205}$ 这 12 个解释变量进行主成分分析（PCA）降维，并根据累计贡献率来确定主成分的个数。经过计算，前 6 个主成分的累计贡献率达到了 92.50%，故将这 6 个主成分变量作为综合后的新解释变量用 $Z_1 \sim Z_6$

表示，表 3-20 中每一个数值表示主成分变量 $Z_1 \sim Z_6$ 在原始变量 $V_{194} \sim V_{205}$ 上的因子载荷。

表 3-20　中介系统主成分在原始变量 $V_{194} \sim V_{205}$ 上的因子载荷情况

| 指标 | $Z_1$ | $Z_2$ | $Z_3$ | $Z_4$ | $Z_5$ | $Z_6$ |
|---|---|---|---|---|---|---|
| $V_{194}$ | 0.258 | 0.396 | 0.659 | 0.223 | 0 | 0.181 |
| $V_{195}$ | 0.292 | 0.412 | 0.000 | 0.000 | 0.276 | 0.000 |
| $V_{196}$ | 0.298 | 0.122 | −0.203 | −0.379 | 0.232 | 0.000 |
| $V_{197}$ | 0.293 | 0.000 | −0.237 | −0.383 | −0.210 | −0.395 |
| $V_{198}$ | 0.293 | −0.119 | 0.433 | 0.000 | −0.297 | −0.425 |
| $V_{199}$ | 0.271 | −0.498 | 0.219 | 0.000 | 0.624 | −0.186 |
| $V_{200}$ | 0.288 | 0.000 | 0.000 | −0.526 | −0.152 | 0.396 |
| $V_{201}$ | 0.298 | 0.242 | −0.253 | 0.178 | 0.000 | 0.000 |
| $V_{202}$ | 0.290 | 0.134 | −0.360 | 0.433 | 0.283 | 0.000 |
| $V_{203}$ | 0.301 | 0.000 | −0.168 | 0.203 | −0.440 | −0.123 |
| $V_{204}$ | 0.294 | −0.363 | 0.000 | 0.314 | 0.000 | −0.166 |
| $V_{205}$ | 0.283 | −0.423 | 0.000 | 0.121 | −0.203 | 0.625 |

根据这 6 个主成分变量的因子载荷情况，现对其重新命名：主成分变量 $Z_1$ 的各因子载荷值十分接近，并且符号相同都为正，它可以代表中介系统的综合水平，故称其为综合满意度因子；主成分变量 $Z_2$ 在二级指标 $D_{30}$（球员个人经纪人）中的变量 $V_{194}$（球员经纪人工作政策、法律法规完善情况）、$V_{195}$（性别、年龄、职业等）、$V_{199}$（职业篮球市场中球员经纪人生存和运营的环境情况）和二级指标 $D_{31}$（职业篮球赛事经纪机构）中的变量 $V_{204}$（经纪机构运作球员流通或赛事运营的收益情况）、$V_{205}$（职业篮球市场中经纪机构生存和运营的环境情况）上的因子载荷均大于其余变量，故它主要反映了职业篮球市场中经纪人及经纪机构生存和运营的环境情况，故称其为中介系统生存和运营的环境合理度因子；主成分变量 $Z_3$ 在变量 $V_{194}$（球员经纪人工作政策、法律法规完善情况）、$V_{198}$（经纪人运作球员流通所获得的收益情况）和 $V_{202}$（经纪机构的数量与中职篮市场需求的供求关系情况）上的因子

载荷均大于其余变量，故它主要反映了当前我国职业篮球市场政策、法律法规环境下，经纪人及经纪机构规模和收益合理度情况，故称其为中介系统规模和收益合理度因子；主成分变量 $Z_4$ 在二级指标 $D_{30}$（球员个人经纪人）中的变量 $V_{196}$（经纪人规模合理程度）、$V_{197}$（经纪人运作成果程度）、$V_{200}$（经纪人职业素养程度）和二级指标 $D_{31}$（职业篮球赛事经纪机构）中的变量 $V_{202}$（经纪机构规模合理程度）、$V_{204}$（经纪机构收入程度）上的因子载荷均大于其余变量，且两个二级变量的因子载荷值正负相反，故它主要反映了当前我国职业篮球市场中经纪人与经纪机构之间规模和收益竞争关系合理度情况，故称其为经纪人与经纪机构之间规模和收益关系合理度因子；主成分变量 $Z_5$ 在变量 $V_{199}$（职业篮球市场中球员经纪人生存和运营的环境情况）和 $V_{203}$（经纪机构运作成果程度）上的因子载荷绝对值明显大于其余变量，且两个变量的因子载荷值正负相反，故它主要反映了经纪机构运作对单独经纪人生存环境的影响情况，故称其为经纪机构对经纪人生存发展威胁合理度因子；主成分变量 $Z_6$ 尤其在变量 $V_{197}$（经纪人运作成果程度）、$V_{198}$（经纪人运作球员流通所获得的收益情况）、$V_{200}$（经纪人职业素养程度）和 $V_{205}$（经纪机构生存环境条件）上的因子载荷绝对值明显大于其余变量，且 $V_{200}$、$V_{205}$ 两个变量的因子载荷值与 $V_{197}$、$V_{198}$ 正负相反，故它主要反映了职业素养顶尖的经纪人在规模与收益方面对经纪机构运作造成的影响情况，故称其为精英经纪人对经纪机构发展的威胁关系合理度因子。

接下来对一级指标赞助商系统与上述 6 个主成分变量 $Z_1 \sim Z_6$ 进行 GAM 统计建模，以此来解释变量与被解释变量之间的线性和非线性关系。这里假定模型如下：

$$C_1 = S_0 + S_1(Z_1) + S_2(Z_2) + S_3(Z_3) + S_4(Z_4) + S_5(Z_5) + S_6(Z_6) + e \tag{3-13}$$

其中，$S_0$ 是常数项，$S_i(\cdot)(i=1,\cdots,6)$ 是未知的光滑函数，并且有 $ES_i(Z_i)=0(i=1,\cdots,6)$，$e$ 是均值为 0 的随机误差项。

2）模型结果。利用统计编程软件 R 语言对上述的可加模型进行估计，其中对非线性部分 $S_i(\cdot)(i=1,\cdots,6)$ 的估计通过样条函数进行仿真，具体结果如图 3-61 所示。

```
Formula:
c1 ~ s1(z1) + s2(z2) + s3(z3) + s4(z4) + s5(z5) + s6(z6)

Parametric coefficients:
          Estimate Std. Error t value Pr(>|t|)
(Intercept) 7.6827   0.1107   69.39  <2e-16 ***
---
Signif. codes: 0 '***' 0.001 '**' 0.01 '*' 0.05 '.' 0.1 ' ' 1

Approximate significance of smooth terms:
        edf  Ref.df    F   p-value
s1(z1) 1.000 1.000 62.001 2.45e-12 ***
s2(z2) 1.000 1.000  2.635  0.1082
s3(z3) 5.293 6.424  1.145  0.3142
s4(z4) 5.452 6.564  1.870  0.0889 .
s5(z5) 4.063 4.991  2.033  0.0822 .
s6(z6) 1.462 1.786  1.597  0.1613
---
Signif. codes: 0 '***' 0.001 '**' 0.01 '*' 0.05 '.' 0.1 ' ' 1

R-sq.(adj) = 0.48  Deviance explained = 57.2%
GCV = 1.565  Scale est. = 1.275   n = 104
```

**图 3-61　中介系统运行评价
模型常数项情况**

图 3-61 显示，中介系统模型的常数项中，$S_0$ 及非线性部分 $S_1(\cdot)$ 对应的 $p$ 值均小于 0.00，即在 5% 的显著性水平下，模型的常数项 $S_0$ 及非线性部分 $S_1(\cdot)$ 均呈现显著。其中 4 个主成分 $S_i(\cdot)(i=3,4,5,6)$ 的自由度均大于 1，说明各部分均有不同程度的非线性成分。edf 表示估计的自由度，其值越接近于 1 表示对该部分未知函数的估计越接近线性函数，反之如果其值大于 1 越多，表示该部分未知函数的估计越复杂、非线性程度越高。模型调整后的 $R$ 方为 0.480，同时偏差解释度达到 57.2%，这表明模型可以非常好地对数据进行解释。另通过提取各主成分变量的 $F$ 统计量数值来判断各主成分变量对中介系统运行合理程度的影响大小，其中 $Z_1$（62.001）、$Z_2$（2.635）、$Z_5$（2.033）的 $F$ 值统计量数值均比较大，这 3 个主成分对中介系统运行合理程度的影响较大。

3）各主成分变量的非线性关系。为进一步挖掘中介系统内部各主成分指标变量的线性与非线性关系，现绘制各主成分变量的非线性结构图。图 3-62 ~ 图 3-67 是各解释变量 $Z_1$ ~ $Z_6$ 的非线性结构图，其中横轴是各主成分变量 $Z_1$ ~ $Z_6$ 的主成分得分值，纵轴数值是对非线性函数自由度的估计值，实线是该主成分变量对中介系统运行合理程度的平滑化拟合值，虚线表示拟合的函数的逐点置信区间上下限。

图 3-62 显示，综合满意度因子与中介系统运行合理程度呈线性关系（edf=1.000）。综合满意度指标数值越大，表明对中介系统运行合理程度的评价满意度越高。绝大部分的点都散布在拟合直线附近，并且没有明显的聚集现象，这为利用 $Z_1$（综合满意度）评价中介系统运行合理程度提供了依据。另外，这里 $S_1(Z_1)$ 的 $F$ 统计量数值（62.001）远大于其余 5 个主成分变量，说明 $Z_1$（综合满意度）可以作为评价中介系统运行合理程度的主要参考

指标。在全部的问卷中，$Z_1$（综合满意度）评价得分 9 分及 9 分以上的有 6 人，8～8.99 分的有 10 人，7～7.99 分的有 21 人，6～6.99 分的有 34 人，5～5.99 分的有 13 人，4～4.99 分的有 15 人，3.99 分以下的有 5 人，总体上为正的有 84 份，负值有 20 份，7 分以下的达到 67 份。这说明，专家们对中介系统运行合理程度总体上持肯定态度，但中职篮中介系统还存在较多问题。

图 3-63 显示，中介系统生存和运营的环境合理度因子与中介系统运行合理程度呈线性关系（edf=1.000）。数据除少数的一些点分散外，大部分呈现明显的集聚特征，且拟合直线沿着一定的斜度向上延伸。这说明中介系统生存和运营的环境越好，越有利于中职篮中介系统生存与发展。该主成分变量的 $F$ 统计量数值（2.635）较大，表明该中介系统生存和运营的环境因子变量对中介系统运行合理程度有一定的影响。

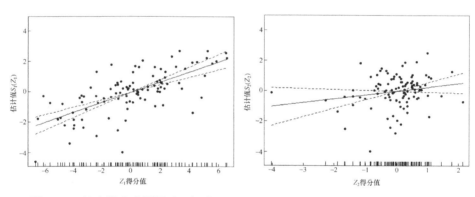

图 3-62　综合满意度因子（$Z_1$）对　　　　图 3-63　中介系统生存和运营的
中介系统运行的影响　　　　　　　　环境合理度因子（$Z_2$）对中介
　　　　　　　　　　　　　　　　　　　系统运行的影响

由图 3-64 可知，中介系统规模和收益合理度因子与中介系统运行合理程度呈明显的非线性关系（edf=5.293）。数据沿着拟合曲线呈比较均匀的分布特征，从趋势上看，拟合曲线呈波浪形延伸，结合该部分的 $F$ 统计值（1.145）可知，中介系统规模和收益侧重于表达中介系统内部的关系情况，对中介系统整体运行合理度影响不大，因此对模型的解释度较弱，非主要影响中介系统运行质量的因素。

如图 3-65 所示，经纪人与经纪机构之间规模和收益关系合理度因子与中介系统运行合理程度呈明显的非线性关系（edf=5.452）。数据在拟合曲线左侧的分布呈集聚特征，拟合曲线呈波浪形延伸向下，说明经纪人与经纪机构之间规模和收益关系呈竞争性关系，合作效果大于竞争效果，竞争越激烈，则越不利于中介系统运行。结合该部分的 $F$ 统计值（1.870）可知，经纪人与经纪机构之间规模和收益关系呈竞争性关系，对中介系统整体运行合理度有一定的影响，但不是最重要的影响要素，因为中介系统运行更注重于中职篮的中介运行环境中中介参与主体的职业能力与素养，以及中职篮提供的球员流动政策动向。因此，对模型的解释度一般，非主要影响中介系统运行质量的因素。

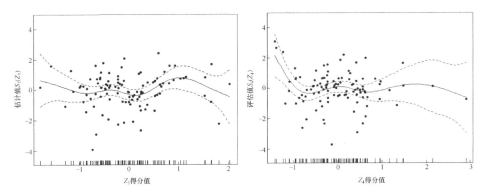

图 3-64 中介系统规模和收益合理度因子（$Z_3$）对中介系统运行的影响　　图 3-65 经纪人与经纪机构之间规模和收益关系合理度因子（$Z_4$）对中介系统运行的影响

如图 3-66 所示，经纪机构对经纪人生存发展威胁合理度因子与中介系统运行合理程度呈明显的非线性关系（edf=4.063）。数据在拟合曲线左侧的分布呈集聚特征，拟合曲线呈波浪形延伸向上，这说明经纪机构对经纪人生存发展形成了威胁。随着中职篮球员流动规模愈来愈大，单个经纪人由于个人职业素养、合同保障等多方面因素，在中职篮球员流通中的中介作用会被具有较强实力的规范经纪机构所代替，球员和俱乐部也更倾向于选择有资质的、实力强的经纪机构进行合作，因此两者之间竞争越激烈，越不利于中职篮中介系统运行合理度提升。结合该部分的 $F$ 统计值（2.033）可知，经纪机构对经纪人生存发展竞争威胁加大，对中介系统整体运行合理度也会有一定的影响。

如图 3-67 所示，精英经纪人对经纪机构发展的威胁关系合理度因子与中介系统运行合理程度呈非线性关系（edf=1.462）。数据在拟合曲线上呈比较均匀的分布，拟合曲线以较小斜率延伸向下，说明由于中职篮发展起步较晚，最早出现了个体经纪人现象，随着中职篮改革和影响力的不断提升，经纪机构取而代之的趋势不可避免，虽然有个别精英经纪人的存在对经纪机构运作产生了一定的威胁，但整体上反而对中职篮中介运行合理度起到了制约作用。

结合该部分的 $F$ 统计值（1.597）可知，该因子对中介系统整体运行合理度影响不大。

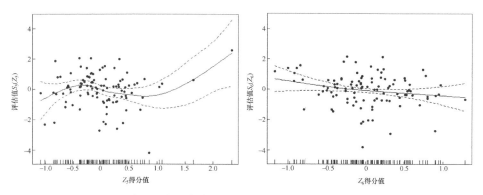

图 3-66　经纪机构对经纪人生存发展
威胁合理度因子（$Z_5$）对中介系统
运行的影响

图 3-67　精英经纪人对经纪机构发展的
威胁关系合理度因子（$Z_6$）对
中介系统运行的影响

### 3.7.8.2　实证分析

从上述广义加性模型对中介运行系统的非线性分析可知，中介系统运行综合满意度因子、中介系统生存和运营的环境合理度因子、经纪机构对经纪人生存发展威胁合理度因子是该一级指标系统的主要影响因素。因此，针对这 3 个最重要的影响因子，我们结合中介运行系统的实际状况做详细分析（表 3-21）。

表 3-21　专家对中介系统指标变量的评价得分情况

| 指标 | $N$ | 极小值 | 极大值 | 均值 | 标准差 |
|---|---|---|---|---|---|
| $V_{194}$ | 104 | 3.00 | 10.00 | 6.634 6 | 1.613 40 |
| $V_{195}$ | 104 | 2.00 | 10.00 | 6.355 8 | 1.717 52 |
| $V_{196}$ | 104 | 2.00 | 10.00 | 6.173 1 | 1.781 47 |
| $V_{197}$ | 104 | 2.00 | 10.00 | 6.326 9 | 1.933 07 |
| $V_{198}$ | 104 | 2.00 | 10.00 | 6.586 5 | 1.675 70 |
| $V_{199}$ | 104 | 2.00 | 10.00 | 6.403 8 | 1.732 16 |
| $V_{200}$ | 104 | 2.00 | 10.00 | 6.125 0 | 1.883 44 |
| $V_{201}$ | 104 | 3.00 | 10.00 | 6.490 4 | 1.576 50 |
| $V_{202}$ | 104 | 2.00 | 10.00 | 6.365 4 | 1.779 37 |
| $V_{203}$ | 104 | 3.00 | 10.00 | 6.326 9 | 1.668 92 |
| $V_{204}$ | 104 | 2.00 | 10.00 | 6.701 9 | 1.630 29 |
| $V_{205}$ | 104 | 3.00 | 10.00 | 6.759 6 | 1.591 82 |

### 1. 中介系统运行综合满意度分析

在全部专家问卷评价中，对中介系统运行评价合理的（9分及9分以上）仅有6人，部分合理的（7分及7分以上）有31人，67人评分在7分以下，且对该系统所有的三级指标评价得分均在7分以下，这说明专家们认为当前中职篮中介系统还存在较多问题。

经纪人负责球员的合同签署、税务管理、商业开发等各方面事务，是球员利益的代表者。因为经纪人与球员属于共同利益关联体，球员获利与经纪人佣金成正比，故经纪人的所有业务操作都会从球员的根本利益出发。职业化发展较好的篮球联赛，经纪人还是职业的球探、联盟发展的推动者之一。同时，篮球经纪人同球员和俱乐部保持良好的合作关系也是其能力的重要体现。但中职篮成立初期，由于其诞生的历史背景问题，俱乐部优秀球员均是各自俱乐部培养出来的，带有明显的私有化属性，因此，竞技水平较差的球员和较好的球员几乎很少在俱乐部之间流动，这使得我国篮球经纪人事业发展的起步较难，经纪人只能把业务放在外援的引用方面。自从 1995 年浙江中欣聘请了中职篮首位外援米哈依尔·萨芬科夫后，各俱乐部便开始相继引进外援，中职篮允许引用外援的制度也促进了篮球经纪行业的发展。随后，随着 NBA 与中国篮球合作越来越紧密，先后产生了夏松、陆浩等一批优秀的经纪人，他们成功运作了王治郅、巴特尔、姚明等优秀球员与 NBA 的合作。根据形势需要，中国篮协于 2002 年制定了第一个《篮球经纪人管理暂行办法》（试行），这意味着篮球经纪人行业正式被官方认可，随后，经过几年的摸索，2006 年中国篮协又发布了《中国篮球协会篮球经纪人管理办法》，改进后的管理办法主要对经纪人的从业资格和经纪活动做出了明确的规定，同时把经纪人分为 A 类和 B 类，分别可以代理不同类型的球员，并定期组织经纪人培训和考核，这些规定规范了这一市场参与主体的市场行为，进一步对之后数十年的经纪活动造成了深远的影响。随着中职篮的职业化和市场化改革，经纪人群体也开始在中职篮陆续出现并开始发挥作用。中国篮协官网和中国篮协备案的经纪人情况显示：2003 年经纪人有 14 人，代理球员人数为 98 人，其中外援人数为 90 人；2012 年经纪人有 19 人，代理球员人数为 120 人，其中外援人数为 101 人[189]。可以看出，中职篮发展较快的十几年中，备案的经纪人规模小、增速慢、更换频繁。由于《中国篮球协会经纪人管理办法》规定连续两年签订未代理球员合同或者未在篮协备案，资格将会被取消，并且经纪人有 10 万元保证金的压力，导致一些经纪人频繁进出。可见，中职篮早期的经纪中介系统运行还处于起步阶段。在过去的 10 多年里，经纪人在外援的引进方面做了大量工作，为中职篮提高竞赛水平做了巨大贡献，但不乏业务差的经纪人为联赛引进的外援或外教水平与承诺不符。目前，联赛仍然存在着外援和外教更换频繁、偷税漏税、办理阴阳合同、无证经纪、返点经纪等现象，也给本不富裕的俱乐部造成了巨大的损失。为规范体育经纪人在中职篮的经纪活动，保障相关主体的合法权益，根据国家法律、法规和国际篮联（FIBA）经纪人规则等有关规定，中国篮协于 2009 年颁布了《中国篮球协会经纪人管理办法》。其在此前相关规定的基础上，对经纪人的权利和义务中球员转会或交流、代表委托方商定合同条款、同已经解除与俱乐部和 / 或其他经纪人合同的球员进行接洽、代理球员、俱乐部的商务事务和其他中介、代理、服务等做了明确的规定，并强调遵守法律以及国际篮联和中国篮协的有关规定，以保证自己所参与的每笔交易符合国际篮联、亚洲篮联和中国篮协的有关规定。并且，由于中职篮发展的历史背景问题，在中职篮球员市场中，只有少部分国内球员和所有外援是自由球员，因此与国外发达职业篮球联赛相比，中职篮的经纪人球员转会合同方面的业务较多，且业务形式单一，而球员商业开发方面的业务较少，并且其业务运作还受到政府和篮协相关政策的管理约束。随着 2016 年之后中职篮的管办分离，2009 年颁布的《中国篮球协会经纪人管理办法》在外籍经纪人权利与义务、部分俱乐部和中职篮管理层主体兼职经纪人等方面均缺少相关规定，故中国篮协在 2018 年发布了最新版《中国篮球协会经纪人管理办法》，对经纪人的经营范围、从业资格、学历等多个方面做出了调整，这是对中职篮快速发展的市场需要所做的跟进。

虽然当前我国篮球中介系统逐渐形成一定规模，但中职篮的相关篮球赛事经纪机构对球员转会等方面的业务较少，相关业务主要集中在篮球赛事运营、国外篮球明星来华活动商业运营等方面，部分篮球赛事经纪机构成功地运作了哈登、库里、麦迪、奥尼尔等 NBA 篮球巨星在中国大陆的商业活动，并获得了丰厚的回报。由于国内球员的私有属性和较少的流动性，以及俱乐部市场开发的不职业性，导致了篮球赛事经纪机构对俱乐部、运动员或体育团体有关事务代理和商业性市场开发非常稀少。例如，北京安力美特体育公司、北京华熙集团等职业篮球赛事经纪机构为拓宽生存发展渠道，常常以举办"外国球队在国内中小城市的交流赛、邀请赛""FIBA3x3""路人王"等赛事的形式进行市场推广。另外，中职篮各俱乐部由于财政困难，为了节约成本，也无力成立专业的开发人才机构负责与社会体育中介服务机构合作。因此，与快速发展的中职篮整体形成鲜明反差的俱乐部建设与发展滞后，将会是阻碍中职篮未来可持续发展的一大隐患，CBA 公司应该给予高度的重视。其可以利用篮协和 CBA 公司专业的合作开发机构培训和帮助俱乐部进行市场开发，增加俱乐部的收入和改善俱乐部的生存环境。2021 年中职篮

"工资帽"制度的实施，间接地推动了中职篮系统国内球员的转会流动和选秀制度的选材规模，例如，2021—2022赛季即将开始前，不论福建鲟浔兴、上海大鲨鱼、新疆广汇，还是北京北控、山西建投、宁波富邦等俱乐部均出现了一些主力球员的转会流动，此类球员转会事件对中职篮中介系统的运行起到了非常大的推动作用，也为中职篮俱乐部之间的实力均衡起到非常重要的推动作用。

**2. 中介系统生存和运营的环境合理度分析**

中介系统生存与运营的环境随着中职篮职业化的不断发展也进行着相应的推进。中职篮职业化早期，由于俱乐部优秀球员的私有化属性，竞技水平较差和较好的球员都很少在俱乐部之间流动，这使得我国篮球经纪人只能把业务主要放在外援的引用方面，这进一步影响到中职篮经纪人的规模和质量。随着外援引用规模的不断扩大，以及管办分离后俱乐部部分运营权的获得，加上2021年出台的"工资帽"制度的实施，中介系统在球员转会、流动等方面环境越来越好。例如，有媒体报道，根据中职篮球员经纪人的工资佣金惯例，佣金通常占据球员新工资总额的10%～15%[190]。另外，2018年腾讯《中国篮球产业白皮书》提供的数据显示：我国核心篮球人口已达1.43亿，泛篮球迷4.82亿；全国篮球场地在2014年已有60万个，20岁以下人群有52%、20～35岁人群有40%喜欢篮球运动；在对中职篮球队的喜欢和支持方面，42.9%的中国球迷喜欢2～3支球队，6.3%的球迷喜欢4支及以上的球队；篮球的受欢迎程度超过足球，在所有项目当中高居第一[191]。这样的篮球人口规模和篮球环境为中国职业篮球的发展提供了坚实的保障，同时也为中国篮球经纪人、赛事经纪机构的生存与运营提供了肥沃的土壤。近几年经纪人和经纪机构的规模、质量和运作成果都显示出强大的生命力，在球员流动、篮球赛事运营（"中小城市交流赛、邀请赛""FIBA3x3""路人王"等）、国外篮球明星来华活动商业运营等受广大观众、球迷关注的活动中影响力愈来愈大。同时，随着中国篮协对《中国篮球协会经纪人管理办法》不断完善和改进，职业篮球市场经纪人的经纪活动进一步规范，这促使中介系统生存和运营的环境朝良好的方向发展。随着中职篮职业化的不断进步，相信中国篮球经纪人、赛事经纪机构在职业球员、职业篮球市场甚至整个篮球运动市场的商业开发中作用愈来愈大、效果越来越好。

**3. 经纪机构对经纪人生存发展威胁合理度分析**

在团队调查中发现，很多经纪人挂靠在体育经纪机构之中，同时很多体育经纪机构借用篮协经纪人备案的资格进行着业务运营，显示出其紧密复杂的关系。另外，中国篮协注册备案的部分经纪人有新闻或者俱乐部从业经历。在早期篮协备案的经纪人中，很多也都具有经纪人和俱乐部管理者的双重代表身份，该人群的双重身份之间又存在着明显的利益冲突，其既代表俱乐部代理相关球员转会事宜，又代表球员代理与俱乐部的签约事宜，其行为结果会为俱乐部还是为球员带来最大利益是不确定的。因为，谈成一次有效合同就能获得两份收益，那么真正受益人就容易是来自双重代表的经纪人。因此，最新出台的《中国篮球协会经纪人管理办法》对新闻从业者或者俱乐部人员作类似的经纪人都作出官方禁令，也促成了他们成立体育公司，进而通过让公司职员考取证书获得经纪业务来实现运行。另外，2018 年的经纪人新政认可了 FIBA 经纪人代理外援在中职篮转会，很多国外经纪人也积极和国内体育经纪机构合作，推进了俱乐部和国际球员市场的直接联系。可以说，随着中职篮中介系统运行政策的不断放开和相关市场不断扩大，经纪人转向经纪机构的趋势已成必然，这也会对未来的中介系统运行产生深刻的影响。

尽管中职篮职业化、市场化发展中，中介系统运行的环境也在不断改善，但在调查中发现，当前中职篮的中介系统还存在着众多问题，例如：相关法律法规滞后，经纪人非法给俱乐部管理层返点、做阴阳合同等现象；通过无底线降低佣金进行恶意竞争，伤害行业规则，甚至出现经纪人互相诋毁、指责现象；体育经纪人参加中国篮协每年举办的经纪人培训班时间过短，很难全面、系统、高质量地培养具备篮球、法律、经纪等多学科知识的中职篮市场人才；《篮协经纪人管理办法》落实和执行的同时缺少监督管理机制，使得众多违规现象很难被发现和处罚。因此，当前中职篮的中介系统虽然环境越来越好，但与发达国家的职业赛事中介系统的工作环境、工作质量等方面还存在很大差距，需要不断进行改革与摸索。

### 3.7.9　外生环境评价模型构建及其实证分析

根据复杂系统理论的观点，任何系统组织的生存与发展均离不开其所处环境的影响，系统主体也始终与其所处外生环境保持着信息传递与互动[192]。中职篮作为一项高度社会化的职业赛事，其生存与发展取决于自身活动的科学性，并且，对其发展具有重要影响的外生因素还包括其所处的政治、经济、社会及体育等层面。如果忽略了对其所处外生环境中影响因素的考虑，则会很大程度上影响到中职篮的健康和可持续发展。因此，中职篮改革与发展过程都与外生环境的变化存在着密切联系，故在此运用 PEST 方法对中职篮系统所处的政治、经济、社会、体育技术等环境领域状况对中职篮可能造成的影响进行分析。

#### 3.7.9.1　评价模型构建

1）三级指标降维处理。将一级指标 $C_9$ 作为被解释变量、对应的三级指 $V_{206} \sim V_{223}$ 作为解释变量进行建模。考虑到三级指标之间存在的多重共线性，首先对 $V_{206} \sim V_{223}$ 这 18 个解释变量进行主成分分析（PCA）降维，并根据累计贡献率来确定主成分的个数。经过计算，前 6 个主成分的累计贡献率达到了 88.48%，故将这 6 个主成分变量作为综合后的新解释变量用 $Z_1 \sim Z_6$ 表示，表 3-22 中每一个数值表示主成分变量 $Z_1 \sim Z_6$ 在原始变量 $V_{206} \sim V_{223}$ 上的因子载荷。

表 3-22　外生环境主成分在原始变量 $V_{206} \sim V_{223}$ 上的因子载荷情况

| 指标 | $Z_1$ | $Z_2$ | $Z_3$ | $Z_4$ | $Z_5$ | $Z_6$ |
|---|---|---|---|---|---|---|
| $V_{206}$ | 0.234 | 0.231 | 0.359 | 0.144 | 0.239 | 0.000 |
| $V_{207}$ | 0.239 | 0.191 | 0.358 | 0.121 | 0.127 | 0.000 |
| $V_{208}$ | 0.233 | 0.178 | 0.311 | 0.140 | 0.279 | −0.121 |
| $V_{209}$ | 0.250 | 0.000 | 0.151 | 0.000 | 0.000 | −0.606 |

（续表）

| 原始变量 | $Z_1$ | $Z_2$ | $Z_3$ | $Z_4$ | $Z_5$ | $Z_6$ |
|---|---|---|---|---|---|---|
| $V_{210}$ | 0.254 | 0.219 | 0.000 | −0.263 | 0.000 | 0.269 |
| $V_{211}$ | 0.256 | 0.178 | 0.000 | −0.370 | 0.000 | 0.218 |
| $V_{212}$ | 0.264 | 0.134 | 0.000 | −0.337 | −0.153 | 0.244 |
| $V_{213}$ | 0.243 | 0.000 | −0.264 | −0.355 | 0.000 | 0.000 |
| $V_{214}$ | 0.241 | 0.000 | −0.197 | −0.212 | −0.234 | −0.442 |
| $V_{215}$ | 0.200 | 0.267 | −0.228 | 0.447 | −0.342 | 0.000 |
| $V_{216}$ | 0.206 | 0.264 | −0.203 | 0.407 | −0.376 | 0.000 |
| $V_{217}$ | 0.222 | 0.000 | −0.298 | 0.227 | 0.330 | 0.367 |
| $V_{218}$ | 0.239 | −0.148 | −0.300 | 0.140 | 0.361 | 0.000 |
| $V_{219}$ | 0.197 | 0.000 | −0.422 | 0.000 | 0.415 | −0.120 |
| $V_{220}$ | 0.250 | −0.313 | 0.155 | 0.000 | −0.101 | 0.215 |
| $V_{221}$ | 0.239 | −0.408 | 0.105 | 0.000 | −0.141 | 0.141 |
| $V_{222}$ | 0.233 | −0.411 | 0.110 | 0.000 | −0.111 | 0.000 |
| $V_{223}$ | 0.230 | −0.404 | 0.112 | 0.000 | −0.206 | 0.000 |

根据这 6 个主成分变量的因子载荷情况对其重新进行命名：主成分变量 $Z_1$ 的各因子载荷值十分接近，并且符号相同，都为正，它可以代表外生环境的综合水平，故称其为中职篮外生环境综合满意度因子；主成分变量 $Z_2$ 中涉及 $D_{32}$（政治环境）、$D_{33}$（经济环境）、$D_{34}$（社会环境）与 $D_{35}$（体育技术环境）的因子载荷值呈两极化，且 $D_{32}$（政治环境）、$D_{33}$（经济环境）、$D_{34}$（社会环境）的因子载荷值均为正值，$D_{35}$（体育技术环境）为负，它反映了当前中职篮的外生环境中政治、经济、社会环境与体育技术环境之间的协同性关系合理度，也反映出当前中职篮的体育技术环境滞后

于我国政治、经济、社会发展，故称其为中职篮体育技术环境与我国政治、经济、社会环境协同程度因子；主成分变量 $Z_3$ 中 $D_{32}$（政治环境）与 $D_{34}$（社会环境）之间的因子载荷值呈两极化，它反映了当前中职篮的外生环境中政治与社会环境之间的协同性关系合理度，故称其为中职篮所处政治与社会环境协同程度因子；主成分变量 $Z_4$ 中 $D_{33}$（经济环境）与 $D_{34}$（社会环境）之间的因子载荷值呈两极化，它反映了当前中职篮的外生环境中经济与社会环境之间的协同性关系合理度，故称其为中职篮所处经济与社会环境协同程度因子；主成分变量 $Z_5$ 中 $D_{34}$（社会环境）的变量 $V_{215}$（篮球运动群众基础）、$V_{216}$（篮球运动社会影响力）与 $V_{217}$（传统文化与篮球运动相融性）、$V_{218}$（中国篮球文化特征合理度）、$V_{219}$（传统文化对球员规模影响度）之间的因子载荷值呈两极化，它反映了当前中职篮所处社会环境内部传统文化对竞技篮球的影响情况，故称其为中职篮所处社会环境内部传统文化与竞技篮球关系合理度因子；主成分变量 $Z_6$ 中 $D_{35}$ 的 $V_{209}$（体育产业法治建设程度）、$V_{214}$（市场成熟度）与 $V_{217}$（传统文化与篮球运动相融性）之间的因子载荷值呈两极化，它反映了当前中职篮所处环境中体育产业法治建设程度、市场成熟度对传统文化与篮球运动相融性的影响情况，体育产业法治建设程度、市场成熟度变量的因子载荷值均为较大的负值，可以看出体育产业法治建设的不完善程度和市场发展的不成熟程度均不利于传统文化与篮球运动相融，故称其为法治建设和市场成熟度对传统文化与篮球运动相融性影响合理度因子。

接下来将上述 6 个主成分变量 $Z_1 \sim Z_6$ 对一级指标外生环境系统运行合理度的影响情况进行 GAM 统计建模，以此来解释变量与被解释变量之间的线性和非线性关系。在这里假定模型如下：

$$C_1 = S_0 + S_1(Z_1) + S_2(Z_2) + S_3(Z_3) + S_4(Z_4) + S_5(Z_5) + S_6(Z_6) + e \tag{3-14}$$

其中，$S_0$ 是常数项，$S_i(\cdot)(i=1,\cdots,6)$ 是未知的光滑函数，并且有 $ES_i(Z_i)=0(i=1,\cdots,6)$，$e$ 是均值为 0 的随机误差项。

2）模型结果。利用统计编程软件 R 语言对上述的可加模型进行估计，其中对非线性部分 $S_i(\cdot)(i=1,\cdots,6)$ 的估计通过样条函数进行仿真，具体结果见图 3-68。

```
Formula:
c1 ~ s1(z1) + s2(z2) + s3(z3) + s4(z4) + s5(z5) + s6(z6)

Parametric coefficients:
            Estimate Std. Error t value Pr(>|t|)
(Intercept) 7.68269  0.09927  77.39  <2e-16 ***
---
Signif. codes: 0 '***' 0.001 '**' 0.01 '*' 0.05 '.' 0.1 ' ' 1

Approximate significance of smooth terms:
        edf Ref.df    F p-value
s1(z1) 7.543 8.444 10.684 1.8e-11 ***
s2(z2) 2.987 3.799  0.486 0.62177
s3(z3) 1.000 1.000  0.404 0.52671
s4(z4) 1.000 1.000  1.000 0.32033
s5(z5) 7.645 8.494  2.768 0.00727 **
s6(z6) 2.390 3.027  1.577 0.20528
---
Signif. codes: 0 '***' 0.001 '**' 0.01 '*' 0.05 '.' 0.1 ' ' 1

R-sq.(adj) = 0.582  Deviance explained = 67.4%
GCV = 1.3251  Scale est. = 1.0248   n = 104
```

**图 3-68　外生环境评价模型常数项情况**

图 3-68 显示，外生环境评价模型的常数项中，$S_0$ 以及非线性部分 $S_1(\cdot)$、$S_5(\cdot)$ 对应的 $p$ 值均小于 0.00，即在 5% 的显著性水平下，模型的常数项 $S_0$ 以及非线性部分 $S_1(\cdot)$、$S_3(\cdot)$ 均呈现显著。其中 6 个主成分 $S_i(\cdot)$（$i=1,\cdots,6$）的自由度有 4 个大于 1，说明有部分非线性主成分。edf 表示估计的自由度，其值越接近于 1 表示对该部分未知函数的估计越接近线性函数，反之如果其值大于 1 越多，表示该部分未知函数的估计越复杂、非线性程度越高。模型的调整后的 $R$ 方为 0.582，同时偏差解释度达到 67.4%，表明模型可以非常好地对数据进行解释。另通过提取各主成分变量的 $F$ 统计量数值来判断各主成分变量对中职篮外生环境合理程度的影响大小，其中 $Z_1$（10.684）、$Z_5$（2.768）的 $F$ 值统计量数值较大，这两个主成分对外生环境合理程度的影响较大。

3）各主成分变量的非线性关系。为进一步挖掘外生环境内部各主成分指标变量的线性与非线性关系，现绘制各主成分变量的非线性结构图。图 3-69～图 3-74 是各解释变量 $Z_1$～$Z_6$ 的非线性结构图，其中横轴是各主成分变量 $Z_1$～$Z_6$ 的主成分得分值，纵轴数值是对非线性函数自由度的估计值，实线是该主成分变量对中职篮外生环境合理程度的平滑化拟合值，虚线表示拟合的函数的逐点置信区间上下限。

图 3-69 显示，综合满意度因子与外生环境合理程度呈明显的非线性关系（edf=7.543），且绝大部分的点都散布在拟合曲线附近，拟合曲线以较大的倾斜度波浪形向上，这为利用 $Z_1$（综合满意度）评价外生环境合理程度提供了依据。综合满意度指标数值越大，表明对外生环境合理程度的评价满意度越高。另外，$S_1(Z_1)$ 的 $F$ 统计量数值（10.684）远大于其余 5 个主成分变量，说明 $Z_1$（综合满意度）可以作为评价外生环境合理程度最主要的参考

指标。在全部的问卷中，$Z_1$（综合满意度）评价得分 9 分及 9 分以上的有 8 人，8 ~ 8.99 分的有 24 人，7 ~ 7.99 分的有 30 人，6 ~ 6.99 分的有 30 人，5 ~ 5.99 分的有 8 人，4 ~ 4.99 分的有 4 人，3.99 分及以下的有 0 人，总体上为正的有 100 份，为负值的只有 4 份。这说明专家们对外生环境合理程度总体上持肯定态度，认为外生环境当前的状况有利于中职篮的发展。

如图 3-70 所示，中职篮体育技术环境与我国政治、经济、社会环境协同程度与中职篮外生环境合理度指标呈非线性关系（edf=2.987）。数据点呈现一定的集聚性，靠近中心点的密度比远离中心点的密度大。拟合曲线的形状呈斜向两极分化向上趋势。曲线斜率较小，表明该主成分 $Z_2$ 对外生环境合理程度解释性较弱。另外，该因子的 $S_2(Z_2)$ 的 $F$ 统计量数值（0.486）非常小，说明中职篮体育技术环境与我国政治、经济、社会环境协同程度因子对中职篮外生环境合理度的影响非常小。

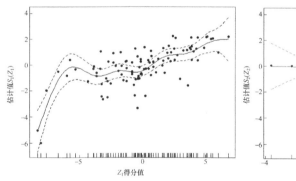

**图 3-69　综合满意度因子（$Z_1$）对**
**中职篮外生环境合理度的影响**

**图 3-70　中职篮体育技术环境与我国政治、**
**经济、社会环境协同程度因子（$Z_2$）对**
**中职篮外生环境合理度的影响**

如图 3-71 所示，中职篮所处政治与社会环境协同程度因子与中职篮外生环境合理度指标呈线性关系（edf=1.000）。数据点呈现一定的集聚性，靠近中心点左侧的密度比其他位置的密度大。拟合直线的形状呈略带斜度向上趋势。直线斜率较小，表明该主成分 $Z_3$ 对外生环境合理程度解释性较弱。另外该因子的 $S_3(Z_3)$ 的 $F$ 统计量数值（0.404）非常小，说明中职篮所处政治与社会环境协同程度对中职篮外生环境合理度的影响非常小。

如图 3-72 所示，中职篮所处经济与社会环境协同程度因子与中职篮外生环境合理度指标呈线性关系（edf=1.000）。数据点在靠近中心点右侧处呈现一定的集聚性。拟合直线的形状呈略带斜度向下。直线斜率较小，表明该主成分 $Z_4$ 对外生环境合理程度解释性较弱。另外，该因子的 $S_4(Z_4)$ 的 $F$ 统计量数值（1.000）非常小，这说明中职篮所处经济与社会环境协同程度因子对中职篮外生环境合理度的影响非常小。

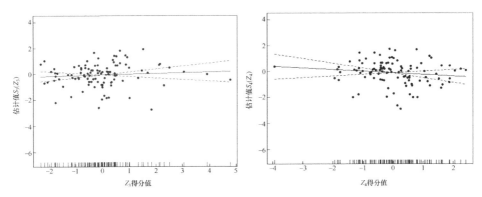

图 3-71　中职篮所处政治与社会环境协同　　图 3-72　中职篮所处经济与社会环境协同
　　　程度因子（$Z_3$）对中职篮外生环境　　　　　　程度因子（$Z_4$）对中职篮外生环境
　　　合理度的影响　　　　　　　　　　　　　　合理度的影响

如图 3-73 所示，传统文化与竞技篮球关系合理度因子与中职篮外生环境合理度指标呈非线性关系（edf=7.645）。数据点呈现一定的集聚性，靠近中心点处的密度比远离中心点的密度大。拟合曲线的形状呈斜两极分化波浪形向上趋势。这表明该主成分 $Z_5$ 中传统文化与竞技篮球在一定范围内的融合程度影响到了中职篮外生环境合理程度。两者融合越好或冲突越大都越有利于中职篮的发展。另外，该因子的 $S_5(Z_5)$ 的 $F$ 统计量数值（2.768）较大，说明传统文化与竞技篮球关系合理度因子对中职篮外生环境合理度具有一定的影响。

如图 3-74 所示，法治建设和市场成熟度对传统文化与篮球运动相融性影响合理度因子与中职篮外生环境合理度指标呈非线性关系（edf=2.390）。数据点在靠近中心点的左侧处呈现一定的集聚性。拟合曲线的形状呈倒 U 形，略带向下的斜度。拟合曲线斜率较小，表明该主成分 $Z_6$ 对外生环境系统运行合理程度解释性较弱。结合该因子的 $S_6(Z_6)$ 的 $F$ 统计量数值（1.577）

情况，说明中职篮当前法治建设和市场成熟度对传统文化与篮球运动相融性影响的合理度对中职篮外生环境合理度的影响较小。

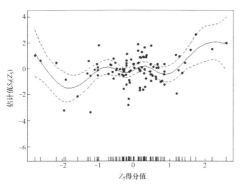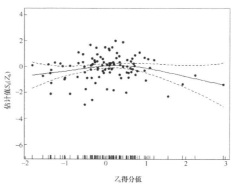

图 3-73　传统文化与竞技篮球关系合理度因子（$Z_5$）对中职篮外生环境合理度的影响　　图 3-74　法治建设和市场成熟度对传统文化与篮球运动相融性影响合理度因子（$Z_6$）对中职篮外生环境合理度的影响

### 3.7.9.2　实证分析

从上述广义加性模型对外生环境系统的非线性分析，中职篮外生环境综合满意度因子、中职篮所处社会环境内部传统文化与竞技篮球关系合理度因子是该一级指标系统的主要影响因素。因此，针对这两个最重要的影响因子，我们结合中职篮外生环境的实际状况做进一步的详细分析（见表 3-23）。

表 3-23　专家对外生环境系统指标变量的评价得分情况

| 指标 | $N$ | 极小值 | 极大值 | 均值 | 标准差 |
| --- | --- | --- | --- | --- | --- |
| $V_{206}$ | 104 | 2.00 | 10.00 | 7.528 8 | 1.624 79 |
| $V_{207}$ | 104 | 3.00 | 10.00 | 7.596 2 | 1.517 02 |
| $V_{208}$ | 104 | 2.00 | 10.00 | 7.451 9 | 1.557 19 |
| $V_{209}$ | 104 | 3.00 | 10.00 | 7.125 0 | 1.670 34 |
| $V_{210}$ | 104 | 4.00 | 10.00 | 7.740 4 | 1.350 98 |
| $V_{211}$ | 104 | 4.00 | 10.00 | 7.759 6 | 1.332 89 |
| $V_{212}$ | 104 | 4.00 | 10.00 | 7.548 1 | 1.493 54 |

（续表）

| 指标 | $N$ | 极小值 | 极大值 | 均值 | 标准差 |
|---|---|---|---|---|---|
| $V_{213}$ | 104 | 4.00 | 10.00 | 7.365 4 | 1.414 61 |
| $V_{214}$ | 104 | 3.00 | 10.00 | 7.269 2 | 1.741 73 |
| $V_{215}$ | 104 | 2.00 | 10.00 | 7.769 2 | 1.724 92 |
| $V_{216}$ | 104 | 4.00 | 10.00 | 8.000 0 | 1.564 16 |
| $V_{217}$ | 104 | 3.00 | 10.00 | 7.250 0 | 1.676 51 |
| $V_{218}$ | 104 | 3.00 | 10.00 | 7.076 9 | 1.820 55 |
| $V_{219}$ | 104 | 2.00 | 10.00 | 7.000 0 | 1.800 75 |
| $V_{220}$ | 104 | 2.00 | 10.00 | 6.855 8 | 1.845 58 |
| $V_{221}$ | 104 | 1.00 | 10.00 | 6.471 2 | 1.832 59 |
| $V_{222}$ | 104 | 2.00 | 10.00 | 6.817 3 | 1.777 77 |
| $V_{223}$ | 104 | 2.00 | 10.00 | 6.586 5 | 1.846 60 |

**1. 中职篮外生环境综合情况分析**

1）政治环境方面。在我国社会主义市场经济体制中，政府是否重视是体育产业能否大力发展的首要前提与保障。一旦政府重视体育产业，就会制定相应的政策、法律并采取相应的措施对其进行引导和推进。从20世纪90年代开始，随着我国经济的迅速发展，人民物质生活水平不断提高，对精神文化生活的需求也不断增长，国家开始将体育产业的发展提上日程，并逐渐将重视程度提升到国家政策高度。1997年，国务院总理朱镕基在九届人大二次会议《政府工作报告》中指出："积极引导居民增加文化、娱乐、体育健身和旅游消费，拓宽服务性领域[193]。"这是我国政府首次在国家工作报告中提及体育产业的发展，也意味着我国经济发展程度已经具备了体育产业的发展条件，随后，全国各级政府随即展开了地方体育产业的推进。2009年，国家体育总局局长刘鹏在全国体育局长会议上对职业体育的发展提出了指导，强调我国经济社会转型中的职业体育发展模式不能照搬西方模式，应该从中国实际国情出发，处理好政府和市场的关系，协调好不同主体的利益关系，强调既要抓为国争光，又要抓职业联赛，还要搞好青少年后备人才培养，并强调加强宏观调控和综合治理，健全制度、机制，建立秩序，优化环境，提高水平等。这次会议内容为中职篮职业化的进一步发展指明了方向。随后，国务院颁布了《国务院办公厅关于加快发展体育产业的指导意见》，强调大力发展体育健身市场，努力开发体育竞赛和体育表演市场；借鉴吸收国内外体育赛事组织运作的有益经验，探索完善全国综合运动会和单项赛事的市场开发和运作模式；鼓励企业举办商业性比赛，积极引导国际知名品牌的赛事，努力打造有影响、有特色的赛事品牌；积极培育体育中介市场和做大做强体育用品产业；对体育产业加大投融资力度，完善税费优惠政策，加强公共体育设施建设和管理，支持和规范职业体育发展，加快体育市场法治化、规范化建设等[194]。2014 年 10 月，国务院又颁布了学者们公认的对体育产业发展具有里程碑意义的文件《关于加快发展体育产业促进体育消费的若干意见》。文件指出："发挥市场作用，积极培育多元市场主体。充分调动全社会积极性与创造力，提供适应群众需求、丰富多样的产品和服务。拓宽职业体育发展渠道，鼓励具备条件的运动项目走职业化道路。完善职业体育的政策制度体系，鼓励发展职业联盟，逐步提高职业体育的成熟度和规范化水平。改进职业联赛决策机制，充分发挥俱乐部的市场主体作用。以足球、篮球、排球三大球为切入点，加快发展普及性广、关注度高、市场空间大的集体项目，推动产业向纵深发展。"[195]该文件首次将"全民健身"提升为国家战略，提出了到 2025 年基本建成布局合理、功能完善、门类齐全的体育产业体系，产业总规模超过 5 万亿元的目标。还明确了创新体制机制、培育多元主体、改善产业布局和结构、促进融合发展等各方面任务。在政策措施保障方面，提出要大力吸引社会投资、完善健身消费政策、完善税费价格政策、完善规划布局与土地政策、完善人才培养和就业政策。据国家发展和改革委员会统计，截至 2016 年 3 月，除港、澳、台外，全国 31 个省（区、市）均出台了本地区的实施意见。31 个省（区、市）和 5 个计划单列市中，18 个已设立体育产业引导资金，15 个已制定鼓励民间资本投资体育产业的政策，16 个已开展体育产业统计工作。中央有关部门也同步推进政策落实，先后印发《大型体育场馆免费低收费开放补助资金管理办法》《关于开展大型体育场馆运营管理改革创新专项检查工作的通知》《关于进一步做好体育产业发展有关工作的通知》《关于体育场馆房产税和城镇土地使用税政策的通知》《关于做好体育产业联系点有关工作的通知》等 15 项配套文件。这些文件的出台，为我国体育产业的发展进一步铺平道路、扫清障碍。此外，"十二五"期间，国家发改委安排中央投资主要支持基础性、公益性公共体育设施建设，并安排了两批专项建设基金支持 PPP 和社会资本投资的体育设施项目建设[196]。2019 年，国务院办公厅印发了《关于促进全民健身和体育消费推动体育产业高质量发展的意见》更是将体育产业的发展推向高潮。该文件将改革放在首位，强调要深化全国性单项体育协会改革，完善赛事管理服务机制，开展场馆运营管理改革，推动公共资源向体育赛事活动开放，对于释放体育产业发展潜能、提升市场主体竞争力、扩大服务供给具有重要意义。文件聚焦于全民健身、竞技体育、体育文化、体育交流等方面全产业链均衡、协调发展的理念，提出要提升体育服务业比重，大力培育健身休闲、竞赛表演、场馆服务、体育经纪、体育培训等服务业态；强调创新融合发展，顺应新一轮科技革命，着眼于塑造产业与科技有效协同，大力发展"互联网＋体育"，推动电子商务平台提供体育消费服务；支持以冰雪、足球、篮球、赛车等运动项目为主体内容的智能体育赛事发展；推动体育与其他服务业融合发展，实施"体育＋"行动；加快体教融合发展，通过政府购买服务等方式，引进专业教练员、退役运动员、体育培训机构等为学校体育课外训练和竞赛提供指导；建设体育产业发展平台，促进各类体育组织与体育企业合作，打造一批知名企业和自主品牌。此外，文件还鼓励通过发行社会领域的产业专项债券、通过公建民营等方式吸引更多社会力量进入，为体育产业高质量发展提供重要支撑；继续丰富赛事数量，提高赛事质量，优化供给侧结构，给观众带来更多、更好的观赛体验，让老百姓愿意参与和消费。文件要求各部门协同配合，形成政策合力，执行好产业发展涉及的价格、消费、税收等政策，加强对落实情况的跟踪督促[197]。李克强总理指出，体育健身和体育消费是经济发展到一定阶段自然而然形成的新增长点。当前，我国已进入中等收入国家行列，人民群众在这方面的消费意愿和需求不断提升，体育健身和体育消费潜力巨大，要把这篇大文章做好。这些相关政策旨在加快政府职能转变，进一步简政放权，把体育产业作为绿色产业、朝阳产业培育扶持，破除行业壁垒，扫清政策障碍，为我国职业化体育发展创造了非常好的政治环境。

2）经济环境方面。社会生产关系与大众的经济地位决定了大众对体育的需求程度，即社会生产力发展水平决定和制约体育产业的发展。在近40年的经济改革中，我国GDP基本上每年都以8%～10%的速度快速增长，且早已超越了日本成为世界第二大经济体。居民的物质生活水平有了质的飞跃。在老百姓物质生活越来越富裕的前提下，消费观念也从早期的基本生存型向追求生活质量的享受型和健康型转变。而体育的有效需求是以较高的收入水平作为支撑的，据国家统计局最新的统计数据显示（如图3-75所示），2015年—2019年，全国居民全年人均可支配收入从21 966元增长到30 733元，年均增长率达到6.66%。2019年人均可支配收入30 733元，比上年增长8.9%，扣除价格因素，实际增长5.8%。其中城镇居民人均可支配收入42 359元，比上年增长7.9%，扣除价格因素，实际增长5.0%；农村居民人均可支配收入16 021元，比上年增长9.6%，扣除价格因素，实际增长6.2%。按全国居民五等份收入分组，中间收入组人均可支配收入25 035元，中间偏上收入组人均可支配收入39 230元，高收入组人均可支配收入76 401元[198]。虽然2020年经济受到疫情冲击，但据国家统计局统计数据显示，2020年居民可支配收入仍然保持了正增长，人均可支配收入32 189元。其中，城镇居民人均可支配收入43 834元，农村居民人均可支配收入17 131元。[199]根据体育产业发展的国际历程，大众收入达到经济发展的中上等阶段（个体收入大于6500美元），较大规模体育消费需求开始形成，体育产业在进入大众高收入阶段后将变成支柱型产业。目前，我国正处于体育产业快速增长的时期。我国经济的高速增长促使中产阶级人群规模大幅增加，麦肯锡全球研究院（MGI）预计，至2025年，中国居民可支配收入约达到13.3万亿元，城镇一半以上的人口将成为中产阶级群体。该群体代表着社会消费发展方向，且更加注重生活质量和生活品质。根据课题团队调查显示，中产阶级也是中职篮消费的主力人群。在当前我国经济快速发展的前提下，大规模中产阶级群体的形成也为中职篮发展提供了重要的消费市场。故在我国经济转型的关键时期，国家非常重视第三产业对我国经济增长的推动价值，陆续颁布了一系列刺激体育产业发展和提高大众文化生活质量的文件，旨在通过增强广大社会人群的健康和娱乐消费来促进我国体育产业市场的潜力开发。我国体育产业产值预计从 2013 年的 9533.73 亿元将增加到 2025 年的 5 万亿元，年均增长率将达到 15% 以上，而实际增长更快，2013—2016 年年均增长率是 25.8%，2016 年全国体育产业增加值 6475 亿元，产业增加值占同期 GDP 的比重达 0.9%，体育产业就业人数 440 余万人，占当年城镇就业总数的 1%。2013—2016 年，我国 GDP 增速放缓，而体育产业增加值以年均 26.6% 的增速继续加速，2017 年底我国人均收入已超 8500 美元，已达到中上等收入国家水平，加之中国具有体育人口基数大、互联网渗透率高、政府推动力强等独特优势，中国已经进入了体育产业需求快速增长的时期。近几年，全球体育产业占全球 GDP 比重约为 1.8%，其中美国的比重约为 2.85%，欧洲的比重为 1.8%～3.7%，日本、韩国、加拿大等国的体育产值所占比重大约为 2%～4%。美国、英国、加拿大、韩国等国家的体育产业占 GDP 比重超过汽车制造业。可以说，当前我国体育产业发展的势头强劲、潜力巨大[200]。因此，当前我国经济环境也为中职篮发展提供了良好的市场条件。

3）社会环境方面。自改革开放以来，我国综合国力大幅提升，经济总量已跃至世界第二位，并已于 2021 年已经实现了全面脱贫。总体上，我国社会呈现出稳定繁荣、人民安居乐业、大众生活质量明显改善的情景。尤其是在疫情和国际局势多变的形势下，我国能够保持稳定繁荣更属不易。近年来，随着国家大力整治腐败、加强法治建设，公民利益进一步得到保障。另外，精准扶贫等一系列利民政策的执行，使老百姓真正得到了实惠，实现了全国脱贫奔小康的伟大目标。党的十九届五中全会强调要发展文化事业和产业，健全我国现代文化产业体系，进而提高国家文化软实力。在 2019 年国家体育总局、国家发改委联合印发的《进一步促进体育消费的行动计划（2019—2020 年）》和国务院办公厅印发的《关于促进全民健身和体育消费推动体育产业高质量发展的意见》等重要文件中，再次强调大力培育健身休闲、竞赛表演、场馆服务、体育经纪、体育培训等服务业态对丰富群众健康生活和社会稳定发展的重要性。因为国家体育事业与文化传统、社会环境关系极为密切，其也履行社会责任和承担道德责任，所以体育产业应主动融入我国社会、经济、文化发展和现代化强国建设总体规划中。体育竞赛中表现出的顽强拼搏、奋勇进取的中华体育精神，是社会主义精神文明建设与和谐社会发展的重要组成部分。体育精神蕴含在社会与体育行为之中，在体育竞赛中可以体现民族凝聚力以及公平、公正、顽强、坚韧的体育精神。而精神的浸润是进行道德教育的重要方式，所以体育文化产业在发展、壮大过程中承担了对社会成员的道德引领责任，尤其对青少年的道德意识产生较大影响。2014 年 5 月，习近平总书记提出"新常态"理念，他强调："中国发展仍处于重要战略机遇期，我们要增强信心，从当前中国经济发展的阶段性特征出发，适应新常态，保持战略上的平常心态。"新常态理念对体育文化产业的创造性转化和创新性发展具有指导意义。体育文化产业是融合文化与产业的新业态，兼具文化传承与产业价值发挥的双重属性。因此，发展体育文化产业可以满足广大群众的精神文化需求，是培育国民经济新增长点的有效措施；体育文化产业是延续中华优秀传统文化命脉、发挥中华优秀传统文化效能、提升文化自信的重要阵地，体育文化产业的发展是建设文化强国、体育强国的时代需求。当然，体育文化产业还具有一个吸引产业界关注的属性，即具有资本增值的责任[201]。由此可以看出，体育产业对我国社会具有重要价值，并且，当前安定的社会环境为体育产业的发展提供了有力的保障，且有利于中职篮的发展。

4）体育环境方面。从 20 世纪 90 年代开始，随着我国竞技体育战略调整，足、篮、排等大球类项目的市场化改革开始了艰难的起步阶段。经过近 30 年的发展，当前体育产业化和赛事职业化已形成了一定的社会影响力和大众认可度。特别是 2008 年北京奥运会的成功举办和 2022 年张家口冬季奥运会的申办成功，更是将我国体育产业的发展推向了高潮。在"十三五"圆满收官之际，据国家体育总局、国家统计局联合发布的统计数据显示，

2015—2018年，国内体育产业总规模年均增长15.9%，产业增加值年均增长22.4%，并在2018年实现产业增加值突破万亿元和占GDP比重超过1%两个关键目标，体育产业总规模和增加值增速均远远高于同期国家GDP增长速度，凸显出巨大的市场潜力和空间，成为国民经济新的增长点。与此同时，体育产业法人单位和从业人员规模在"十三五"时期也不断扩大。我国体育产业法人单位数量从2015年的11.6万个增长到2018年的24万个，从业人员从363万人增加到464.9万人。一批规模大、实力强、后劲足的民营体育企业迅速崛起。体育服务业增加值年均增长34.2%，体育服务业增加值占全部体育产业增加值的比重持续提升，2018年达到64.8%，其中，体育健身休闲活动、体育场馆服务、体育培训与教育、其他与体育相关服务的占比均呈上涨态势，有效满足了人民群众多层次、多元化的体育消费需求。此外，"体育＋"成为体育产业业态创新的重要方向，与相关产业相互交叉、相互渗透、相互融合，催生出体育旅游、体育康养、体育文创、体育广告、体育传媒、体育会展等多种新兴业态。在"十三五"期间，党中央、国务院发布的3项重要体育产业政策明确提出体育产业成为国民经济支柱性产业的战略目标，国家体育总局与相关部门又联合印发了10个运动项目的12个产业规划，其他涉及体育产业的政策文件更多。除港、澳、台外，全国31个省、区、市相继出台贯彻落实《关于加快发展体育产业促进体育消费的若干意见》和《关于加快发展健身休闲产业的指导意见》的措施，还有多地根据自身实际情况与发展重点，推出了更多有针对性的政策，包括吸引民间资本、推进赛事改革、促进场馆开放、加强体育市场监管、发展户外运动产业等。但也不可否认，当前我国体育产业上游的体育观赏服务业与发达国家相比占比偏小，商业体育、群众体育发展严重落后，职业俱乐部发展乏力，老牌传播公司相对于新设立的体育传播业务占比较小。我国体育产业要实现2025年体育产业5万亿的战略目标，发展潜力与困难挑战并存，因此，需要从业各方继续坚持创新发展之路，引导和推动中国体育产业提质增效与高质量发展[202]。

综上所述，当前国家已将体育事业和产业的发展提到了国家层面高度，并颁布文件完成了职业体育的管办分离，职业体育的发展也由行政主导转向市场主导，且多个文件明确指出以足、篮、排等三大球职业化改革为切入点，加快发展大众普及性广、社会关注度高、市场潜力空间大的集体项目。因此，良好的政治环境政策、经济环境条件、社会环境氛围、体育环境基础为中职篮职业化改革与发展提供了坚强的保障。

**2. 中职篮所处社会环境内部传统文化与竞技篮球关系分析**

地理环境、社会环境、人类生活习惯和思维方式等方面的不同，都会对地域的文化性质、文化重心、文化内容以及社会主体之间的关系造成影响，进而影响到特有环境中人的思维、行为方式。孙民治等学者认为，由于各国地域、民族、传统、习俗不同，政治、经济、制度不同，价值观念、生活观念不同，国际篮球文化在实践过程中，呈现出篮球本体内容、形式在各自的民族、地域乃至个体与整体上的差异性。篮球活动与竞技过程包含着更丰富的文化、智慧、科技、人文、修养、素质、道德品位等多元的物质和精神景观，也反映了球员所在国度的民族个性、理念和形象[203]。因此，一个国家民族传统文化对该国竞技篮球事业的发展具有很大的影响。学者赵映辉等认为，世界各国的篮球技术风格均具有较为明显的种族形态与心理特征，如欧美球员身体高大、体格强壮，技术风格表现出"大刀阔斧、勇猛无比"的特征；亚洲球员受身体条件的制约则以"快速、灵活、准确"为主[204]。李颖川、孙民治、杨伯镛、于振峰、马国义等专家认为，从我国几千年传统文化的传承和发展特征来看，我国传统文化以"仁义、礼德、中庸"为中心，体现出重文轻武、重静轻动、重中庸礼德、重和谐统一、礼让三先等特征，而上述这些传统文化特征与同场对抗的篮球项目要求大相径庭，不论是篮球运动早期的起源地，还是当前代表世界篮球高水平的发达国家，都归属于西方文化圈。中国人柔、静的传统文化思想与西方人表现身体刚、力、健的文化之间的差异，使我国篮球运动文化整体上虽然承袭了西方篮球运动文化，但在结合民族自主性方面创新不足，这也是我国竞技篮球水平落后的最深层次、最根本性因素[204-206]。赵军等总结，中西方体育文化的迥异导致中美篮球文化的内涵也各有不同之处，差异主要表现为"静止观"与"运动观"的差异，"和谐对称"与"斗争"的差异，"直觉思维"与"分析思维"的差异,"整体"与"个体"的差异,"严谨庄重"与"浪漫欢愉"的差异,"综合素质"与"重文轻武"的差异[207]。

从微观角度分析,我国传统文化讲究的"稳""慎",导致比赛中球员不会轻易出手,且场下也事事小心。传统文化讲究的纪律性,使球员养成了场上、场下绝对服从的思维方式,球员训练非常刻苦、努力,比赛中即使有很好的进攻机会也不会灵活运用,只绝对按照教练意图进行战术跑动,防守时又缺乏强悍的作风和凶猛顽强的气质。而欧美球队却正好相反,注重个体的防守、张扬个性的比赛作风、强烈的自信心恰恰是完成现代攻击型防守所必须具备的条件,防守理念也制约了我国竞技篮球水平的提高[208]。因此,个人能力得不到主动的培养和发挥,使中职篮很难培养出明星球员、个性球星,以及独立思考并能够根据场上情况进行主动变化能力的球员。另外,传统观念中对血缘关系、家族观念、论资排辈的推崇,使得中职篮主体关系网极其复杂,进而导致竞技能力出现了瓶颈[209]。

综上所述,传统文化历来强调人、社会、自然之间和谐相处关系,使大众形成了谦逊、融洽的思维习惯,这些生活理念与竞技篮球运动中激烈的身体对抗、顽强的意志拼搏往往相矛盾[210]。中国球员在强调"仁义、礼德、中庸"的文化背景环境中成长起来,民族传统文化对其思维方式、行为理念等均会产生较大的影响[211]。

## 3.8 复杂系统理论对中职篮发展存在问题的审视

前面对中职篮运行系统从微观的9个维度进行了模型构建和实证研究,按照复杂系统理论的分析要求,不仅需要从分解的细节方面进行多角度分析,还要从中职篮系统的整体角度和其所处环境方面进行再审视。因此,对中职篮运行系统的整体与其相关的环境进行实证研究非常必要。由于中职篮系统属于社会复杂系统,这决定了中职篮系统内外各种主体关系的复杂性。故通过对中职篮系统所处外围环境、中职篮系统自身主体相关关系以及与其存在着千丝万缕关系的中国竞技篮球其他系统进行分析,并对其追踪溯源，就能够系统地发现中职篮当前存在的不足，以及提出可持续发展的有效途径。

经过管办分离之后近5年的改革，中职篮的职业化推进迈上了更高的台阶，但专家对9个维度一级指标的评价打分显示，中职篮管理系统（7.6827分）、俱乐部系统（7.2885分）、媒体系统（7.2500分）、赞助商系统（7.2404分）、外生环境（7.1538分）均在7分以上，其中中职篮管理系统得分最高，说明经过职业化、市场化改革之后的中职篮管理系统的机构设置、责权利分工等愈加合理，而俱乐部系统经过多年的探索，也不断地完善着自己的运营，新媒体系统的出现也加入到新旧媒体的竞争之中，向球迷观众提供更优质的转播信号，赞助商系统对中职篮整体的赞助已形成立体网络式结构，且外围政治环境、经济环境、社会环境和体育环境也为中职篮提供了良好的发展平台。但俱乐部所属（合作）系统（6.8269分）、观众系统（6.7500分）、中介系统（6.2885分）和后备人才培养系统（6.0962分）打分较低，尤其是中介系统和后备人才培养系统的打分排在最后两名，这说明了当前的中职篮还存在诸多问题，与前期分维度中的分析相符。根据当前9个一级维度的模型评价结果和前期分维度模型分析情况，总结出中职篮系统中存在的主要矛盾与问题（如图3-75所示）。

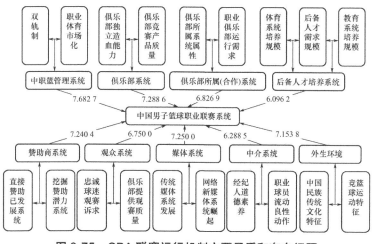

图 3-75　CBA 联赛运行机制主要矛盾和存在问题

其中，中职篮管理系统从早期的政府式管理，经过政府和市场并行的

"双轨制"，已过渡到政府监督下中职篮独立市场运营为主的模式，但政府监督和中职篮独立市场运营的具体细节还有待于进一步摸索和完善。俱乐部系统当前还没有独立造血能力，这主要归因于俱乐部竞赛产品质量严重滞后于市场需求。媒体系统虽然形成了新老媒体竞争的局面，有利于媒体转播质量的提升，但也存在着恶意竞争、传统媒体权力过大等问题。赞助商系统虽然对已具有社会影响力的中职篮顶层设计进行了大量的资本投入，但由于缺乏对潜力发展系统的评估和挖掘，往往错失了以较少投入来获得丰厚回报的时机。外生环境中，我国经济飞速发展，中产阶级以上高收入人群人员增多，且国家出台了一系列的有利于职业体育发展的文件，但中国传统文化提倡的谦逊、融洽生活理念与竞技篮球运动中激烈的身体对抗有矛盾之处。

问题较多的维度中，俱乐部所属（合作）系统里由于政府和企业对"政府和企业合资俱乐部"的产权关系相互纠缠，常常引发合作双方关于管理理念行政式还是市场化、财务预算和支出模式不同等矛盾冲突，也使得该类俱乐部越来越少，俱乐部的产权属性频繁发生变动。观众系统中对大规模的忠实观众球迷的开发理念、开发手段与方式等全方位不足，使得各俱乐部现场球迷的规模很不稳定。中介系统所处的发展土壤越来越肥沃，经纪人和经纪机构规模迅速扩大，但相应的运营与约束法律规制跟进不够，导致了经纪人和俱乐部容易铤而走险，发生违法行为，而后备人才培养系统中问题最多。从图 3-75 的分析可以看出，由于人为的原因，产生了中职篮与 NBL 之间以单方向球员流动为主、体育系统与教育系统的单向通道不通、"三级培养体系"培养规模严重不足、"体教结合"形同虚设、"俱乐部球员培养私有化"模式缺陷明显等诸多问题。

# 第4章 运用复杂系统理论对构建中职篮改革创新模式的策略分析

本章按照复杂系统理论分析问题的要求，首先采用复杂适应系统理论（CAS）对中职篮运行系统微观的9个维度存在问题的归因进行再审视，然后利用复杂系统建模与仿真方法对中职篮系统改革创新模式进行构建。

## 4.1 运用复杂适应系统理论（CAS）应对各子系统维度中存在主要矛盾和问题的策略分析

美国专门研究复杂系统理论的科学家约翰·霍兰提出的复杂适应系统理论（Complex Adaptive System，CAS）是主要针对自然界和人类社会系统组织的维生能力提出的一套科学理论。该理论围绕"适应性造就复杂性"的中心思想，论述了自然界和人类社会各类系统中的主体具有主动性、活动性和适应性[70]。其中，主体适应性表现在它可以通过与所处系统以及系统所处环境进行交互作用，来实现自身学习和经验积累，然后利用积累的经验再对自身结构和行为方式进行适应性调整，以此方式来增强自身对所处系统及环境变化的适应能力，众多主体的适应能力增强则会进一步推动所处系统整体的发展。约翰·霍兰将主体所具有的"与环境以及与其他主体之间主动、持续的交互作用，以促进整个系统演化或进化"特性称为适应性。具有适应性的主体，其根本特征就是主动性，能够通过主动感受环境、主动自我学习、主动调整改变自身，能动地适应环境[212]。众多具有主动性的主体努力探索和创建能够相互适应及共同适应外部环境变化所需要的行为规则，具有这样的主动性和适应性的主体就整合而成了复杂适应系统。由此可知，具有主动性、适应性的系统往往充满活力，可以在众多主体的相互适应中向前发展；而规制严格的系统则制约了主体主动性、适应性功能的发挥，往往会导致系统止步不前，甚至破坏消亡。根据 CAS 理论的基本观点，主体的根本特性就是主动性：主体可以通过感受环境和自我学习来实现经验积累；主体还可以在相互作用中努力地相互适应，并寻找和创建能够相互适应以及共同适应外部环境所需要的行为规则，再进一步利用经验和行为规则主动调整、改变自身，最终达到能动地适应环境并推动所处系统整体发展的目标。故中职篮改革应根据外围环境的变化，如贯彻国务院印发的一系列促进职业体育和体育产业发展的政策，积极响应习近平总书记"着力加强供给侧结构性改革"[213]和"深化体教融合促进青少年健康发展"[160]的号召，在中职篮管理体制改革已经迈出管办分离重要步骤基础上，将市场供给侧结构性改革作为突破口，整合和激发中职篮系统主体的主动性。通过激发系统不同层次主体的主动性，推动相互之间以及与环境之间的相互作用，以造就主体的适应性，进一步提升中职篮市场供给侧产品质量和规模，进而促进中国竞技篮球相关系统协同发展。

### 4.1.1　中职篮管理系统运行策略方面

当前，虽然中职篮管理系统通过近几年的管理权与运营权的分离改革，以及作为市场化标志的 CBA 公司的成立，与之前行政主导相比，表面上解决了中职篮联盟与俱乐部利益统一体的问题，行政主体只负责对中职篮的监督，但从复杂系统整体来看，由于中职篮产生历史背景的问题，当前众多俱乐部的独立属性还不够清晰，俱乐部管理者参与到中职篮的管理系统后，众多管理主体多元化的办赛、参赛目的冲突不断，虽然表面上股份制下的现代企业模式使得众多俱乐部有了均衡的俱乐部权利和利益，但私下里由于各俱乐部规模、社会影响力以及对中职篮的贡献力等各方面因素影响，再加上还不能独立造血的俱乐部还要受到其投资（合作）系统的办赛、参赛动机的制约，致使联盟管理系统的决策时效性、合理性、公平性、全局观等方面存在诸多不足，也体现出中职篮要实现真正的职业化还需要付出更多的努力。在统一利益面前，决策的过程往往较为简单，但涉及俱乐部利益最大化时存在冲突，故往往造成争议巨大、决策艰难等问题。例如：① 2021—2022 赛季办赛模式采取"全华班主客场制"还是"继续引用外援赛会制"问题。由于疫情影响，中职篮管理层提出采取"全华班主客场制""继续引用外援赛会制"两种办赛模式供各俱乐部选择，但各俱乐部根据自己的实际情况，长时间争执不休。一些财力不足的俱乐部往往倾向于全华班，一是可以省掉支付外援的巨额费用，二是主客场制还可以增加自身的门票收入；一些财大气粗的俱乐部则倾向于继续引用外援，保持和提高俱乐部成绩和观众球迷对俱乐部明星的关注度；一些观众球迷市场开发较好的俱乐部既希望主客场，又希望继续引用外援，以保证比赛的精彩度和吸引力。众多俱乐部不同的状况造就了联盟管理决策层长达数月的争论。从中职篮和政府的制衡关系角度分析，由于疫情防控，代表政府意愿的篮管中心和中国篮协建议联赛为了确保安全，中职篮在2021—2022赛季的赛制只能在"赛会制"或"全华班进行主客场制"中二选一，但代表俱乐部利益的CBA公司及各俱乐部则认为长期的赛会制已经使各俱乐部在地方的影响力大大受到影响，而全华班对联赛的质量影响也很大，所以既希望保证主客场制，又想留住外援，这是典型的政府办赛动机和俱乐部经济利益最大化之间冲突的例子。②中职篮不扩军问题。中职篮在2017年作出5年内不扩军的重大决定，这一决定造成管理层分歧很大，对中职篮的次级联赛全国男子篮球联赛（NBL）的打击更大。管理层作出决定的理由为：一是国内优秀球员不足，急速扩军容易造成联赛质量下降，俱乐部之间实力失衡；二是5年期限也是对基础后备人才培养的一个积淀，等优秀人才达到一定数量，整个中职篮系统发展才可能整体稳步推进；三是当前的中职篮球员水平和薪金水涨船高，各俱乐部均面临经济压力，CBA公司希望将中职篮蛋糕做大，力争为各俱乐部争取最大利益，使其达到收支平衡，但这样的决定首先使5年内仅次于中职篮的NBL联赛成为鸡肋，且当前很多人口大省都没有中职篮俱乐部，这给NBA提供了继续抢占中国市场的大量机会。③中职篮股份分配问题。2017年，CBA公司在改制过程中，将原来中国篮协所拥有的30%股份全部转交给各俱乐部，使中职篮每个俱乐部的持股份额从CBA公司成立时的3.5%增至5%。虽然表面上看，CBA公司就此顺利实现国退民进，但也为将来中职篮规模的扩大留下了隐患，一旦准备开启新俱乐部的加盟通道，新进入的俱乐部的股份的划分就涉及当前20个俱乐部核心利益，如何让各俱乐部拿出股份转让或转卖给新加盟俱乐部也成为棘手的问题。因此，中职篮20家俱乐部所处的环境和自身条件均不一样，即使形成了统一的利益联盟，以上事件也显示出中职篮管理系统内外部分管理者和参与者个体狭隘的逐利思想造成了个体和集体一定的冲突，也体现出中职篮的不职业，这使得中职篮的规模发展远远滞后于我国经济的发展速度，也造成了中职篮的次级联赛全国男子篮球联赛（NBL）成为鸡肋，中职篮青年联赛培养的队员淘汰率过高导致系统后备人才培养改革的步伐缓慢，相关系统主体抱怨很多，使中职篮的健康发展面临诸多的不可测因素。

而复杂适应系统理论认为，中职篮作为复杂社会系统，其改革应该是系统所有相关主体相互作用、协同发展的过程，其发展也是对不断变化的环境的适应性改变。因此，中职篮管理系统在制定和实施各种改革政策时，一定要考虑到系统自身所有相关主体以及其他相关系统的利益和发展问题，从思想认识上改变只注重因果关系的线性思维方式，从复杂系统众多主体相关发展的切身利益角度考虑入手，找到这个系统能够直接或者间接合作共赢的合作点，充分激活相关主体相互作用与合作的动机，继而推动整个中职篮系统的职业化发展。如果所有的中职篮管理系统管理者能够从系统整体合作共赢、实现直接或间接利益目标角度考虑问题，对中职篮的职业化改革会起到非常大的推动作用。

1）2021—2022赛季采用"全华班主客场制"还是"继续引用外援赛会制"办赛模式问题。从复杂系统的整体角度分析，不论是"全华班主客场制"还是"继续引用外援赛会制"办赛模式，其实只是系统运行的表面形式而已，中职篮办赛的目的是最大化吸引观众球迷注意力。在对两种模式作出选择时，必须以此核心要素作为切入点。首先，疫情对中职篮的赛事运行产生了巨大的影响，但随着国家对其防控常态化，中职篮办赛的所有决策首先应符合疫情防控的要求，这不容商榷。再次，全华班主客场制虽然能够使各俱乐部实现主场办赛、主场球迷观赛的目标，但本土球员有限的实力可能会对办赛的精彩度造成影响。由于观众球迷观赛的根本需求是享受精彩的高水平比赛、体验比赛结果的不可预知性等，因此中职篮作出二者选其一的决策时，应对观众球迷的整体观赛愿望进行调研，一定要对各俱乐部全华班球队之间的实力进行评估，以免使中职篮职业化步伐发生倒退；另外，各俱乐部也应对主客场办赛的费用成本、外援引用费用成本与各俱乐部主场办赛的收入情况进行估算，进而选择利益最大化的策略。而"继续引用外援赛会制"在上赛季已有了成功办赛经验，虽然各俱乐部的主场优势和主场经济效益受到影响，但在上赛季的比赛中，中职篮管理者也尽可能照顾到除门票外的俱乐部所有经济利益，如赛前俱乐部主场设计，广告商、赞助商利益体现等。虽然各俱乐部损失了主场门票，但有外援参加的赛事可为观众奉献更精彩的比赛、缩小各俱乐部之间的实力差距、增加比赛结果的不可预知性，且虽然缺失了各自俱乐部主队的现场观众球迷，但现代化的网络技术可以改变观赛形式以对其弥补，一是通过加强赛事的媒体转播质量，使观众球迷可以不受时间、空间限制，个性化地选择所喜爱的赛事观看，二是各俱乐部建立了自己的球迷网络互动平台，通过增强与观众球迷之间的频繁互动来开发忠诚球迷规模市场。这样的操作模式首先保证观众球迷关注度和社会影响力不减，进而保证赞助商和广告商的利益不受损失，且还可以降低疫情风险。

　　2）中职篮不扩军问题。中职篮 5 年内不扩军的决定直接影响仅次于中职篮的 NBL 联赛并间接影响其他中国竞技篮球后备人才培养系统的发展。当前很多人口大省都没有中职篮俱乐部，这给 NBA 提供了继续抢占中国市场的大量机会。在对一些专家和各地观众球迷的访谈时发现，其实高质量比赛是吸引观众球迷的主要因素，但球队的本土情怀、亲情与友情等更是中职篮观众球迷观赛的重要影响因素之一。一些专家认为，我国经济飞速发展，当前中职篮规模发展到 30~40 所俱乐部比较合适，平台规模越大，社会影响力和观众球迷关注度就越大，才会吸引更多的相关主体（如赞助商等）参与进来，同时还会带动中职篮后备人才培养系统的发展，而当前中职篮的小规模办赛模式，使得众多相关系统利益受到影响，首先是国家队的球员选拔相形见绌，优秀球员凤毛麟角，造成少有的优秀球员训练和竞赛的怠慢，且该球员一旦受伤，直接影响到国家队的成绩；另外，中职篮小范围办赛，也使得中国 14 亿人口中众多的具有篮球潜质的青少年由于选拔淘汰率高的问题而失去了可持续发展机会，同时也使得青少年阶段由于竞争激烈，因此教练员不得不对运动员施加过度的超量训练，造成球员过早地出现体育运动劳损。虽然通过拔苗助长的方式使球员进入更高水平的锻炼平台，但由于反复的伤病影响，使得球员在心理和身体等方面承受着巨大的痛苦和压力，进而厌练厌赛，对篮球失去了兴趣和动力。因此，如果中职篮管理者能够从外围我国飞速发展的经济环境以及与中职篮发展的相关其他系统方面考虑问题，则可能客观合理地制定中职篮的发展计划。针对"由于国内优秀球员的不足，急速扩军容易造成联赛质量下降、俱乐部之间实力失衡"等问题，可以利用"扩大高水平外援引进规模"的模式来解决，其具体设计如下：在原有薪金取消限制的基础上，扩大外援引进数量，放宽赛季更换次数限制，使每支俱乐部球队可以拥有 4 名外援，比起以前每支俱乐部球队只能拥有 2 名外援的情况，20 支球队就会多出 40 名球员，继而使中职篮系统整体多出 2 ～ 3 支球队的优秀球员；为保证国内球员的锻炼，可以在继续限制外援上场时间（如 4 节 6 人次或 4 节 4 人次等）的同时，打开 NBL 与中职篮的通道，增加俱乐部球队 2 ～ 3 支，并积极引导多出的优秀球员向刚升入中职篮的球队流动。这样做的好处如下：外援的增加使得竞技水平大幅提高，球迷关注度也会随之提高；对于本来稀少的国内优秀球员，为争取更多的上场时间，就会积极训练，全力投入比赛；整体上看，众多外援的引用，虽然使每个俱乐部国内球员上场时间相对减少，竞争增加，但由于俱乐部数量增加，联赛场次增多，整个国内球员的上场时间所受影响不会太大，反之，与众多高水平外援在训练和比赛过程中更多接触会潜移默化地提高国内球员的竞技水平。每个俱乐部可以注册 4 名外援的观点在 2019—2020 赛季中职篮工作会议上已达成共识，但增加外援有利于扩大中职篮俱乐部数量的设计还需中职篮管理层进一步去认识和研究。此模式的实施，既可以扩大参赛球队规模，保证联赛竞赛质量不降反升，还可以实现提高国内优秀球员竞技能力的目标，为国家队的实力提升打下坚实的基础。"扩大外援引用规模"模式，还可以激活 NBL 联赛办赛动机，开发并抢占更多国内市场。增加外援引入规模、打开中职篮与 NBL 联赛的通道，可以激活我国次级职业联赛的办赛平台，为更多的年轻、有潜力的球员创造历练机会，有利于我国高水平竞技篮球后备人才的培养。另外，从整体上增加外援引用规模和联赛规模场次，不但保证了竞赛质量，还可以使更多没有中职篮的省份（如河南、河北、湖南、湖北等人口大省）加入中职篮大市场，进而有利于中职篮开发和抢占更多国内市场。另外，针对有些学者认为"4名外援使俱乐部投入更多，造成经济压力过大"等问题，从中职篮复杂系统整体角度分析就会发现，其实俱乐部的整体实力和竞争力，本质上体现在球队的竞技能力及俱乐部价值总量等方面，投入越多，说明俱乐部的价值总量越大，累积到中职篮整体的价值总量也会随之大幅提升，这样，企业的赞助和投入也会大幅提升。根据我国当前经济发展的速度和规模，我国企业的赞助能力完全可以满足联赛的运营成本需求。同时，"CBA2.0时代"的核心目标是重点打造中职篮复杂系统更精彩的赛事产品，提供更贴心的球迷体验和服务，因此，我们可以以"扩大外援引用规模"模式改革作为突破口，促进中职篮大系统供给侧产品质量的稳步提高。按照复杂系统理论的思维方式，各俱乐部应结合中职篮系统整体发展的需要，高度重视"外援选拔—合同签署—俱乐部管理—训练和比赛使用"等关系链上每个节点所涉及的相关工作，在此基础上加大引援力度。第一，组建高水平大数据分析机构，保证引援质量。为避免引援不足对俱乐部造成的损失，中职篮应尽快组建高水平篮球大数据团队，建立我国职业篮球大数据库，对外援和国内球员的引进和配置进行科学的检测分析和诊断，最终选择最适合的外援加盟。第二，应对外援的思想、人格、竞技能力、自我约束能力、薪金要求等指标体系进行综合评价，做到在薪金可承受范围内，既要保证提高球队竞技水平，还要挖掘外援的明星效应、挖掘职业篮球市场潜力。第三，加快篮球经纪人培育规模建设，提高经纪人水平，规范经纪人行为。在发展成熟的欧美职业篮球联赛中，经纪人是俱乐部和球员之间的桥梁，经纪人的作用非常重要。当前，我国职业篮球经纪人的规模、质量与中职篮国内外球员流通的需求差距较大，目前在中国篮协注册的可代理球员国际转会、国内转会、加入、续约、交流等业务的经纪人仅有21人。外援选择实际上是中职篮俱乐部、外援和经纪人为自身谋取利益最大化的过程，所以，在中职篮和NBA经常出现由于经纪人为谋取最大利益而隐瞒球员缺陷造成俱乐部引援失败的现象。因此，为加强对现有经纪人的管理，中国篮协应在法理允许范围内严格规范经纪人行为，同时在经纪人培育中应注重经纪人思想、人格等方面的把关，最终保证经纪人培育、使用等所有环节的质量，为中职篮外援引进保驾护航。第四，俱乐部应围绕"外援能力发挥最大化"来加强外援管理。俱乐部通过大数据平台和经纪人锁定中意外援后,在双方利益最大化的基础上签订合同条款,然后应注重外援"主人翁"和"带头人"地位培养,引导外援在生活、训练和比赛的方方面面积极主动地起到示范带头作用,进而使国内球员能够在竞技能力提升、职业素养养成、自我管理能力培养等方面受益。例如,"马布里效应"就给中职篮其他俱乐部做了很好的典范作用,在闵鹿蕾执教时期,北京首钢俱乐部引进了斯蒂芬·马布里(Stephon Marbury)后,闵指导在生活、训练和比赛的方方面面给马布里提供了很大的权力,使号称"独狼"的马布里最终成为首钢的"马政委",最终实现了北京首钢的三连冠辉煌业绩,同时也带动了翟晓川、朱彦西等一批青年球员的成长。第五,尝试打开外援归化通道。随着世界经济一体化的发展,世界职业体育也呈现一体化的发展趋势,欧美足球、篮球强国使用归化球员早已司空见惯。我国近邻日本和韩国近期也出现了诸如罗健儿、法泽卡斯等归化球员的身影,可见高水平归化外援也是快速提高各国竞技篮球水平很好的方法。当前,我国职业体育改革的先锋——中国职业足球已实现了对李可、埃尔克森等球员的归化,中国职业篮球也应该考虑对高水平外援的归化和使用,这也是提高中职篮供给侧球员产品质量的有效途径之一。

3)中职篮股份分配问题。2017年,CBA公司改制后,中职篮每个俱乐部的持股份额增至5%。由于中职篮球队规模严重滞后于中国体育产业的市场需求,一旦中职篮准备吸收新俱乐部加盟,在中职篮现代化企业管理模式下,新进入俱乐部获得股份只能通过购买其他俱乐部的股份来实现。如果所有俱乐部看到了中职篮未来发展的巨大潜力,不愿意将股份转卖给新俱乐部,那么,新俱乐部加盟的形式,以及对联盟利益统一体产生什么影响,很可能影响到联盟利益统一体的决策,因此,对新加盟俱乐部的股权问题应该加以重视。从复杂系统的角度来看,外围环境需要中职篮做大做强,这样就需要更多有实力的俱乐部加盟进来,平台大了,赛事规模和场次增加,会使更多的社会资本参与进来,这有利于中职篮整个系统的健康发展。因此,所有的俱乐部股东应该从思维方式上进行改变,以客观认识新加盟俱乐部对自己俱乐部长远发展带来的积极性因素。既然大家是利益统一体,所有俱乐部就应拿出相同的股份转卖给新俱乐部,新俱乐部想在中职篮平台上获利与发展，也肯定愿意付出一定的资金获得中职篮股份。因此，以中职篮生存大环境发展需求为原则，从系统的整体高度和长远角度分析问题、作出决策，往往可以避免守旧思想对中职篮职业化发展的阻滞。

另外，由于疫情影响，中职篮以及各俱乐部的财政收入受到挑战，为了开源节流，中职篮管理层刚刚设定的"工资帽"制度忽略了对系统内部相关主体的沟通与协调，结果适得其反。

再如，在当前裁判员职业化呼声较高的中职篮，由于中国篮协裁判委员会选派和管理中职篮裁判员的模式已滞后于中职篮联赛的发展，要处理好裁判员职业化的问题，先需要协调好绝大部分裁判员的职业操守、劳务报酬以及与裁判相关的培训、管理、约束、考核等方面的因素，只有中职篮为裁判员提供丰厚的薪资和较高的社会地位，裁判员群体才可能选择职业化的专职裁判职业，才可能把大部分精力投入到联赛裁判的相关学习、培训、执裁等工作之中，进而提高联赛系统裁判员整体水平。这样，才可能从根本上改变目前联赛中裁判员临场实践机会少、临场经验欠缺、裁判员管理和约束难、考核评定难等相关问题。

综上所述，中职篮存在利益统一体与参加俱乐部规模扩张造成的直接利益分配冲突、俱乐部之间优秀后备人才的抢夺、工资帽制度的制定、裁判员职业化等一系列问题，这些问题都应该放在复杂系统的范畴中，从外围环境、系统与系统之间、系统内主体之间的关系去认识、分析、解决，这样才能保证中职篮这一利益共同体在建立之后，不断地将核心竞争力（赛事质量、规模、影响力）持续提升。

### 4.1.2　俱乐部系统运行策略方面

如图 3-76 所示，当前俱乐部系统存在的最重要问题是俱乐部独立造血能力与俱乐部竞赛产品质量不足。

1）俱乐部独立造血能力问题。首先，中职篮俱乐部的可持续成长需要充足的资金并使之流转顺畅，但由于中职篮职业化改革初期的社会背景问题，造成各俱乐部只能依附于上属不同资本属性的投资主体来实现正常运营，在中职篮和上属投资主体的双重管理下，当前众多俱乐部普遍存在产权属性复杂化现象。由于国企和职业体育实体金融制度的冲突，使部分俱乐部的经济运营与所属上属企业的资金管理模式和制度出现冲突，造成俱乐部出现资不抵债、入不敷出等运转困难现象，进而影响俱乐部在人才培养、产业经营上的正常运转，也产生了一些俱乐部频繁更换东家的现象，如早期的云南红河、山西中宇俱乐部到当前的山西国投、山西建投等，因此中职篮各俱乐部的独立造血能力问题也是其健康发展的关键问题。从复杂系统的角度分析，当前俱乐部独立造血能力有限，其影响原因既多又复杂，涉及中职篮整个系统相关的赞助商资本投入（包括中职篮整体赞助分红、俱乐部所属系统资本投入、俱乐部冠名权的开发等）、门票收入、赛事转播版权收入、观众球迷规模（涉及对观众球迷市场开发的方方面面）以及自身运营成本支出（包括俱乐部所有参与主体的薪资、比赛和训练相关费用、后备人才梯队培养花费）等诸多方面。然而，在课题团队调查过程中，一些俱乐部在收支不平衡甚至赔钱的情况下，中职篮千万元级别的冠名权竟然被忽视和浪费。一些财大气粗的俱乐部天天喊着俱乐部入不敷出，但担心被其他企业冠名后影响到自己企业的宣传力度，而放弃了冠名权的资本利用，如北京首钢俱乐部等。另外，由于俱乐部管理机构、人员设置、职能分配还存在权职系统设置复杂等问题，有些俱乐部竟然出现专业人员还没有领导多的现象，一些俱乐部俨然成为所属上级系统人事安排的过渡场所，不但增加俱乐部重大事宜和细节管理决策的冲突风险和财务负担，还造成俱乐部管理分工不明确、工作人员不专业等问题。这些俱乐部系统细节管理质量的不足，导致了俱乐部还达不到真正的职业化、市场化、效率化，还达不到现代企业管理模式的高能高效要求，这使得众多俱乐部部门拿着薪资，却对俱乐部的贡献极小，甚至造成整个部门的功能和责任业务形同虚设，如作为俱乐部生存的最核心因素——观众球迷市场的开发被很多俱乐部所忽略，俱乐部对球迷观众的吸引被俱乐部管理层想当然地认为是观众球迷的事情，如此被动地开展俱乐部运营也是造成俱乐部职业化近30年来依然不能解决独立造血问题的原因所在。因此，从俱乐部系统的整体角度分析，解决俱乐部独立造血的问题，首先要解决俱乐部管理者和俱乐部所属（合作）系统管理者的思维方式问题，在专业的人干专业的事的原则下，任命精干的俱乐部管理团队，用现代化企业管理模式对其职责分工、任务标准进行规定，对俱乐部发展运营做出巨大贡献的主体，要给予重奖，对渎职、玩忽职守的主体给予惩罚，并给予俱乐部主体宽厚的发展环境，充分激活俱乐部主体工作的主动性、创造性，利用俱乐部网红球星、网红教练员、特色啦啦队、特色粉丝团等一切社会关注度较高的要素，为俱乐部观众球迷市场开发、赞助商引资、成绩提高、开源节流等发挥各自的潜能，并通过贴心的服务为观众球迷提供温馨、舒适的观赛环境。可以相信，在我国良好的体育产业大环境中，在联盟的引导下，中职篮俱乐部在既宽厚又充满竞争的环境中专业的人干专业的事，做好所有细节管理，一定可以实现独立造血。

2）俱乐部竞赛产品质量不高问题。随着我国经济的飞速发展和中产阶级规模的不断壮大，良好的体育产业市场为中职篮发展提供了广阔空间，但当前中职篮系统供给侧核心产品质量与规模滞后于当前职业体育消费市场的发展。故中职篮系统供给侧核心产品（运动员、教练员等）规模和质量问题不但影响消费者的关注程度，限制了联赛赞助商的投资，不利于联赛产品提供者俱乐部和投资人的利益最大化，甚至会影响到其关系链上其他系统的发展。从复杂系统角度分析，俱乐部竞赛产品质量不足问题，也涉及中职篮俱乐部的诸多方面，与之相关的后备人才培养系统、中职篮管理系统、其所属（合作）企业的支持力度等方面，以及相关系统之间的协同度情况。首先，由于当前联赛规模小、赛程短等原因，至今占中国总人口一半以上的多个省份没有中职篮球队，这导致 NBL、CBA 青年联赛、CUBA 联赛球员的发展受到严重制约，也致使众多有潜力的球员中途被淘汰，或使一些具备潜力的青少年直接放弃了参与竞技篮球运动。加上我国竞技篮球后备人才培养系统的改革依然滞后，联赛发展对大规模、高质量后备人才的需求与当前的三级培养体系供给显然严重失衡，这致使中职篮系统供给侧核心产品（运动员、教练员等）远远不能满足当前职业体育消费市场的需求。其次，随着中职篮股份平均分给 20 个俱乐部以及中职篮宣布近期没有俱乐部扩军的规划，使 NBL 与中职篮之间的通道彻底关闭，这一规划严重损害了 NBL 联赛俱乐部参与的积极性，因为，毕竟两个联赛的影响力和关注度差别非常大，这也使得 NBL 联赛的举办质量和俱乐部参赛动机受到严重打击。因此，扩大中职篮俱乐部规模，成为系统产品质量提升宏观上最重要因素，并成为突破口。

从系统的微观角度分析，教练员比赛指挥能力和运动员竞技能力高低也是中职篮最核心的竞赛产品质量的体现。而当前国内绝大多数教练员都是由我国原优秀球员退役后转型而来，由于早期我国专业运动员重训练、轻学习，致使他们文化水平基础较低，知识结构不完善，创新能力缺乏。同时，当前中职篮球员普遍存在教育程度低、职业素质水平不足的问题。而由于中职篮优质球员的稀缺，使得少数的高水平球员竞争压力减小，进而在参赛动机和职业素质等方面出现了大量的负面问题。同时，职业素养低下造成的球员在自我生活与训练管理方面出现作息不规律、偷奸耍滑现象，在比赛中体现出主动性不够、创造力不足、顽强拼搏精神缺失等问题，自我伤病管理方面体现出对伤病预防和处理知识认识不足等多种问题，这造成了我国成人球员普遍出现竞技能力的"高原现象"。因此，一定要重视教练员和球员的自我文化学习、生活与训练、伤病预防、竞赛素养管理意识等多方面能力培养。同时，作为联赛最核心的子系统主体，教练员、外援和国内球员是俱乐部一切工作的中心，子系统任何主体（教练员、外援、国内球员）能力的变化，都会给子系统带来一系列的影响，其中外援引进和使用是一把双刃剑，如果三者关系处理得当，该子系统就会良性发展，三者关系处理不当，俱乐部成绩就会大受影响。因此，俱乐部应重视引导教练员和球员之间关系的适度紧密，避免过于亲密的部分教练员与球员的抱团现象，也要避免因激烈矛盾而产生的冲突，利用合理的激励和惩罚规制以及合理的薪金机制引导教练员和球员始终保持在公平合理的努力竞争水平，同时，中职篮和俱乐部管理者在制定相关规制时，一定要重视对最核心主体教练员和球员利益的考量，并尽可能保证教练员和球员的利益在公正公平的环境中不受损害，这样有利于促进教练员和球员的努力，使其感觉到通过努力可以在公平合理的温馨环境中实现参赛奋斗目标，促使这些核心主体能够在舒适公平的环境中全身心投入到高质量的训练和竞赛中去。

综上所述，解决俱乐部竞赛产品质量不足问题，应当从中职篮宏观方面和俱乐部微观方面全方位做好核心主体教练员、本土球员、外援、后备人才梯队的质量提升和干预，并做好所有相关主体发展的协同和衔接工作。只有充分利用当前良好的国家政治、经济、社会、体育大环境的有利因素，激发相关核心主体的积极性和处理好诸多主体之间的关系，才可能快速提高中职篮的竞赛产品质量。

### 4.1.3　俱乐部所属（合作）系统运行策略方面

当前，中职篮绝大多数俱乐部依然不能实现独立造血，而俱乐部所属政府机构或合作的企业的资本属性在很大程度上影响着俱乐部资金运作。俱乐部现存的多种管理形式中，企业独资形式的俱乐部一般由所在企业的老板分派俱乐部的人事管理，这种模式的俱乐部如果没有盈利保障，当企业亏损的时候，职业俱乐部很容易随之瓦解；而企业与地方体育局合资的俱乐部，由企业和体育局共同承担俱乐部的人事管理，这种模式的俱乐部虽然有体育局作保障，由于受地方政府体育管理机构的限制，往往不按照市场规律运行，失去了职业化的发展动力。近年来，国有企业独资俱乐部随着国家对国有企业财务预算和支出的收紧，与职业体育财务预算和支出风格大相径庭的国有企业在财力投入上也遇到了非常大的矛盾和路径冲突。因此，下属俱乐部的独立造血能力亟待加强，这样才可能保证俱乐部的健康稳定发展。

从复杂系统角度分析，解决俱乐部独立造血的问题，首先要解决俱乐部管理者和俱乐部所属（合作）系统管理者的思维方式问题，因为中职篮的核心竞争力还是教练员和球员的竞技能力和表现，因此作为早期中职篮俱乐部的资本投入主体，俱乐部所属（合作）系统对刚刚建立且不能独立造血的俱乐部的健康发展给予了巨大的支持。随着外围环境的不断成熟，以及俱乐部职业化改革的不断进行，当前中职篮俱乐部所处的外围政治环境、经济环境、社会环境、体育产业环境都为其提供了良好的发展条件，同时，中职篮的体制转轨也为其提供了主要的发展保障。随着俱乐部运营权越来越大，社会关注度越来越高，观众球迷越来越多，一切条件都为俱乐部的独立运营创造了机会。当前俱乐部还不能实现盈利的原因更多的还是来自于俱乐部自身，据前文分析，当前俱乐部在管理机构设置合理度、雇佣工作人员专业度、调动员工积极性、市场潜力开发认知度等诸多方面均存在问题。因此，要想让早期投入资本运营的俱乐部转变为所属（合作）系统盈利的独立系统，则俱乐部所属（合作）系统应将俱乐部系统以现代化企业管理模式进行改制，同时，任命管理层领导时，一定要考虑管理者对体育产业运营的专业性，进而在专业的领导者的管理下，对机构设置、人员配置和选用、职责分工与制度建设等诸多方面，用现代化企业管理模式进行建设。在专业的人干专业的事的原则下，通过精干、高效的俱乐部管理和工作团队，重奖对俱乐部发展运营做出巨大贡献的主体，惩罚渎职、玩忽职守的主体。俱乐部所属（合作）上级管理者下放给俱乐部独立运营的权力，充分激活俱乐部主体工作的主动性、创造性，而俱乐部专业的市场开发团队则做好赞助商引资以及网红球星、网红教练员、特色啦啦队、特色粉丝团等一切社会关注度较高的主体的市场价值开发，训练团队则全身心投入到核心产品——球队竞赛成绩提高方面，俱乐部管理团队则通过贴心的服务为观众球迷提供温馨舒适的观赛环境。在良好的外围环境氛围中，俱乐部所属（合作）系统通过下放运营权，激发俱乐部主体工作激情，并做好俱乐部的监管和督促工作。可以相信，中职篮俱乐部在我国良好的体育产业大环境中，在联盟的引导下，一定可以实现独立造血，同时也能够解决政府办赛的多元化动机与俱乐部所属企业参赛动机之间的根本冲突。中职篮的职业化改革将行政与市场分离，将经营权交给 CBA 公司，政府和中国篮协只负责监管和督促，也是俱乐部与俱乐部所属（合作）系统要走的路，俱乐部所属（合作）系统下一步也应该进行管办分离，将运营权下放给俱乐部，让专业人干专业事，其只负责对俱乐部总体工作的监管和督促，使俱乐部真正按照市场规律进行市场化运营，该方面矛盾的处理也是中职篮职业化改革又向前迈进重要步伐的标志，因此俱乐部所属（合作）系统办赛动机和理念对俱乐部运营实现独立造血具有很大的影响。

### 4.1.4 赞助商系统运行策略方面

根据职业赛事的运营利益链，赞助商系统与媒体系统存在着密切的关系，媒体转播质量和规模也是赞助商资本投入非常重视的部分。但由于历史原因，长期以来，央视对体育转播处于垄断地位，在体育版权采购方面随意压价，使中职篮的电视转播权出售价格极低，有时甚至倒贴转播费，同时俱乐部在地方台进行转播还需要支付一笔转播劳务费。而中职篮赞助权益是有限的，并不能与所有有赞助意向的企业开展合作，而只能选择其中部分企业合作，因此，中职篮如何选择最优化的赞助商资源配置，值得深入探讨。从复杂系统的角度分析，当前 CBA 公司专业的市场营销团队为更好地促使中职篮适应市场的发展，坚决不出售独家冠名权，而建立了官方主赞助商、官方战略合作伙伴、官方合作伙伴、官方赞助商、官方供应商、媒体合作伙伴和官方服务机构七级立体结构赞助与合作模式，也使得更多的赞助商参与到中职篮的资本合作中来。近几个赛季，中职篮具有雄厚实力和强大营利能力的赞助商也对中职篮的职业化发展运作提供了雄厚的资金保障，同时通过中职篮高质量的赛事运营也会提高企业的知名度、产品的辨识度、社会影响力等，两大系统的合作共赢关系得到了充分的体现。虽然当前两大系统合作关系在宏观方面呈现良好趋势，但微观方面还存在着"中职篮赞助商与俱乐部赞助商之间有利益冲突""球队冠名名称复杂""装备赞助商与球员、球队赞助利益冲突""俱乐部赞助商体系不完善、球衣广告标准不规范、资源浪费"等问题。从赞助商自身赞助合理度方面分析，还存在"只关注对已具有相当影响力的中职篮的资本赞助，而忽略了对具有潜质的中职篮后备人才培养系统的赞助"等问题。

1）中职篮系统赞助商问题的优化策略。在发展早期，各俱乐部影响力还很小，中职篮为了使赞助商资本投入最大化，采取集中力量办大事的原则，利用中职篮的整体影响力吸引赞助商系统的资本投入。从 20 多年的赞助商投入过程来看，这种模式为中职篮的茁壮成长做出了巨大的贡献。俱乐部经过近 30 年的成长，其社会影响力也逐渐扩大，随着管办分离的改革，中国篮协将中职篮商务运营权下放给 CBA 公司，而 CBA 公司根据俱乐部市场运营能力具体情况，在俱乐部拥有球队冠名权，球衣背后广告、官方称谓和标示使用权的基础上，也逐渐地将主场广告资源（如球场地贴广告、球馆横幅广告等）的 8 个权益下放给俱乐部，这些俱乐部职业化的渐进改革措施呈现出良好的发展势头。这也是近年来，经历了中职篮赞助商与俱乐部赞助商之间的利益冲突后，中职篮主体适应性加强的结果。对于中职篮和俱乐部运营权的分配问题，在中职篮和各俱乐部已形成利益统一体的情况下，所有主体办赛和运营的目标也逐渐形成合力，协同商讨具体的运营权体系中哪些运营权放在联盟整体中运作，哪些运营权放在各俱乐部进行运作，这样才能够实现其利益最大化。同时，由于众多俱乐部在得到 CBA 公司授权后，由于俱乐部缺乏足够的影响力，或由于俱乐部自身市场运营人才专业性不高、运营经验不足，多数俱乐部仅签约了球队冠名赞助商，甚至有些俱乐部连冠名权都放弃掉了。这造成了冠名权、球衣广告、场地广告搁置等资源浪费现象，也充分体现了俱乐部职业化市场运营的滞后问题。故中职篮管理层也要考虑到俱乐部市场运营能力的专业指导与培训，从俱乐部长期品牌建设、文化底蕴对俱乐部长期发展的功能、球迷观众市场开发的方式方法、俱乐部广告赞助商合作方式方法等角度全方位对其进行指导帮助，一定要避免辽宁俱乐部更换冠名多达 6 次以上，而北京首钢俱乐部、江苏同曦大圣俱乐部、青岛国信双星雄鹰俱乐部等竟然没有使用冠名权等现象。同时，中职篮管理层与俱乐部管理层还要重视赛事核心主体著名球星的赞助商与系统赞助商之间的协同问题，当前，很多知名球星均有签约的代言品牌，这与中职篮的联盟赞助商的赞助目标产生冲突，其个人影响力对中职篮的整体形象影响非常大。在不损害中职篮赞助商利益和俱乐部球员个人赞助商利益的前提下，及早通过协商达成共识，前置性地制定四方共赢的管理规定，然后共同履行和落实，则可以避免上述事件再发生，进而实现中职篮系统整体和俱乐部个体在相互良好的合作关系中评估、挖掘赞助商资本投入最大化策略，进而帮助俱乐部逐渐摆脱所属（合作）系统的输血，形成独立自主的市场化主体。

2）赞助系统赞助选择问题的优化策略。根据职业体育运营原理，赞助商投入资本主要目的是收获消费群体的注意力，使得消费群体认识、了解、接受企业品牌，最终购买企业产品和习惯性忠实消费。但当前赞助商选择投资对象时，往往关注相对已发展成熟的中职篮，花费重金来实现对自己产品的宣传，体现出当前赞助商更关注对某系统直接的社会影响力和关注度的评估，而忽略了对其他具有发展潜力的系统的评估。在当前中职篮后备人才培养系统市场中，赞助商除了曾经对 CUBA 有较强的资本介入，对其他的后备人才培养系统的赞助还处于空白状态，或仅有部分微小企业的尝试，因此，赞助商的赞助潜力评估则显得更加重要。在中职篮发展早期，中国篮协希望能以每年 1000 万元的价格使李宁公司成为中职篮鞋类和服饰类合作伙伴，李宁公司就是因为对中职篮具有的发展潜力评估不足，错过了巨大的商机。等其意识到中职篮真正的巨大价值后，只能在 2012 年不得不付出 5 年 20 亿元的巨资才实现了介入中职篮赞助平台的目的。这一典型案例中，李宁公司用 40 倍的代价弥补了 2004 年犯下的错误。实践证明，通过激进的赞助行为，李宁公司从中职篮回报也使得其渡过了难关。但如果当初李宁公司具有专业的赞助评估系统，从中职篮系统以及国家大环境的角度准确预测其将来的发展潜力，将会为其带来更丰厚的利润和价值。近年来，赞助商资本开始重视发展最快的 CUBA 联赛，阿里体育、斯伯丁、准者体育已成功介入中国最大的青少年篮球市场，其注定将成为品牌知名度和市场占有率全面提升的大赢家。但 CUBA 刚刚开始得到赞助商的重视，所有的赞助运营只是刚刚起步。相比于篮球产业高度发达的美国的 NCAA，在赞助资本规模、赞助类型体系、赞助赛事衍生品种类等方面，CUBA 的赞助合作都还处于起步摸索阶段。目前，中学、体校等球队普遍社会影响力比较低，还没有引起赞助商资本的重视，大部分球队还在依靠学校的经费投入维生，但一些成绩较好的球队已经开始积极尝试"社体融合"，通过多渠道融资实现球队生存与发展，即利用社会资本结合校园篮球开展互利共赢的合作。但总体上看，这些后备人才培养系统市场还处于未开发或与部分微小企业尝试合作阶段。实践证明，当某系统一旦在社会上形成巨大的影响力和知名度，赞助商要想再介入该系统并得到宣传企业的权利，就不得不投入巨大的资本。因此，赞助商选择赞助的动机合理度与选择对象的发展潜力有很大的关系。当前赞助商对中职篮后备人才培养系统发展的潜力评估远远不够。随着国家一系列促进体育产业发展、促进体教融合政策的实施，举国体制办赛事的推动已经给中职篮后备人才培养系统的发展提供了坚实的环境保障，其已经显示出巨大的市场潜力，赞助商对这些市场的赞助潜力评估和介入时机选择则显得尤为重要。

## 4.1.5　后备人才培养系统运行策略方面

如前文所述，当前我国传统竞技篮球后备人才的培养模式已经不能适应社会和市场发展的要求，这就需要结合当前我国竞技篮球发展需要和竞技篮球自身实际情况，不断完善适应当前国内外竞技篮球发展要求的后备人才培养系统创新模式。由于中国竞技篮球各子系统都在中国竞技篮球大系统中存活与发展，各子系统本应该根据环境变化以及自身需要来选择与其他系统的联系，但由于人为的原因，导致当前中国竞技篮球的各子系统之间存在着很多通道不畅的状况，例如，中职篮与 NBL 之间以单方向球员流动为主，体育系统与教育系统的单向通道不通等。这导致了当前中国竞技篮球后备人才培养系统出现三级培养体系培养规模严重不足、体教结合形同虚设、俱乐部球员培养私有化模式缺陷明显等问题。因此，作为系统最核心参与者的人，应该作为中职篮改革的重中之重。国家之间综合国力的竞争根本上取决于人才的质量和数量，竞技体育发展同样遵循此规律。NBA 发展经验表明，广泛的大学、中学篮球人才储备是成功之道，而后备人才严重短缺是中国竞技篮球久治不愈的顽疾[89]。利用复杂系统理论对当前体育系统和教育系统的博弈行为进行分析后发现，教育系统实施的体育系统注册球员不允许参加 CUBA 联赛政策，表面上看，堵死了体育系统培养的运动员在高校上学的出路，使得三级培养体系遭到了巨大的冲击，但是体育系统在 2015—2016 赛季推出的选秀制度，虽然只有很少的球员被联赛俱乐部选中，但也不失为体育系统与教育系统结合的一大创举。随着俱乐部二线球员进高校的路被堵死，加上俱乐部一线球员需求的有限性，就会使向俱乐部提供二、三线球员的体校以及中学球队在输送队员的方向上由"直接向俱乐部输送"转向"更多向高校输送"，经过一定时期的融合发展，依靠在青少年中拥有更多的市场和自身文化教育方面的优势，高校就会实现优质生源和教练员的流入，并很快提升自己的竞争力，进一步就会形成如图 4-1 最后一步显示的培养系统体系。与 NBA 的后备人才培养系统一样，高校将作为最大的也是最主要的中职篮后备人才培养平台，最终可以解决俱乐部势单力薄、只能单独培养的劣势和篮协精英培养模式的狭隘，同时可满足球员的文化教育需求，拓宽其自身融入社会发展的道路，进而使得中国竞技篮球后备人才培养规模更大、范围更广、质量更高。另外，进一步完善联赛的球员选拔制度，逐步改革原有的俱乐部球员私有属性，将国内外公共培养体系的后备人才资源纳入选秀制度中，由联赛委员会组织选秀将优秀球员分配到各俱乐部中，以实现俱乐部后备人才选拔与配置均衡的目标。这种"去私求公"（去除球员培养的私有属性，利用体育系统、教育系统大范围的公共培养体系进行培养与选拔）的真正体教融合模式是中职篮后备人才培养机制改革的较佳途径。另外，依据体教融合促进青少年健康发展精神和中国篮协与教育部大、中学生体育协会关于促进体教融合发展的具体设计，借助复杂适应系统理论（CAS）对系统主体发展的指导，建议在打通中职篮与 NBL 球员流动通道的基础上，进一步消除中国竞技篮球大系统中各级联赛系统球员流动的一切壁垒，使广大青少年球员可根据中国竞技篮球发展市场需求情况，并结合自己的实际需要，自由选择适合自己发展的联赛系统进行历练。同时，各级联赛系统也可以根据自身的实际情况来选择所需优秀球员的加盟，进而实现球员和各级联赛系统的多方向选择。这样就可以为具有潜质的青少年篮球爱好者和参与者提供广阔的锻炼平台，消除人为因素对青少年竞技篮球参与者发展造成的障碍，并激发广大青少年对竞技篮球的爱好和参与热情，进而实现中国竞技篮球后备人才规模和质量的双提升。并且，体育和教育系统应该借助中共中央提出的《强化学校体育促进学生身心健康全面发展的意见》[214] 实施的时机，加强学校体育工作，完善青少年体育赛事体系，从中国竞技篮球后备人才培养和选拔系统的整体入手，利用政策引导，加强各级学校基础硬件设施和师资队伍建设，加强各级体育与教育系统训练单位的合作与交流，使两大系统后备人才培养实现资源共享，避免资源重置和浪费。同时，逐步发展扩大后备人才基础培养体系规模，扩大 NBL、CUBA、全国中学生超级篮球联赛以及小学等各级联赛的规模和提高其比赛质量，逐步将目前依靠俱乐部和体育系统的小范围精英式培养发展为利用社会以及教育系统的大范围联合培养。

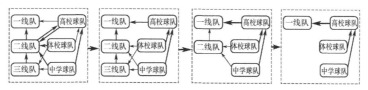

**图 4-1　中职篮后备人才培养渠道的改革趋势**

注：输送渠道箭头越粗，表明该渠道输送球员越多。

综上所述，作为中职篮主要的后备人才培养力量的中职篮俱乐部青年队，不断发展且潜力巨大的 CUBA 后备人才培养系统，通过体教融合健康发展的体校、中学后备人才培养系统，以及作为辅助力量的社会篮球培养俱乐部系统，可共同承担我国竞技篮球的后备人才培养重任。进一步做好各子系统之间人才输送和流动的协同，就能够保证我国竞技篮球的后备人才培养系统新模式的健康快速发展。

### 4.1.6 观众系统运行策略方面

#### 4.1.6.1 观众球迷市场开发策略

根据前文对观众系统运行合理度的分析，吸引观众球迷观赛的因素非常复杂，从俱乐部角度来看，球队成绩、比赛精彩度、球星影响力、对手实力、主场服务、主场交通便利度、市场运营、品牌推广、餐饮便利度等一系列因素均影响到主队的现场观众规模。从观众球迷个体观赛动机的角度分析，消遣娱乐、主队情结、寻求刺激、社交、家庭熏陶等也是影响其观赛的重要因素。但根据课题团队的调查发现，当前各俱乐部对观众球迷的市场开发普遍存在不系统、不全面、不深入的问题。学者们的研究认为，忠实的铁杆球迷是俱乐部最稳定的消费者，该人群无需对其进行促销，他们对于球队的忠心和承诺是俱乐部发展的最强基石。社会学家把这种情感称为"终极关怀"。中职篮仅有少数俱乐部对观众球迷的忠诚度制定有专门的开发制度，大多数俱乐部往往忽略了该方面工作，也使得观众球迷更多根据球队战绩和球星作用对比赛产生投入。而观众球迷的规模忽大忽小、极不稳定，也显示出俱乐部市场开发的不足和职业化不足。也有些俱乐部频繁更换比赛城市地点、球队冠名、明星球员，使俱乐部一直处于不稳定的状态，这样的情况也导致了俱乐部缺乏稳定的干预、培养观众球迷忠诚度的条件，只可能短期内由于球队战绩出色吸引一定规模的球迷观众，但长期看不利于俱乐部观众观赛的可持续性发展。因此，对中职篮改革创新模式的研究，应该围绕观众球迷市场这一核心竞争点展开，继而扩大到对中职篮产业利益相关主体复杂关系的分析。

1）中职篮系统管理者应加强对俱乐部社会关注主体（网红教练、球星、啦啦队等）的价值认知，准确引导开发。首先，中职篮本身维持生存和发展的属性就是观众、粉丝在投入金钱得到精神愉悦的同时，进一步产生对商业广告的注意力和商品消费投入。因此,通过俱乐部社会关注主体进行传播的商业广告更容易使受众顺理成章地接受,受众的消费热情也会在情感投入中被点燃。其次,观众、粉丝在社交媒体平台上的点赞、互动、评论、转发都在某种形式上变成俱乐部的数字宣传劳工,因此,中职篮和各俱乐部管理者应该认识到资本对各俱乐部社会关注主体背后的粉丝量、互动量的追求,积极支持和引导对俱乐部所拥有的社会关注主体经济价值的开发和利用,重视俱乐部社会关注主体的"圈粉、涨粉"功能;同时制定完善的俱乐部社会关注主体价值开发制度,按照规制对社会关注主体经济价值开发行为从传播内容、传播途径等方面进行积极监管和引导。在此基础上,挖掘俱乐部社会关注元素的社会功能、经济功能的价值开发。再次,利用当前现代化的网络工具,积极挖掘俱乐部社会关注元素价值的同时,一定要重视名人效应的危机与风险。俱乐部拥有的社会关注主体(网红教练、球星、啦啦队等)的个人魅力很容易得到观众粉丝的广泛信任与认同,同时由于信息的不对称,也很容易由于一些难以预料的变故引发一系列蝴蝶效应,影响到观众粉丝对相关主体、俱乐部和职业赛事持续稳定的关注度,并进一步产生对社会发展相悖的负能量和负效应,最终导致观众粉丝态度从"追捧"彻底向"厌恶"转变。因此,当前的注意力经济对社会关注元素的要求很高,如具有很大影响力的网红俱乐部主体常常要面对成千上万的受众粉丝,言行举止所带来的影响效应瞬间会发散式地以几何倍数放大。因此,俱乐部社会关注主体应该具有强烈的社会责任意识,注重正面公众人物的道德标准,在网络信息互动中坚守社会主流价值观道德底线,客观务实宣传、解释和评论赛事及相关信息,向广大观众粉丝传递努力奋斗、奋发向上的正能量,来不断维护和提升个体的公众形象。

2)加强俱乐部社会关注主体的全方位能力培养,促进该群体成为职业体育真正的"知识传播大使"。作为行业知识精英,该人群应掌握国家对中职篮运行的相关规制、专业的行业系统知识,具备敏锐的行业现象阐释能力和高度的行业整体发展认知水平,并深谙互联网平台与广大观众粉丝互动的言行艺术[215]。因此,俱乐部社会关注主体如何在直播与现场互动中将一些竞赛规则、比赛中应用的技战术、球员思想、俱乐部目标以及运动员刻苦训练等正能量信息娱乐化、风趣化地传递给受众粉丝，则对该群体的全方位能力提出了很高的要求。因此，为充分发挥该群体的吸粉功能，对该群体的专业培养以及加强其思想教育、知识学习、竞技能力训练、言谈举止等方面的自我管理则显得尤为重要。首先，该群体应积极学习国家关于互联网及网红经济的相关制度和规定，避免由于违规导致的不必要损失；第二，应正确处理自身价值与社会效益、经济效益的关系，这些主体本身价值就包含着通过传播知识影响大众粉丝价值观的社会功能。因此，该人群在重视商业利益、自身吸粉能力的基础上，更应该作为社会正向价值传递大使，发挥网红的社会功能优势，为社会稳定、繁荣发展做出贡献；第三，竞技能力是该群体中球员能力的招牌和展示，也是其赖以生存的根本，因此，应正确处理好训练竞赛与价值开发之间的时间管理问题，合理安排时间，在保证高效的训练竞赛质量的前提下，将精力投入到教育学习、职业体育管理和掌握专业知识等方面，加强综合素质培养，成为全方位发展的社会人。

3）俱乐部组建专业俱乐部社会关注主体价值开发部门，打造俱乐部社会关注主体价值系统开发产业链，挖掘俱乐部忠实观众粉丝潜在市场。由于当前中职篮俱乐部社会关注主体价值开发还处于萌芽状态，个别职业球星多以非官方、非组织、个体单打独斗的形式存在，且由于个体身份和行为目的复杂多样，决定了这些明星信息价值倾向的多元性与传递的复杂性，这就对球星群体的职业操守、知法守法程度及言行举止得体度提出了严格要求。由于该群体大部分时间和精力都投入到训练与竞赛中，而无充足时间来进行专业培训，故需要俱乐部管理者组建专业的俱乐部社会关注主体价值开发部门，挖掘俱乐部网红热点元素和孵化网红体育明星，建立完善的专业俱乐部社会关注主体培养体系，并根据俱乐部社会关注主体的竞技能力、道德素养和互动效果等因素构建完善的评价指标体系。应充分利用专业的团队钻研和开发俱乐部潜在的观众球迷市场，打造俱乐部所特有的规范高效的经济开发团队、粉丝网络社群，进而为俱乐部社会关注主体与粉丝社群提供稳定、可靠、温馨的交流互动平台，营造健康和谐的互动环境。同时，俱乐部应密切关注网络交流互动平台的信息动态，强调俱乐部社会关注主体网络行为的规范化意识，利用专业团队定期组织对该群体的知识获取能力和社会认知水平培训，强化该群体素质培训，培养高专业素质和职业素养的俱乐部形象传播大使，把社会主义核心价值观紧密融入俱乐部文化建设之中，引导该群体对俱乐部和个体正能量宣传。这样，不但可以提高俱乐部的社会影响力、增加经济效益，还可以提高该群体的自我管理能力，解决可持续发展问题，继而推动整个中职篮大发展。

4）重视"观众粉丝社群"网络体系质量和规模建设，加大"铁杆粉丝社群"互动投入。职业体育的经济范式遵循"注意力—影响力—购买力"的主线发展至今，消费者与中职篮的价值观同频是其可持续发展的关键。近年来，中职篮社会关注主体社群的圈群现象愈来愈多，圈群价值效应体现日益增大，因此各俱乐部应借此时机利用好互联网平台主动出击，深入研究"观众粉丝社群"行为规律和发展特点，对观众粉丝偏好进行长年跟踪。只有贴近观众粉丝需求的高质量内容才能长期吸引该人群的注意力，才能保证互动平台的功能延伸，将职业体育博得的注意力转化为品牌影响力，并逐渐扩大影响力的领域范围，形成跨行业、跨领域的多元化经济网络圈。故应该定期开展"观众粉丝社群"网络建设交流研讨会等，来探索加强"观众粉丝社群"建设效果的方式方法，进一步重视稳固的"铁杆粉丝社群"建设，利用各种网上营销活动加大投入，用好"熟人社群""铁杆粉丝社群"，不断加强俱乐部明星教练员、球星和啦啦队的"铁杆粉丝社群"的质量和规模建设。同时，如果俱乐部和观众粉丝构建起更稳固的"铁杆粉丝社群"关系链，除利用线上网络建立联系，还应该加强线下互动交流，回归到现实生活中，通过"赛前、赛后明星在赛场与粉丝现场互动""明星入校园""明星入企业"等形式回归到社会公益活动中，构建更大范围、更大覆盖面的互动交流关系圈。另外，俱乐部在组织公益社交活动时应特别注重氛围营造、互动方式选择，强调参与性、互动性、接触性等观众粉丝的真实感受[216]。

5）把社会主义核心价值观紧密融入俱乐部社会关注主体价值开发之中。注意力经济时代，俱乐部社会关注主体也具有文化载体的价值特征，其文化特征及其影响力也是粉丝观众的关注热点。因此，俱乐部社会关注主体价值开发作为中职篮观众球迷消费的新通道、新模式，其不但孕育着竞技体育文化的符号，且还负有社会责任的传递义务。该群体对粉丝观众社群的影响不能只局限于竞技体育领域，而应结合社会主义核心价值观的要求，将其影响力扩大到整个社会领域，这样才能响应国家政策的引领和广大观众粉丝的认同，才会可持续地、全方位地对观众粉丝施加情感、专业知识、思想理念的影响，在政府支持下，粉丝观众社群才可以经常性地进行线上线下交流互动，久而久之，粉丝观众社群会为共同的身份达成共识，对社群产生归属感，并自觉认同、享受和维护社群的文化规范。事实证明，有着文化认同的网络社群关系才是最牢靠的关系，因此只有在社会主义核心价值观引导下的社群消费者逐渐形成的视觉性、欣赏性、认同性消费体系，才能真正构成完整的中职篮观众球迷系统运行最稳定的消费模式。

综上所述，中职篮观众为获取、享受中职篮产品所采取的观赛行为以及决定采取行为的决策过程是影响观众观赛的动机所在。如果中职篮俱乐部与观众之间能够建立长久稳定的赛事产品或服务交换关系，即培育更多的忠实观众球迷、铁杆球迷、球星粉丝，则有利于俱乐部市场的可持续发展。

### 4.1.6.2 观众球迷越轨行为预防策略

由于观众球迷系统越轨行为对中职篮的健康运营产生的影响力巨大，因此，本部分利用复杂系统理论对其预防策略做一分析。针对长期以来中职篮观众球迷的越轨问题，复杂系统理论认为，因为一切社会活动和社会关系的核心都是利益关系，对利益的诉求是各类主体参加竞技体育的动力。因此，中职篮多元化的主体组成，必然会出现不同主体由于对利益的需求不同而造成的冲突，这也是当前中职篮观众球迷产生越轨行为的根本原因所在。观众的认知偏差、主体倾向、群体感染以及对球队的狂热度、裁判员现场判罚尺度、教练员指挥水平、球员表现、球队精神面貌、球队官员干扰、赛场环境、赛场管理水平等都会诱发观众球迷的越轨行为。当比赛中主队受到观众球迷认为的不公正的判罚或受到对手伤害、侮辱和挑衅时，都会诱发观众球迷的情绪、行为及生理反应，甚至会引起部分现场观众的过激反应。另外，观众球迷一旦受到现场群体暗示、群体感染，便会一呼百应产生非理性盲从，并逐渐演变为现场观众集体的越轨行为。且在目前的体育法和相关法律中，对越轨行为没有明确的条款规定，而大量的越轨行为又处于联赛内部处罚的范畴，这样就给制定联赛纪律制度带来很大的考验。由于无法可依，中职篮制度或规范的制定不受相关限制。总体上看，"判罚是否公平，两支球队之间是否有历史恩怨，比赛场馆的拥挤程度、照明亮度、噪声大小""政治环境、经济水平、当地文化、对主队的内在认同感""媒体宣传、球迷为输球找借口的倾向、对他人暴力倾向的高估、错误共识效应""观众球迷个性、经历与犯罪前科"都是导致观众球迷越轨行为的因素，且很多潜在的越轨行为还没有表现出来，只能在对已有越轨行为研究的基础上制定相应的适应于现阶段的规制，并随着联赛的发展逐步形成体系。这就需要联赛的管理层在完善规制的过程中，随着联赛所处大环境的变化，对联赛运行的所有环节加以推敲，使潜在的越轨行为得到提前遏制。

1）宏观上，正确看待观众球迷越轨行为的发生，认识观众球迷与整个中职篮越轨行为发生的环境根源。由于当前中职篮正处于社会转型的大环境，原有竞赛体制已不适应新形势下的复杂利益局面，故中职篮运行结构重构、规制标准体系重建、社会约束法规的重构等问题均需要在中职篮系统变革中重新进行审视。因此，中职篮赛场可以容忍越轨行为在一定范围内发生，即为了谋求联赛的快速发展，对于一些轻度的越轨行为，通过利用和引导来提高联赛的影响力和品牌质量，同时将越轨问题作为联赛体制改革的"学费"，以换取联赛职业化、市场化转型和日后治理的"经验资本"，而不减缓职业化改革的步伐。另外，从我国竞技体育领域的宏观角度分析，中职篮越轨问题的出现，还可以暴露我国职业体育建设中存在的风险，可能还包含有正面的价值，具有加速有中国特色职业体育建构的意义，因此我们要正确认识中职篮联赛越轨问题存在双面性[141]。

2）中观上，结合职业体育的特征，完成国家体育法规的修订，依据法律法规构建合理的联赛规范制度，尤其要做好越轨行为评价标准的合理构建。为适应我国当前对竞技体育的改革，对《中华人民共和国体育法》重新修订，是对当前实施职业化改革的竞技体育系统中主体的行为模式、利益分配、组织制度、身份确立等方面进行的规范。要注意符合大多数竞技体育主体利益分配的公平公正性，即竞技体育主体的利益能够得到国家强制力保障，这样就会促使很多主体在参与竞技体育活动时明确其权利和义务，分清合法利益和非法利益的区别，能从思想层面减少越轨行为的发生，同时也有利于在规范中寻找最佳发展途径。在《中华人民共和国体育法》对竞技体育相关规制进行规范后，中职篮应该依据体育法规强化联赛参与主体的法律意识。联赛的管理机构依据法律规范，有效地制定符合联赛利益主体的客观需要并体现法治精神的管理政策和文件，进而使联赛参与主体能够遵守法律，服从规则，避免越轨。

3）微观上，重视联赛违规行为细节管理，逐步形成联赛参与者互信关系。从联赛的越轨行为源头预防、比赛全程监控和完善越轨行为处罚规制等多方面入手，做好越轨行为防治的细节工作，逐步形成联赛参与者互信关系[217]，如图4-2所示。信任关系的形成可以提升篮协、俱乐部、裁判、运动员、教练员、观众球迷之间的互信程度，可以提升联赛中篮协、俱乐部及裁判的公信力，逐步形成良好的联赛运行环境，进而提高联赛的品牌形象。

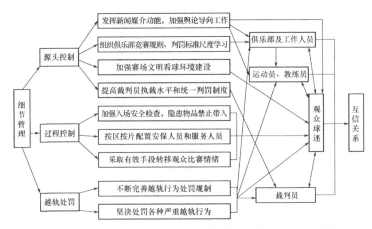

**图4-2 CBA联赛违规行为应对细节管理及其参与者互信关系**

### 4.1.7　媒体系统运行策略方面

在媒体系统运行中，当前主要冲突在于传统媒体的可持续性发展与网络新媒体崛起所引起的竞争。传统媒体虽然从传播信号的形式上、时间上给观众球迷带来不便，但其多年发展积累的国家行政资源优势、市场优势、财力优势等决定着其具备非常强大的竞争力。虽然新媒体系统在网络技术方面存在优势，能够为观众球迷提供个性化的自由选择空间，但新媒体系统崛起较晚，在市场中与传统媒体的竞争还处于劣势。复杂系统理论认为，两者的竞争最理想的结果是合作共赢，而不是两败俱伤。微观上，因为传统媒体作为系统的主体需要不断地适应环境的变化并适应其他主体对自己的影响来实现可持续发展，网络新媒体系统虽然发展势头强劲，但在职业体育市场占有资源方面，当前还处于劣势。在这样的情况下，如果传统媒体系统利用自己强大的资源优势和财力优势积极改进技术，将新媒体技术也纳入自身的发展规划之中，进而实现自己的转播方式和质量更加完善和合理，这种主动适应性自我完善可实现传统媒体的可持续性发展。而当前新媒体系统介入中职篮，则首先要从传统媒体系统取得资源使用权，故离不开与传统媒体的合作，因此新媒体系统要想实现快速发展，并利用其技术优势与中职篮做好相融，就需要利用好自己的技术优势与传统媒体合作。如果两大系统产生对抗，则传统媒体也会付出高价与国外新媒体系统展开合作取得新技术，而国内新媒体系统依然不能获得更多的市场份额。因此，两大系统利用各自的优势进行合作共赢则是最好的方式。从宏观角度分析，两大系统实际上最理想的关系是既合作又竞争，合作能够使两者的优势资源共享，在相互产生最大利益的同时，为观众球迷带来更好的观赛体验，而相互的竞争又使得两大系统不能满足于现状，始终在危机中不断地完善自己，才能够在竞争中实现可持续发展，而相互竞争的结果也会使两大系统的转播核心产品质量不断提高，进而促进整个中职篮市场的发展。同时，各自系统需注意根据当前我国经济体制改革思路来不断探索自身发展的最佳路径。中职篮系统也应该利用国家媒体转播方面的相关政策，充分评估如何利用媒体系统的潜在价值，做好中职篮媒体版权的开发，为中职篮的盈利最大化积极展开研究。中职篮媒体系统迅速发展过程中，其约束机制也应跟进，因为相关法规条款是处理媒体系统与中职篮关系的依据。因此，法规条款制定时，如何将传统媒体的资源优势、行政优势部分分配给新媒体系统，激发起发展动机，使其能够保证在生存前提下茁壮成长，也是系统产生合作共赢的前提条件。综上所述，两大媒体系统最佳的关系就是既合作又竞争，在处理两大系统关系的过程中，所有相关系统的协同行为则显得尤为重要。中职篮与媒体系统合作创造收益的方式及能力有待改进，各俱乐部与媒体系统对进一步合作开发的潜力、资源也需要不断摸索，国家对两大媒体共同发展的政策也需要不断跟进，另外，微观上传统媒体和网络新媒体内部的转播信号质量、转播主持人能力、对热点焦点的把控、对赛事数据的快速统计和专业分析等均需不断改进和提升。

纵观中职篮传统媒体系统和网络新媒体系统介入、发展博弈的过程，两大系统存在着既相互竞争、又相互合作的关系，共同为中职篮观众球迷提供着转播服务。从复杂系统理论的角度分析，媒体系统的相关主体在既竞争又合作的关系中，才能激发出主体变革的动力，才能够不断地提高工作质量和效率，为观众球迷提供更优质的赛事转播信号和便利，更有利于中职篮的整体发展。可以看出，在市场化、职业化的竞争中，传统媒体和网络新媒体各显神通，围绕着中职篮、观众球迷展开了服务竞争、价格竞争，这些竞争机制的逐渐形成有利于中职篮的可持续性发展。

### 4.1.8 中介系统运行策略方面

中职篮的职业化、市场化发展使得中介系统运行的环境也在不断改善，但当前中职篮的中介系统存在的主要问题是经纪人道德素养问题以及对球员良性运作问题。快速发展起来的中职篮中介系统，在我国职业体育市场还属于较新事物，因此国家对其制定的相应法律法规滞后，无底线恶意竞争，伤害行业规则，体现出经纪人群体在市场面前道德素质问题非常大。复杂系统理论认为，以上问题也是系统整体相互关系影响的结果。当前良好的政治、经济、社会和体育环境为中职篮提供了非常好的发展土壤，而在中职篮快速发展中也促使中介系统应运而生，且发展迅速，但宏观上中介系统主体会根据系统外围环境的具体情况以及系统内部主体之间的相互关系具体情况，来选择最优策略、行为进行运作。首先，外围环境中由于国家法律法规对其约束的制度滞后，造成经纪人行为约束失效，而内部相互关系中，经纪人与俱乐部管理者、球员等主体一定会在没有约束机制惩罚的条件下，通过不正当手段共同获利，达到合作的目的，为相互之间实现利益最大化铤而走险，这也是典型的系统发展改革"整体协同性"不够的案例。故解决以上问题必须做到整个系统相关主体的发展、改革协同推进。首先，根据当前我国职业体育发展的需要，国家应尽快完善法律法规，在法律法规条例中明确规定球员运作过程中经纪人或经纪机构以及其他相关主体（俱乐部管理者、教练员、球员等）的行为规范和对违法行为的处罚；其次，对体育经纪人以及相关主体通过中国篮协举办的培训班对其进行全面、系统的经纪人法律知识和规范培训，在《篮协经纪人管理办法》中根据体育法的规定范畴，制定更为严格的违规处罚力度，在落实和执行监督管理机制过程中，严厉打击相关主体违规现象；最后，在严格约束的同时，积极对相关参与主体进行思想道德素养引导，并为该人群提供良好的生存和工作环境。可以相信，在整个系统的综合治理以及协同监督下，以上问题都可以得到很好的解决。

### 4.1.9　外生环境运行策略方面

当前国家将体育事业和产业的发展提上了日程，且明确支持以足篮排职业化改革为切入点，加快发展普及性广、关注度高、市场空间大的集体项目。因此，良好的政策环境、经济环境、社会环境、体育环境条件为中职篮职业化改革与发展提供了坚强的保障。但在前文的专家统计数据分析中发现，当前外生环境中我国民族传统文化推崇的柔、静与西方传统文化强调的身体刚、力的差异，以及我国民族传统文化特征与同场对抗的篮球项目要求不完全一致，加上我国篮球运动文化整体上移袭于西方篮球运动文化，结合民族文化的自主性创新不足，进而影响到中职篮核心主体球员的培养与发展，最终表现为球员的整体竞技能力不足，这也是当前中职篮职业化改革中核心产品质量不高的重要影响因素之一。从复杂系统的整体来看，改革开放使得中外交流越来越频繁，西方篮球运动文化近年来对我国青少年的影响也非常大，广大青少年对 NBA 球星的喜爱程度甚至超过了中国篮球明星，他们受其比赛中的高超球技、顽强拼搏精神的熏陶，自然而然形成了顽强拼搏、敢于对抗的思维认识。但在中职篮球员培养系统的内部关系中，球员的培养和成长不光受西方篮球文化的影响，往往还受到家庭、球队、学校等诸多主体思想的影响，在过去几十年中，我国社会整体重文化、轻体育的理念对青少年的体育健身以及竞技体育参与影响特别大，甚至导致了当前全国青少年体质连年下降、国外热门的集体类体育项目成绩普遍偏低的状况。近年来，政府逐渐意识到这一问题的严重性，不断颁布各类文件来促进体育的发展，尤其是近期出台的《关于深化体教融合　促进青少年健康发展的意见》等相关文件，更是将体育发展推到了全民参与的高度。但当前我国青少年竞技篮球人才的培养，不能简单理解为教育系统和体育系统两个系统工作范畴简单的叠加，其培养过程涉及整个社会的方方面面，因此，我国青少年竞技篮球人才的培养应该是社会多系统、多利益主体之间的系统融合行为，其中直接参与主体包括运动员、家长、体校或学校、俱乐部、教练、文化课老师、政府等，涉及的政府部门又包括国务院办公厅、教育部、国家体育总局、中央宣传部、发改委、民政部、财政部、人力资源和社会保障部、自然资源部、住房和城乡建设部、卫健委、国家税务总局、国家市场监督管理总局、国家金融监督管理总局、共青团中央等部门。只有在上下一体、相融相长、共创分享、深度融合原则指导下，从系统、整体、协同的视角构建我国青少年竞技篮球后备人才培养新模式，在政府引导下，全社会共同承担起青少年"体育参与和篮球参与"义务，使关于我国青少年竞技篮球后备人才培养的众多利益主体形成合力，并激活相关主体的工作积极性和保证其长期稳定的发展环境，才能够使相关主体致力于我国青少年竞技篮球人才的全面发展培养工作之中。

## 4.2 复杂系统理论对构建中国男子篮球职业联赛改革创新模式的理念阐释

根据前文对中职篮复杂系统运行特征及其存在问题的分析，中职篮系统的运行是中职篮系统内部所有主体和外部相关系统主体相互协同、相互共生的关系，也决定了中职篮复杂系统是不断适应所处政治环境、经济环境、社会环境和体育环境的开放系统模式，也是适应新时代社会主义市场经济的新职业体育运营形式[218]，是竞技篮球回归到社会、回归教育的必然趋势，是将竞技篮球和体育产业有机结合，在中职篮联盟、职业篮球俱乐部及其所属（合作）系统、竞技篮球后备人才培养系统、赞助商、媒体、中介、观众球迷等众多系统领域实现融合的创新模式。因此，对中职篮改革创新模式的研究，可以借鉴发达国家职业篮球联赛的模式经验，结合我国职业篮球所处环境的实际情况，将其放在我国社会主义市场经济的宏观战略框架中去审视和分析。

## 4.2.1　中职篮改革创新模式应注重"以人为本、提高核心产品质量"的理念

首先，树立培养高水平竞技能力人才理念，从青少年时期就要重视球员篮球竞技能力和文化教育质量双提升的培养目标，淡化青少年时期的竞技成绩至上的"唯体育成绩论"，预防拔苗助长式的大负荷训练造成的球员损伤，以及缺乏文化教育的系统熏陶造成的球员认识问题、分析问题和解决问题基本思维能力不足问题。借助当前我国体教融合政策的红利，建立教育系统和体育系统科学合理的竞技篮球训练和文化学习融入与合作机制。由于我国应试教育的长期影响造成了学生体育参与率严重不足、运动精力和兴趣严重缺失和体质健康水平连年下降，以及我国竞技篮球青少年运动员存在的长期系统性文化教育不足等问题，因此，体教融合首先通过相互影响、相互渗透，促进教育系统的学生积极践行体育锻炼，促进身体健康，同时，利用教育系统的文化教育优势促进青少年球员文化水平提高，进而实现两大系统学生和球员的全面发展，这是中职篮后备人才培养系统的核心工作，也充分体现出以人为本的科学发展理念。

## 4.2.2　中职篮改革创新模式应倡导"多元开放融合、协同发展"的理念

复杂系统理论主要强调中职篮系统和其相关系统在对不断变化的社会发展的适应中实现一体化推进，这就需要中职篮系统和其相关系统各层次部门之间增加沟通、协调与合作，整合各自优势资源，实现共享与共用。中职篮前期职业化改革的经验说明，促进中职篮的全面发展，绝不仅是中职篮系统内部主体之间的合作就可以实现的，而是全社会相关系统的协同促进的

结果[219]，如同习近平总书记对市场供给侧结构性改革指导意见中所强调的，一定要注重供给侧结构性改革的系统性、整体性、协同性。因此，要实现中职篮系统和其他相关系统的真正融合，就应建立以中职篮为中心的多元开放融合系统，坚持政府与社会多部门分工配合、上下联动、密切合作，调动所有社会相关力量共同参与进来，各尽其能，共同促进中职篮的改革措施落实。同时政府要组织和协调多部门工作，加强竞技体育资源、文化资源、社会资本之间的统筹、融合、监督和落实。

# 4.3　中职篮改革创新模式构建

## 4.3.1　新模式构建依据和原则

近年来，促进相关系统上下一体、内外互动、相融相长、耦合共生、深度融合、交叉融合、跨界融合，已成为我国深化体制、机制改革顶层设计和模式创新的重要理念[220]。依据习近平总书记针对社会系统整体改革强调的系统性、整体性、协同性原则，以及供给侧结构性改革的理念，中职篮职业化发展和构建改革创新模式的最终目的就是满足观众球迷、赞助商、国家竞技体育等不同层次主体和系统的需求，其核心任务就是提高中职篮供给产品质量[221]。通过去除需求低下的赛事产品无效供给，创造适应新需求的高质量有效供给，打通中职篮与所有相关系统的市场供求渠道，努力实现中职篮系统与社会市场供求关系新的动态均衡。

## 4.3.2　新模式基本模型及阐释

按照复杂适应系统理论对中职篮发展改革的指导，中职篮所涉及的众多社会系统市场主体应在"上下一体、相融相长、共创分享"的合作原则指导下，从系统主体的相互协同以及系统整体与外生环境协同的视角构建出中职篮改革创新模式，如图4-3所示。中职篮改革创新模式是在我国职业体育大环境改革背景下，所有相关子系统之间的新型协同合作模式。该模式主要由中职篮管理系统、中职篮核心运营系统、后备人才培养系统以及密切相关的俱乐部所属（合作）系统、赞助商系统、媒体系统、中介系统等组成。

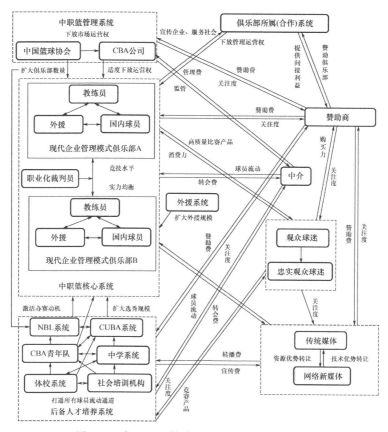

**图4-3　中国男子篮球职业联赛新模式示意图**

1）中职篮管理系统方面。在管办分离改革完成后，中职篮管理系统主要由中国篮协和CBA公司组成，中国篮协将中职篮的办赛权和运营权交给了CBA公司，而其只担任对中职篮监管的角色，而CBA公司的管理层主要由代表各俱乐部意愿的管理者组成。这样，中职篮赛事产品管理者和赛事产品生产者紧紧联系在一起，初步建成了利益共同体。新模式要求中职篮管理者在进一步完善利益统一体的内部细节管理基础上，从中国体育产业的整体角度系统评估当前中职篮规模的合理度问题，尽快通过打开与NBL的扩军通道，争取用5～10年扩军至30支，实现较为发达的省市都有中职篮球队，进而抓住中国体育产业大发展的机遇，迅速抢占中国体育产业市场、提高份额，使中职篮从规模、赛事数量、社会覆盖面和影响力等各方面实现全方位提升，其中优秀球员的提供则通过增加外援数量和做好选秀工作来实现。另外，根据俱乐部市场运营的需要，通过系统调研和评估，将俱乐部运营能够获得更大收益的运营权逐步下放，而 CBA 公司则将更多精力放在中职篮整体的商业价值开发方面，在已建立的赞助商赞助体系基础上，进一步做好媒体转播版权商业开发，使得中职篮的整体收益更趋合理。同时，为了保证赛事的高质量，裁判员的职业化培养势在必行。只有高质量的职业裁判员才会有更多的精力投入到竞赛的学习、培训以及执裁之中，同时职业裁判员所属中职篮管理系统管理，也有利于对裁判员的约束和激励。

2）俱乐部系统方面。随着中职篮职业化的不断改革与发展，中职篮应将运营的重中之重放在中职篮核心运营方面。中职篮运营的核心主要是俱乐部对赛事、俱乐部自身存在的社会关注主体元素市场、俱乐部的忠实观众球迷市场进行多方面的开发，在其所属或合作的上级单位充分放权的前提下，俱乐部以现代企业管理模式和架构进行改革，充分挖掘俱乐部所有经济价值潜力，通过专业的管理团队、市场营销团队、高水平的球队等各方面协同推进俱乐部营利能力的提升，尽早实现独立造血。

3）后备人才培养系统方面。后备人才培养系统则应利用国家提出的体教融合政策，落实好教育和体育两大系统在国务院牵头、带动下的协同工作。首先，制定好两大系统青少年运动员统一的训练竞赛以及文化教育学习考核标准和培养规划，使两大系统的青少年运动员拥有明确的文化教育和竞技能力提高目标，且通过两大系统成立的文化教育专门督查部门，对下属各层次教学单位和训练单位的青少年训练、竞赛和文化教育学习质量进行监督。其次，两大系统在国家相关部门的联合支持与协调下，积极促进各自优势资源与对方融合，如教育系统在保障自身青少年球员文化教育需求的前提下，选派优秀教师深入体校、俱乐部青年队等训练单位进行文化教育授课，选派球队到体育系统借助其较好的训练师资和场地设备提高其竞技能力，同时体育系统根据训练和竞赛的安排，灵活调配时间，组织青少年球员到教育系统的学校接受优质教学资源的熏陶，组织高水平教练员深入教育系统的学校篮球代表队进行指导，并定期与教育系统的运动队通过比赛等形式促进校园体育文化氛围的营造。以上两大系统深入的合作所需要的费用均由国家相关部门支持的专项经费支付。另外，两大系统还可以加强与社会资本举办的篮球俱乐部的青少年球员训练与文化教育融合交流，加强三者之间优秀球员、教练员的人才流动或资源共享，也可以利用教育系统、体育系统和社会资本之间的资源互补来解决部分融合互动经费支出，这样就会从微观角度激发我国竞技篮球后备人才培养系统相关学习与训练主体（球员、学校学生）、授课与训练指导主体（教练员、文化课教师）的兴趣与动机。另外，借用国家体教融合政策引导、国家社会保障和财力支持等协同做好后备人才培养的条件保障。其中，中共中央宣传部和共青团中央等部门做好相关主体对青少年球员全面发展的思想认识、价值认识等宣传工作；国家发改委、民政部、人力资源和社会保障部、自然资源部、住房和城乡建设部、国家卫健委等部门则利用自己的资源优势，做好青少年球员培养过程中相关主体的社会保障，使其能够全身心投入到提高青少年球员训练和文化学习工作中去；财政部、国家税务总局、国家市场监督管理总局、国家金融监督管理总局等则做好后备人才培养过程中所需要的经费支持，以及鼓励社会资本赞助青少年球员培养的相关税收优惠工作。再次，所有后备人才培养相关系统要在国务院的统筹协调下，发挥各自的优势和能力，落实完成好各自的相关工作，并围绕青少年这一核心主体的运动能力和文化教育全面发展，在统一的青少年竞技体育和文化教育培养目标和标准的指导下，将实施和落实工作、监督和反馈工作落到实处，进而通过体教的真正融合，建立起以教育系统和体育系统牵头，政府与社会多部门分工配合、上下联动、密切合作的多元开放融合系统，进而构建全国统筹的我国青少年篮球后备人才培养的新型举国体制模式。

4）俱乐部所属（合作）系统方面。俱乐部所属（合作）系统应充分认识中职篮改革的大好机遇，以现代企业管理模式的标准任命、组建专业的俱乐部管理团队，下放决策权，实现俱乐部在专业的管理团队带领下，通过专业的训练人才、市场开发人才，引领俱乐部核心产品质量和市场开发能力的双提升。俱乐部独立运营能力的提升也可以解决所属系统与职业体育运营财务、办赛目标冲突等多方面的问题，该合作模式则是双赢的结果。

5）赞助商系统方面。赞助商不能只关注已形成规模和社会影响力的国家队、中职篮赛事赞助，还应充分评估与中职篮相关的 NBL、CUBA、全国中学生超级篮球联赛等联赛的市场发展潜力，在其还未形成较大的社会影响力时，抓住时机，以较小的投入抢占这些系统相关的市场，在给予一定的资本投入后，使其不断地发展壮大，进而带动其社会关注度的不断提升，同时促使赞助商资本不断获利。因此，这些系统主体之间也是互惠互利、相互促进的关系。

6）媒体系统方面。当前，传统媒体在政府资源、市场资源方面拥有绝对优势，网络新媒体则拥有较强的技术资源优势，且新网络媒体的优势更加贴近观众球迷的个性化、自由化需求。如果国内相关传统媒体和网络新媒体处于相互对抗关系，根据复杂网络的关系原理，传统媒体则会向国外相关系统寻求合作，进而以更高的价格购买技术，而国内新媒体依旧很难获得市场资源，这样的结果只能是两败俱伤。因此，加强合作、实现二者优势资源共享，则是相互之间较佳的选择。同时，为了保持二者的可持续发展，自身也要不断提高转播技术水平，保证提供给观众球迷的产品质量，这样二者之间才可能具备长期的、可持续的合作条件。故二者应该意识到相互合作的益处，既要合作共赢，又要有一定的竞争。

7）观众球迷方面。当前中职篮的观众球迷虽然具备了一定的规模，但忠实观众球迷的数量和质量均不理想，大部分观众球迷的观赛随机性比较强，这也为俱乐部和中职篮的收益带来更多的不确定性。因此，新模式对忠实观众球迷规模的扩大提出了很高的要求，不论中职篮系统整体还是每个俱乐部系统均应该围绕着最大限度地培养忠实观众球迷规模进行市场开发，挖掘所有能够吸引观众球迷关注的联盟和俱乐部价值元素，尽可能通过专业化包装满足观众球迷的观赛所需，进而形成具有较大规模的、稳定牢固的忠实观众球迷群体，为俱乐部的发展提供稳定的动力基础。另外，新模式强调观众球迷系统不仅对中职篮赛事的关注，其后备人才培养系统的相关主体也应该积极利用吸引观众球迷的各种元素，培养更大范围的观众球迷规模，进而使整个中职篮及其后备人才培养系统成为观众球迷的关注热点，进一步吸引社会资本的介入，进而促进我国竞技篮球大系统的整体高质量发展。

8）中介系统方面。随着中职篮球员转会市场的不断发展和完善，经纪人和经纪机构的球员运作市场也越来越大，但当前中国篮协对经纪人培养、注册和管理的一些相关制度的法律约束性和权威性以及对该群体违规之后的处罚力度等均较低。因此，应重视对该群体的思想道德素养、业务素质的培养与质量把控，以及业务操作违规处罚等相关机制的规范，使其意识到与中职篮俱乐部、球员等多方主体合作共赢的重要性，为中职篮的发展提供正能量和推动力。新模式在强调做好以上系统工作的基础上，也要引导中介系统积极介入后备人才培养系统球员的培养流动，为不同水平的球员选择好适合自己锻炼的平台提供桥梁路径，使专业的中介团队也为我国竞技篮球后备人才高质量的培养做出贡献。

综上所述，新模式需要中职篮所有直接参与主体和协助主体都牢牢树立全系统融合、全系统联动的思想理念，协同推进中职篮及其后备人才培养系统中核心产品质量的不断提升。相信在整个系统的重视和协同推动下，广大具有潜质的青少年一定会从意识上关注竞技篮球价值，从行为上积极参与进去。通过系统整体施加影响的方式可促进竞技篮球人才的全面发展。另外，从微观角度分析，所有竞技篮球后备人才培养的管理者、教练员也应改变传统观念，将球员作为社会完整人来进行培养，使其养成良好的思考问题、判断问题和分析问题的习惯，同时使球员具备自我生活时间管理、训练比赛管理、损伤预防管理等多方面的管理能力，培养球员既敢于承担责任又注重集体团队的良好品质，进而解决当前球员主动思考能力不足问题，并勇于冲破旧观念形成的束缚，积极促进体育和教育系统各自优势资源与对方融合，加强相互之间优秀运动员、教练员的人才流动或资源共享，借助我国相关体育产业和体教融合相关政策的贯彻落实，积极关注国家对社会系统整体改革强调的系统性、整体性、协同性，在政府的统筹协调下，系统所有主体发挥各自的优势和能力，落实完成好各自的相关工作，并以中职篮优秀球员、教练员及青少年后备人才等核心主体的全面发展为主题，将实施和落实工作、监督和反馈工作落到实处，建立起由中职篮系统牵头，政府与社会多部门分工配合、上下联动、密切合作的中国竞技篮球多元开放融合系统。

### 4.3.3 新模式的特点、优势

中职篮改革创新模式充分体现了举全社会之力办体育的系统性、整体性、协同性优势。通过中职篮系统和社会其他相关系统深度合作共赢，以及政府统筹协调的多部门支持和监督，新模式体现了整个中国竞技篮球大系统中青少年培养的全方位"培养目标一体化"、所有相关系统参与中职篮职业化改革的"动机利益一体化"以及政府开展中职篮职业化改革的"制度实施落实一体化"优势，解决了长期本位主义和功利主义指引下的职业体育及其他相关系统各自为政、各自发展的顽疾，真正形成了深度合作、资源共享、合作共赢的协同发展局面。

新模式通过对中职篮系统及其相关系统合作发展关系的分析，使众多系统的相关主体从思维方式和认知方面明确了参与中职篮发展的共同目标。只有站在中国竞技篮球大系统整体发展的高度，遵循合作共赢的原则，才能实现直接和间接利益最大化。新模式中对中职篮供给侧产品质量的提升方面所提出的路径与策略，也能够很好地解决众多系统多年来多元化的参与目标带来的冲突。此外，强调中国竞技篮球大系统全国一盘棋的策略，通过政府多部门的政策支持、领导监督、物资和条件保障，为中国竞技篮球后备人才的全面发展提供了全方位保障。同时，新模式提出了激发所有参与主体的工作动机，为中职篮改革发展提供持续推进的动力。

# 第5章　结论与建议

## 5.1　结论

1）中职篮规模庞大、主体众多、系统层次结构复杂，主体行为具有主观能动性等特征，故其属于社会复杂系统。其多主体、多层次之间存在错综复杂的关系与相互作用，导致系统整体和子系统整体的行为结果表现出不可预知性及非线性。

2）中职篮管理系统已从早期的行政管理过渡到政府监督下独立的市场运营为主的模式，作为具有我国社会主义市场经济特色的模式，当前已建立了全新现代化企业的组织机构与模式。但众多俱乐部的独立属性还不够清晰，具体细节还有待于进一步摸索和完善；部分管理者的陈旧观念造成了中职篮利益统一体与参加俱乐部规模扩张的直接利益冲突，导致"三级培养体系"培养规模严重不足、"体教结合"形同虚设、"俱乐部球员培养私有化"模式缺陷明显等诸多问题。NBL、CBA青年联赛、CUBA等联赛球员的发展受到严重制约，进而造成中职篮系统供给侧核心产品质量与规模滞后于当前职业体育消费市场的发展，进一步影响到其关系链上其他系统的发展。

3）俱乐部还存在"产权不清晰、独立造血功能不足""俱乐部管理机构、人员设置、职能分配不完善""俱乐部社会关注元素的资源开发严重不足""俱乐部竞赛产品质量严重滞后于市场需求"等问题；本土教练员文化水平基础低，知识结构不完善，缺乏创新能力；外籍教练员选择、聘用和管理还存在一定的盲目性、片面性，没有形成科学合理的选聘评估机制；运动员窄口径、小范围的精英式培养，为后续多年我国优秀球员短缺留下了隐患，外援引用也存在很大争议。中职篮俱乐部已经由早期的个人制、政府和企业合资、军队和企业合资俱乐部等模式逐渐向具有独立财务自由的股份制企业发展，而俱乐部所属（合作）系统对俱乐部的过度干预现象依然严重。

4）当前中职篮的赞助商体系日渐完善，版权收益也摆脱了央视一家独大和地方电视台付费转播的局面，但还存在"中职篮赞助商与俱乐部赞助商的利益冲突""球队冠名名称复杂不利于俱乐部品牌发展""装备赞助商与球员、球队赞助利益冲突""俱乐部赞助商体系不完善、球衣广告标准不规范，造成资源浪费"等问题；另外，赞助商系统虽然对已具有社会影响力的中职篮顶层设计进行了大量的资本投入，但由于缺乏对潜力发展系统的评估和挖掘，往往错失了以较少投入来获得丰厚回报的时机。近年来，中职篮竞争激烈程度和比赛结果的不可预知性不断提升，促使观众观赛规模愈来愈大。消遣娱乐、主队情结、需求刺激、社交活动等是当前中职篮现场观众观赛的主要动机，而俱乐部成绩、比赛精彩度、球星影响力、对手实力、主场服务水平、主场交通餐饮便利程度、品牌推广力度等一系列因素均影响到主队的现场观众规模。中职篮对大规模忠实观众、球迷的开发理念、开发认识、开发手段与方式等全方位不足，使得各俱乐部现场球迷的规模很不稳定。

5）近年来，媒体系统虽然形成了新老媒体竞争的局面，有利于媒体转播质量的提升，但也存在着恶性竞争、传统媒体行政权力过大等问题；中职篮媒体版权种类细分及版权出售细节的精细程度不足，各俱乐部与媒体系统合作的潜力资源还有待进一步开发；中介系统所处的发展土壤越来越肥沃，经纪人和经纪机构规模迅速扩大，但相应的运营与约束法律规制跟进不够，导致了经纪人和俱乐部的铤而走险，发生违法行为；中国篮协经纪人培训时间过短，很难全面、系统、高质量地培养多学科知识融合的中职篮市场需求人才，众多违规现象很难被发现和进行处罚。

6）良好的政治政策环境、经济环境、社会氛围、体育环境基础为中职篮职业化改革与发展提供了坚强的保障。但中国传统文化提倡的谦逊、融洽生活理念与竞技篮球运动中身体对抗激烈、追求极限有矛盾之处。

7）中职篮改革创新模式是在我国职业体育大环境改革背景下，以"以人为本、提高核心产品质量""多元开放融合、协同发展"为理念，中职篮管理系统、中职篮核心运营系统、后备人才培养系统以及密切相关系统"上下一体、相融相长、共创分享"形成的新型协同合作模式。新模式需要中职篮相关参与主体牢牢树立全系统融合、全系统联动的思想理念，借助我国体育产业和体教融合相关政策的贯彻落实，注重社会系统整体改革的系统性、整体性、协同性，在政府的统筹协调下，系统所有主体发挥各自的优势和能力，协同推进中职篮及其后备人才培养系统中核心产品质量的不断提升。新模式是由中职篮系统牵头，政府与社会多部门分工配合、上下联动、密切合作而形成的中国竞技篮球多元开放融合系统。

## 5.2　建议

1）当前中职篮在管办分离改革完成后，中国篮协将办赛权和中职篮的运营权交给了 CBA 公司，而其只担任对中职篮监管的角色。新模式要求中职篮管理者在进一步完善利益统一体的内部细节管理基础上，从中国体育产业的整体角度系统评估当前中职篮规模的合理度问题，尽快打通与 NBL 的扩军通道，争取用 5～10 年扩军至 30 支，保证较为发达的省市都有中职篮球队，抓住中国体育产业大发展的机遇，迅速抢占中国体育产业市场份额，使中职篮不论从规模、赛事数量还是社会覆盖面、影响力等方面均实现全方位提升。另外，优秀球员的提供则通过增加外援数量和做好选秀工作来实现。

2）根据俱乐部市场运营的需要，通过系统调研和评估，将俱乐部运营能够获得最大收益的运营权逐步下放，而 CBA 公司则将更多精力放在中职篮整体的商业价值开发方面，在已建立的赞助商赞助体系基础上，进一步做好媒体转播版权商业开发，使得中职篮的整体收益更加合理。同时，为了保证赛事的高质量，职业裁判员培养势在必行。在俱乐部所属（合作）系统充分放权的前提下，俱乐部以现代企业管理模式的架构来进行改革，充分挖掘俱乐部所有经济价值潜力，通过专业的管理团队、市场营销团队、高水平的球队等诸多方面协同推进俱乐部营利能力的提升，尽早实现独立造血。

3）后备人才培养系统则利用国家体教融合政策，制定两大系统青少年运动员统一的训练竞赛以及文化教育学习考核标准和培养规划，积极促进各自优势资源与对方融合，协同做好后备人才培养的质量保障。所有后备人才培养相关系统在国务院的统筹协调下，发挥各自的优势和能力，建立起由教育系统和体育系统牵头，政府与社会多部门分工配合、上下联动、密切合作的多元开放融合系统，进而构建全国统筹的我国青少年篮球后备人才培养的新型举国体制模式。

4）赞助商除了关注已形成规模和社会影响力的国家队、中职篮赛事赞助，还应充分评估与中职篮相关的 NBL、CUBA、全国中学生超级篮球联赛等联赛的市场发展潜力，在其还未形成较大的社会影响力时，抓住时机，以较小的投入抢占与这些系统相关的市场。当前传统媒体在政府资源、市场资源方面拥有绝对优势，网络新媒体则拥有较强的技术资源优势，因此二者加强合作实现优势资源共享则是较佳选择，同时二者也要不断地提高转播技术水平，保证具备可长期持续性合作的资本和竞争力。

5）中职篮应将运营的重中之重放在对赛事、俱乐部自身存在的社会关注主体元素市场、俱乐部忠实观众球迷等方面的开发。不论中职篮系统整体还是每个俱乐部系统均应该围绕着最大限度培养忠实观众球迷进行市场开发，挖掘所有能够吸引观众球迷关注度的联盟和俱乐部价值元素，尽可能地通过专业化包装，满足观众、球迷的观赛需求，进而形成规模较大、稳定牢固的忠实观众球迷群体。另外，中职篮后备人才培养系统的相关主体也应该积极利用各种吸引观众球迷的各种元素，更大范围培养观众球迷规模，进而使整个中职篮及其后备人才培养系统成为观众球迷的关注热点。

6）重视对中介系统主体的思想道德素养、业务素质的培养与质量把控，并重视对业务操作违规处罚等相关机制的规范，使其意识到与中职篮俱乐部、球员等多方主体合作共赢的重要性，为中职篮的发展提供正能量和推动力。中介系统也应积极介入后备人才培养系统中球员的流动输送，为不同水平的球员选择适合自己锻炼的平台提供路径，使专业的中介团队也为我国竞技篮球后备人才高质量的培养做出贡献。

# 附　　录

## 附录 A　"基于复杂系统理论对中国男子篮球职业联赛改革创新模式的研究"访谈提纲

尊敬的专家、老师：

该访谈提纲是我课题组负责课题"基于复杂系统理论对中国男子篮球职业联赛创新模式研究"的重要组成部分，恳请您对以下问题提出宝贵的意见，在此，课题组十分感谢老师们的支持和帮助。

1. 您认为当前管办分离后，管理者和俱乐部责权利划分是否合理？对其改革有何建议？

2. 管办分离后的中职篮俱乐部运营条件是否得到明显改善？当前俱乐部运营中最大障碍有哪些？您对未来中国职业篮球俱乐部经营方面有哪些好的意见和建议？

3. 您对成立 CBA 公司有什么看法？有何建议？

4. 您认为管办分离后，当前中职篮主体关系冲突最为激烈的有哪些？

5. 您是否赞同"通过多方合力，形成以校园篮球为依托，以篮球学校、基层体校、业余和职业俱乐部为补充的多元培养发展路径"并实现共同培养后备篮球人才的重任？您认为当前存在的最大问题有哪些？或您认为未来我国竞技篮球后备人才培养主要模式有哪些？

6. 您是否赞同当前我国竞技篮球后备人才培养，大中小学、不同等级体校、社会俱乐部教练员水平较低的观点？您是否支持加强国家建立教练员执教认证机制和培养网络建设？

7.您认为当前中职篮联赛以哪一种形式吸引赞助商为好？请说明理由。

A.联赛整体　　　B.俱乐部各自单独

C.联赛整体与俱乐部各自按照一定比例划分招商权

8.您认为当前中职篮媒体工作是否达到中职篮发展的需要？存在的主要问题有哪些？

9.您认为建立中职篮联盟是否适合中国国情？为什么？

10.您是否赞同俱乐部与当地的社区、大学、中学等通过举行联谊赛、中小学假期篮球夏令营、公益活动，以及发挥球员的明星效应或亲情、友情，来发展球队球迷和粉丝规模，并进一步建立稳定的门票销售模式？

# 附件B　德尔菲法三轮征求专家意见表

## "中国男子篮球职业联赛复杂系统运行指标评价体系构建"
### 专家意见表（第一轮）

尊敬的专家、老师：

该指标体系是我课题组负责课题"基于复杂系统理论对中国男子篮球职业联赛（以下简称"中职篮"）创新模式的研究"的重要组成部分，恳请您对该研究初步制定的"中职篮复杂系统运行评价指标体系"的组成评价指标提出宝贵的意见，课题组十分感谢您的支持和帮助。

### 1.中职篮复杂系统运行指标评价体系表

| 一级指标 | 二级指标 | 三级指标 |
|---|---|---|
| 中职篮管理大系统 $C_1$ | 篮管中心系统 $D_1$ | 机构设置 $V_1$（主要包括篮管中心对中职篮行政监管、国家队管理、后备人才培养管理、中国其他篮球系统管理的机构设置情况等） |
| | | 责任分工 $V_2$（主要包括篮管中心职能转变程度、管办分离进度、其内部部门职权划分合理度等） |

（续表）

| 一级指标 | 二级指标 | 三级指标 |
|---|---|---|
| 中职篮管理大系统 $C_1$ | 篮管中心系统 $D_1$ | 制度建设 $V_3$（主要包括中国各级篮球联赛管理制度、后备人才培养制度、裁判培养制度、国家队管理制度等） |
| | | 工作目标 $V_4$（主要包括篮管中心工作目标、职业联赛发展目标、群众篮球发展目标、国家队发展目标、后备人才培养目标等） |
| | | 工作质量 $V_5$（主要包括联赛组织质量、联赛监管质量、后备人才培养质量、国家队建设质量、中国其他篮球系统管理质量等） |
| | | 不合理指标：　　　　　　　　建议修改为： |
| | | 没有考虑到的指标： |
| | 中国篮协系统 $D_2$ | 机构设置 $V_6$（主要包括中国篮协对中职篮管理、后备人才培养管理的机构设置情况等） |
| | | 责任分工 $V_7$（主要包括管办分离后中国篮协的职权划分及其内部部门的职权划分情况等） |
| | | 制度建设 $V_8$（主要包括管理制度、竞赛制度、市场准入与退出制度、裁判制度、外援制度、赞助商制度、球迷管理制度、选秀制度、运营制度、球员转会制度、后备人才培养制度等） |
| | | 工作目标 $V_9$（主要包括中国篮协工作目标、各级篮球联赛发展目标、群众篮球发展目标、国家队发展目标、后备人才培养目标） |
| | | 工作质量 $V_{10}$（主要包括篮协工作管理质量、各级联赛组织与发展质量、联赛监管质量、后备人才培养质量、国家队建设质量、中国其他篮球系统管理质量等） |
| | | 不合理指标：　　　　　　　　建议修改为： |
| | | 没有考虑到的指标： |
| | CBA 公司系统 $D_3$ | 机构设置 $V_{11}$（主要包括 CBA 公司对中职篮管理、后备人才培养管理、中职篮联赛运营等机构设置情况等） |

（续表）

| 一级指标 | 二级指标 | 三级指标 |
|---|---|---|
| 中职篮管理大系统 $C_1$ | CBA 公司系统 $D_3$ | 责任分工 $V_{12}$（主要包括管办分离后 CBA 公司职权划分及其内部部门的职权划分合理度等） |
| | | 制度建设 $V_{13}$（主要包括管理制度、竞赛制度、市场准入与退出制度、裁判制度、外援制度、赞助商制度、球迷管理制度、选秀制度、运营制度、球员转会制度等） |
| | | 工作目标 $V_{14}$（主要包括 CBA 公司工作目标、联赛竞赛管理工作目标、联赛运营规划目标、后备人才培养目标） |
| | | 工作质量 $V_{15}$（主要包括公司管理质量、联赛竞赛组织质量、联赛运营质量、后备人才培养质量等） |
| | | 不合理指标：　　　　　　建议修改为： |
| | | 没有考虑到的指标： |
| | 裁判委员会系统 $D_4$ | 机构设置 $V_{16}$（主要包括中职篮裁判的培养、选拔、指派参赛、监督等机构设置情况等） |
| | | 责任分工 $V_{17}$（主要包括管办分离后裁判委员会职权划分及其内部部门的职权划分合理度等） |
| | | 制度建设 $V_{18}$（主要包括裁判员管理制度、裁判员竞赛指派制度、裁判员培养与选拔制度、裁判员监管制度、裁判员奖励与处罚制度等） |
| | | 工作目标 $V_{19}$（主要包括裁判员委员会工作目标、竞赛裁判工作目标、裁判员发展规划目标等） |
| | | 工作质量 $V_{20}$（主要包括裁判员委员会管理质量、联赛竞赛裁判员工作组织与执行质量、联赛裁判员培养质量等） |
| | | 不合理指标：　　　　　　建议修改为： |
| | | 没有考虑到的指标： |
| | 不合理指标（二级指标）：　　　　　　建议修改为： | |
| | 没有考虑到的指标（二级指标）： | |
| 俱乐部子系统 $C_2$ | 管理人员系统 $D_5$ | 机构设置 $V_{21}$（主要包括俱乐部对运动员、教练员、工作人员管理，俱乐部运营管理，后备人才培养的机构设置情况等） |
| | | 责任分工 $V_{22}$（主要包括俱乐部实体化程度、俱乐部运营的职权、俱乐部内部机构的职权分工等情况） |

（续表）

| 一级指标 | 二级指标 | 三级指标 |
|---|---|---|
| 俱乐部子系统 $C_2$ | 管理人员系统 $D_5$ | 制度建设 $V_{23}$（主要包括俱乐部章程、俱乐部竞赛管理制度、俱乐部运营制度、俱乐部球员培养与选拔制度、俱乐部薪金制度、俱乐部奖励与处罚制度等） |
| | | 工作目标 $V_{24}$（主要包括俱乐部整体发展工作目标、俱乐部竞赛发展目标、俱乐部运营目标、俱乐部后备人才培养目标等） |
| | | 工作质量 $V_{25}$（主要包括俱乐部管理质量、市场运营质量、球队成绩、比赛场馆服务质量、后备人才培养质量等） |
| | | 不合理指标：　　　　　　建议修改为： |
| | | 没有考虑到的指标： |
| | 教练员系统 $D_6$ | 教练组组成情况 $V_{26}$（包括主教练、体能教练、战术教练、科研教练、康复教练、营养师等组成情况） |
| | | 执教成绩 $V_{27}$（包括教练员过去、现在执教球队的成绩情况，是反映教练员能力的重要指标之一） |
| | | 执教风格 $V_{28}$（反映教练员适合球队风格的重要标志之一） |
| | | 执教经历 $V_{29}$（反映教练员执教经验和执教能力的重要标志之一） |
| | | 管理水平 $V_{30}$（包括对教练组的协调能力、对球员技战术的整合能力、对球队凝聚力的集聚能力等，也是反映教练员工作能力的重要标志之一） |
| | | 职业素养 $V_{31}$（包括执教的敬业精神、对球队的付出程度、对竞赛公平公正的坚持程度、对球员可持续发展的推动等，也是反映教练员全面素质的重要标志之一） |
| | | 学历教育 $V_{32}$（包括教练员的文化程度、教育经历等情况，主要反映教练员理论积累、认知能力开发情况） |
| | | 年龄 $V_{33}$（反映教练员可持续发展的情况） |
| | | 教练员培养体系 $V_{34}$（包括教练员培养制度、教练员培养体系质量监控等，也是反映教练员执教能力的重要标志之一） |

（续表）

| 一级指标 | 二级指标 | 三级指标 |
|---|---|---|
| 俱乐部子系统 $C_2$ | 教练员系统 $D_6$ | 教练员流动 $V_{35}$（反映教练员与各俱乐部球队供需关系落实情况，也是职业体育发展的重要标志之一） |
| | | 运动经历 $V_{36}$（包括教练员以球员身份参加各级篮球训练和比赛的情况，是反映教练员执教能力的重要标志之一） |
| | | 社会关系 $V_{37}$（反映教练员为球队的训练和竞赛提供高水平平台的能力） |
| | | 薪水 $V_{38}$（反映联赛对教练员的价值评价，也是联赛对教练员重视程度的反映标志之一） |
| | | 工作环境 $V_{39}$（包括教练员训练、竞赛、生活、可持续发展的环境条件，也是反映联赛职业化程度的重要标志之一） |
| | | 不合理指标：　　　　　建议修改为： |
| | | 没有考虑到的指标： |
| | 运动员系统 $D_7$ | 竞技能力 $V_{40}$（包括技战术素养、执行力、总结反思、随机应变、团结协作、保证作息） |
| | | 运动经历 $V_{41}$（球员成长过程中参加各级篮球训练和比赛的情况，是反映球员竞技能力的重要标志之一） |
| | | 学历教育 $V_{42}$（包括球员的文化程度、教育经历等情况，主要反映球员理论积累、认知能力开发情况） |
| | | 职业素质 $V_{43}$（精神方面：爱国重誉、顽强拼搏、积极进取、团结友善、谦虚无私、乐观自信、勇敢担当、全力以赴等；行为方面：生活、训练和比赛的自我管理） |
| | | 职业道德 $V_{44}$（遵章守纪、服从指挥、尊重他人、乐于助人、举止文明、热心公益） |
| | | 比赛成绩 $V_{45}$（包括球员过去、现在的参赛成绩情况，是反映球员竞技能力的重要指标之一） |
| | | 薪水 $V_{46}$（反映联赛对球员的价值评价，也是反映联赛对球员重视程度的标志之一） |
| | | 竞技特征 $V_{47}$（包括球员技术、战术、心理素质、运动智能等方面表现出来的特征，是球员是否适合球队风格的重要标志之一） |

（续表）

| 一级指标 | 二级指标 | 三级指标 |
|---|---|---|
| 俱乐部子系统 $C_2$ | 运动员系统 $D_7$ | 参赛动机 $V_{48}$（包括球员对薪金的追求、对竞技能力提高的追求、对社会荣誉的追求、对退役后体面生活的追求等，是反映球员职业素养、竞技能力可持续发展的重要组成部分） |
| | | 球星作用 $V_{49}$（包括球星质量、数量和社会影响力等情况，是反映俱乐部实力的重要标志之一） |
| | | 伤病情况 $V_{50}$（包括球星急性损伤史、慢性损伤史、重大伤病史等情况，是反映球员训练科学性和球员成绩发挥情况的重要标志之一） |
| | | 工作环境 $V_{51}$（包括球员训练、竞赛、生活、可持续发展的环境条件，也是反映联赛职业化程度的重要标志之一） |
| | | 不合理指标：　　　　　建议修改为： |
| | | 没有考虑到的指标： |
| | 场馆管理系统 $D_8$ | 场馆规模 $V_{52}$（包括俱乐部训练场馆数量、竞赛的场馆容纳观众规模等，是反映俱乐部市场化程度的重要标志之一） |
| | | 场馆地理位置 $V_{53}$（包括场馆离市中心的距离、球迷看球的交通便利情况等，是影响现场观众看球的重要因素之一） |
| | | 场馆设施 $V_{54}$（包括俱乐部训练、竞赛的场地设施，球迷看球的座椅、环境设施，比赛转播的设施等，是反映俱乐部运作质量的重要标志之一） |
| | | 场馆服务 $V_{55}$（包括俱乐部对与训练、竞赛的有关的裁判员、教练员、运动员、转播机构及观众等主体的服务水平等，是反映俱乐部职业化水平的重要标志之一） |
| | | 场馆费用 $V_{56}$（包括俱乐部训练、竞赛使用场馆的成本，以及俱乐部门票等费用情况，是反映俱乐部运营状况的重要组成部分） |
| | | 不合理指标：　　　　　建议修改为： |
| | | 没有考虑到的指标： |
| | 不合理指标（二级指标）：　　　　　建议修改为： | |
| | 没有考虑到的指标（二级指标）： | |

（续表）

| 一级指标 | 二级指标 | 三级指标 |
|---|---|---|
| 俱乐部所属（合作）系统 $C_3$ | 所属（合作）政府系统 $D_9$ | 参赛目的 $V_{57}$（包括政治、经济、社会目的等） |
| | | 支持力度 $V_{58}$（包括政府对俱乐部从政策、资金、场地、后备人才培养等方面的支持情况） |
| | | 责权利分工 $V_{59}$（主要指政府系统与俱乐部之间的责、权、利分工情况） |
| | | 参赛收获 $V_{60}$（主要指政府通过支持举办俱乐部在政治、经济、社会影响力等方面获得的利益情况） |
| | | 不合理指标：　　　　　　建议修改为： |
| | | 没有考虑到的指标： |
| | 所属（合作）企业系统 $D_{10}$ | 参赛目的 $V_{61}$（包括政治、经济、社会目的以及企业老板个人情结等） |
| | | 支持力度 $V_{62}$（包括企业对俱乐部从政策、资金等方面的支持情况） |
| | | 责权利分工 $V_{63}$（主要指企业赋予俱乐部在经营管理等方面的责、权、利情况） |
| | | 参赛收获 $V_{64}$（主要指企业通过举办俱乐部在政治、经济、社会影响力等方面获得的利益情况） |
| | | 不合理指标：　　　　　　建议修改为： |
| | | 没有考虑到的指标： |
| | 不合理指标（二级指标）：　　　　　　建议修改为： | |
| | 没有考虑到的指标（二级指标）： | |
| 赞助商子系统 $C_4$ | 联赛赞助商 $D_{11}$ | 赞助动机 $V_{65}$（包括在政治、经济、社会关注度以及企业老板个人情结等方面的赞助目的） |
| | | 赞助力度 $V_{66}$（包括企业对俱乐部在资金、实物等方面的赞助情况） |
| | | 赞助方式 $V_{67}$（包括资金、实物、其他相关赞助形式） |
| | | 赞助商结构体系（五级赞助商：官方主赞助商、官方战略合作伙伴、官方合作伙伴、官方赞助商、官方供应商） |
| | | 不合理指标：　　　　　　建议修改为： |

（续表）

| 一级指标 | 二级指标 | 三级指标 |
|---|---|---|
| 赞助商子系统 $C_4$ | 联赛赞助商 $D_{11}$ | 没有考虑到的指标： |
| | 俱乐部冠名赞助商 $D_{12}$ | 赞助动机 $V_{68}$（包括在政治、经济、社会关注度以及企业老板个人情结等方面的赞助目的） |
| | | 赞助力度 $V_{69}$（包括企业对俱乐部在资金、实物等方面的赞助情况） |
| | | 赞助方式 $V_{70}$（包括资金、实物、其他相关赞助形式） |
| | | 不合理指标：　　　　建议修改为： |
| | | 没有考虑到的指标： |
| | 不合理指标（二级指标）：　　　　建议修改为： | |
| | 没有考虑到的指标（二级指标）： | |
| 后备人才培养子系统 $C_5$ | 中职篮俱乐部自身后备人才培养系统 $D_{13}$ | 机构设置 $V_{71}$（俱乐部针对后备人才培养系统设立的组织机构情况） |
| | | 竞技水平 $V_{72}$（联赛后备人才培养系统整体竞技能力和水平，以及各队教练员执教能力、运动员竞技能力等） |
| | | 办队动机 $V_{73}$（完成联赛设队要求的条件，为俱乐部一线队输送球员等） |
| | | 球员来源 $V_{74}$（各级梯队球员被选拔前的出处） |
| | | 梯队结构 $V_{75}$（后备人才培养的梯队设立情况，如二、三、四线级别球队） |
| | | 球员文化水平 $V_{76}$（后备人才文化水平的情况） |
| | | 赞助状况 $V_{77}$（外界对后备人才系统的赞助情况） |
| | | 系统规模 $V_{78}$（后备人才培养系统中教练员、球员、工作人员的规模） |
| | | 工作环境 $V_{79}$（球队训练、竞赛、生活、可持续发展的环境条件） |
| | | 资金投入 $V_{80}$（联赛及俱乐部年均为后备人才培养所投入的经费支持力度） |
| | | 不合理指标：　　　　建议修改为： |
| | | 没有考虑到的指标： |
| | NBL系统 $D_{14}$ | 机构设置 $V_{81}$（俱乐部针对后备人才培养系统设立的组织机构情况） |

（续表）

| 一级指标 | 二级指标 | 三级指标 |
|---|---|---|
| 后备人才培养子系统 $C_5$ | NBL 系统 $D_{14}$ | 办赛动机 $V_{82}$（包括政治、经济、社会目的以及各企业办队追求等） |
| | | 联赛竞技水平 $V_{83}$（联赛整体竞技能力和水平高低，以及各队教练员执教能力、运动员竞技能力等） |
| | | 球员来源 $V_{84}$（各级梯队球员被选拔前的出处） |
| | | 梯队结构 $V_{85}$（后备人才培养的梯队设立情况，如二、三、四线级别球队） |
| | | 联赛赞助状况 $V_{86}$（外界对联赛系统的资金、实物和其他形式的赞助情况） |
| | | 联赛规模 $V_{87}$（管理机构、俱乐部数量、教练员、球员、工作人员等规模情况） |
| | | 联赛环境 $V_{88}$（联赛整体发展所处的我国当前政治、经济、社会、体育等环境情况，各俱乐部所处地方政治、经济、社会、体育等环境情况，以及各俱乐部球队训练、竞赛、生活、可持续发展的环境条件） |
| | | 联赛品牌价值及社会影响力 $V_{89}$（联赛在社会中的关注度、影响力等价值体现） |
| | | 联赛媒体宣传情况 $V_{90}$（联赛宣传的电视转播、网络播放、报纸宣传等媒体情况以及付费方式等情况） |
| | | 联赛属性 $V_{91}$（联赛的管办分离情况以及各俱乐部的政府、企业等归属情况） |
| | | 不合理指标：　　　　　建议修改为： |
| | | 没有考虑到的指标： |
| | 大学生竞技篮球系统 $D_{15}$ | 联赛动机 $V_{92}$（包括政治、经济、社会目的以及各学校办队追求等） |
| | | 联赛竞技水平 $V_{93}$（联赛整体竞技能力、水平高低以及各队教练员执教能力、运动员竞技能力等） |
| | | 球员来源 $V_{94}$（各级梯队球员被选拔前的出处） |
| | | 梯队结构 $V_{95}$（球队设立二、三、四线梯队情况） |
| | | 联赛规模 $V_{96}$（管理机构、参赛队数量、教练员、球员、工作人员规模情况） |

（续表）

| 一级指标 | 二级指标 | 三级指标 |
|---|---|---|
| 后备人才培养子系统 $C_5$ | 大学生竞技篮球系统 $D_{15}$ | 联赛环境 $V_{97}$（联赛整体发展所处的我国当前政治、经济、社会、体育等环境情况，各高校球队所处地方政治、经济、社会、体育等环境情况，以及各高校球队训练、竞赛、生活、可持续发展的环境条件） |
| | | 联赛品牌价值及社会影响力 $V_{98}$（联赛在社会中的关注度、影响力等价值体现） |
| | | 联赛媒体宣传情况 $V_{99}$（联赛宣传的电视转播、网络播放、报纸宣传等媒体情况以及付费方式等情况） |
| | | 联赛属性 $V_{100}$（联赛的管办分离情况以及各俱乐部的政府、企业归属情况） |
| | | 不合理指标：　　　　　　建议修改为： |
| | | 没有考虑到的指标： |
| | 中小学竞技篮球系统 $D_{16}$ | 办队动机 $V_{101}$（包括政治、经济、社会目的以及各学校办队追求等） |
| | | 系统竞技水平 $V_{102}$（整体系统竞技能力和水平高低以及各队教练员执教能力、运动员竞技能力等） |
| | | 球员来源 $V_{103}$（各级梯队球员被选拔前的出处） |
| | | 梯队结构 $V_{104}$（后备人才培养的梯队设立情况，如：二、三、四线级别球队） |
| | | 联赛环境 $V_{105}$（联赛整体发展所处的我国当前政治、经济、社会、体育环境情况，各中小学球队所处地方政治、经济、社会、体育环境情况，以及各中小学球队训练、竞赛、生活、可持续发展的环境条件） |
| | | 政府支持力度 $V_{106}$（政府给联赛、学校给球队年均所投入的经费、场地、政策支持力度） |
| | | 社会影响力 $V_{107}$（系统在社会中的关注度、影响力等价值体现） |
| | | 不合理指标：　　　　　　建议修改为： |
| | | 没有考虑到的指标： |
| | 体校系统 $D_{17}$ | 办队动机 $V_{108}$（包括政治、经济、社会目的以及各学校办队追求等） |

（续表）

| 一级指标 | 二级指标 | 三级指标 |
|---|---|---|
| 后备人才培养子系统 $C_5$ | 体校系统 $D_{17}$ | 系统竞技水平 $V_{109}$（整体系统竞技能力和水平高低，以及各队教练员执教能力、运动员竞技能力等） |
| | | 球员来源 $V_{110}$（各级梯队球员被选拔前的出处） |
| | | 梯队结构 $V_{111}$（后备人才培养的梯队设立情况，如二、三、四线级别球队） |
| | | 联赛环境 $V_{112}$（联赛整体发展所处的我国当前政治、经济、社会、体育环境情况，各中小学球队所处地方政治、经济、社会、体育环境情况，以及各中小学球队训练、竞赛、生活、可持续发展的环境条件） |
| | | 政府支持力度 $V_{113}$（政府给联赛、学校给球队年均所投入的经费、场地、政策等支持力度） |
| | | 社会影响力 $V_{114}$（系统在社会中的关注度、影响力等价值体现） |
| | | 不合理指标：　　　　　建议修改为： |
| | | 没有考虑到的指标： |
| | 社会俱乐部 $D_{18}$ | 办队动机 $V_{115}$（包括政治、经济、社会目的以及各俱乐部办队追求等） |
| | | 系统竞技水平 $V_{116}$（整体系统竞技能力和水平高低，以及各队教练员执教能力、运动员竞技能力等） |
| | | 球员来源 $V_{117}$（各级梯队球员被选拔前的出处） |
| | | 梯队结构 $V_{118}$（后备人才培养的梯队设立情况，如二、三、四线级别球队） |
| | | 联赛环境 $V_{119}$（联赛整体发展所处的我国当前政治、经济、社会、体育等环境情况，各中小学球队所处地方政治、经济、社会、体育环境情况，以及各中小学球队训练、竞赛、生活、可持续发展的环境条件） |
| | | 政府支持力度 $V_{120}$（政府给相关联赛、俱乐部给球队年均所投入的经费、场地、政策支持力度） |

（续表）

| 一级指标 | 二级指标 | 三级指标 | |
|---|---|---|---|
| 后备人才培养子系统 $C_5$ | 社会俱乐部 $D_{18}$ | 社会影响力 $V_{121}$（俱乐部在社会中的关注度、影响力等价值体现） | |
| | | 不合理指标： | 建议修改为： |
| | | 没有考虑到的指标： | |
| | 不合理指标（二级指标）： | | 建议修改为： |
| | 没有考虑到的指标（二级指标）： | | |
| 裁判员子系统 $C_6$ | 裁判员系统 $D_{19}$ | 机构组成 $V_{122}$（裁判员管理机构的设置情况） | |
| | | 管理制度 $V_{123}$（管理与考核制度、竞赛安排制度、执裁评价制度、赛前培训制度、监督制度、激励与约束制度、薪金制度、委派制度、培养与选拔制度、升降级制度等） | |
| | | 临场执裁能力 $V_{124}$（执裁率、正判率、误判率、漏判率、球场争议与冲突量、心理素质、抗干扰能力） | |
| | | 职业道德 $V_{125}$（官哨、黑哨、昏哨、主场哨、拥军哨、人情哨等发生率以及球迷观众认可度） | |
| | | 基本状况 $V_{126}$（性别、年龄、职业等） | |
| | | 公信力 $V_{127}$（篮协认可度、俱乐部认可度、球迷观众认可度） | |
| | | 执裁收入 $V_{128}$（联赛对裁判员的价值评价，也是反映联赛对裁判员重视程度的标志之一） | |
| | | 执裁经历 $V_{129}$（裁判员过去、现在执裁的具体情况，是反映裁判员执裁能力的重要指标之一） | |
| | | 英语水平 $V_{130}$（裁判员所具备裁判规则英语水平以及与外援英语口语交流的能力） | |
| | | 不合理指标： | 建议修改为： |
| | | 没有考虑到的指标： | |
| | 裁判员培养 $D_{20}$ | 培养方式 $V_{131}$（裁判员成长过程中通过哪些培养途径、平台） | |
| | | 选拔方式 $V_{132}$（联赛选拔裁判员的依据及其评价方式等情况） | |

（续表）

| 一级指标 | 二级指标 | 三级指标 |
|---|---|---|
| 裁判员子系统 $C_6$ | 裁判员培养 $D_{20}$ | 职业化意愿 $V_{133}$（随着联赛的发展，裁判员职业化的意愿情况） |
| | | 不合理指标：　　　　　　　建议修改为： |
| | | 没有考虑到的指标： |
| | 不合理指标（二级指标）：　　　　　　建议修改为： | |
| | 没有考虑到的指标（二级指标）： | |
| 观众子系统 $C_7$ | 现场观众 $D_{21}$ | 观赛动机 $V_{134}$（现场观众观看比赛的目的，如放松心情、热爱篮球、当主队粉丝等。） |
| | | 主队情结 $V_{135}$（观众对主队的热爱和忠诚程度，也是衡量球队价值的重要指标之一） |
| | | 购票方式 $V_{136}$（泛指球迷获得球票的渠道类型） |
| | | 越轨行为 $V_{137}$（泛指球迷违反联赛规范的一系列行为，如辱骂对手和裁判员、投掷杂物、围堵客队、打架斗殴等） |
| | | 球迷结构 $V_{138}$（性别、年龄、职业等） |
| | | 不合理指标：　　　　　　　建议修改为： |
| | | 没有考虑到的指标： |
| | 媒体观众 $D_{22}$ | 观赛动机 $V_{139}$（通过电视、网络等媒体观看比赛的观众的目的，如放松心情、热爱篮球、当主队粉丝等） |
| | | 主队情结 $V_{140}$（媒体观众对主队的热爱和忠诚程度，也是衡量球队价值的重要指标之一。） |
| | | 球迷结构 $V_{141}$（性别、年龄、职业等） |
| | | 观赛投入 $V_{142}$（通过媒体观看比赛时发生的费用情况） |
| | | 观赛方式 $V_{143}$（观众观看比赛时通过电视、网络或其他渠道的情况） |
| | | 不合理指标：　　　　　　　建议修改为： |
| | | 没有考虑到的指标： |
| | 不合理指标（二级指标）：　　　　　　建议修改为： | |
| | 没有考虑到的指标（二级指标）： | |

（续表）

| 一级指标 | 二级指标 | 三级指标 |
|---|---|---|
| 媒体子系统 $C_8$ | 电视转播系统 $D_{23}$ | 转播机构属性 $V_{144}$（电视转播机构的隶属性质，也是影响联赛收益的重要组成因素之一） |
| | | 转播动机 $V_{145}$（转播机构转播联赛的目的，如经济利益、社会责任等） |
| | | 转播方式 $V_{146}$（直播或录播等情况） |
| | | 转播规模 $V_{147}$（直播量情况） |
| | | 转播质量 $V_{148}$（包括转播理念、转播硬件、转播字幕、转播画面等） |
| | | 转播效益 $V_{149}$（转播获益情况） |
| | | 收费或付费情况 $V_{150}$（转播联赛时的交易方式等情况） |
| | | 不合理指标：　　　　建议修改为： |
| | | 没有考虑到的指标： |
| | 网络传播系统 $D_{24}$ | 传播机构属性 $V_{151}$（传播机构的隶属性质，也是影响联赛收益的重要组成因素之一） |
| | | 传播动机 $V_{152}$（传播机构转播联赛的目的，如经济利益、社会责任等） |
| | | 传播方式 $V_{153}$（直播、录播等情况） |
| | | 传播规模 $V_{154}$（直播量情况） |
| | | 传播质量 $V_{155}$（包括转播理念、转播硬件、转播字幕、转播画面等） |
| | | 传播效益 $V_{156}$（转播获益情况） |
| | | 收费或付费情况 $V_{157}$（转播联赛时的交易方式等情况） |
| | | 不合理指标：　　　　建议修改为： |
| | | 没有考虑到的指标： |
| | 其他传播系统 $D_{25}$ | 传播机构属性 $V_{158}$（传播机构的隶属性质，也是影响联赛收益的重要组成因素之一） |
| | | 传播动机 $V_{159}$（传播机构转播联赛的目的，如经济利益、社会责任等） |
| | | 传播方式 $V_{160}$（直播或录播等情况） |
| | | 传播规模 $V_{161}$（直播量情况） |

（续表）

| 一级指标 | 二级指标 | 三级指标 |
|---|---|---|
| 媒体子系统 $C_8$ | 其他传播系统 $D_{25}$ | 传播质量 $V_{162}$（包括转播理念、转播硬件、转播字幕、转播画面等） |
| | | 传播效益 $V_{163}$（转播获益情况） |
| | | 收费或付费情况 $V_{164}$（转播联赛时的交易方式等情况） |
| | | 不合理指标：　　　　　建议修改为： |
| | | 没有考虑到的指标： |
| | 不合理指标（二级指标）：　　　　　建议修改为： | |
| | 没有考虑到的指标（二级指标）： | |
| 中介子系统 $C_9$ | 球员个人经纪人 $D_{26}$ | 国家法律、法规的依据 $V_{165}$（职业篮球市场化过程中，球员经纪人的生存和运营政策情况） |
| | | 球员经纪人组成结构 $V_{166}$（包括性别、年龄、职业等） |
| | | 经纪人规模 $V_{167}$（经纪人的数量情况） |
| | | 经纪人运作成果 $V_{168}$（联赛中经纪人运作球员流通的情况） |
| | | 经纪人收入状况 $V_{169}$（经纪人运作球员流通所获得的收益情况） |
| | | 经纪人生存环境 $V_{170}$（职业篮球市场化过程中，球员经纪人的生存和运营的环境情况） |
| | | 不合理指标：　　　　　建议修改为： |
| | | 没有考虑到的指标： |
| | 职业篮球赛事经纪机构 $D_{27}$ | 国家法律、法规的依据 $V_{171}$（体育产业市场化过程中，赛事经纪机构的生存和运营政策情况） |
| | | 职业篮球赛事经纪机构结构 $V_{172}$（包括经纪人情况、机构属性、机构设置情况等） |
| | | 经纪机构规模 $V_{173}$（经纪机构的数量情况） |
| | | 经纪机构运作成果 $V_{174}$（经纪机构运作球员流通或赛事运营的情况） |
| | | 经纪机构收入状况 $V_{175}$（经纪机构运作球员流通或赛事运营的收益情况） |
| | | 经纪机构生存环境 $V_{176}$（职业篮球市场化过程中，经纪机构的生存和运营的环境情况） |
| | | 不合理指标：　　　　　建议修改为： |
| | | 没有考虑到的指标： |
| | 不合理指标（二级指标）：　　　　　建议修改为： | |
| | 没有考虑到的指标（二级指标）： | |

（续表）

| 一级指标 | 二级指标 | 三级指标 |
|---|---|---|
| 外生环境大系统 $C_{10}$ | 政治环境 $D_{28}$ | 政府导向 $V_{177}$（政府关于职业篮球发展的相关政策指导方向情况） |
| | | 体育产业政策法规 $V_{178}$（政府关于体育产业发展的相关政策颁布情况） |
| | | 领导重视程度 $V_{176}$（政府领导对职业篮球发展的重视和支持情况） |
| | | 体育产业法治建设 $V_{179}$（职业篮球赖以生存的体育产业相关法规依据的建设情况） |
| | | 不合理指标：　　　　　建议修改为： |
| | | 没有考虑到的指标： |
| | 经济环境 $D_{29}$ | 国家经济发展水平 $V_{180}$（国家经济发展的程度，是反映社会富裕程度和职业体育受众消费保障的重要指标） |
| | | 经济体制 $V_{181}$（国家市场经济发展的程度，是反映职业体育发展的重要指标） |
| | | 市场环境 $V_{182}$（职业体育发展所需的市场化环境条件，是反映职业体育生存和发展的重要指标） |
| | | 居民收入 $V_{183}$（居民的可支配收入水平，是反映职业体育受众消费保障的重要指标） |
| | | 市场成熟度 $V_{184}$（职业体育市场化发展的程度，是影响职业体育开展的重要指标之一） |
| | | 不合理指标：　　　　　建议修改为： |
| | | 没有考虑到的指标： |
| | 社会环境 $D_{30}$ | 篮球的群众基础 $V_{185}$（篮球运动在我国开展的群众规模，是反映职业篮球发展的主要保障条件之一） |
| | | 篮球运动的社会影响 $V_{186}$（篮球运动在我国开展的规模及其在群众中的影响力，是反映职业篮球发展的重要保障条件之一） |
| | | 传统文化与篮球项目特点的相融性 $V_{187}$（我国传统文化的思维方式、精神理念特点与西方竞技篮球运动的对抗性、团队性等理念的一致性、冲突性） |

（续表）

| 一级指标 | 二级指标 | 三级指标 |
|---|---|---|
| 外生环境大系统 $C_{10}$ | 社会环境 $D_{30}$ | 中国篮球文化特点 $V_{188}$（篮球运动传入我国后，受中国传统文化长期影响发展形成的中国篮球文化的特征） |
| | 体育技术环境 $D_{31}$ | 职业体育政策法规的系统性 $V_{189}$（政府对职业体育发展制定的政策法规完善程度和同步化程度） |
| | | 竞技体育的价值取向 $V_{190}$（我国从事竞技体育工作的相关主体系统举办竞技体育的动机、目的及其态度情况） |
| | | 职业化运作的专业性 $V_{191}$（我国职业体育系统当前运作过程中，运作人员、机构的运营行为的专业化程度和质量） |
| | | 不合理指标：　　　　　建议修改为： |
| | | 没有考虑到的指标： |
| | 不合理指标（二级指标）：　　　　　建议修改为： |
| | 没有考虑到的指标（二级指标）： |

不合理指标（一级指标）：　　　　　建议修改为：

没有考虑到的指标（一级指标）：

## 2. 对指标条目的判断依据

| 您对指标条目的判断依据 | 理论依据 | 实践经验 | 国内外资料 | 直觉 |
|---|---|---|---|---|
| 请在对应栏里画"√" | | | | |

## 3. 对指标条目的熟悉程度

| 您对指标条目的熟悉程度 | 非常熟悉 | 比较熟悉 | 模棱两可 | 比较不熟悉 | 非常不熟悉 |
|---|---|---|---|---|---|
| 请在对应栏里画"√" | | | | | |

## 4. 个人情况简要介绍

| 您的职业 | 高校专家 | 中国篮协管理者 | 职业俱乐部管理者 | 职业队教练员 |
|---|---|---|---|---|
| 请在对应栏里画"√" | | | | |

## "中国男子篮球职业联赛复杂系统运行指标评价体系构建"
## 专家意见表（第二轮）

尊敬的专家、老师：

该指标体系是我课题组负责课题"基于复杂系统理论对中国男子篮球职业联赛（以下简称"中职篮"）创新模式的研究"的重要组成部分，恳请老师根据您的见解和观点对中职篮运行系统评价指标的重要程度作出评价（请在您认为最恰当的程度栏里画"√"），课题组十分感谢您的支持和帮助。

### 1. 一级指标

| 一级指标 | 非常重要 | 重要 | 比较重要 | 比较不重要 | 非常不重要 |
|---|---|---|---|---|---|
| 中职篮管理大系统 $C_1$ | | | | | |
| 俱乐部系统 $C_2$ | | | | | |
| 俱乐部所属（合作）系统 $C_3$ | | | | | |
| 赞助商系统 $C_4$ | | | | | |
| 后备人才培养系统 $C_5$ | | | | | |
| 观众系统 $C_6$ | | | | | |
| 媒体系统 $C_7$ | | | | | |
| 中介系统 $C_8$ | | | | | |
| 外生环境系统 $C_9$ | | | | | |
| 没有考虑到或需修改的指标： | | | | | |

### 2. 二级指标

| 二级指标 | 非常重要 | 重要 | 比较重要 | 比较不重要 | 非常不重要 |
|---|---|---|---|---|---|
| 中国篮球协会系统 $D_1$ | | | | | |
| CBA 公司系统 $D_2$ | | | | | |
| 裁判系统 $D_3$ | | | | | |
| 俱乐部管理人员系统 $D_4$ | | | | | |

（续表）

| 二级指标 | 非常重要 | 重要 | 比较重要 | 比较不重要 | 非常不重要 |
|---|---|---|---|---|---|
| 俱乐部教练员系统 $D_5$ | | | | | |
| 俱乐部运动员系统 $D_6$ | | | | | |
| 俱乐部场馆服务系统 $D_7$ | | | | | |
| 俱乐部所属（合作）政府系统 $D_8$ | | | | | |
| 俱乐部所属（合作）企业系统 $D_9$ | | | | | |
| 联赛赞助商系统 $D_{10}$ | | | | | |
| 俱乐部赞助商系统 $D_{11}$ | | | | | |
| 球员赞助商系统 $D_{12}$ | | | | | |
| 中职篮俱乐部自身后备人才培养系统 $D_{13}$ | | | | | |
| NBL 系统 $D_{14}$ | | | | | |
| 大学生竞技篮球系统 $D_{15}$ | | | | | |
| 中小学竞技篮球系统 $D_{16}$ | | | | | |
| 体校系统 $D_{17}$ | | | | | |
| 社会俱乐部系统 $D_{18}$ | | | | | |
| 现场观众 $D_{19}$ | | | | | |
| 媒体观众 $D_{20}$ | | | | | |
| 电视转播系统 $D_{21}$ | | | | | |
| 网络传播系统 $D_{22}$ | | | | | |
| 其他传播系统 $D_{23}$ | | | | | |
| 球员个人经纪人 $D_{24}$ | | | | | |
| 职业篮球赛事经纪机构 $D_{25}$ | | | | | |
| 政治环境 $D_{26}$ | | | | | |
| 经济环境 $D_{27}$ | | | | | |
| 社会环境 $D_{28}$ | | | | | |
| 体育技术环境 $D_{29}$ | | | | | |

没有考虑到或需修改的指标：

## 3. 三级指标

### A. 中职篮管理大系统 $C_1$

#### a. 中国篮球协会系统 $D_1$（二级指标）

| 中国篮球协会系统 $D_1$（二级指标） | 非常重要 | 重要 | 比较重要 | 比较不重要 | 非常不重要 |
|---|---|---|---|---|---|
| 机构设置 $V_1$（中国篮球及中职篮行政监管、国家队管理、后备人才培养管理、裁判系统管理、中国其他篮球系统管理等机构的设置情况） | | | | | |
| 管理职能 $V_2$（中国篮协整体职能承担及其内部部门职权划分情况等） | | | | | |
| 制度建设 $V_3$（中国各级篮球赛事管理制度、国家队管理制度、后备人才培养制度、裁判管理制度、群众篮球开展制度等） | | | | | |
| 工作目标 $V_4$（中国篮协工作目标、各级篮球赛事发展目标、国家队发展目标、后备人才培养目标、裁判系统工作目标、群众篮球发展目标等） | | | | | |
| 工作质量 $V_5$（各级赛事组织与监管质量、国家队建设质量、后备人才培养质量、裁判工作质量、群众篮球工作质量等） | | | | | |

没有考虑到或需修改的指标：

#### b. CBA 公司系统 $D_2$（二级指标）

| CBA 公司系统 $D_2$（二级指标） | 非常重要 | 重要 | 比较重要 | 比较不重要 | 非常不重要 |
|---|---|---|---|---|---|
| 机构设置 $V_6$（针对中职篮竞赛管理、市场运营的机构设置情况，包括董事会、监事会、办公室、市场部、竞训部、财务部、裁判委员会等） | | | | | |
| 管理职能 $V_7$（CBA 公司的整体职权划分及其内部各部门的职权划分情况等） | | | | | |

（续表）

| CBA 公司系统 $D_2$（二级指标） | 非常重要 | 重要 | 比较重要 | 比较不重要 | 非常不重要 |
|---|---|---|---|---|---|
| 制度建设 $V_8$（联赛管理、竞赛组织、市场运营、市场准入与退出、球员、外援、裁判、赞助商、球迷、选秀等制度） | | | | | |
| 工作目标 $V_9$（CBA 公司工作总目标以及内部各部门工作目标等） | | | | | |
| 工作质量 $V_{10}$（CBA 公司工作质量以及内部各部门工作质量等） | | | | | |

没有考虑到或需修改的指标：

### c. 裁判系统 $D_3$（二级指标）

| 裁判系统 $D_3$（二级指标） | 非常重要 | 重要 | 比较重要 | 比较不重要 | 非常不重要 |
|---|---|---|---|---|---|
| 机构组成 $V_{11}$（裁判员管理机构的设置情况） | | | | | |
| 管理制度 $V_{12}$（管理与考核制度、竞赛安排制度、执裁评价制度、赛前培训制度、监督制度、激励与约束制度、薪金制度、委派制度、培养与选拔制度、升降级制度、退出与淘汰制度等） | | | | | |
| 临场执裁能力 $V_{13}$（执裁率、正判率、误判率、漏判率、球场争议与冲突量、心理素质、抗干扰能力） | | | | | |
| 职业道德 $V_{14}$（官哨、黑哨、昏哨、主场哨、拥军哨、人情哨等发生率以及球迷观众认可度） | | | | | |
| 基本状况 $V_{15}$（性别、年龄、职业等） | | | | | |
| 公信力 $V_{16}$（篮协认可度、俱乐部认可度、球迷观众认可度） | | | | | |
| 执裁收入 $V_{17}$（反映联赛对裁判员的价值评价，也是联赛对裁判员的重视程度反映标志之一） | | | | | |

（续表）

| 裁判系统 $D_3$（二级指标） | 非常重要 | 重要 | 比较重要 | 比较不重要 | 非常不重要 |
|---|---|---|---|---|---|
| 执裁经历 $V_{18}$（裁判员过去、现在执裁的具体情况，是反映裁判员执裁能力的重要指标之一） | | | | | |
| 英语水平 $V_{19}$（裁判员所具备裁判规则英语水平以及与外援英语口语交流的能力） | | | | | |
| 培养方式 $V_{20}$（裁判员成长过程中通过哪些培养途径、平台的情况） | | | | | |
| 选拔方式 $V_{21}$（联赛选拔裁判员的依据及其评价方式等情况） | | | | | |
| 职业化意愿 $V_{22}$（随着联赛的发展，裁判员职业化的意愿情况） | | | | | |

没有考虑到或需修改的指标：

## B. 俱乐部系统 $C_2$

### a. 管理人员系统 $D_4$（二级指标）

| 管理人员系统 $D_4$（二级指标） | 非常重要 | 重要 | 比较重要 | 比较不重要 | 非常不重要 |
|---|---|---|---|---|---|
| 机构设置 $V_{23}$（俱乐部针对运动员、教练员、工作人员管理、俱乐部运营、后备人才培养的机构设置情况） | | | | | |
| 管理职能 $V_{24}$（俱乐部实体化程度、俱乐部运营的职权、俱乐部内部机构的职权分工等情况） | | | | | |
| 制度建设 $V_{25}$（俱乐部章程、俱乐部竞赛管理制度、俱乐部运营制度、俱乐部球员培养与选拔制度、俱乐部薪金制度、俱乐部奖励与处罚制度等） | | | | | |

（续表）

| 管理人员系统 $D_4$（二级指标） | 非常重要 | 重要 | 比较重要 | 比较不重要 | 非常不重要 |
|---|---|---|---|---|---|
| 工作目标 $V_{26}$（俱乐部整体发展工作目标、俱乐部竞赛发展目标、俱乐部运营目标、俱乐部后备人才培养目标等） | | | | | |
| 工作质量 $V_{27}$（俱乐部管理质量、市场运营质量、球队成绩、比赛场馆服务质量、后备人才培养质量等） | | | | | |
| 薪金水平 $V_{28}$（反映俱乐部对管理人员的价值评价，也能体现俱乐部对管理人员的重视程度） | | | | | |

没有考虑到或需修改的指标：

### b. 教练员系统 $D_5$（二级指标）

| 教练员系统 $D_5$（二级指标） | 非常重要 | 重要 | 比较重要 | 比较不重要 | 非常不重要 |
|---|---|---|---|---|---|
| 教练组组成情况 $V_{29}$（主教练、体能教练、战术教练、科研教练、康复教练、营养师等组成情况） | | | | | |
| 执教成绩 $V_{30}$（教练员过去、现在执教球队的成绩情况，是反映教练员能力的重要指标之一） | | | | | |
| 执教特长 $V_{31}$（反映教练员适合球队技战术特点的重要标志之一） | | | | | |
| 执教经历 $V_{32}$（反映教练员执教经验和执教能力的重要标志之一） | | | | | |
| 管理水平 $V_{33}$（对教练组的协调能力、对球员技战术的整合能力、对球队凝聚力的集聚能力等，也是反映教练员工作能力的重要标志之一） | | | | | |

（续表）

| 教练员系统 $D_5$（二级指标） | 非常重要 | 重要 | 比较重要 | 比较不重要 | 非常不重要 |
|---|---|---|---|---|---|
| 职业素养 $V_{34}$（执教的敬业精神、对球队的付出程度、对竞赛公平公正的坚持程度、对球员可持续发展的推动、地域归属感和共同体意识等，也是反映教练员全面素质的重要标志之一） | | | | | |
| 学历教育 $V_{35}$（教练员的文化程度、教育经历等情况，主要反映教练员理论积累、认知能力开发情况） | | | | | |
| 年龄 $V_{36}$（反映教练员可持续发展的情况） | | | | | |
| 教练员培养体系 $V_{37}$（教练员培养制度、模式、手段、质量监控等，也是反映教练员执教能力的重要标志之一） | | | | | |
| 教练员流动 $V_{38}$（反映教练员与各俱乐部球队供需关系落实情况，也是职业体育发展的重要标志之一） | | | | | |
| 运动经历 $V_{39}$（教练员以球员身份参加各级篮球训练和比赛的情况，是反映教练员执教能力的重要标志之一） | | | | | |
| 社会关系 $V_{40}$（反映教练员为球队训练和竞赛提供高水平平台的能力） | | | | | |
| 薪金水平 $V_{41}$（反映俱乐部对教练员的价值评价，也能体现俱乐部对教练员的重视程度） | | | | | |
| 工作环境 $V_{42}$（教练员训练、竞赛、生活、可持续发展的环境条件，也是反映联赛职业化程度的重要标志之一） | | | | | |

没有考虑到或需修改的指标：

## c. 运动员系统 $D_6$（二级指标）

| 运动员系统 $D_6$（二级指标） | 非常重要 | 重要 | 比较重要 | 比较不重要 | 非常不重要 |
|---|---|---|---|---|---|
| 竞技能力 $V_{43}$（技战术素养、技战术执行力、总结反思能力、随机应变能力、团结协作能力、保证作息能力） | | | | | |
| 运动经历 $V_{44}$（球员成长过程中参加各级篮球训练和比赛的情况，是反映球员竞技能力的重要标志之一） | | | | | |
| 学历教育 $V_{45}$（球员的文化程度、教育经历等情况，主要反映球员理论积累、认知能力开发情况） | | | | | |
| 职业素质 $V_{46}$（精神方面：爱国重誉、遵章守纪、服从指挥、顽强拼搏、团结友善、谦虚无私、乐观自信、举止文明等；行为方面：生活、训练和比赛的自我管理） | | | | | |
| 比赛成绩 $V_{47}$（球员过去、现在参赛成绩情况，是反映球员竞技能力的重要指标） | | | | | |
| 薪水水平 $V_{48}$（反映俱乐部对球员的价值评价，也能体现俱乐部对球员重视程度） | | | | | |
| 竞技特征 $V_{49}$（球员技术、战术、心理素质、运动智能等方面表现出来的特征，是球员是否适合球队风格的重要标志之一） | | | | | |
| 参赛动机 $V_{50}$（球员对薪金的追求、对竞技能力提高的追求、对社会荣誉的追求、对退役后体面生活的追求等，是反映球员职业素养、竞技能力可持续发展的重要组成部分） | | | | | |
| 球星作用 $V_{51}$（球星质量、数量和社会影响力等情况，是反映俱乐部实力的重要标志之一） | | | | | |
| 伤病情况 $V_{52}$（球星急性损伤史、慢性损伤史、重大伤病史等情况，是反映球员训练科学性和球员成绩发挥的重要标志之一） | | | | | |

（续表）

| 运动员系统 $D_6$（二级指标） | 非常重要 | 重要 | 比较重要 | 比较不重要 | 非常不重要 |
|---|---|---|---|---|---|
| 工作环境 $V_{53}$（球员训练、竞赛、生活、可持续发展的环境条件，也是反映联赛职业化程度的重要标志之一） | | | | | |

没有考虑到或需修改的指标：

### d. 场馆服务系统 $D_7$（二级指标）

| 场馆服务系统 $D_7$（二级指标） | 非常重要 | 重要 | 比较重要 | 比较不重要 | 非常不重要 |
|---|---|---|---|---|---|
| 场馆属性 $V_{54}$（场馆属于球队自有、租用，还是 PPP 模式即私营企业、民营资本与政府进行合作） | | | | | |
| 场馆规模 $V_{55}$（俱乐部训练场馆数量、竞赛的场馆容纳观众规模等，是反映俱乐部市场化程度的重要标志之一） | | | | | |
| 场馆地理位置 $V_{56}$（竞赛场馆离市中心的距离、球迷看球的交通便利情况等，是影响现场观众看球的重要因素之一） | | | | | |
| 场馆设施 $V_{57}$（俱乐部训练、竞赛的场地设施，球迷看球的座椅、环境设施，比赛转播的设施，俱乐部地域文化和象征标志等，是反映俱乐部运作质量的重要标志之一） | | | | | |
| 场馆服务 $V_{58}$（俱乐部对与训练、竞赛有关的裁判员、教练员、运动员、转播机构及观众等主体的服务水平，是反映俱乐部职业化水平的重要标志之一） | | | | | |
| 场馆费用 $V_{59}$（俱乐部训练、竞赛使用场馆的成本等，是反映俱乐部运营状况的重要组成部分） | | | | | |

没有考虑到或需修改的指标：

## C. 俱乐部所属（合作）系统 $C_3$

### a. 所属（合作）政府系统 $D_8$（二级指标）

| 所属（合作）政府系统 $D_8$（二级指标） | 非常重要 | 重要 | 比较重要 | 比较不重要 | 非常不重要 |
|---|---|---|---|---|---|
| 参赛目的 $V_{60}$（政治、经济、社会目的等） | | | | | |
| 支持力度 $V_{61}$（政府对俱乐部从政策、资金、场地、后备人才培养等方面的支持情况） | | | | | |
| 责权利分工 $V_{62}$（主要指政府系统与俱乐部之间的责、权、利分工情况） | | | | | |
| 参赛收获 $V_{63}$（主要指政府通过支持举办俱乐部在政治、经济、社会影响力等方面获得的利益情况） | | | | | |

没有考虑到或需修改的指标：

### b. 所属（合作）企业系统 $D_9$（二级指标）

| 所属（合作）企业系统 $D_9$（二级指标） | 非常重要 | 重要 | 比较重要 | 比较不重要 | 非常不重要 |
|---|---|---|---|---|---|
| 参赛目的 $V_{64}$（政治、经济、社会目的及企业老板个人情结等） | | | | | |
| 支持力度 $V_{65}$（企业对俱乐部在政策、资金等方面的支持情况） | | | | | |
| 责、权、利分工 $V_{66}$（主要指企业赋予俱乐部在经营管理等方面的责、权、利情况） | | | | | |
| 参赛收获 $V_{67}$（主要指企业通过举办俱乐部在政治、经济、社会影响力等方面获得的利益情况） | | | | | |

没有考虑到或需修改的指标：

## D. 赞助商系统 $C_4$

### a. 联赛赞助商 $D_{10}$（二级指标）

| 联赛赞助商 $D_{10}$（二级指标） | 非常重要 | 重要 | 比较重要 | 比较不重要 | 非常不重要 |
|---|---|---|---|---|---|
| 赞助动机 $V_{68}$（在政治、经济、社会关注度以及企业老板个人情结等方面的赞助目的） | | | | | |

（续表）

| 联赛赞助商 $D_{10}$（二级指标） | 非常重要 | 重要 | 比较重要 | 比较不重要 | 非常不重要 |
|---|---|---|---|---|---|
| 赞助力度 $V_{69}$（企业对俱乐部从资金、实物等方面的赞助情况） | | | | | |
| 赞助形式 $V_{70}$（资金、实物、其他相关赞助形式） | | | | | |
| 赞助商结构体系 $V_{71}$（官方主赞助商、官方战略合作伙伴、官方合作伙伴、官方赞助商、官方供应商、冠名供应商、特许商品经销商等） | | | | | |

没有考虑到或需修改的指标：

### b. 俱乐部赞助商 $D_{11}$（二级指标）

| 俱乐部赞助商 $D_{11}$（二级指标） | 非常重要 | 重要 | 比较重要 | 比较不重要 | 非常不重要 |
|---|---|---|---|---|---|
| 赞助动机 $V_{72}$（在政治、经济、社会关注度以及企业老板个人情结等方面的赞助目的） | | | | | |
| 赞助力度 $V_{73}$（企业对俱乐部从资金、实物等方面的赞助情况） | | | | | |
| 赞助形式 $V_{74}$（资金、实物、其他相关赞助形式） | | | | | |
| 赞助商结构体系 $V_{75}$（冠名赞助商、其他合作赞助商、供应商、特许商品经销商等） | | | | | |

没有考虑到或需修改的指标：

### c. 球员赞助商 $D_{12}$（二级指标）

| 球员赞助商 $D_{12}$（二级指标） | 非常重要 | 重要 | 比较重要 | 比较不重要 | 非常不重要 |
|---|---|---|---|---|---|
| 赞助动机 $V_{76}$（在政治、经济、社会关注度以及企业老板个人情结等方面的赞助目的） | | | | | |

（续表）

| 球员赞助商 $D_{12}$（二级指标） | 非常重要 | 重要 | 比较重要 | 比较不重要 | 非常不重要 |
|---|---|---|---|---|---|
| 赞助力度 $V_{77}$（企业对球员在资金、实物等方面的赞助情况） | | | | | |
| 赞助形式 $V_{78}$（资金、实物、其他相关赞助形式） | | | | | |

没有考虑到或需修改的指标：

## E. 后备人才培养系统 $C_5$

### a. 中职篮俱乐部自身后备人才培养系统 $D_{13}$（二级指标）

| 中职篮俱乐部自身后备人才培养系统 $D_{13}$（二级指标） | 非常重要 | 重要 | 比较重要 | 比较不重要 | 非常不重要 |
|---|---|---|---|---|---|
| 机构设置 $V_{79}$（俱乐部针对后备人才培养系统设立的组织机构情况） | | | | | |
| 竞技水平 $V_{80}$（联赛后备人才培养系统整体竞技水平以及各队教练员执教能力、运动员竞技能力等） | | | | | |
| 办队动机 $V_{81}$（完成联赛设队要求条件，为俱乐部一线队输送球员等） | | | | | |
| 球员来源 $V_{82}$（各级梯队球员被选拔前的出处） | | | | | |
| 球员出路 $V_{83}$（各级梯队球员升入上一级队伍和转会出走情况） | | | | | |
| 梯队结构 $V_{84}$（后备人才培养的梯队设立情况，如二、三、四线级别球队） | | | | | |
| 球员文化水平 $V_{85}$（后备人才文化水平情况） | | | | | |
| 赞助状况 $V_{86}$（外界对后备人才系统的赞助情况） | | | | | |
| 系统规模 $V_{87}$（后备人才培养系统中教练员、球员、工作人员的规模） | | | | | |

（续表）

| 中职篮俱乐部自身后备人才培养系统 $D_{13}$（二级指标） | 非常重要 | 重要 | 比较重要 | 比较不重要 | 非常不重要 |
|---|---|---|---|---|---|
| 工作环境 $V_{88}$（球队训练、竞赛、生活、可持续发展的环境条件） | | | | | |
| 资金投入 $V_{89}$（联赛以及俱乐部年均给后备人才培养所投入的经费支持力度） | | | | | |

没有考虑到或需修改的指标：

### b. NBL 系统 $D_{14}$（二级指标）

| NBL 系统 $D_{14}$（二级指标） | 非常重要 | 重要 | 比较重要 | 比较不重要 | 非常不重要 |
|---|---|---|---|---|---|
| 机构设置 $V_{90}$（俱乐部设立的竞赛、市场运营、内部约束等组织机构情况） | | | | | |
| 办赛动机 $V_{91}$（包括政治、经济、社会目的以及各企业办队追求等） | | | | | |
| 联赛竞技水平 $V_{92}$（联赛整体竞技水平以及各队教练员执教能力、运动员竞技能力等） | | | | | |
| 球员来源 $V_{93}$（各级梯队球员被选拔前的出处） | | | | | |
| 梯队结构 $V_{94}$（后备人才培养的梯队设立情况，如二、三、四线级别球队） | | | | | |
| 联赛赞助状况 $V_{95}$（外界对联赛系统的资金、实物和其他形式的赞助情况） | | | | | |
| 联赛规模 $V_{96}$（管理机构、俱乐部、教练员、球员、工作人员的规模情况） | | | | | |
| 联赛环境 $V_{97}$（联赛整体发展所处的我国当前政治、经济、社会、体育等环境情况，各俱乐部所处地方政治、经济、社会、体育的环境情况，以及各俱乐部球队训练、竞赛、生活、可持续发展的环境条件） | | | | | |
| 联赛品牌价值及社会影响力 $V_{98}$（联赛在社会中的关注度、影响力的价值体现） | | | | | |

（续表）

| NBL 系统 $D_{14}$（二级指标） | 非常重要 | 重要 | 比较重要 | 比较不重要 | 非常不重要 |
|---|---|---|---|---|---|
| 联赛媒体宣传情况 $V_{99}$（联赛宣传的电视转播、网络播放、报纸宣传等媒体宣传以及付费方式等情况） | | | | | |
| 联赛属性 $V_{100}$（联赛的管办分离情况以及各俱乐部的政府、企业等归属情况） | | | | | |

没有考虑到或需修改的指标：

### c. 大学生竞技篮球系统 $D_{15}$（二级指标）

| 大学生竞技篮球系统 $D_{15}$（二级指标） | 非常重要 | 重要 | 比较重要 | 比较不重要 | 非常不重要 |
|---|---|---|---|---|---|
| 办赛动机 $V_{101}$（系统整体办赛目的、各学校办队参赛目的、球员参赛目的等） | | | | | |
| 赛事竞技水平 $V_{102}$（赛事整体竞技水平以及各队教练员执教能力、运动员竞技能力等） | | | | | |
| 球员来源 $V_{103}$（各级梯队球员被选拔前的出处） | | | | | |
| 梯队结构 $V_{104}$（球队设立二、三、四线梯队情况） | | | | | |
| 赛事规模 $V_{105}$（管理机构、参赛队、教练员、球员、工作人员的规模情况） | | | | | |
| 系统环境 $V_{106}$（系统整体发展所处政治、经济、社会、体育的环境情况，各高校球队所处地方政治、经济、社会、体育等环境情况，以及各高校球队训练、竞赛、生活、学习等可持续发展的环境条件） | | | | | |
| 赛事品牌价值及社会影响力 $V_{107}$（赛事在社会中的关注度、影响力等价值体现） | | | | | |
| 赛事媒体宣传情况 $V_{108}$（赛事宣传的电视转播、网络播放、报纸宣传等媒体宣传以及付费方式等情况） | | | | | |

没有考虑到或需修改的指标：

## d. 中小学竞技篮球系统 $D_{16}$（二级指标）

| 中小学竞技篮球系统 $D_{16}$（二级指标） | 非常重要 | 重要 | 比较重要 | 比较不重要 | 非常不重要 |
|---|---|---|---|---|---|
| 办队动机 $V_{109}$（系统整体办赛目的，各学校办队参赛目的、球员参赛目的等） | | | | | |
| 系统竞技水平 $V_{110}$（系统整体竞技水平以及各队教练员执教能力、运动员竞技能力等） | | | | | |
| 球员来源 $V_{111}$（各级梯队球员被选拔前的出处） | | | | | |
| 梯队结构 $V_{112}$（后备人才培养的梯队设立情况，如：二、三、四线级别球队） | | | | | |
| 赛事规模 $V_{113}$（管理机构、参赛队、教练员、球员、工作人员等规模情况） | | | | | |
| 系统环境 $V_{114}$（系统整体发展所处的我国当前政治、经济、社会、体育等环境情况，各中小学球队所处地方政治、经济、社会、体育等环境情况，以及各中小学球队训练、竞赛、生活、学习等可持续发展的环境条件） | | | | | |
| 政府支持力度 $V_{115}$（政府给联赛、学校给球队年均所投入的经费、场地、政策等支持力度） | | | | | |
| 社会影响力 $V_{116}$（系统在社会中的关注度、影响力等价值体现） | | | | | |

没有考虑到或需修改的指标：

## e. 体校系统 $D_{17}$（二级指标）

| 体校系统 $D_{17}$（二级指标） | 非常重要 | 重要 | 比较重要 | 比较不重要 | 非常不重要 |
|---|---|---|---|---|---|
| 办队动机 $V_{117}$（系统整体办赛目的，各学校办队参赛目的、球员参赛目的等） | | | | | |
| 系统竞技水平 $V_{118}$（系统整体竞技水平以及各队教练员执教能力、运动员竞技能力等） | | | | | |

（续表）

| 体校系统 $D_{17}$（二级指标） | 非常重要 | 重要 | 比较重要 | 比较不重要 | 非常不重要 |
|---|---|---|---|---|---|
| 球员来源 $V_{119}$（各级梯队球员被选拔前的出处） | | | | | |
| 梯队结构 $V_{120}$（后备人才培养的梯队设立情况，如：二、三、四线级别球队） | | | | | |
| 赛事规模 $V_{121}$（管理机构、参赛队、教练员、球员、工作人员规模情况） | | | | | |
| 系统环境 $V_{122}$（系统整体发展所处的我国当前政治、经济、社会、体育等环境情况，各体校球队所处地方政治、经济、社会、体育的环境情况，以及各中小学球队训练、竞赛、生活、学习等可持续发展的环境条件） | | | | | |
| 政府支持力度 $V_{123}$（政府给联赛、学校给球队的经费、场地、政策的支持力度） | | | | | |
| 社会影响力 $V_{124}$（系统在社会中的关注度、影响力等价值体现） | | | | | |

没有考虑到或需修改的指标：

## f. 社会俱乐部 $D_{18}$（二级指标）

| 社会俱乐部 $D_{18}$（二级指标） | 非常重要 | 重要 | 比较重要 | 比较不重要 | 非常不重要 |
|---|---|---|---|---|---|
| 办队动机 $V_{125}$（系统整体办赛目的、各学校办队参赛目的、球员参赛目的等） | | | | | |
| 系统竞技水平 $V_{126}$（系统整体竞技水平以及各队教练员执教能力、运动员竞技能力等） | | | | | |
| 球员来源 $V_{127}$（各级梯队球员被选拔前的出处） | | | | | |
| 梯队结构 $V_{128}$（后备人才培养的梯队设立情况，如二、三、四线级别球队） | | | | | |

（续表）

| 社会俱乐部 $D_{18}$（二级指标） | 非常重要 | 重要 | 比较重要 | 比较不重要 | 非常不重要 |
|---|---|---|---|---|---|
| 赛事规模 $V_{129}$（管理机构、参赛队、教练员、球员、工作人员的规模情况） | | | | | |
| 系统环境 $V_{130}$（系统整体发展所处的我国当前政治、经济、社会、体育等环境情况，各俱乐部所处地方政治、经济、社会、体育等环境情况，以及各俱乐部训练、竞赛、生活、学习等可持续发展的环境条件） | | | | | |
| 经费支持力度 $V_{131}$（俱乐部给球队年均所投入的经费、场地、政策等支持力度） | | | | | |
| 社会影响力 $V_{132}$（俱乐部在社会中的关注度、影响力等价值体现） | | | | | |
| 没有考虑到或需修改的指标： | | | | | |

F. 观众系统 $C_6$

a. 现场观众 $D_{19}$（二级指标）

| 现场观众 $D_{19}$（二级指标） | 非常重要 | 重要 | 比较重要 | 比较不重要 | 非常不重要 |
|---|---|---|---|---|---|
| 观赛动机 $V_{133}$（现场观众观看比赛的目的，如放松心情、热爱篮球、主队粉丝等） | | | | | |
| 主队情节 $V_{134}$（观众对主队的热爱和忠诚程度以及看台文化建设情况，也是衡量球队价值的重要指标之一） | | | | | |
| 购票方式 $V_{135}$（泛指球迷获得球票的渠道类型） | | | | | |
| 越轨行为 $V_{136}$（泛指球迷违反联赛规范的一系列行为，如辱骂对手和裁判员、投掷杂物、围堵客队、打架斗殴等） | | | | | |
| 球迷结构 $V_{137}$（性别、年龄、职业、收入等） | | | | | |
| 没有考虑到或需修改的指标： | | | | | |

## b. 媒体观众 $D_{20}$（二级指标）

| 媒体观众 $D_{20}$（二级指标） | 非常重要 | 重要 | 比较重要 | 比较不重要 | 非常不重要 |
|---|---|---|---|---|---|
| 观赛动机 $V_{138}$（通过电视、网络等媒体观看比赛的观众的目的，如：放松心情、热爱篮球、当主队粉丝等） | | | | | |
| 主队情结 $V_{139}$（媒体观众对主队的热爱和忠诚程度，也是衡量球队价值的重要指标之一） | | | | | |
| 球迷结构 $V_{140}$（性别、年龄、职业等） | | | | | |
| 观赛投入 $V_{141}$（通过媒体观看比赛时发生的费用情况） | | | | | |
| 观赛渠道 $V_{142}$（观众观看比赛通过电视、网络或其他渠道的情况） | | | | | |
| 观赛方式 $V_{143}$（主要是指个人、家庭、团体等） | | | | | |

没有考虑到或需修改的指标：

## G. 媒体系统 $C_7$

### a. 电视转播系统 $D_{21}$（二级指标）

| 电视转播系统 $D_{21}$（二级指标） | 非常重要 | 重要 | 比较重要 | 比较不重要 | 非常不重要 |
|---|---|---|---|---|---|
| 转播机构属性 $V_{144}$（电视转播机构的隶属性质，也是影响联赛收益的重要组成因素之一） | | | | | |
| 转播动机 $V_{145}$（转播机构转播联赛的目的，如经济利益、社会责任等） | | | | | |
| 转播方式 $V_{146}$（直播、录播等情况） | | | | | |
| 转播规模 $V_{147}$（直播量情况） | | | | | |
| 转播质量 $V_{148}$（转播理念、转播硬件、转播字幕、转播画面等） | | | | | |
| 转播效益 $V_{149}$（转播获益情况） | | | | | |
| 收费或付费情况 $V_{150}$（转播联赛时的交易方式等情况） | | | | | |

没有考虑到或需修改的指标：

## b. 网络传播系统 $D_{22}$（二级指标）

| 网络传播系统 $D_{22}$（二级指标） | 非常重要 | 重要 | 比较重要 | 比较不重要 | 非常不重要 |
|---|---|---|---|---|---|
| 传播机构属性 $V_{151}$（网络传播机构的隶属性质，也是影响联赛收益的重要组成因素之一） | | | | | |
| 传播动机 $V_{152}$（机构传播联赛的目的，如经济利益、社会责任等） | | | | | |
| 传播方式 $V_{153}$（视频直播、视频录播、文字传播等情况） | | | | | |
| 传播规模 $V_{154}$（直播量情况） | | | | | |
| 传播质量 $V_{155}$（传播理念、传播硬件、传播字幕、传播画面等） | | | | | |
| 传播效益 $V_{156}$（传播获益情况） | | | | | |
| 收费或付费情况 $V_{157}$（传播联赛时的交易方式等情况） | | | | | |
| 没有考虑到或需修改的指标： | | | | | |

## c. 其他传播系统 $D_{23}$（二级指标）

| 其他传播系统 $D_{23}$（二级指标） | 非常重要 | 重要 | 比较重要 | 比较不重要 | 非常不重要 |
|---|---|---|---|---|---|
| 传播机构属性 $V_{158}$（传播机构的隶属性质，也是影响联赛收益的重要组成因素之一） | | | | | |
| 传播动机 $V_{159}$（传播机构转播联赛的目的，如经济利益、社会责任等） | | | | | |
| 传播方式 $V_{160}$（报纸、杂志传播等情况） | | | | | |
| 传播规模 $V_{161}$（直播量情况） | | | | | |
| 传播质量 $V_{162}$（传播理念、传播硬件、传播产品规格等） | | | | | |
| 传播效益 $V_{163}$（传播获益情况） | | | | | |
| 收费或付费情况 $V_{164}$（传播联赛信息时的交易方式等情况） | | | | | |
| 没有考虑到或需修改的指标： | | | | | |

## H. 中介系统 $C_8$

### a. 球员个人经纪人 $D_{24}$（二级指标）

| 球员个人经纪人 $D_{24}$（二级指标） | 非常重要 | 重要 | 比较重要 | 比较不重要 | 非常不重要 |
|---|---|---|---|---|---|
| 国家法律、法规的依据 $V_{165}$（职业篮球市场化过程中，球员经纪人的生存和运营政策情况） | | | | | |
| 球员经纪人组成结构 $V_{166}$（包括性别、年龄、职业等） | | | | | |
| 经纪人规模 $V_{167}$（经纪人的数量情况） | | | | | |
| 经纪人运作成果 $V_{168}$（联赛中经纪人运作球员流通的情况） | | | | | |
| 经纪人收入状况 $V_{169}$（经纪人运作球员流通所获得的收益情况） | | | | | |
| 经纪人生存环境 $V_{170}$（职业篮球市场化过程中，球员经纪人的生存和运营的环境情况） | | | | | |
| 经纪人职业素养 $V_{171}$（经纪人的诚信、运作能力、专业化水平等） | | | | | |

没有考虑到或需修改的指标：

### b. 职业篮球赛事经纪机构 $D_{25}$

| 职业篮球赛事经纪机构 $D_{25}$ | 非常重要 | 重要 | 比较重要 | 比较不重要 | 非常不重要 |
|---|---|---|---|---|---|
| 职业篮球赛事经纪机构结构 $V_{172}$（包括经纪人情况、机构属性、机构设置等） | | | | | |
| 经纪机构规模 $V_{173}$（经纪机构的数量情况） | | | | | |
| 经纪机构运作成果 $V_{174}$（经纪机构运作球员流通或赛事运营的情况） | | | | | |

（续表）

| 职业篮球赛事经纪机构 $D_{25}$ | 非常重要 | 重要 | 比较重要 | 比较不重要 | 非常不重要 |
|---|---|---|---|---|---|
| 经纪机构收入状况 $V_{175}$（经纪机构运作球员流通或赛事运营的收益情况） | | | | | |
| 经纪机构生存环境 $V_{176}$（职业篮球市场化过程中，经纪机构的生存和运营的环境情况） | | | | | |

没有考虑到或需修改的指标：

## I. 外生环境系统 $C_9$

### a. 政治环境 $D_{26}$（二级指标）

| 政治环境 $D_{26}$（二级指标） | 非常重要 | 重要 | 比较重要 | 比较不重要 | 非常不重要 |
|---|---|---|---|---|---|
| 政府导向 $V_{177}$（政府关于职业篮球发展的相关政策指导方向情况） | | | | | |
| 体育产业政策法规 $V_{178}$（政府关于体育产业发展的相关政策颁布情况） | | | | | |
| 领导重视程度 $V_{179}$（政府领导对职业篮球发展的重视和支持情况） | | | | | |
| 体育产业法治建设 $V_{180}$（职业篮球赖以生存的体育产业相关法规依据的建设情况） | | | | | |

没有考虑到或需修改的指标：

### b. 经济环境 $D_{27}$（二级指标）

| 经济环境 $D_{27}$（二级指标） | 非常重要 | 重要 | 比较重要 | 比较不重要 | 非常不重要 |
|---|---|---|---|---|---|
| 国家经济发展水平 $V_{181}$（国家经济发展的程度，是反映社会富裕程度和职业体育受众消费保障的重要指标） | | | | | |

（续表）

| 经济环境 $D_{27}$（二级指标） | 非常<br>重要 | 重要 | 比较<br>重要 | 比较<br>不重要 | 非常<br>不重要 |
|---|---|---|---|---|---|
| 经济体制 $V_{182}$（国家市场经济发展的程度，是反映职业体育发展的重要指标） | | | | | |
| 市场环境 $V_{183}$（职业体育发展所处的国家经济市场化环境条件，是反映职业体育生存和发展的重要指标） | | | | | |
| 居民收入 $V_{184}$（居民的可支配收入水平，是反映职业体育受众消费保障的重要指标） | | | | | |
| 市场成熟度 $V_{185}$（职业体育市场化发展的程度，是影响职业体育开展的重要指标之一） | | | | | |

没有考虑到或需修改的指标：

### c. 社会环境 $D_{28}$（二级指标）

| 社会环境 $D_{28}$（二级指标） | 非常<br>重要 | 重要 | 比较<br>重要 | 比较<br>不重要 | 非常<br>不重要 |
|---|---|---|---|---|---|
| 篮球的群众基础 $V_{186}$（篮球运动在我国开展的群众规模，是反映职业篮球发展的重要保障条件之一） | | | | | |
| 篮球运动的社会影响 $V_{187}$（篮球运动在我国开展的规模及其在群众中的影响力，是反映职业篮球发展的重要保障条件之一） | | | | | |
| 传统文化与篮球项目特点的相融性 $V_{188}$（我国传统文化的思维方式和精神理念特征与西方竞技篮球运动的对抗性、团队性等理念的一致性、冲突性） | | | | | |
| 中国篮球文化特点 $V_{189}$（篮球运动传入我国后受中国传统文化长期影响发展形成的中国篮球文化特征） | | | | | |

没有考虑到或需修改的指标：

## d. 体育技术环境 $D_{29}$（二级指标）

| 体育技术环境 $D_{29}$（二级指标） | 非常重要 | 重要 | 比较重要 | 比较不重要 | 非常不重要 |
|---|---|---|---|---|---|
| 职业体育政策法规的系统性 $V_{190}$（政府对职业体育发展制定的政策法规完善程度和同步化程度） | | | | | |
| 竞技体育的价值取向 $V_{191}$（我国从事竞技体育工作的相关主体系统举办竞技体育的动机、目的及其态度情况） | | | | | |
| 职业化运作的专业性 $V_{192}$（我国职业体育系统当前运作过程中运作人员、机构的运营行为的专业化程度和质量） | | | | | |

没有考虑到或需修改的指标：

### 4. 对指标条目的判断依据

| 您对指标条目的判断依据 | 理论依据 | 实践经验 | 国内外资料 | 直觉 |
|---|---|---|---|---|
| 请在对应栏里画"√" | | | | |

### 5. 对指标条目的熟悉程度

| 您对指标条目的熟悉程度 | 非常熟悉 | 比较熟悉 | 模棱两可 | 比较不熟悉 | 非常不熟悉 |
|---|---|---|---|---|---|
| 请在对应栏里画"√" | | | | | |

### 6. 个人简要情况介绍

| 您的职业 | 高校专家 | 中国篮协管理者 | 职业俱乐部管理者 | 职业队教练员 |
|---|---|---|---|---|
| 请在对应栏里画"√" | | | | |

## 中职篮系统运行评价指标权重表（第三轮）

尊敬的专家、老师：

该指标体系是我课题组负责课题"基于复杂系统理论对中国男子篮球

职业联赛创新模式的研究"的重要组成部分，恳请老师根据您的见解和观点对中职篮运行系统评价指标的重要程度作出评价（请在您认为最恰当的程度栏里画"√"），课题组十分感谢您的支持和帮助。

### 1. 一级指标

| 一级指标 | 1 | 2 | 3 | 4 | 5 | 6 | 7 | 8 | 9 | 10 |
|---|---|---|---|---|---|---|---|---|---|---|
| 中职篮管理大系统 $C_1$ | | | | | | | | | | |
| 俱乐部系统 $C_2$ | | | | | | | | | | |
| 俱乐部所属（合作）系统 $C_3$ | | | | | | | | | | |
| 赞助商系统 $C_4$ | | | | | | | | | | |
| 后备人才培养系统 $C_5$ | | | | | | | | | | |
| 观众系统 $C_6$ | | | | | | | | | | |
| 媒体系统 $C_7$ | | | | | | | | | | |
| 中介系统 $C_8$ | | | | | | | | | | |
| 外生环境系统（PEST）$C_9$ | | | | | | | | | | |

注：数字代表重要程度。其中 1 为完全不重要，10 为非常重要。

### 2. 二级指标

#### a. 中职篮管理大系统 $C_1$（一级指标）

| 中职篮管理大系统 $C_1$（一级指标） | 1 | 2 | 3 | 4 | 5 | 6 | 7 | 8 | 9 | 10 |
|---|---|---|---|---|---|---|---|---|---|---|
| 中国篮球协会系统 $D_1$ | | | | | | | | | | |
| CBA 公司系统 $D_2$ | | | | | | | | | | |
| 裁判系统 $D_3$ | | | | | | | | | | |

#### b. 俱乐部系统 $C_2$（一级指标）

| 俱乐部系统 $C_2$（一级指标） | 1 | 2 | 3 | 4 | 5 | 6 | 7 | 8 | 9 | 10 |
|---|---|---|---|---|---|---|---|---|---|---|
| 俱乐部管理人员系统 $D_4$ | | | | | | | | | | |
| 俱乐部教练员系统 $D_5$ | | | | | | | | | | |
| 俱乐部运动员系统 $D_6$ | | | | | | | | | | |
| 俱乐部场馆服务系统 $D_7$ | | | | | | | | | | |

## c. 俱乐部所属（合作）系统 $C_3$（一级指标）

| 俱乐部所属（合作）系统 $C_3$（一级指标） | 1 | 2 | 3 | 4 | 5 | 6 | 7 | 8 | 9 | 10 |
|---|---|---|---|---|---|---|---|---|---|---|
| 俱乐部所属（合作）政府系统 $D_8$ | | | | | | | | | | |
| 俱乐部所属（合作）企业系统 $D_9$ | | | | | | | | | | |

## d. 赞助商系统 $C_4$（一级指标）

| 赞助商系统 $C_4$（一级指标） | 1 | 2 | 3 | 4 | 5 | 6 | 7 | 8 | 9 | 10 |
|---|---|---|---|---|---|---|---|---|---|---|
| 联赛赞助商系统 $D_{10}$ | | | | | | | | | | |
| 俱乐部赞助商系统 $D_{11}$ | | | | | | | | | | |
| 球员赞助商系统 $D_{12}$ | | | | | | | | | | |
| 中职篮俱乐部青年队赞助商系统 $D_{13}$ | | | | | | | | | | |
| 全国男子篮球联赛（NBL）赞助商系统 $D_{14}$ | | | | | | | | | | |
| 大学生竞技篮球赞助商系统 $D_{15}$ | | | | | | | | | | |
| 中小学竞技篮球赞助商系统 $D_{16}$ | | | | | | | | | | |
| 体校竞技篮球赞助商系统 $D_{17}$ | | | | | | | | | | |
| 社会俱乐部竞技篮球赞助商系统 $D_{18}$ | | | | | | | | | | |

## e. 后备人才培养系统 $C_5$（一级指标）

| 后备人才培养系统 $C_5$（一级指标） | 1 | 2 | 3 | 4 | 5 | 6 | 7 | 8 | 9 | 10 |
|---|---|---|---|---|---|---|---|---|---|---|
| 中职篮俱乐部自身后备人才培养系统 $D_{19}$ | | | | | | | | | | |
| 全国男子篮球联赛（NBL）系统 $D_{20}$ | | | | | | | | | | |
| 大学生竞技篮球系统 $D_{21}$ | | | | | | | | | | |
| 中小学竞技篮球系统 $D_{22}$ | | | | | | | | | | |

（续表）

| 后备人才培养系统 $C_5$（一级指标） | 1 | 2 | 3 | 4 | 5 | 6 | 7 | 8 | 9 | 10 |
|---|---|---|---|---|---|---|---|---|---|---|
| 体校竞技篮球系统 $D_{23}$ | | | | | | | | | | |
| 社会俱乐部系统 $D_{24}$ | | | | | | | | | | |

**f. 观众系统 $C_6$（一级指标）**

| 观众系统 $C_6$（一级指标） | 1 | 2 | 3 | 4 | 5 | 6 | 7 | 8 | 9 | 10 |
|---|---|---|---|---|---|---|---|---|---|---|
| 现场观众 $D_{25}$ | | | | | | | | | | |
| 媒体观众 $D_{26}$ | | | | | | | | | | |

**g. 媒体系统 $C_7$（一级指标）**

| 媒体系统 $C_7$（一级指标） | 1 | 2 | 3 | 4 | 5 | 6 | 7 | 8 | 9 | 10 |
|---|---|---|---|---|---|---|---|---|---|---|
| 电视转播系统 $D_{27}$ | | | | | | | | | | |
| 网络传播系统 $D_{28}$ | | | | | | | | | | |
| 其他传播系统 $D_{29}$ | | | | | | | | | | |

**h. 中介系统 $C_8$（一级指标）**

| 中介系统 $C_8$（一级指标） | 1 | 2 | 3 | 4 | 5 | 6 | 7 | 8 | 9 | 10 |
|---|---|---|---|---|---|---|---|---|---|---|
| 球员个人经纪人 $D_{30}$ | | | | | | | | | | |
| 职业篮球赛事经纪机构 $D_{31}$ | | | | | | | | | | |

**i. 外生环境系统 $C_9$（一级指标）**

| 外生环境系统 $C_9$（一级指标） | 1 | 2 | 3 | 4 | 5 | 6 | 7 | 8 | 9 | 10 |
|---|---|---|---|---|---|---|---|---|---|---|
| 政治环境 $D_{32}$ | | | | | | | | | | |
| 经济环境 $D_{33}$ | | | | | | | | | | |
| 社会环境 $D_{34}$ | | | | | | | | | | |
| 体育技术环境 $D_{35}$ | | | | | | | | | | |

注：数字代表重要程度。其中 1 为完全不重要，10 为非常重要。

## 3. 三级指标

### A. 中职篮管理大系统 $C_1$

#### a. 中国篮球协会系统 $D_1$（二级指标）

| 中国篮球协会系统 $D_1$（二级指标） | 1 | 2 | 3 | 4 | 5 | 6 | 7 | 8 | 9 | 10 |
|---|---|---|---|---|---|---|---|---|---|---|
| 机构设置 $V_1$（中国篮球及中职篮行政监管、国家队管理、后备人才培养管理、裁判系统管理、中国其他篮球系统管理机构设置情况） | | | | | | | | | | |
| 管理职能 $V_2$（中国篮协整体职能承担及其内部部门职权划分情况等） | | | | | | | | | | |
| 制度建设 $V_3$（中国各级篮球赛事管理制度、国家队管理制度、后备人才培养制度、裁判管理制度、群众篮球开展制度） | | | | | | | | | | |
| 工作目标 $V_4$（中国篮协工作目标、各级篮球赛事发展目标、国家队发展目标、后备人才培养目标、裁判系统工作目标、群众篮球发展目标等） | | | | | | | | | | |
| 工作质量 $V_5$（各级赛事组织与监管质量、国家队建设质量、后备人才培养质量、裁判工作质量、群众篮球工作质量等） | | | | | | | | | | |

#### b. CBA 公司系统 $D_2$（二级指标）

| CBA 公司系统 $D_2$（二级指标） | 1 | 2 | 3 | 4 | 5 | 6 | 7 | 8 | 9 | 10 |
|---|---|---|---|---|---|---|---|---|---|---|
| 机构设置 $V_6$（中职篮竞赛管理机构、市场运营机构设置情况，包括董事会、监事会、办公室、市场部、竞训部、财务部、裁判委员会等） | | | | | | | | | | |
| 管理职能 $V_7$（CBA 公司的整体职权划分及其内部各部门的职权划分情况等） | | | | | | | | | | |

（续表）

| CBA 公司系统 $D_2$（二级指标） | 1 | 2 | 3 | 4 | 5 | 6 | 7 | 8 | 9 | 10 |
|---|---|---|---|---|---|---|---|---|---|---|
| 制度建设 $V_8$（联赛管理、竞赛组织、市场运营、市场准入与退出、球员、外援、裁判、赞助商、球迷、选秀等制度） | | | | | | | | | | |
| 工作目标 $V_9$（CBA 公司总目标以及内部各部门工作目标等） | | | | | | | | | | |
| 工作质量 $V_{10}$（CBA 公司工作质量以及内部各部门工作质量等） | | | | | | | | | | |

c. 裁判系统 $D_3$（二级指标）

| 裁判系统 $D_3$（二级指标） | 1 | 2 | 3 | 4 | 5 | 6 | 7 | 8 | 9 | 10 |
|---|---|---|---|---|---|---|---|---|---|---|
| 机构组成 $V_{11}$（裁判员管理机构的设置情况） | | | | | | | | | | |
| 管理制度 $V_{12}$（管理与考核、竞赛安排、执裁评价、赛前培训、监督、激励与约束、薪金、委派、培养与选拔、升降级、退出与淘汰制度等） | | | | | | | | | | |
| 临场执裁能力 $V_{13}$（执裁率、正判率、误判率、漏判率、球场争议与冲突量、心理素质、抗干扰能力） | | | | | | | | | | |
| 职业道德 $V_{14}$（官哨、黑哨、昏哨、主场哨、拥军哨、人情哨等发生率以及球迷观众认可度） | | | | | | | | | | |
| 基本状况 $V_{15}$（性别、年龄、职业等） | | | | | | | | | | |
| 公信力 $V_{16}$（篮协认可度、俱乐部认可度、球迷观众认可度） | | | | | | | | | | |

（续表）

| 裁判系统 $D_3$（二级指标） | 1 | 2 | 3 | 4 | 5 | 6 | 7 | 8 | 9 | 10 |
|---|---|---|---|---|---|---|---|---|---|---|
| 执裁收入 $V_{17}$（反映联赛对裁判员的价值评价和重视程度） | | | | | | | | | | |
| 执裁经历 $V_{18}$（过去、现在执裁经历情况，是反映其执裁能力的重要指标） | | | | | | | | | | |
| 英语水平 $V_{19}$（所具备的裁判规则英语水平以及与外援英语口语交流能力） | | | | | | | | | | |
| 培养方式 $V_{20}$（裁判员培养途径、平台的合理情况） | | | | | | | | | | |
| 选拔方式 $V_{21}$（联赛选拔裁判员的依据及其评价方式等情况） | | | | | | | | | | |
| 职业化意愿 $V_{22}$（随着联赛的发展，裁判员职业化的意愿情况） | | | | | | | | | | |

注：数字代表重要程度。其中 1 为完全不重要，10 为非常重要。

## B. 俱乐部系统 $C_2$

### a. 管理人员系统 $D_4$（二级指标）

| 管理人员系统 $D_4$（二级指标） | 1 | 2 | 3 | 4 | 5 | 6 | 7 | 8 | 9 | 10 |
|---|---|---|---|---|---|---|---|---|---|---|
| 俱乐部规模 $V_{23}$（中职篮俱乐部数量满足大众需求程度） | | | | | | | | | | |
| 机构设置 $V_{24}$（俱乐部针对运动员、教练员、工作人员管理，俱乐部运营，后备人才培养的机构设置情况） | | | | | | | | | | |
| 管理职能 $V_{25}$（俱乐部实体化程度、俱乐部运营的职权、俱乐部内部机构的职权分工等情况） | | | | | | | | | | |

（续表）

| 管理人员系统 $D_4$（二级指标） | 1 | 2 | 3 | 4 | 5 | 6 | 7 | 8 | 9 | 10 |
|---|---|---|---|---|---|---|---|---|---|---|
| 制度建设 $V_{26}$（俱乐部章程、训练竞赛管理、市场运营、球员培养与选拔、薪金、奖励与处罚等制度） | | | | | | | | | | |
| 工作目标 $V_{27}$（俱乐部整体发展工作目标、俱乐部竞赛发展目标、俱乐部运营目标、俱乐部后备人才培养目标等） | | | | | | | | | | |
| 工作质量 $V_{28}$（俱乐部管理质量、市场运营质量、球队成绩、比赛场馆服务质量、后备人才培养质量等） | | | | | | | | | | |
| 薪金水平 $V_{29}$（反映俱乐部对管理人员的价值评价和重视程度） | | | | | | | | | | |

**b. 教练员系统 $D_5$（二级指标）**

| 教练员系统 $D_5$（二级指标） | 1 | 2 | 3 | 4 | 5 | 6 | 7 | 8 | 9 | 10 |
|---|---|---|---|---|---|---|---|---|---|---|
| 教练组组成 $V_{30}$（主教练、体能教练、战术教练、科研教练、康复教练、营养师的组成情况） | | | | | | | | | | |
| 执教成绩 $V_{31}$（教练员过去、现在执教球队的成绩情况，是反映教练员能力的重要指标之一） | | | | | | | | | | |
| 执教经历 $V_{32}$（反映教练员执教经验和执教能力的重要标志之一） | | | | | | | | | | |
| 管理水平 $V_{33}$（对教练组的协调能力、对球员技战术的整合能力、对球队凝聚力的集聚能力等，是反映教练员工作能力的重要标志之一） | | | | | | | | | | |

（续表）

| 教练员系统 $D_5$（二级指标） | 1 | 2 | 3 | 4 | 5 | 6 | 7 | 8 | 9 | 10 |
|---|---|---|---|---|---|---|---|---|---|---|
| 职业素养 $V_{34}$（执教的敬业精神、对球队的付出程度、对竞赛公平公正的坚持程度、对球员可持续发展的推动、地域归属感及共同体意识等，是反映教练员全面素质的重要标志之一） | | | | | | | | | | |
| 学历教育 $V_{35}$（教练员的文化程度、教育经历等情况，主要反映教练员理论积累、认知能力开发情况） | | | | | | | | | | |
| 年龄 $V_{36}$（反映教练员可持续发展的情况） | | | | | | | | | | |
| 教练员培养体系 $V_{37}$（教练员培养制度、教练员培养模式、教练员培养手段、教练员培养质量监控等） | | | | | | | | | | |
| 教练员流动 $V_{38}$（反映教练员与各俱乐部球队供需关系落实情况，是职业体育发展的重要标志之一） | | | | | | | | | | |
| 运动经历 $V_{39}$（教练员以球员身份参加各级篮球训练和比赛的情况，是反映教练员执教能力的重要标志之一） | | | | | | | | | | |
| 社会关系 $V_{40}$（反映教练员为球队训练和竞赛提供高水平平台的能力） | | | | | | | | | | |
| 薪金水平程度 $V_{41}$（反映俱乐部对教练员的价值评价和重视程度） | | | | | | | | | | |

（续表）

| 教练员系统 $D_5$（二级指标） | 1 | 2 | 3 | 4 | 5 | 6 | 7 | 8 | 9 | 10 |
|---|---|---|---|---|---|---|---|---|---|---|
| 工作环境 $V_{42}$（教练员训练、竞赛、生活、可持续发展的环境条件，是反映联赛职业化程度的重要标志之一） | | | | | | | | | | |

c. 运动员系统 $D_6$（二级指标）

| 运动员系统 $D_6$（二级指标） | 1 | 2 | 3 | 4 | 5 | 6 | 7 | 8 | 9 | 10 |
|---|---|---|---|---|---|---|---|---|---|---|
| 竞技能力 $V_{43}$（技战术素养、技战术执行力、总结反思能力、应变能力、团结协作能力等） | | | | | | | | | | |
| 运动经历 $V_{44}$（球员成长过程中参加各级篮球训练和比赛的情况，是反映球员竞技能力的重要标志之一） | | | | | | | | | | |
| 学历教育 $V_{45}$（球员文化程度、教育经历情况，反映球员理论积累、认知能力开发情况） | | | | | | | | | | |
| 职业素质 $V_{46}$（精神方面：爱国重誉、遵章守纪、服从指挥、顽强拼搏、团结友善、谦虚无私、乐观自信、举止文明等；行为方面：生活、训练和比赛的自我管理） | | | | | | | | | | |
| 比赛成绩 $V_{47}$（球员过去、现在参赛成绩情况，是反映球员竞技能力的重要指标） | | | | | | | | | | |
| 薪水水平 $V_{48}$（反映俱乐部对球员的价值评价，也能体现俱乐部对球员的重视程度） | | | | | | | | | | |

（续表）

| 运动员系统 $D_6$（二级指标） | 1 | 2 | 3 | 4 | 5 | 6 | 7 | 8 | 9 | 10 |
|---|---|---|---|---|---|---|---|---|---|---|
| 参赛动机 $V_{49}$（球员对薪金的追求、对竞技能力提高的追求、对社会荣誉的追求、对退役后体面生活的追求等，是反映球员职业素养、竞技能力可持续发展的重要组成部分） | | | | | | | | | | |
| 球星作用 $V_{50}$（球星质量、数量和社会影响力等情况，是反映俱乐部实力的重要标志之一） | | | | | | | | | | |
| 伤病情况 $V_{51}$（球员急性损伤史、慢性损伤史、重大伤病史等情况，是反映球员训练科学性和球员成绩发挥的重要标志之一） | | | | | | | | | | |
| 工作环境质量 $V_{52}$（球员训练、竞赛、生活、可持续发展的环境条件，是反映联赛职业化程度的重要标志之一） | | | | | | | | | | |

### d. 场馆服务系统 $D_7$（二级指标）

| 场馆服务系统 $D_7$（二级指标） | 1 | 2 | 3 | 4 | 5 | 6 | 7 | 8 | 9 | 10 |
|---|---|---|---|---|---|---|---|---|---|---|
| 场馆属性 $V_{53}$（场馆属于球队自有、租用，还是 PPP 模式即私营企业、民营资本与政府合作） | | | | | | | | | | |
| 场馆规模平 $V_{54}$（俱乐部训练场馆数量、竞赛的场馆容纳观众规模等，是反映俱乐部市场化程度的重要标志） | | | | | | | | | | |

（续表）

| 场馆服务系统 $D_7$（二级指标） | 1 | 2 | 3 | 4 | 5 | 6 | 7 | 8 | 9 | 10 |
|---|---|---|---|---|---|---|---|---|---|---|
| 场馆地理位置 $V_{55}$（竞赛场馆离市中心距离、球迷看球的交通便利情况等，是影响现场观众看球的重要因素） | | | | | | | | | | |
| 场馆设施 $V_{56}$（俱乐部训练、竞赛场地设施，球迷看球的座椅、环境设施，比赛转播的设施，俱乐部地域文化和象征标志，是反映俱乐部运作质量的重要标志） | | | | | | | | | | |
| 场馆服务 $V_{57}$（俱乐部对与训练、竞赛的有关的裁判员、教练员、运动员、转播机构及观众等主体的服务水平等，是反映俱乐部职业化水平的重要标志之一） | | | | | | | | | | |
| 场馆费用 $V_{58}$（俱乐部训练、竞赛使用场馆成本等，是反映俱乐部运营状况重要组成部分） | | | | | | | | | | |

注：数字代表重要程度。其中 1 为完全不重要，10 为非常重要。

## C. 俱乐部所属（合作）系统 $C_3$

### a. 所属（合作）政府系统 $D_8$（二级指标）

| 所属（合作）政府系统 $D_8$（二级指标） | 1 | 2 | 3 | 4 | 5 | 6 | 7 | 8 | 9 | 10 |
|---|---|---|---|---|---|---|---|---|---|---|
| 参赛目的 $V_{59}$（政府支持俱乐部的政治、经济、社会目的） | | | | | | | | | | |
| 支持力度 $V_{60}$（政府对俱乐部从政策、资金、场地、后备人才培养等方面的支持情况） | | | | | | | | | | |

（续表）

| 所属（合作）政府系统 $D_8$（二级指标） | 1 | 2 | 3 | 4 | 5 | 6 | 7 | 8 | 9 | 10 |
|---|---|---|---|---|---|---|---|---|---|---|
| 责权利划分 $V_{61}$（政府系统与俱乐部之间的责权利划分情况） | | | | | | | | | | |
| 参赛收获 $V_{62}$（政府通过支持俱乐部，在政治、经济、社会影响力等方面获得利益情况） | | | | | | | | | | |

### b. 所属（合作）企业系统 $D_9$（二级指标）

| 所属（合作）企业系统 $D_9$（二级指标） | 1 | 2 | 3 | 4 | 5 | 6 | 7 | 8 | 9 | 10 |
|---|---|---|---|---|---|---|---|---|---|---|
| 参赛目的 $V_{63}$（政治、经济、社会目的以及企业老板个人情结等） | | | | | | | | | | |
| 支持力度 $V_{64}$（企业对俱乐部从政策、资金等方面的支持情况） | | | | | | | | | | |
| 责权利划分 $V_{65}$（企业赋予俱乐部在经营管理等方面的责权利情况） | | | | | | | | | | |
| 参赛收获 $V_{66}$（企业通过举办俱乐部，在政治、经济、社会影响力等方面获得利益的情况） | | | | | | | | | | |

注：数字代表重要程度。其中 1 为完全不重要，10 为非常重要。

## D. 赞助商系统 $C_4$

### a. 联赛赞助商 $D_{10}$（二级指标）

| 联赛赞助商 $D_{10}$（二级指标） | 1 | 2 | 3 | 4 | 5 | 6 | 7 | 8 | 9 | 10 |
|---|---|---|---|---|---|---|---|---|---|---|
| 赞助动机 $V_{67}$（在政治、经济、社会关注度以及企业老板个人情结等方面的赞助目的） | | | | | | | | | | |

（续表）

| 联赛赞助商 $D_{10}$（二级指标） | 1 | 2 | 3 | 4 | 5 | 6 | 7 | 8 | 9 | 10 |
|---|---|---|---|---|---|---|---|---|---|---|
| 赞助力度 $V_{68}$（企业对俱乐部从资金、实物等方面的赞助力度） | | | | | | | | | | |
| 赞助形式 $V_{69}$（资金、实物以及其他相关赞助形式） | | | | | | | | | | |
| 赞助商结构体系 $V_{70}$（五级赞助商体系：官方主赞助商、官方战略合作伙伴、官方合作伙伴、官方赞助商、官方供应商等） | | | | | | | | | | |

### b. 俱乐部赞助商 $D_{11}$（二级指标）

| 俱乐部赞助商 $D_{11}$（二级指标） | 1 | 2 | 3 | 4 | 5 | 6 | 7 | 8 | 9 | 10 |
|---|---|---|---|---|---|---|---|---|---|---|
| 赞助动机 $V_{71}$（在政治、经济、社会关注度以及企业老板个人情结等方面的赞助目的） | | | | | | | | | | |
| 赞助力度 $V_{72}$（企业对俱乐部从资金以及实物等方面的赞助力度） | | | | | | | | | | |
| 赞助形式 $V_{73}$（资金、实物以及其他相关赞助形式） | | | | | | | | | | |
| 赞助商结构体系 $V_{74}$（冠名赞助商、其他合作赞助商、供应商、特许商品经销商等体系） | | | | | | | | | | |

### c. 球员赞助商 $D_{12}$（二级指标）

| 球员赞助商 $D_{12}$（二级指标） | 1 | 2 | 3 | 4 | 5 | 6 | 7 | 8 | 9 | 10 |
|---|---|---|---|---|---|---|---|---|---|---|
| 赞助动机 $V_{75}$（在政治、经济、社会关注度以及企业老板个人情结等方面的赞助目的） | | | | | | | | | | |
| 赞助力度 $V_{76}$（企业对球员从资金、实物等方面的赞助情况） | | | | | | | | | | |
| 赞助形式 $V_{77}$（资金、实物、其他相关赞助形式） | | | | | | | | | | |

#### d. 中职篮俱乐部自身后备人才培养系统赞助商 $D_{13}$（二级指标）

| 中职篮俱乐部自身后备人才培养系统赞助商 $D_{13}$（二级指标） | 1 | 2 | 3 | 4 | 5 | 6 | 7 | 8 | 9 | 10 |
|---|---|---|---|---|---|---|---|---|---|---|
| 赞助动机 $V_{78}$（在政治、经济、社会关注度以及企业老板个人情结等方面的赞助目的） | | | | | | | | | | |
| 赞助力度 $V_{79}$（企业对俱乐部从资金、实物等方面的赞助力度） | | | | | | | | | | |
| 赞助形式 $V_{80}$（资金、实物、其他相关赞助形式） | | | | | | | | | | |

#### e. 全国男子篮球联赛（NBL）赞助商 $D_{14}$（二级指标）

| 全国男子篮球联赛（NBL）赞助商 $D_{14}$（二级指标） | 1 | 2 | 3 | 4 | 5 | 6 | 7 | 8 | 9 | 10 |
|---|---|---|---|---|---|---|---|---|---|---|
| 赞助动机 $V_{81}$（在政治、经济、社会关注度以及企业老板个人情结等方面的赞助目的） | | | | | | | | | | |
| 赞助力度 $V_{82}$（企业对俱乐部从资金、实物等方面的赞助力度） | | | | | | | | | | |
| 赞助形式 $V_{83}$（资金、实物、其他相关赞助形式） | | | | | | | | | | |
| 赞助商结构体系 $V_{84}$（冠名赞助商、其他合作赞助商、供应商、特许商品经销商等体系） | | | | | | | | | | |

#### f. 大学生竞技篮球系统赞助商 $D_{15}$（二级指标）

| 大学生竞技篮球系统赞助商 $D_{15}$（二级指标） | 1 | 2 | 3 | 4 | 5 | 6 | 7 | 8 | 9 | 10 |
|---|---|---|---|---|---|---|---|---|---|---|
| 赞助动机 $V_{85}$（在政治、经济、社会关注度以及企业老板个人情结等方面的赞助目的） | | | | | | | | | | |

（续表）

| 大学生竞技篮球系统赞助商 $D_{15}$（二级指标） | 1 | 2 | 3 | 4 | 5 | 6 | 7 | 8 | 9 | 10 |
|---|---|---|---|---|---|---|---|---|---|---|
| 赞助力度 $V_{86}$（企业对系统从资金、实物等方面的赞助力度） | | | | | | | | | | |
| 赞助形式 $V_{87}$（资金、实物以及其他相关赞助形式） | | | | | | | | | | |
| 赞助商结构体系 $V_{88}$（冠名赞助商、其他合作赞助商、供应商、特许商品经销商等体系） | | | | | | | | | | |

### g. 中小学竞技篮球系统赞助商 $D_{16}$（二级指标）

| 中小学竞技篮球系统赞助商 $D_{16}$（二级指标） | 1 | 2 | 3 | 4 | 5 | 6 | 7 | 8 | 9 | 10 |
|---|---|---|---|---|---|---|---|---|---|---|
| 赞助动机 $V_{89}$（在政治、经济、社会关注度以及企业老板个人情结等方面的赞助目的） | | | | | | | | | | |
| 赞助力度 $V_{90}$（企业对系统在资金、实物等方面的赞助力度） | | | | | | | | | | |
| 赞助形式 $V_{91}$（资金、实物以及其他相关赞助形式） | | | | | | | | | | |

### h. 体校系统赞助商 $D_{17}$（二级指标）

| 体校系统赞助商 $D_{17}$（二级指标） | 1 | 2 | 3 | 4 | 5 | 6 | 7 | 8 | 9 | 10 |
|---|---|---|---|---|---|---|---|---|---|---|
| 赞助动机 $V_{92}$（在政治、经济、社会关注度以及企业老板个人情结等方面的赞助目的） | | | | | | | | | | |
| 赞助力度 $V_{93}$（企业对系统从资金、实物等方面的赞助力度） | | | | | | | | | | |
| 赞助形式 $V_{94}$（资金、实物、其他相关赞助形式） | | | | | | | | | | |

### i. 社会俱乐部系统赞助商 $D_{18}$（二级指标）

| 社会俱乐部系统赞助商 $D_{18}$（二级指标） | 1 | 2 | 3 | 4 | 5 | 6 | 7 | 8 | 9 | 10 |
|---|---|---|---|---|---|---|---|---|---|---|
| 赞助动机 $V_{95}$（在政治、经济、社会关注度以及企业老板个人情结等方面的赞助目的） | | | | | | | | | | |
| 赞助力度 $V_{96}$（企业对系统在资金、实物等方面的赞助力度） | | | | | | | | | | |
| 赞助形式 $V_{97}$（资金、实物以及其他相关赞助形式） | | | | | | | | | | |

注：数字代表重要程度。其中 1 为完全不重要，10 为非常重要。

## E. 后备人才培养系统 $C_5$

### a. 中职篮俱乐部自身后备人才培养系统 $D_{19}$（二级指标）

| 中职篮俱乐部自身后备人才培养系统 $D_{19}$（二级指标） | 1 | 2 | 3 | 4 | 5 | 6 | 7 | 8 | 9 | 10 |
|---|---|---|---|---|---|---|---|---|---|---|
| 机构设置 $V_{98}$（俱乐部针对后备人才培养系统设立的组织机构情况） | | | | | | | | | | |
| 竞技水平 $V_{99}$（各俱乐部后备人才竞技水平以及教练员执教能力等） | | | | | | | | | | |
| 办队动机 $V_{100}$（如完成联赛设队要求条件、为俱乐部一线队输送球员） | | | | | | | | | | |
| 球员来源 $V_{101}$（各级梯队球员被选拔前的出处） | | | | | | | | | | |
| 球员出路 $V_{102}$（各级梯队球员升入上一级队伍和转会出走情况） | | | | | | | | | | |

（续表）

| 中职篮俱乐部自身后备人才培养系统 $D_{19}$（二级指标） | 1 | 2 | 3 | 4 | 5 | 6 | 7 | 8 | 9 | 10 |
|---|---|---|---|---|---|---|---|---|---|---|
| 梯队结构 $V_{103}$（后备人才梯队设立情况，如二、三线球队） | | | | | | | | | | |
| 球员文化水平 $V_{104}$（后备人才文化水平情况） | | | | | | | | | | |
| 赛事规模合理程度 $V_{105}$（管理机构、参赛俱乐部数量、赛事数量与规模等情况） | | | | | | | | | | |
| 系统规模 $V_{106}$（后备人才培养系统中教练员、球员、工作人员等规模） | | | | | | | | | | |
| 工作环境 $V_{107}$（球队训练、竞赛、生活、可持续发展的环境条件） | | | | | | | | | | |
| 资金投入 $V_{108}$（联赛以及俱乐部年均给后备人才培养所投入的经费支持力度） | | | | | | | | | | |

## b. 全国男子篮球联赛（NBL）系统 $D_{20}$（二级指标）

| 全国男子篮球联赛（NBL）系统 $D_{20}$（二级指标） | 1 | 2 | 3 | 4 | 5 | 6 | 7 | 8 | 9 | 10 |
|---|---|---|---|---|---|---|---|---|---|---|
| 机构设置 $V_{109}$（俱乐部设立的竞赛、市场运营、内部约束等组织机构情况） | | | | | | | | | | |
| 办赛动机 $V_{110}$（各企业办队的政治、经济、社会目的以及追求等） | | | | | | | | | | |
| 联赛竞技水平 $V_{111}$（联赛整体竞技水平，各队教练员执教、运动员竞技水平等） | | | | | | | | | | |

（续表）

| 全国男子篮球联赛（NBL）系统 $D_{20}$（二级指标） | 1 | 2 | 3 | 4 | 5 | 6 | 7 | 8 | 9 | 10 |
|---|---|---|---|---|---|---|---|---|---|---|
| 球员来源 $V_{112}$（各级梯队球员被选拔前的处所） | | | | | | | | | | |
| 梯队结构 $V_{113}$（后备人才培养的梯队设立情况，如二、三线级别球队） | | | | | | | | | | |
| 赛事规模 $V_{114}$（管理机构、参赛俱乐部数量、赛事数量与规模等情况） | | | | | | | | | | |
| 联赛环境 $V_{115}$（联赛所处我国当前政治、经济、社会、体育等环境条件） | | | | | | | | | | |
| 俱乐部环境条件 $V_{116}$（各俱乐部球队训练、竞赛、生活的环境条件） | | | | | | | | | | |
| 联赛品牌价值及社会影响力 $V_{117}$（社会中的关注度、影响力等价值体现） | | | | | | | | | | |
| 联赛媒体宣传 $V_{118}$（电视、网络、报纸等宣传媒体宣传及付费方式） | | | | | | | | | | |
| 联赛属性 $V_{119}$（联赛市场化程度以及各俱乐部归属单位性质情况） | | | | | | | | | | |

### c. 大学生竞技篮球系统 $D_{21}$（二级指标）

| 大学生竞技篮球系统 $D_{21}$（二级指标） | 1 | 2 | 3 | 4 | 5 | 6 | 7 | 8 | 9 | 10 |
|---|---|---|---|---|---|---|---|---|---|---|
| 办赛动机 $V_{120}$（系统办赛目的、学校办队参赛目的、球员参赛目的等） | | | | | | | | | | |

（续表）

| 大学生竞技篮球系统 $D_{21}$（二级指标） | 1 | 2 | 3 | 4 | 5 | 6 | 7 | 8 | 9 | 10 |
|---|---|---|---|---|---|---|---|---|---|---|
| 赛事竞技水平 $V_{121}$（赛事整体竞技水平，各队教练员执教、运动员竞技水平等） | | | | | | | | | | |
| 球员来源 $V_{122}$（各级梯队球员被选拔前的处所） | | | | | | | | | | |
| 梯队结构 $V_{123}$（人才梯队设立情况，如二、三线球队） | | | | | | | | | | |
| 赛事规模 $V_{124}$（管理机构、参赛球队数量、赛事数量与规模等情况） | | | | | | | | | | |
| 系统环境 $V_{125}$（系统所处我国当前政治、经济、社会、体育的环境条件） | | | | | | | | | | |
| 学训环境 $V_{126}$（各球队训练、竞赛、学习、生活等条件） | | | | | | | | | | |
| 政府支持 $V_{127}$（政府办赛或学校给球队投入的经费、场地、政策的支持力度） | | | | | | | | | | |
| 赛事品牌价值及社会影响力 $V_{128}$（社会中的关注度、影响力等价值体现） | | | | | | | | | | |
| 赛事媒体宣传 $V_{129}$（电视、网络、报纸等宣传媒体宣传方式及力度） | | | | | | | | | | |

## d. 中小学竞技篮球系统 $D_{22}$（二级指标）

| 中小学竞技篮球系统 $D_{22}$（二级指标） | 1 | 2 | 3 | 4 | 5 | 6 | 7 | 8 | 9 | 10 |
|---|---|---|---|---|---|---|---|---|---|---|
| 办队动机 $V_{130}$（系统整体办赛目的、各学校参赛目的、球员参赛目的等） | | | | | | | | | | |

（续表）

| 中小学竞技篮球系统 $D_{22}$（二级指标） | 1 | 2 | 3 | 4 | 5 | 6 | 7 | 8 | 9 | 10 |
|---|---|---|---|---|---|---|---|---|---|---|
| 系统竞技水平 $V_{131}$（赛事整体竞技水平，各队教练员执教、运动员竞技水平等） | | | | | | | | | | |
| 球员来源 $V_{132}$（各级梯队球员被选拔前的出处） | | | | | | | | | | |
| 梯队结构 $V_{133}$（人才梯队设立情况，如二、三线球队） | | | | | | | | | | |
| 赛事规模 $V_{134}$（管理机构、参赛球队数量、赛事数量与规模等情况） | | | | | | | | | | |
| 系统环境 $V_{135}$（系统所处我国当前政治、经济、社会、体育的环境条件） | | | | | | | | | | |
| 学训环境条件 $V_{136}$（各球队训练、竞赛、学习、生活等条件） | | | | | | | | | | |
| 政府支持力度 $V_{137}$（政府办赛或学校给球队投入的经费、场地、政策的支持力度） | | | | | | | | | | |
| 社会影响力 $V_{138}$（系统在社会中的关注度、影响力等价值体现） | | | | | | | | | | |
| 赛事媒体宣传 $V_{139}$（电视、网络、报纸等宣传媒体的宣传方式及力度） | | | | | | | | | | |

### e. 体校系统 $D_{23}$（二级指标）

| 体校系统 $D_{23}$（二级指标） | 1 | 2 | 3 | 4 | 5 | 6 | 7 | 8 | 9 | 10 |
|---|---|---|---|---|---|---|---|---|---|---|
| 办队动机 $V_{140}$（系统整体办赛目的，各学校参赛目的、球员参赛目的等） | | | | | | | | | | |

（续表）

| 体校系统 $D_{23}$（二级指标） | 1 | 2 | 3 | 4 | 5 | 6 | 7 | 8 | 9 | 10 |
|---|---|---|---|---|---|---|---|---|---|---|
| 系统竞技水平 $V_{141}$（赛事整体竞技水平，各队教练员执教、运动员竞技水平等） | | | | | | | | | | |
| 球员来源 $V_{142}$（各级梯队球员被选拔前的出处） | | | | | | | | | | |
| 梯队结构 $V_{143}$（人才梯队设立情况，如二、三线球队） | | | | | | | | | | |
| 赛事规模 $V_{144}$（管理机构、参赛球队、赛事的数量与规模等情况） | | | | | | | | | | |
| 系统环境 $V_{145}$（系统所处我国当前政治、经济、社会、体育的环境条件） | | | | | | | | | | |
| 学训环境条件 $V_{146}$（各球队训练、竞赛、学习、生活等条件） | | | | | | | | | | |
| 政府支持力度 $V_{147}$（政府办赛或学校给球队投入经费、场地、政策等支持力度） | | | | | | | | | | |
| 社会影响力 $V_{148}$（系统在社会中的关注度、影响力等价值体现） | | | | | | | | | | |
| 赛事媒体宣传 $V_{149}$（电视、网络、报纸等宣传媒体的宣传方式及力度） | | | | | | | | | | |

## f. 社会俱乐部 $D_{24}$（二级指标）

| 社会俱乐部 $D_{24}$（二级指标） | 1 | 2 | 3 | 4 | 5 | 6 | 7 | 8 | 9 | 10 |
|---|---|---|---|---|---|---|---|---|---|---|
| 办队动机 $V_{150}$（系统整体办赛目的、各俱乐部参赛目的、球员参赛目的等） | | | | | | | | | | |

（续表）

| 社会俱乐部 $D_{24}$（二级指标） | 1 | 2 | 3 | 4 | 5 | 6 | 7 | 8 | 9 | 10 |
|---|---|---|---|---|---|---|---|---|---|---|
| 系统竞技水平 $V_{151}$（赛事整体竞技水平、各队教练员执教水平、运动员竞技水平等） | | | | | | | | | | |
| 球员来源 $V_{152}$（各级梯队球员被选拔前的出处） | | | | | | | | | | |
| 梯队结构 $V_{153}$（人才梯队设立情况，如二、三线球队） | | | | | | | | | | |
| 赛事规模 $V_{154}$（管理机构、参赛队、教练员、球员、工作人员的数量与规模情况） | | | | | | | | | | |
| 系统环境 $V_{155}$（系统所处我国当前政治、经济、社会、体育的环境条件） | | | | | | | | | | |
| 学训环境条件 $V_{156}$（各俱乐部训练、竞赛、学习、生活的条件） | | | | | | | | | | |
| 经费支持力度 $V_{157}$（政府或俱乐部给球队投入的经费、场地、政策的支持力度） | | | | | | | | | | |
| 社会影响力 $V_{158}$（俱乐部在社会中的关注度、影响力等价值体现） | | | | | | | | | | |
| 赛事媒体宣传 $V_{159}$（电视、网络、报纸等宣传媒体的宣传方式及力度） | | | | | | | | | | |

注：数字代表重要程度。其中 1 为完全不重要，10 为非常重要。

## F. 观众系统 $C_6$

### a. 现场观众 $D_{25}$（二级指标）

| 现场观众 $D_{25}$（二级指标） | 1 | 2 | 3 | 4 | 5 | 6 | 7 | 8 | 9 | 10 |
|---|---|---|---|---|---|---|---|---|---|---|
| 观赛动机 $V_{160}$（现场观众观看比赛目的：如放松心情、热爱篮球、当主队粉丝等） | | | | | | | | | | |

（续表）

| 现场观众 $D_{25}$（二级指标） | 1 | 2 | 3 | 4 | 5 | 6 | 7 | 8 | 9 | 10 |
|---|---|---|---|---|---|---|---|---|---|---|
| 主队情结 $V_{161}$（观众对主队的热爱和忠诚度以及看台文化建设情况） | | | | | | | | | | |
| 购票方式 $V_{162}$（泛指球迷获得球票的渠道种类体系情况） | | | | | | | | | | |
| 观赛投入 $V_{163}$（每年现场观看比赛时投入费用情况） | | | | | | | | | | |
| 越轨行为 $V_{164}$（球迷违反联赛规范的一系列行为，如辱骂对手和裁判员、投掷杂物、围堵客队、打架斗殴等） | | | | | | | | | | |
| 球迷结构 $V_{165}$（性别、年龄、职业、收入等） | | | | | | | | | | |
| 观赛方式 $V_{166}$（个人、家庭还是团体等） | | | | | | | | | | |

### b. 媒体观众 $D_{26}$（二级指标）

| 媒体观众 $D_{26}$（二级指标） | 1 | 2 | 3 | 4 | 5 | 6 | 7 | 8 | 9 | 10 |
|---|---|---|---|---|---|---|---|---|---|---|
| 观赛动机 $V_{167}$（通过电视、网络等媒体观看比赛的观众的目的，如放松心情、热爱篮球、当主队粉丝等） | | | | | | | | | | |
| 主队情结 $V_{168}$（媒体观众对主队的热爱和忠诚程度） | | | | | | | | | | |
| 球迷结构 $V_{169}$（性别、年龄、职业等） | | | | | | | | | | |
| 观赛投入 $V_{170}$（通过媒体观看比赛时发生的费用情况） | | | | | | | | | | |

（续表）

| 媒体观众 $D_{26}$（二级指标） | 1 | 2 | 3 | 4 | 5 | 6 | 7 | 8 | 9 | 10 |
|---|---|---|---|---|---|---|---|---|---|---|
| 观赛渠道 $V_{171}$（观众观看比赛通过电视、网络或其他渠道的情况） | | | | | | | | | | |
| 观赛方式 $V_{172}$（主要是指个人、家庭还是团体等） | | | | | | | | | | |

注：数字代表重要程度。其中 1 为完全不重要，10 为非常重要。

## G. 媒体系统 $C_7$

### a. 电视转播系统 $D_{27}$（二级指标）

| 电视转播系统 $D_{27}$（二级指标） | 1 | 2 | 3 | 4 | 5 | 6 | 7 | 8 | 9 | 10 |
|---|---|---|---|---|---|---|---|---|---|---|
| 转播机构属性 $V_{173}$（电视转播机构的国家、地方或公私隶属性质，是影响联赛收益的重要组成因素之一） | | | | | | | | | | |
| 转播动机 $V_{174}$（转播机构转播联赛的目的，如经济利益、社会责任等） | | | | | | | | | | |
| 转播方式 $V_{175}$（直播、录播等情况） | | | | | | | | | | |
| 转播规模 $V_{176}$（直播量情况） | | | | | | | | | | |
| 转播质量 $V_{177}$（转播理念、转播硬件、转播字幕、转播画面等） | | | | | | | | | | |
| 转播效益 $V_{178}$（转播获益情况） | | | | | | | | | | |
| 收费或付费 $V_{179}$（转播联赛交易方式等，是中职篮市场化的重要表现） | | | | | | | | | | |

## b. 网络传播系统 $D_{28}$（二级指标）

| 网络传播系统 $D_{28}$（二级指标） | 1 | 2 | 3 | 4 | 5 | 6 | 7 | 8 | 9 | 10 |
|---|---|---|---|---|---|---|---|---|---|---|
| 传播机构属性 $V_{180}$（网络传播机构的国家、地方或公私隶属性质，是影响联赛收益的重要组成因素之一） | | | | | | | | | | |
| 传播动机 $V_{181}$（机构传播联赛的目的，如经济利益、社会责任等） | | | | | | | | | | |
| 传播方式 $V_{182}$（视频直播、视频录播、文字传播等情况） | | | | | | | | | | |
| 传播规模 $V_{183}$（直播量情况） | | | | | | | | | | |
| 传播质量 $V_{184}$（传播理念、传播硬件、传播字幕、传播画面等） | | | | | | | | | | |
| 传播效益 $V_{185}$（转播获益情况） | | | | | | | | | | |
| 收费或付费 $V_{186}$（传播联赛交易方式等，是中职篮市场化的重要表现） | | | | | | | | | | |

## c. 其他传播系统 $D_{29}$（二级指标）

| 其他传播系统 $D_{29}$（二级指标） | 1 | 2 | 3 | 4 | 5 | 6 | 7 | 8 | 9 | 10 |
|---|---|---|---|---|---|---|---|---|---|---|
| 传播机构属性 $V_{187}$（传播机构的国家、地方或公私隶属性质，也是影响联赛收益的重要组成因素之一） | | | | | | | | | | |
| 传播动机 $V_{188}$（传播机构转播联赛的目的，如经济利益、社会责任等） | | | | | | | | | | |
| 传播方式 $V_{189}$（报纸、杂志传播等情况） | | | | | | | | | | |
| 传播规模 $V_{190}$（直播量情况） | | | | | | | | | | |

（续表）

| 其他传播系统 $D_{29}$（二级指标） | 1 | 2 | 3 | 4 | 5 | 6 | 7 | 8 | 9 | 10 |
|---|---|---|---|---|---|---|---|---|---|---|
| 传播质量 $V_{191}$（传播理念、传播硬件、传播产品规格等） | | | | | | | | | | |
| 传播效益 $V_{192}$（传播获益情况） | | | | | | | | | | |
| 收费或付费 $V_{193}$（传播联赛交易方式等，是中职篮市场化的重要表现） | | | | | | | | | | |

注：数字代表重要程度。其中 1 为完全不重要，10 为非常重要。

## H. 中介系统 $C_8$

### a. 球员个人经纪人 $D_{30}$（二级指标）

| 球员个人经纪人 $D_{30}$（二级指标） | 1 | 2 | 3 | 4 | 5 | 6 | 7 | 8 | 9 | 10 |
|---|---|---|---|---|---|---|---|---|---|---|
| 国家法律、法规的依据 $V_{194}$（球员经纪人工作政策、法律法规完善情况） | | | | | | | | | | |
| 球员经纪人组成结构 $V_{195}$（性别、年龄、职业等） | | | | | | | | | | |
| 经纪人规模 $V_{196}$（经纪人的数量情况） | | | | | | | | | | |
| 经纪人运作成果 $V_{197}$（联赛中经纪人运作球员流通的情况） | | | | | | | | | | |
| 经纪人收入状况 $V_{198}$（经纪人运作球员流通所获得的收益情况） | | | | | | | | | | |
| 经纪人生存环境 $V_{199}$（职业篮球市场中，球员经纪人生存和运营的环境情况） | | | | | | | | | | |
| 经纪人职业素养 $V_{200}$（经纪人的诚信程度、运作能力、专业化水平等） | | | | | | | | | | |

**b. 职业篮球赛事经纪机构 $D_{31}$**

| 职业篮球赛事经纪机构 $D_{31}$ | 1 | 2 | 3 | 4 | 5 | 6 | 7 | 8 | 9 | 10 |
|---|---|---|---|---|---|---|---|---|---|---|
| 职业篮球赛事经纪机构结构 $V_{201}$（经纪人情况、机构属性、机构设置等） | | | | | | | | | | |
| 经纪机构规模 $V_{202}$（经纪机构的数量情况） | | | | | | | | | | |
| 经纪机构运作成果 $V_{203}$（经纪机构运作球员流通或赛事运营的情况） | | | | | | | | | | |
| 经纪机构收入状况 $V_{204}$（经纪机构运作球员流通或赛事运营的收益情况） | | | | | | | | | | |
| 经纪机构生存环境 $V_{205}$（职业篮球市场中，经纪机构生存和运营的环境情况） | | | | | | | | | | |

注：数字代表重要程度。其中 1 为完全不重要，10 为非常重要。

## I. 外生环境系统（PEST）$C_9$

**a. 政治环境 $D_{32}$（二级指标）**

| 政治环境 $D_{32}$（二级指标） | 1 | 2 | 3 | 4 | 5 | 6 | 7 | 8 | 9 | 10 |
|---|---|---|---|---|---|---|---|---|---|---|
| 政府导向 $V_{206}$（政府关于职业篮球发展的相关政策指导方向情况） | | | | | | | | | | |
| 体育产业政策 $V_{207}$（政府关于体育产业发展的相关政策力度情况） | | | | | | | | | | |
| 领导重视程度 $V_{208}$（政府领导对职业篮球发展的重视和支持情况） | | | | | | | | | | |
| 体育产业法治建设 $V_{209}$（职业篮球赖以生存的体育产业相关法规建设情况） | | | | | | | | | | |

## b. 经济环境 $D_{33}$（二级指标）

| 经济环境 $D_{33}$（二级指标） | 1 | 2 | 3 | 4 | 5 | 6 | 7 | 8 | 9 | 10 |
|---|---|---|---|---|---|---|---|---|---|---|
| 国家经济发展水平 $V_{210}$（国家经济发展水平对职业体育受众消费能力的保障） | | | | | | | | | | |
| 市场经济体制 $V_{211}$（国家市场经济发展的程度，是反映职业体育发展的重要指标） | | | | | | | | | | |
| 市场环境 $V_{212}$（国家经济市场化环境对职业体育发展的影响） | | | | | | | | | | |
| 居民收入 $V_{213}$（居民可支配收入水平，是反映职业体育受众消费的重要指标） | | | | | | | | | | |
| 市场成熟度 $V_{214}$（职业体育市场化发展程度，是影响中职篮开展的重要指标） | | | | | | | | | | |

## c. 社会环境 $D_{34}$（二级指标）

| 社会环境 $D_{34}$（二级指标） | 1 | 2 | 3 | 4 | 5 | 6 | 7 | 8 | 9 | 10 |
|---|---|---|---|---|---|---|---|---|---|---|
| 篮球运动群众基础 $V_{215}$（篮球运动在我国群众规模的大小和群众基础情况） | | | | | | | | | | |
| 篮球运动社会影响 $V_{216}$（篮球运动在我国社会中的知名度、影响力） | | | | | | | | | | |
| 传统文化与篮球项目特点的相融性 $V_{217}$（我国传统文化的思维方式和理念特征与西方竞技篮球运动的对抗性、团队性等理念的一致性、冲突性） | | | | | | | | | | |
| 中国篮球文化特点 $V_{218}$（受中国传统文化影响发展形成的中国篮球文化特征） | | | | | | | | | | |
| 传统文化对球员规模影响 $V_{219}$（传统重文化学习对职业篮球人才规模的影响） | | | | | | | | | | |

**d. 体育技术环境 $D_{35}$（二级指标）**

| 体育技术环境 $D_{35}$（二级指标） | 1 | 2 | 3 | 4 | 5 | 6 | 7 | 8 | 9 | 10 |
|---|---|---|---|---|---|---|---|---|---|---|
| 职业体育政策法规 $V_{220}$（政府对职业体育制定的政策法规完善程度和同步化程度） | | | | | | | | | | |
| 职业体育人才培育规模 $V_{221}$（职业体育发展所需从业人才规模） | | | | | | | | | | |
| 职业体育从业者价值取向 $V_{222}$（竞技体育工作者或机构从业动机、目的、态度） | | | | | | | | | | |
| 职业体育运作专业性 $V_{223}$（职业体育运作人员、机构运营能力的专业化水平） | | | | | | | | | | |

注：数字代表重要程度。其中 1 为完全不重要，10 为非常重要。

## 4. 对指标条目的判断依据

| 您对指标条目的判断依据 | 理论依据 | 实践经验 | 国内外资料 | 直觉 |
|---|---|---|---|---|
| 请在对应栏里画"√" | | | | |

## 5. 对指标条目的熟悉程度

| 您对指标条目的熟悉程度 | 非常熟悉 | 熟悉 | 比较熟悉 | 比较不熟悉 | 非常不熟悉 |
|---|---|---|---|---|---|
| 请在对应栏里画"√" | | | | | |

## 6. 个人情况简要介绍

| 您的职业 | 高校专家 | 中国篮协管理者 | 职业俱乐部管理者 | 职业队教练员 |
|---|---|---|---|---|
| 请在对应栏里画"√" | | | | |

# 附录 C　中职篮运行系统评价指标评分表

尊敬的专家、老师：

　　该指标体系是我课题组负责课题"基于复杂系统理论对中国男子篮球职业联赛创新模式的研究"的重要组成部分，恳请您根据您的见解和观点对中职篮运行系统评价指标所代表现状的合理程度作出评价（请在您认为最恰当的程度栏里画"√"），课题组十分感谢您的支持和帮助。

## 1. 一级指标

| 一级指标 | 1 | 2 | 3 | 4 | 5 | 6 | 7 | 8 | 9 | 10 |
|---|---|---|---|---|---|---|---|---|---|---|
| 中职篮管理大系统运行合理程度 $C_1$（中国篮协、CBA 公司等管理系统整体情况） | | | | | | | | | | |
| 俱乐部系统运行合理程度 $C_2$（管理人员、教练、球员、场馆服务等系统整体情况） | | | | | | | | | | |
| 俱乐部所属（合作）系统运行合理程度 $C_3$（相关企业、政府与俱乐部合作方式及深度） | | | | | | | | | | |
| 赞助商系统运行合理程度 $C_4$（赞助商与中职篮、俱乐部、球员合作方式及深度） | | | | | | | | | | |
| 后备人才培养系统运行合理度 $C_5$（俱乐部青年队、NBL、大中学生、体校、社会俱乐部等整体情况） | | | | | | | | | | |
| 观众系统运行合理程度 $C_6$（中职篮吸引、培养现场观众、媒体观众情况以及互动情况） | | | | | | | | | | |

（续表）

| 一级指标 | 1 | 2 | 3 | 4 | 5 | 6 | 7 | 8 | 9 | 10 |
|---|---|---|---|---|---|---|---|---|---|---|
| 媒体系统运行合理程度 $C_7$（中职篮电视、网络、其他媒体传播系统整体情况） | | | | | | | | | | |
| 中介系统运行合理程度 $C_8$（球员经纪人和赛事经纪机构系统整体情况） | | | | | | | | | | |
| 外生环境系统运行合理程度 $C_9$（政治、经济、社会、体育环境整体情况） | | | | | | | | | | |
| $C_1$ 与 $C_2$ 关系合理程度（中职篮与俱乐部责、权、利划分情况） | | | | | | | | | | |
| $C_1$ 与 $C_4$ 关系合理程度（中职篮与赞助商合作方式及其深度情况） | | | | | | | | | | |
| $C_1$ 与 $C_5$ 关系合理程度（中职篮支持和促进后备人才系统方式及其深度情况） | | | | | | | | | | |
| $C_1$ 与 $C_6$ 关系合理程度（中职篮吸引、培养观众情况以及互动情况） | | | | | | | | | | |
| $C_1$ 与 $C_7$ 关系合理程度（中职篮与媒体合作方式及其深度情况） | | | | | | | | | | |
| $C_1$ 与 $C_8$ 关系合理程度（中职篮与中介系统合作方式及其深度情况） | | | | | | | | | | |
| $C_1$ 与 $C_9$ 关系合理程度（环境对中职篮发展的影响程度） | | | | | | | | | | |
| $C_2$ 与 $C_3$ 关系合理程度（俱乐部与所属系统责、权、利划分情况） | | | | | | | | | | |

（续表）

| 一级指标 | 1 | 2 | 3 | 4 | 5 | 6 | 7 | 8 | 9 | 10 |
|---|---|---|---|---|---|---|---|---|---|---|
| $C_2$ 与 $C_4$ 关系合理程度（俱乐部与赞助商合作方式及其深度情况） | | | | | | | | | | |
| $C_2$ 与 $C_5$ 关系合理程度（俱乐部支持后备人才系统的方式及其深度） | | | | | | | | | | |
| $C_2$ 与 $C_6$ 关系合理程度（俱乐部吸引、培养观众情况以及互动情况） | | | | | | | | | | |
| $C_2$ 与 $C_7$ 关系合理程度（俱乐部与媒体合作方式及其深度情况） | | | | | | | | | | |
| $C_2$ 与 $C_8$ 关系合理程度（俱乐部与中介系统合作方式及其深度情况） | | | | | | | | | | |
| $C_2$ 与 $C_9$ 关系合理程度（环境对俱乐部发展的影响程度） | | | | | | | | | | |
| $C_4$ 与 $C_5$ 关系合理程度（赞助商支持后备人才系统的方式及其深度） | | | | | | | | | | |
| $C_4$ 与 $C_6$ 关系合理程度（赞助商吸引、培养观众情况以及互动情况） | | | | | | | | | | |
| $C_4$ 与 $C_9$ 关系合理程度（环境对赞助商赞助的影响程度） | | | | | | | | | | |
| $C_5$ 与 $C_9$ 关系合理程度（环境对后备人才培养的影响程度） | | | | | | | | | | |
| $C_6$ 与 $C_7$ 关系合理程度（媒体系统吸引、培养观众情况以及互动情况） | | | | | | | | | | |

（续表）

| 一级指标 | 1 | 2 | 3 | 4 | 5 | 6 | 7 | 8 | 9 | 10 |
|---|---|---|---|---|---|---|---|---|---|---|
| $C_6$ 与 $C_9$ 关系合理程度（环境对观众观赛的影响程度） | | | | | | | | | | |
| $C_7$ 与 $C_9$ 关系合理程度（环境对媒体传播中职篮的影响程度） | | | | | | | | | | |
| $C_8$ 与 $C_9$ 关系合理程度（环境对中介系统运行的影响程度） | | | | | | | | | | |

注：数字代表合理程度，其中 1 为完全不合理／完全不高／完全不好，10 为非常合理／非常高／非常好。

## 2. 二级指标

### a. 中职篮管理大系统 $C_1$（一级指标）

| 中职篮管理大系统 $C_1$（一级指标） | 1 | 2 | 3 | 4 | 5 | 6 | 7 | 8 | 9 | 10 |
|---|---|---|---|---|---|---|---|---|---|---|
| 中国篮球协会系统运行合理程度 $D_1$ | | | | | | | | | | |
| CBA 公司系统运行合理程度 $D_2$ | | | | | | | | | | |
| 裁判系统运行合理程度 $D_3$ | | | | | | | | | | |

### b. 俱乐部系统 $C_2$（一级指标）

| 俱乐部系统 $C_2$（一级指标） | 1 | 2 | 3 | 4 | 5 | 6 | 7 | 8 | 9 | 10 |
|---|---|---|---|---|---|---|---|---|---|---|
| 俱乐部管理人员系统运行合理程度 $D_4$ | | | | | | | | | | |
| 俱乐部教练员系统运行合理程度 $D_5$ | | | | | | | | | | |
| 俱乐部运动员系统运行合理程度 $D_6$ | | | | | | | | | | |
| 俱乐部场馆服务系统运行合理程度 $D_7$ | | | | | | | | | | |

## c. 俱乐部所属（合作）系统 $C_3$（一级指标）

| 俱乐部所属（合作）系统 $C_3$（一级指标） | 1 | 2 | 3 | 4 | 5 | 6 | 7 | 8 | 9 | 10 |
|---|---|---|---|---|---|---|---|---|---|---|
| 俱乐部所属（合作）政府系统运行合理度 $D_8$（政府与俱乐部合作方式及深度） | | | | | | | | | | |
| 俱乐部所属（合作）企业系统运行合理度 $D_9$（企业对俱乐部支持方式及深度） | | | | | | | | | | |

## d. 赞助商系统 $C_4$（一级指标）

| 赞助商系统 $C_4$（一级指标） | 1 | 2 | 3 | 4 | 5 | 6 | 7 | 8 | 9 | 10 |
|---|---|---|---|---|---|---|---|---|---|---|
| 联赛赞助商系统赞助合理程度 $D_{10}$（赞助商与中职篮合作方式及深度） | | | | | | | | | | |
| 俱乐部赞助商系统赞助合理程度 $D_{11}$（赞助商与俱乐部合作方式及深度） | | | | | | | | | | |
| 球员赞助商系统赞助合理程度 $D_{12}$（赞助商与球员合作方式及深度） | | | | | | | | | | |
| 中职篮俱乐部青年队赞助商系统赞助合理程度 $D_{13}$（合作方式及深度） | | | | | | | | | | |
| 全国男子篮球联赛（NBL）赞助商系统赞助合理程度 $D_{14}$（合作方式及深度） | | | | | | | | | | |
| 大学生竞技篮球赞助商系统赞助合理程度 $D_{15}$（合作方式及深度） | | | | | | | | | | |
| 中小学竞技篮球赞助商系统赞助合理程度 $D_{16}$（合作方式及深度） | | | | | | | | | | |
| 体校赞助商系统赞助合理程度 $D_{17}$（合作方式及深度） | | | | | | | | | | |
| 社会俱乐部赞助商系统赞助合理程度 $D_{18}$（合作方式及深度） | | | | | | | | | | |

### e. 后备人才培养系统 $C_5$（一级指标）

| 后备人才培养系统 $C_5$（一级指标） | 1 | 2 | 3 | 4 | 5 | 6 | 7 | 8 | 9 | 10 |
|---|---|---|---|---|---|---|---|---|---|---|
| 中职篮俱乐部自身后备人才培养系统运行合理程度 $D_{19}$ | | | | | | | | | | |
| 全国男子篮球联赛（NBL）系统运行合理程度 $D_{20}$ | | | | | | | | | | |
| 大学生竞技篮球系统运行合理程度 $D_{21}$ | | | | | | | | | | |
| 中小学竞技篮球系统运行合理程度 $D_{22}$ | | | | | | | | | | |
| 体校竞技篮球系统运行合理程度 $D_{23}$ | | | | | | | | | | |
| 社会俱乐部竞技篮球系统运行合理程度 $D_{24}$ | | | | | | | | | | |

### f. 观众系统 $C_6$（一级指标）

| 观众系统 $C_6$（一级指标） | 1 | 2 | 3 | 4 | 5 | 6 | 7 | 8 | 9 | 10 |
|---|---|---|---|---|---|---|---|---|---|---|
| 现场观众系统运行合理程度 $D_{25}$（中职篮吸引、培养现场观众情况以及互动情况） | | | | | | | | | | |
| 媒体观众系统运行合理程度 $D_{26}$（中职篮吸引、培养媒体观众情况以及互动情况） | | | | | | | | | | |

### g. 媒体系统 $C_7$（一级指标）

| 媒体系统 $C_7$（一级指标） | 1 | 2 | 3 | 4 | 5 | 6 | 7 | 8 | 9 | 10 |
|---|---|---|---|---|---|---|---|---|---|---|
| 电视转播系统运行合理程度 $D_{27}$ | | | | | | | | | | |
| 网络传播系统运行合理程度 $D_{28}$ | | | | | | | | | | |
| 其他传播系统运行合理程度 $D_{29}$ | | | | | | | | | | |

## h. 中介系统 $C_8$（一级指标）

| 中介系统 $C_8$（一级指标） | 1 | 2 | 3 | 4 | 5 | 6 | 7 | 8 | 9 | 10 |
|---|---|---|---|---|---|---|---|---|---|---|
| 球员个人经纪人系统运行合理程度 $D_{30}$ | | | | | | | | | | |
| 职业篮球赛事经纪机构系统运行合理程度 $D_{31}$ | | | | | | | | | | |

## i. 外生环境系统（PEST）$C_9$（一级指标）

| 外生环境系统（PEST）$C_9$（一级指标） | 1 | 2 | 3 | 4 | 5 | 6 | 7 | 8 | 9 | 10 |
|---|---|---|---|---|---|---|---|---|---|---|
| 政治环境系统运行合理程度 $D_{32}$ | | | | | | | | | | |
| 经济环境系统运行合理程度 $D_{33}$ | | | | | | | | | | |
| 社会环境系统运行合理程度 $D_{34}$ | | | | | | | | | | |
| 体育技术环境系统运行合理程度 $D_{35}$ | | | | | | | | | | |

## j. 关系评价

| 关系评价 | 1 | 2 | 3 | 4 | 5 | 6 | 7 | 8 | 9 | 10 |
|---|---|---|---|---|---|---|---|---|---|---|
| $D_1$ 与 $D_2$ 关系合理度（中国篮协与 CBA 公司责、权、利划分情况） | | | | | | | | | | |
| $C_2$ 与 $D_8$ 关系合理度（俱乐部与相关政府机构责、权、利划分情况） | | | | | | | | | | |
| $C_2$ 与 $D_9$ 关系合理度（俱乐部与所属企业责、权、利划分情况） | | | | | | | | | | |
| $D_2$ 与 $C_2$ 关系合理度（CBA 公司与俱乐部责、权、利划分情况） | | | | | | | | | | |
| $D_2$ 与 $D_{14}$ 关系合理度（中职篮与 NBL 合作方式与深度） | | | | | | | | | | |

（续表）

| 关系评价 | 1 | 2 | 3 | 4 | 5 | 6 | 7 | 8 | 9 | 10 |
|---|---|---|---|---|---|---|---|---|---|---|
| $D_2$ 与 $D_{15}$ 关系合理度（中职篮与大学生竞技篮球系统合作方式与深度） | | | | | | | | | | |
| $D_2$ 与 $D_{16}$ 关系合理度（中职篮与中小学生竞技篮球系统合作方式与深度） | | | | | | | | | | |
| $D_2$ 与 $D_{17}$ 关系合理度（中职篮与体校竞技篮球系统合作方式与深度） | | | | | | | | | | |
| $D_2$ 与 $D_{18}$ 关系合理度（中职篮与社会俱乐部系统合作方式与深度） | | | | | | | | | | |
| $D_{24}$ 与 $C_2$ 关系合理度（球员经纪人与俱乐部关系及合作方式与深度） | | | | | | | | | | |
| $D_{25}$ 与 $C_2$ 关系合理度（经纪机构与俱乐部关系及合作方式与深度） | | | | | | | | | | |

注：数字代表合理程度，其中 1 为完全不合理 / 完全不高 / 完全不好，10 为非常合理 / 非常高 / 非常好。

### 3. 三级指标

A. 中职篮管理大系统 $C_1$

#### a. 中国篮球协会系统 $D_1$（二级指标）

| 中国篮球协会系统 $D_1$（二级指标） | 1 | 2 | 3 | 4 | 5 | 6 | 7 | 8 | 9 | 10 |
|---|---|---|---|---|---|---|---|---|---|---|
| 机构设置合理程度 $V_1$（中国篮球及中职篮行政监管机构、国家队管理机构、后备人才培养管理机构、裁判系统管理机构、中国其他篮球系统管理机构设置情况） | | | | | | | | | | |

（续表）

| 中国篮球协会系统 $D_1$（二级指标） | 1 | 2 | 3 | 4 | 5 | 6 | 7 | 8 | 9 | 10 |
|---|---|---|---|---|---|---|---|---|---|---|
| 管理职能合理程度 $V_2$（中国篮协整体职能承担及其内部部门职权划分情况等） | | | | | | | | | | |
| 制度建设合理程度 $V_3$（中国各级篮球赛事管理制度、国家队管理制度、后备人才培养制度、裁判管理制度、群众篮球开展制度） | | | | | | | | | | |
| 工作目标合理程度 $V_4$（中国篮协工作目标、各级篮球赛事发展目标、国家队发展目标、后备人才培养目标、裁判系统工作目标、群众篮球发展目标等） | | | | | | | | | | |
| 工作质量水平程度 $V_5$（各级赛事组织与监管质量、国家队建设质量、后备人才培养质量、裁判工作质量、群众篮球工作质量等） | | | | | | | | | | |

b. CBA 公司系统 $D_2$（二级指标）

| CBA 公司系统 $D_2$（二级指标） | 1 | 2 | 3 | 4 | 5 | 6 | 7 | 8 | 9 | 10 |
|---|---|---|---|---|---|---|---|---|---|---|
| 机构设置合理程度 $V_6$（中职篮竞赛管理机构、市场运营机构的设置情况，包括董事会、监事会、办公室、市场部、竞训部、财务部、裁判委员会等） | | | | | | | | | | |
| 管理职能合理程度 $V_7$（CBA 公司的整体职权划分及其内部各部门的职权划分情况等） | | | | | | | | | | |
| 制度建设合理程度 $V_8$（联赛管理、竞赛组织、市场运营、市场准入与退出、球员、外援、裁判、赞助商、球迷、选秀等制度） | | | | | | | | | | |

（续表）

| CBA 公司系统 $D_2$（二级指标） | 1 | 2 | 3 | 4 | 5 | 6 | 7 | 8 | 9 | 10 |
|---|---|---|---|---|---|---|---|---|---|---|
| 工作目标合理程度 $V_9$（CBA 公司总目标以及内部各部门工作目标等） | | | | | | | | | | |
| 工作质量水平程度 $V_{10}$（CBA 公司工作质量以及内部各部门工作质量等） | | | | | | | | | | |

**c. 裁判系统 $D_3$（二级指标）**

| 裁判系统 $D_3$（二级指标） | 1 | 2 | 3 | 4 | 5 | 6 | 7 | 8 | 9 | 10 |
|---|---|---|---|---|---|---|---|---|---|---|
| 机构组成合理程度 $V_{11}$（裁判员管理机构的设置情况） | | | | | | | | | | |
| 管理制度合理程度 $V_{12}$（管理与考核制度、竞赛安排制度、执裁评价制度、赛前培训制度、监督制度、激励与约束制度、薪金制度、委派制度、培养与选拔制度、升降级制度、退出与淘汰制度等） | | | | | | | | | | |
| 临场执裁能力水平程度 $V_{13}$（执裁率、正判率、误判率、漏判率、球场争议与冲突量、心理素质、抗干扰能力） | | | | | | | | | | |
| 职业道德好坏程度 $V_{14}$（官哨、黑哨、昏哨、主场哨、拥军哨、人情哨等发生率，球迷观众认可度） | | | | | | | | | | |
| 基本状况合理程度 $V_{15}$（性别、年龄、职业等） | | | | | | | | | | |
| 公信力认可程度 $V_{16}$（篮协认可度、俱乐部认可度、球迷观众认可度） | | | | | | | | | | |
| 执裁收入程度 $V_{17}$（反映联赛对裁判员的价值评价和重视程度） | | | | | | | | | | |

（续表）

| 裁判系统 $D_3$（二级指标） | 1 | 2 | 3 | 4 | 5 | 6 | 7 | 8 | 9 | 10 |
|---|---|---|---|---|---|---|---|---|---|---|
| 执裁经历程度 $V_{18}$（过去、现在执裁经历情况，是反映其执裁能力的重要指标） | | | | | | | | | | |
| 英语水平程度 $V_{19}$（所具备的裁判规则英语水平以及与外援英语口语交流能力） | | | | | | | | | | |
| 培养方式合理程度 $V_{20}$（裁判员培养途径、平台的合理情况） | | | | | | | | | | |
| 选拔方式合理程度 $V_{21}$（联赛选拔裁判员的依据及其评价方式等情况） | | | | | | | | | | |
| 职业化意愿程度 $V_{22}$（随着联赛的发展，裁判员职业化的意愿情况） | | | | | | | | | | |

注：数字代表合理程度，其中 1 为完全不合理 / 完全不高 / 完全不好，10 为非常合理 / 非常高 / 非常好。

## B. 俱乐部系统 $C_2$

### a. 管理人员系统 $D_4$（二级指标）

| 管理人员系统 $D_4$（二级指标） | 1 | 2 | 3 | 4 | 5 | 6 | 7 | 8 | 9 | 10 |
|---|---|---|---|---|---|---|---|---|---|---|
| 俱乐部规模合理程度 $V_{23}$（中职篮俱乐部数量满足大众需求程度） | | | | | | | | | | |
| 机构设置合理程度 $V_{24}$（俱乐部针对运动员、教练员、工作人员管理机构，俱乐部运营机构，后备人才培养机构的设置情况） | | | | | | | | | | |
| 管理职能合理程度 $V_{25}$（俱乐部实体化程度、俱乐部运营的职权、俱乐部内部机构的职权分工等情况） | | | | | | | | | | |

（续表）

| 管理人员系统 $D_4$（二级指标） | 1 | 2 | 3 | 4 | 5 | 6 | 7 | 8 | 9 | 10 |
|---|---|---|---|---|---|---|---|---|---|---|
| 制度建设合理程度 $V_{26}$（俱乐部章程，训练竞赛管理、市场运营、球员培养与选拔、薪金、奖励与处罚等制度） | | | | | | | | | | |
| 工作目标合理程度 $V_{27}$（俱乐部整体发展工作目标、俱乐部竞赛发展目标、俱乐部运营目标、俱乐部后备人才培养目标等） | | | | | | | | | | |
| 工作质量水平程度 $V_{28}$（俱乐部管理质量、市场运营质量、球队成绩、比赛场馆服务质量、后备人才培养质量等） | | | | | | | | | | |
| 薪金水平程度 $V_{29}$（反映俱乐部对管理人员的价值评价和重视程度） | | | | | | | | | | |

**b. 教练员系统 $D_5$（二级指标）**

| 教练员系统 $D_5$（二级指标） | 1 | 2 | 3 | 4 | 5 | 6 | 7 | 8 | 9 | 10 |
|---|---|---|---|---|---|---|---|---|---|---|
| 教练组组成合理程度 $V_{30}$（主教练、体能教练、战术教练、科研教练、康复教练、营养师组成情况） | | | | | | | | | | |
| 执教成绩水平程度 $V_{31}$（教练员过去、现在执教球队的成绩情况，是反映教练员能力的重要指标之一） | | | | | | | | | | |
| 执教经历程度 $V_{32}$（反映教练员执教经验和执教能力的重要标志之一） | | | | | | | | | | |
| 管理水平程度 $V_{33}$（对教练组的协调能力、对球员技战术的整合能力、对球队凝聚力的集聚能力等，是反映教练员工作能力的重要标志之一） | | | | | | | | | | |

（续表）

| 教练员系统 $D_5$（二级指标） | 1 | 2 | 3 | 4 | 5 | 6 | 7 | 8 | 9 | 10 |
|---|---|---|---|---|---|---|---|---|---|---|
| 职业素养水平程度 $V_{34}$（执教的敬业精神、对球队的付出程度、对竞赛公平公正的坚持程度、对球员可持续发展的推动、地域归属感和共同体意识等） | | | | | | | | | | |
| 学历教育程度 $V_{35}$（教练员的文化程度、教育经历等情况，主要反映教练员理论积累、认知能力开发情况） | | | | | | | | | | |
| 年龄合理程度 $V_{36}$（反映教练员可持续发展的情况） | | | | | | | | | | |
| 教练员培养体系合理程度 $V_{37}$（教练员培养制度、模式、手段、质量监控等） | | | | | | | | | | |
| 教练员流动合理程度 $V_{38}$（反映教练员与各俱乐部球队供需关系落实情况，也是职业体育发展的重要标志之一） | | | | | | | | | | |
| 运动经历程度 $V_{39}$（教练员以球员身份参加各级篮球训练和比赛的情况，是反映教练员执教能力的重要标志之一） | | | | | | | | | | |
| 社会关系复杂程度 $V_{40}$（反映教练员为球队训练和竞赛提供高水平平台的能力） | | | | | | | | | | |
| 薪金水平程度 $V_{41}$（反映俱乐部对教练员的价值评价和重视程度） | | | | | | | | | | |
| 工作环境条件 $V_{42}$（教练员训练、竞赛、生活、可持续发展的环境条件，也是反映联赛职业化程度的重要标志之一） | | | | | | | | | | |

## c. 运动员系统 $D_6$（二级指标）

| 运动员系统 $D_6$（二级指标） | 1 | 2 | 3 | 4 | 5 | 6 | 7 | 8 | 9 | 10 |
|---|---|---|---|---|---|---|---|---|---|---|
| 竞技能力水平程度 $V_{43}$（技战术素养、技战术执行力、总结反思能力、随机应变能力、团结协作能力） | | | | | | | | | | |
| 运动经历程度 $V_{44}$（球员成长过程中参加各级篮球训练和比赛的情况，是反映球员竞技能力的重要标志之一） | | | | | | | | | | |
| 学历教育程度 $V_{45}$（球员的文化程度、教育经历等情况，主要反映球员理论积累、认知能力开发情况） | | | | | | | | | | |
| 职业素质水平程度 $V_{46}$（精神方面：爱国重誉、遵章守纪、服从指挥、顽强拼搏、团结友善、谦虚无私、乐观自信、举止文明等；行为方面：生活、训练和比赛的自我管理） | | | | | | | | | | |
| 比赛成绩水平程度 $V_{47}$（球员过去、现在参赛成绩情况，反映球员竞技能力的重要指标） | | | | | | | | | | |
| 薪水水平程度 $V_{48}$（反映俱乐部对球员的价值评价，也能体现俱乐部对球员重视程度） | | | | | | | | | | |
| 参赛动机合理程度 $V_{49}$（球员对薪金的追求、对竞技能力提高的追求、对社会荣誉的追求、对退役后体面生活的追求等，是反映球员职业素养、竞技能力可持续发展的重要组成部分） | | | | | | | | | | |

（续表）

| 运动员系统 $D_6$（二级指标） | 1 | 2 | 3 | 4 | 5 | 6 | 7 | 8 | 9 | 10 |
|---|---|---|---|---|---|---|---|---|---|---|
| 球星作用程度 $V_{50}$（球星质量、数量和社会影响力等情况，是反映俱乐部实力的重要标志） | | | | | | | | | | |
| 伤病情况程度 $V_{51}$（球员急性损伤史、慢性损伤史、重大伤病史等情况，是反映球员训练科学性和球员成绩发挥的重要标志之一） | | | | | | | | | | |
| 工作环境条件 $V_{52}$（球员训练、竞赛、生活、可持续发展的环境条件，是反映联赛职业化程度的重要标志之一） | | | | | | | | | | |

### d. 场馆服务系统 $D_7$（二级指标）

| 场馆服务系统 $D_7$（二级指标） | 1 | 2 | 3 | 4 | 5 | 6 | 7 | 8 | 9 | 10 |
|---|---|---|---|---|---|---|---|---|---|---|
| 使用场馆属性合理程度 $V_{53}$（场馆属于球队自有、租用，还是 PPP 模式即私营企业、民营资本与政府合作） | | | | | | | | | | |
| 场馆规模水平 $V_{54}$（俱乐部训练场馆数量、竞赛场馆容纳观众规模等，是反映俱乐部市场化程度的重要标志） | | | | | | | | | | |
| 场馆地理位置优越程度 $V_{55}$（竞赛场馆离市中心距离、球迷看球的交通便利情况等，是影响现场观众看球的重要因素） | | | | | | | | | | |
| 场馆设施质量水平 $V_{56}$（俱乐部训练、竞赛场地设施，球迷看球的座椅、环境设施，比赛转播的设施，俱乐部地域文化和象征标志，是反映俱乐部运作质量的重要标志） | | | | | | | | | | |

（续表）

| 场馆服务系统 $D_7$（二级指标） | 1 | 2 | 3 | 4 | 5 | 6 | 7 | 8 | 9 | 10 |
|---|---|---|---|---|---|---|---|---|---|---|
| 场馆服务水平程度 $V_{57}$（俱乐部对与训练、竞赛有关的裁判员、教练员、运动员、转播机构及观众等主体的服务水平等，是反映俱乐部职业化水平的重要标志之一） | | | | | | | | | | |
| 场馆费用成本程度 $V_{58}$（俱乐部训练、竞赛使用场馆的成本等，是反映俱乐部运营状况的重要组成部分） | | | | | | | | | | |

注：数字代表合理程度，其中 1 为完全不合理 / 完全不高 / 完全不好，10 为非常合理 / 非常高 / 非常好。

## C. 俱乐部所属（合作）系统 $C_3$

### a. 所属（合作）政府系统 $D_8$（二级指标）

| 所属（合作）政府系统 $D_8$（二级指标） | 1 | 2 | 3 | 4 | 5 | 6 | 7 | 8 | 9 | 10 |
|---|---|---|---|---|---|---|---|---|---|---|
| 参赛目的合理程度 $V_{59}$（政府支持俱乐部的政治、经济、社会目的等） | | | | | | | | | | |
| 支持力度 $V_{60}$（对俱乐部在政策、资金、场地、后备人才培养等方面的支持情况） | | | | | | | | | | |
| 责权利划分合理程度 $V_{61}$（政府系统与俱乐部之间的责权利划分情况） | | | | | | | | | | |
| 参赛收获程度 $V_{62}$（政府通过支持俱乐部在政治、经济、社会影响力等方面获得利益情况） | | | | | | | | | | |

## b. 所属（合作）企业系统 $D_9$（二级指标）

| 所属（合作）企业系统 $D_9$（二级指标） | 1 | 2 | 3 | 4 | 5 | 6 | 7 | 8 | 9 | 10 |
|---|---|---|---|---|---|---|---|---|---|---|
| 参赛目的合理程度 $V_{63}$（政治、经济、社会目的以及企业老板个人情结等） | | | | | | | | | | |
| 支持力度 $V_{64}$（企业对俱乐部在政策、资金等方面的支持力度情况） | | | | | | | | | | |
| 责权利划分合理程度 $V_{65}$（企业赋予俱乐部在经营管理等方面的责、权、利情况） | | | | | | | | | | |
| 参赛收获程度 $V_{66}$（企业通过举办俱乐部在政治、经济、社会影响力等方面获得利益情况） | | | | | | | | | | |

注：数字代表合理程度，其中 1 为完全不合理 / 完全不高 / 完全不好，10 为非常合理 / 非常高 / 非常好。

## D. 赞助商系统 $C_4$

### a. 中职篮赞助商 $D_{10}$（二级指标）

| 中职篮赞助商 $D_{10}$（二级指标） | 1 | 2 | 3 | 4 | 5 | 6 | 7 | 8 | 9 | 10 |
|---|---|---|---|---|---|---|---|---|---|---|
| 赞助动机合理程度 $V_{67}$（在政治、经济、社会关注度及企业老板个人情结等方面赞助目的） | | | | | | | | | | |
| 赞助力度 $V_{68}$（企业对俱乐部在资金、实物等方面的赞助力度） | | | | | | | | | | |
| 赞助形式合理程度 $V_{69}$（资金、实物以及其他相关赞助形式） | | | | | | | | | | |
| 赞助商结构体系合理程度 $V_{70}$（五级赞助商体系：官方主赞助商、官方战略合作伙伴、官方合作伙伴、官方赞助商、官方供应商） | | | | | | | | | | |

## b. 中职篮俱乐部赞助商 $D_{11}$（二级指标）

| 中职篮俱乐部赞助商 $D_{11}$（二级指标） | 1 | 2 | 3 | 4 | 5 | 6 | 7 | 8 | 9 | 10 |
|---|---|---|---|---|---|---|---|---|---|---|
| 赞助动机合理程度 $V_{71}$（在政治、经济、社会关注度及企业老板个人情结等方面的赞助目的） | | | | | | | | | | |
| 赞助力度 $V_{72}$（企业对俱乐部在资金、实物等方面的赞助力度） | | | | | | | | | | |
| 赞助形式合理程度 $V_{73}$（资金、实物以及其他相关赞助形式） | | | | | | | | | | |
| 赞助商结构体系合理程度 $V_{74}$（冠名赞助商、其他合作赞助商、供应商、特许商品经销商等体系） | | | | | | | | | | |

## c. 中职篮球员赞助商 $D_{12}$（二级指标）

| 中职篮球员赞助商 $D_{12}$（二级指标） | 1 | 2 | 3 | 4 | 5 | 6 | 7 | 8 | 9 | 10 |
|---|---|---|---|---|---|---|---|---|---|---|
| 赞助动机合理程度 $V_{75}$（在政治、经济、社会关注度及企业老板个人情结等方面的赞助目的） | | | | | | | | | | |
| 赞助力度 $V_{76}$（企业对球员从资金、实物等方面的赞助力度） | | | | | | | | | | |
| 赞助形式合理程度 $V_{77}$（资金、实物以及其他相关赞助形式） | | | | | | | | | | |

## d. 中职篮俱乐部自身后备人才培养系统赞助商 $D_{13}$（二级指标）

| 中职篮俱乐部自身后备人才培养系统赞助商 $D_{13}$（二级指标） | 1 | 2 | 3 | 4 | 5 | 6 | 7 | 8 | 9 | 10 |
|---|---|---|---|---|---|---|---|---|---|---|
| 赞助动机合理程度 $V_{78}$（在政治、经济、社会关注度以及企业老板个人情结等方面赞助目的） | | | | | | | | | | |
| 赞助力度 $V_{79}$（企业在俱乐部从资金、实物等方面的赞助力度） | | | | | | | | | | |
| 赞助形式合理程度 $V_{80}$（资金、实物以及其他相关赞助形式） | | | | | | | | | | |

### e. 全国男子篮球联赛（NBL）赞助商 $D_{14}$（二级指标）

| 全国男子篮球联赛（NBL）赞助商 $D_{14}$（二级指标） | 1 | 2 | 3 | 4 | 5 | 6 | 7 | 8 | 9 | 10 |
|---|---|---|---|---|---|---|---|---|---|---|
| 赞助动机合理程度 $V_{81}$（在政治、经济、社会关注度及企业老板个人情结等方面的赞助目的） | | | | | | | | | | |
| 赞助力度 $V_{82}$（企业对俱乐部在资金、实物等方面的赞助力度） | | | | | | | | | | |
| 赞助形式合理程度 $V_{83}$（资金、实物以及其他相关赞助形式） | | | | | | | | | | |
| 赞助商结构体系合理程度 $V_{84}$（冠名赞助商、其他合作赞助商、供应商、特许商品经销商等体系） | | | | | | | | | | |

### f. 大学生竞技篮球系统赞助商 $D_{15}$（二级指标）

| 大学生竞技篮球系统赞助商 $D_{15}$（二级指标） | 1 | 2 | 3 | 4 | 5 | 6 | 7 | 8 | 9 | 10 |
|---|---|---|---|---|---|---|---|---|---|---|
| 赞助动机合理程度 $V_{85}$（在政治、经济、社会关注度以及企业老板个人情结等方面的赞助目的） | | | | | | | | | | |
| 赞助力度 $V_{86}$（企业对系统在资金、实物等方面的赞助力度） | | | | | | | | | | |
| 赞助形式合理程度 $V_{87}$（资金、实物以及其他相关赞助形式） | | | | | | | | | | |
| 赞助商结构体系合理程度 $V_{88}$（冠名赞助商、其他合作赞助商、供应商、特许商品经销商等体系） | | | | | | | | | | |

### g. 中小学竞技篮球系统赞助商 $D_{16}$（二级指标）

| 中小学竞技篮球系统赞助商 $D_{16}$（二级指标） | 1 | 2 | 3 | 4 | 5 | 6 | 7 | 8 | 9 | 10 |
|---|---|---|---|---|---|---|---|---|---|---|
| 赞助动机合理程度 $V_{89}$（在政治、经济、社会关注度以及企业老板个人情结等方面的赞助目的） | | | | | | | | | | |

（续表）

| 中小学竞技篮球系统赞助商 $D_{16}$（二级指标） | 1 | 2 | 3 | 4 | 5 | 6 | 7 | 8 | 9 | 10 |
|---|---|---|---|---|---|---|---|---|---|---|
| 赞助力度 $V_{90}$（企业对系统在资金、实物等方面的赞助力度） | | | | | | | | | | |
| 赞助形式合理程度 $V_{91}$（资金、实物以及其他相关赞助形式） | | | | | | | | | | |

**h. 体校系统赞助商 $D_{17}$（二级指标）**

| 体校系统赞助商 $D_{17}$（二级指标） | 1 | 2 | 3 | 4 | 5 | 6 | 7 | 8 | 9 | 10 |
|---|---|---|---|---|---|---|---|---|---|---|
| 赞助动机合理程度 $V_{92}$（在政治、经济、社会关注度以及企业老板个人情结等方面的赞助目的） | | | | | | | | | | |
| 赞助力度 $V_{93}$（企业对系统在资金、实物等方面的赞助力度） | | | | | | | | | | |
| 赞助形式合理程度 $V_{94}$（资金、实物以及其他相关赞助形式） | | | | | | | | | | |

**i. 社会俱乐部系统赞助商 $D_{18}$（二级指标）**

| 社会俱乐部系统赞助商 $D_{18}$（二级指标） | 1 | 2 | 3 | 4 | 5 | 6 | 7 | 8 | 9 | 10 |
|---|---|---|---|---|---|---|---|---|---|---|
| 赞助动机合理程度 $V_{95}$（在政治、经济、社会关注度及企业老板个人情结等方面赞助目的） | | | | | | | | | | |
| 赞助力度 $V_{96}$（企业对系统从资金、实物等方面的赞助力度） | | | | | | | | | | |
| 赞助形式合理程度 $V_{97}$（资金、实物及其他相关赞助形式） | | | | | | | | | | |

注：数字代表合理程度，其中 1 为完全不合理 / 完全不高 / 完全不好，10 为非常合理 / 非常高 / 非常好。

## E. 后备人才培养系统 $C_5$

### a. 中职篮俱乐部自身后备人才培养系统 $D_{19}$（二级指标）

| 中职篮俱乐部自身后备人才培养系统 $D_{19}$（二级指标） | 1 | 2 | 3 | 4 | 5 | 6 | 7 | 8 | 9 | 10 |
|---|---|---|---|---|---|---|---|---|---|---|
| 机构设置合理程度 $V_{98}$（俱乐部针对后备人才培养系统设立的组织机构情况） | | | | | | | | | | |
| 竞技水平程度 $V_{99}$（各俱乐部后备人才竞技水平以及教练员执教能力等） | | | | | | | | | | |
| 办队动机合理程度 $V_{100}$（完成联赛设队要求的条件，为俱乐部一线队输送球员等） | | | | | | | | | | |
| 球员来源合理程度 $V_{101}$（各级梯队球员被选拔前的出处） | | | | | | | | | | |
| 球员出路合理程度 $V_{102}$（各级梯队球员升入上一级队伍或转会出走情况） | | | | | | | | | | |
| 梯队结构合理程度 $V_{103}$（后备人才梯队设立情况，如二、三线球队等） | | | | | | | | | | |
| 球员文化水平程度 $V_{104}$（后备人才文化水平情况） | | | | | | | | | | |
| 赛事规模合理程度 $V_{105}$（管理机构、参赛俱乐部、赛事的数量与规模等情况） | | | | | | | | | | |
| 系统规模程度 $V_{106}$（后备人才培养系统中教练员、球员、工作人员的规模） | | | | | | | | | | |
| 工作环境条件 $V_{107}$（球队训练、竞赛、生活、可持续发展的环境条件） | | | | | | | | | | |
| 资金投入程度 $V_{108}$（联赛及俱乐部为后备人才培养所投入的经费支持力度） | | | | | | | | | | |

**b. NBL 系统 $D_{20}$（二级指标）**

| NBL 系统 $D_{20}$（二级指标） | 1 | 2 | 3 | 4 | 5 | 6 | 7 | 8 | 9 | 10 |
|---|---|---|---|---|---|---|---|---|---|---|
| 机构设置合理程度 $V_{109}$（俱乐部设立的竞赛机构、市场运营机构、内部约束机构情况） | | | | | | | | | | |
| 办赛动机合理程度 $V_{110}$（各企业办队的政治、经济、社会目的和追求等） | | | | | | | | | | |
| 联赛竞技水平 $V_{111}$（联赛整体竞技水平、各队教练员执教水平、运动员竞技水平等） | | | | | | | | | | |
| 球员来源合理程度 $V_{112}$（各级梯队球员被选拔前的出处） | | | | | | | | | | |
| 梯队结构合理程度 $V_{113}$（后备人才梯队设立情况，如二、三线球队等） | | | | | | | | | | |
| 赛事规模合理程度 $V_{114}$（管理机构、参赛俱乐部数量、赛事的数量与规模等情况） | | | | | | | | | | |
| 联赛环境条件 $V_{115}$（联赛所处我国当前政治、经济、社会、体育的环境条件） | | | | | | | | | | |
| 俱乐部环境条件 $V_{116}$（各俱乐部球队训练、竞赛、生活的环境条件） | | | | | | | | | | |
| 联赛品牌价值及社会影响力程度 $V_{117}$（社会中的关注度、影响力等价值体现） | | | | | | | | | | |
| 联赛媒体宣传合理程度 $V_{118}$（电视、网络、报纸等宣传媒体的宣传及付费方式） | | | | | | | | | | |
| 联赛属性合理程度 $V_{119}$（联赛市场化程度以及各俱乐部归属单位性质情况） | | | | | | | | | | |

## c. 大学生竞技篮球系统 $D_{21}$（二级指标）

| 大学生竞技篮球系统 $D_{21}$（二级指标） | 1 | 2 | 3 | 4 | 5 | 6 | 7 | 8 | 9 | 10 |
|---|---|---|---|---|---|---|---|---|---|---|
| 办赛动机合理程度 $V_{120}$（系统办赛目的、学校办队参赛目的、球员参赛目的等） | | | | | | | | | | |
| 赛事竞技水平 $V_{121}$（赛事整体竞技水平、各队教练员执教水平、运动员竞技水平等） | | | | | | | | | | |
| 球员来源合理程度 $V_{122}$（各级梯队球员被选拔前的处所） | | | | | | | | | | |
| 梯队结构合理程度 $V_{123}$（人才梯队设立情况，如二、三线球队等） | | | | | | | | | | |
| 赛事规模合理程度 $V_{124}$（管理机构、参赛球队、赛事的数量与规模等情况） | | | | | | | | | | |
| 系统环境条件 $V_{125}$（系统所处我国当前政治、经济、社会、体育等环境条件） | | | | | | | | | | |
| 学训环境条件 $V_{126}$（各球队训练、竞赛、学习、生活等条件） | | | | | | | | | | |
| 政府支持力度 $V_{127}$（政府办赛或学校给球队投入的经费、场地、政策的支持力度） | | | | | | | | | | |
| 赛事品牌价值及社会影响力程度 $V_{128}$（社会中的关注度、影响力等价值体现） | | | | | | | | | | |
| 赛事媒体宣传合理程度 $V_{129}$（电视、网络、报纸等宣传媒体的宣传方式及力度） | | | | | | | | | | |

## d. 中小学竞技篮球系统 $D_{22}$（二级指标）

| 中小学竞技篮球系统 $D_{22}$（二级指标） | 1 | 2 | 3 | 4 | 5 | 6 | 7 | 8 | 9 | 10 |
|---|---|---|---|---|---|---|---|---|---|---|
| 办队动机合理程度 $V_{130}$（系统整体办赛目的、各学校参赛目的、球员参赛目的） | | | | | | | | | | |
| 系统竞技水平 $V_{131}$（赛事整体竞技水平，各队教练员执教、运动员竞技水平等） | | | | | | | | | | |
| 球员来源合理程度 $V_{132}$（各级梯队球员被选拔前的出处） | | | | | | | | | | |
| 梯队结构合理程度 $V_{133}$（人才梯队设立情况，如二、三线球队等） | | | | | | | | | | |
| 赛事规模合理程度 $V_{134}$（管理机构、参赛球队、赛事的数量与规模等情况） | | | | | | | | | | |
| 系统环境条件 $V_{135}$（系统所处我国当前政治、经济、社会、体育的环境条件） | | | | | | | | | | |
| 学训环境条件 $V_{136}$（各球队训练、竞赛、学习、生活等条件） | | | | | | | | | | |
| 政府支持力度 $V_{137}$（政府办赛或学校给球队投入的经费、场地、政策的支持力度） | | | | | | | | | | |
| 社会影响力程度 $V_{138}$（系统在社会中的关注度、影响力等价值体现） | | | | | | | | | | |
| 赛事媒体宣传合理程度 $V_{139}$（电视、网络、报纸等宣传媒体的宣传方式及力度） | | | | | | | | | | |

## e. 体校系统 $D_{23}$（二级指标）

| 体校系统 $D_{23}$（二级指标） | 1 | 2 | 3 | 4 | 5 | 6 | 7 | 8 | 9 | 10 |
|---|---|---|---|---|---|---|---|---|---|---|
| 办队动机合理程度 $V_{140}$（系统整体办赛目的、各学校参赛目的、球员参赛目的） | | | | | | | | | | |

（续表）

| 体校系统 $D_{23}$（二级指标） | 1 | 2 | 3 | 4 | 5 | 6 | 7 | 8 | 9 | 10 |
|---|---|---|---|---|---|---|---|---|---|---|
| 系统竞技水平 $V_{141}$（赛事整体竞技水平、各队教练员执教水平、运动员竞技水平等） | | | | | | | | | | |
| 球员来源合理程度 $V_{142}$（各级梯队球员被选拔前的出处） | | | | | | | | | | |
| 梯队结构合理程度 $V_{143}$（人才梯队设立情况，如二、三线球队等） | | | | | | | | | | |
| 赛事规模合理程度 $V_{144}$（管理机构、参赛球队、赛事的数量与规模等情况） | | | | | | | | | | |
| 系统环境条件 $V_{145}$（系统所处我国当前政治、经济、社会、体育的环境条件） | | | | | | | | | | |
| 学训环境条件 $V_{146}$（各球队训练、竞赛、学习、生活等条件） | | | | | | | | | | |
| 政府支持力度 $V_{147}$（政府办赛或学校给球队投入的经费、场地、政策的支持力度） | | | | | | | | | | |
| 社会影响力程度 $V_{148}$（系统在社会中的关注度、影响力等价值体现） | | | | | | | | | | |
| 赛事媒体宣传合理程度 $V_{149}$（电视、网络、报纸等宣传媒体的宣传方式及力度） | | | | | | | | | | |

## f. 社会俱乐部 $D_{24}$（二级指标）

| 社会俱乐部 $D_{24}$（二级指标） | 1 | 2 | 3 | 4 | 5 | 6 | 7 | 8 | 9 | 10 |
|---|---|---|---|---|---|---|---|---|---|---|
| 办队动机合理程度 $V_{150}$（系统整体办赛目的、俱乐部参赛目的、球员参赛目的） | | | | | | | | | | |
| 系统竞技水平 $V_{151}$（赛事整体竞技水平、各队教练员执教水平、运动员竞技水平等） | | | | | | | | | | |

（续表）

| 社会俱乐部 $D_{24}$（二级指标） | 1 | 2 | 3 | 4 | 5 | 6 | 7 | 8 | 9 | 10 |
|---|---|---|---|---|---|---|---|---|---|---|
| 球员来源合理程度 $V_{152}$（各级梯队球员被选拔前的处所） | | | | | | | | | | |
| 梯队结构合理程度 $V_{153}$（人才梯队设立情况，如二、三线球队等） | | | | | | | | | | |
| 赛事规模合理程度 $V_{154}$（管理机构、参赛球队、赛事的数量与规模等情况） | | | | | | | | | | |
| 系统环境条件 $V_{155}$（系统所处我国当前政治、经济、社会、体育的环境条件） | | | | | | | | | | |
| 学训环境条件 $V_{156}$（各俱乐部训练、竞赛、学习、生活等条件） | | | | | | | | | | |
| 经费支持力度 $V_{157}$（政府或俱乐部给球队投入的经费、场地、政策的支持力度） | | | | | | | | | | |
| 社会影响力程度 $V_{158}$（俱乐部在社会中的关注度、影响力等价值体现） | | | | | | | | | | |
| 赛事媒体宣传合理程度 $V_{159}$（电视、网络、报纸等宣传媒体的宣传方式及力度） | | | | | | | | | | |

注：数字代表合理程度，其中 1 为完全不合理 / 完全不高 / 完全不好，10 为非常合理 / 非常高 / 非常好。

## F. 观众系统 $C_6$

### a. 现场观众 $D_{25}$（二级指标）

| 现场观众 $D_{25}$（二级指标） | 1 | 2 | 3 | 4 | 5 | 6 | 7 | 8 | 9 | 10 |
|---|---|---|---|---|---|---|---|---|---|---|
| 观赛动机多元化程度 $V_{160}$（现场观众观看比赛的目的，如放松心情、热爱篮球、当主队粉丝等） | | | | | | | | | | |
| 主队情结程度 $V_{161}$（观众对主队的热爱和忠诚程度以及看台文化建设情况） | | | | | | | | | | |

（续表）

| 现场观众 $D_{25}$（二级指标） | 1 | 2 | 3 | 4 | 5 | 6 | 7 | 8 | 9 | 10 |
|---|---|---|---|---|---|---|---|---|---|---|
| 购票方式合理程度 $V_{162}$（泛指球迷获得球票的渠道种类体系合理程度） | | | | | | | | | | |
| 观赛投入程度 $V_{163}$（每年现场观看比赛时投入费用程度） | | | | | | | | | | |
| 越轨行为程度 $V_{164}$（球迷违反联赛规范的一系列行为数量及严重程度，如辱骂对手和裁判员、投掷杂物、围堵客队、打架斗殴等） | | | | | | | | | | |
| 球迷结构合理程度 $V_{165}$（性别、年龄、职业、收入的结构合理程度） | | | | | | | | | | |
| 观赛方式多元化程度 $V_{166}$（主要指个人、家庭还是团体） | | | | | | | | | | |

## b. 媒体观众 $D_{26}$（二级指标）

| 媒体观众 $D_{26}$（二级指标） | 1 | 2 | 3 | 4 | 5 | 6 | 7 | 8 | 9 | 10 |
|---|---|---|---|---|---|---|---|---|---|---|
| 观赛动机多元化程度 $V_{167}$（通过电视、网络等媒体观看比赛的观众的目的，如放松心情、热爱篮球、当主队粉丝等） | | | | | | | | | | |
| 主队情结程度 $V_{168}$（媒体观众对主队的热爱和忠诚程度） | | | | | | | | | | |
| 球迷结构合理程度 $V_{169}$（性别、年龄、职业的结构合理程度） | | | | | | | | | | |
| 观赛投入程度 $V_{170}$（通过媒体观看比赛时投入费用程度） | | | | | | | | | | |
| 观赛渠道多元化程度 $V_{171}$（观看比赛的电视、网络等多渠道程度） | | | | | | | | | | |
| 观赛方式多元化程度 $V_{172}$（主要是指个人、家庭、团体等） | | | | | | | | | | |

注：数字代表合理程度，其中 1 为完全不合理/完全不高/完全不好，10 为非常合理/非常高/非常好。

## G. 媒体系统 $C_7$

### a. 电视转播系统 $D_{27}$（二级指标）

| 电视转播系统 $D_{27}$（二级指标） | 1 | 2 | 3 | 4 | 5 | 6 | 7 | 8 | 9 | 10 |
|---|---|---|---|---|---|---|---|---|---|---|
| 转播机构属性合理程度 $V_{173}$（电视转播机构的国家、地方或公私隶属性质，是影响联赛收益的重要组成因素之一） | | | | | | | | | | |
| 转播动机多元化程度 $V_{174}$（转播机构转播目的，如经济利益、社会责任等） | | | | | | | | | | |
| 转播方式多元化程度 $V_{175}$（直播、录播、时间选择等情况） | | | | | | | | | | |
| 转播规模合理程度 $V_{176}$（直播量情况） | | | | | | | | | | |
| 转播质量水平 $V_{177}$（转播理念、转播硬件、转播字幕、转播画面等） | | | | | | | | | | |
| 转播收益程度 $V_{178}$（转播获益情况） | | | | | | | | | | |
| 收费或付费合理程度 $V_{179}$（转播联赛交易方式等，是中职篮市场化的重要表现） | | | | | | | | | | |

### b. 网络传播系统 $D_{28}$（二级指标）

| 网络传播系统 $D_{28}$（二级指标） | 1 | 2 | 3 | 4 | 5 | 6 | 7 | 8 | 9 | 10 |
|---|---|---|---|---|---|---|---|---|---|---|
| 传播机构属性合理程度 $V_{180}$（网络传播机构的国家、地方或公私隶属性质，是影响联赛收益的重要组成因素之一） | | | | | | | | | | |
| 传播动机合理程度 $V_{181}$（机构传播联赛的目的，如经济利益、社会责任等） | | | | | | | | | | |
| 传播方式合理程度 $V_{182}$（视频直播、视频录播、文字传播等情况） | | | | | | | | | | |

（续表）

| 网络传播系统 $D_{28}$（二级指标） | 1 | 2 | 3 | 4 | 5 | 6 | 7 | 8 | 9 | 10 |
|---|---|---|---|---|---|---|---|---|---|---|
| 传播规模合理程度 $V_{183}$（直播量情况） | | | | | | | | | | |
| 传播质量水平程度 $V_{184}$（传播理念、传播硬件、传播字幕、传播画面等） | | | | | | | | | | |
| 传播收益程度 $V_{185}$（转播获益情况） | | | | | | | | | | |
| 收费或付费合理程度 $V_{186}$（传播联赛交易方式等，是中职篮市场化的重要表现） | | | | | | | | | | |

### c. 其他传播系统 $D_{29}$（二级指标）

| 其他传播系统 $D_{29}$（二级指标） | 1 | 2 | 3 | 4 | 5 | 6 | 7 | 8 | 9 | 10 |
|---|---|---|---|---|---|---|---|---|---|---|
| 传播机构属性合理程度 $V_{187}$（传播机构的国家、地方或公私隶属性质，是影响联赛收益的重要组成因素之一） | | | | | | | | | | |
| 传播动机合理程度 $V_{188}$（传播机构转播联赛的目的，如经济利益、社会责任等） | | | | | | | | | | |
| 传播方式合理程度 $V_{189}$（报纸、杂志传播等情况） | | | | | | | | | | |
| 传播规模合理程度 $V_{190}$（直播量情况） | | | | | | | | | | |
| 传播质量水平程度 $V_{191}$（传播理念、传播硬件、传播产品规格等） | | | | | | | | | | |
| 传播效益程度 $V_{192}$（转播获益情况） | | | | | | | | | | |
| 收费或付费合理程度 $V_{193}$（传播联赛交易方式等，是中职篮市场化的重要表现） | | | | | | | | | | |

注：数字代表合理程度，其中 1 为完全不合理 / 完全不高 / 完全不好，10 为非常合理 / 非常高 / 非常好。

## H. 中介系统 $C_8$

### a. 球员个人经纪人 $D_{30}$ （二级指标）

| 球员个人经纪人 $D_{30}$（二级指标） | 1 | 2 | 3 | 4 | 5 | 6 | 7 | 8 | 9 | 10 |
|---|---|---|---|---|---|---|---|---|---|---|
| 国家法律、法规依据合理程度 $V_{194}$（球员经纪人工作政策、法律法规完善情况） | | | | | | | | | | |
| 球员经纪人组成结构合理程度 $V_{195}$（性别、年龄、职业等） | | | | | | | | | | |
| 经纪人规模合理程度 $V_{196}$（经纪人的数量情况） | | | | | | | | | | |
| 经纪人运作成果程度 $V_{197}$（联赛中经纪人运作球员流通成果情况） | | | | | | | | | | |
| 经纪人收入程度 $V_{198}$（经纪人运作球员流通所获得的收益情况） | | | | | | | | | | |
| 经纪人生存环境条件 $V_{199}$（职业篮球市场中，球员经纪人生存和运营的环境情况） | | | | | | | | | | |
| 经纪人职业素养程度 $V_{200}$（经纪人的诚信、运作能力、专业化水平等） | | | | | | | | | | |

### b. 职业篮球赛事经纪机构 $D_{31}$

| 职业篮球赛事经纪机构 $D_{31}$ | 1 | 2 | 3 | 4 | 5 | 6 | 7 | 8 | 9 | 10 |
|---|---|---|---|---|---|---|---|---|---|---|
| 赛事经纪机构结构合理程度 $V_{201}$（包括经纪人情况、机构属性、机构设置等） | | | | | | | | | | |
| 经纪机构规模合理程度 $V_{202}$（经纪机构的数量与中职篮市场需求的供求关系情况） | | | | | | | | | | |

（续表）

| 职业篮球赛事经纪机构 $D_{31}$ | 1 | 2 | 3 | 4 | 5 | 6 | 7 | 8 | 9 | 10 |
|---|---|---|---|---|---|---|---|---|---|---|
| 经纪机构运作成果程度 $V_{203}$（经纪机构运作球员流通或赛事运营的情况） | | | | | | | | | | |
| 经纪机构收入程度 $V_{204}$（经纪机构运作球员流通或赛事运营的收益情况） | | | | | | | | | | |
| 经纪机构生存环境条件 $V_{205}$（职业篮球市场中，经纪机构生存和运营的环境情况） | | | | | | | | | | |

注：数字代表合理程度，其中 1 为完全不合理 / 完全不高 / 完全不好，10 为非常合理 / 非常高 / 非常好。

## I. 外生环境系统（PEST）$C_9$

### a. 政治环境 $D_{32}$（二级指标）

| 政治环境 $D_{32}$（二级指标） | 1 | 2 | 3 | 4 | 5 | 6 | 7 | 8 | 9 | 10 |
|---|---|---|---|---|---|---|---|---|---|---|
| 政府导向合理程度 $V_{206}$（政府关于职业篮球发展的相关政策指导方向情况） | | | | | | | | | | |
| 体育产业政策支持力度 $V_{207}$（政府关于体育产业发展的相关政策力度情况） | | | | | | | | | | |
| 领导重视程度 $V_{208}$（政府领导对职业篮球发展的重视和支持情况） | | | | | | | | | | |
| 体育产业法治建设程度 $V_{209}$（职业篮球赖以生存的体育产业相关法规建设情况） | | | | | | | | | | |

### b. 经济环境 $D_{33}$（二级指标）

| 经济环境 $D_{33}$（二级指标） | 1 | 2 | 3 | 4 | 5 | 6 | 7 | 8 | 9 | 10 |
|---|---|---|---|---|---|---|---|---|---|---|
| 国家经济发展水平 $V_{210}$（国家经济发展水平对职业体育受众消费能力的保障） | | | | | | | | | | |
| 市场经济体制发展程度 $V_{211}$（市场经济发展的程度对职业体育发展的有利程度） | | | | | | | | | | |
| 市场环境条件 $V_{212}$（国家经济市场化环境条件对职业体育发展的影响程度） | | | | | | | | | | |
| 居民收入程度 $V_{213}$（居民的可支配收入水平对职业体育消费能力的保障） | | | | | | | | | | |
| 市场成熟度 $V_{214}$（职业体育市场化发展程度，是影响中职篮开展的重要指标） | | | | | | | | | | |

### c. 社会环境 $D_{34}$（二级指标）

| 社会环境 $D_{34}$（二级指标） | 1 | 2 | 3 | 4 | 5 | 6 | 7 | 8 | 9 | 10 |
|---|---|---|---|---|---|---|---|---|---|---|
| 篮球运动群众基础 $V_{215}$（篮球运动在我国群众规模大小、基础厚实程度） | | | | | | | | | | |
| 篮球运动社会影响力 $V_{216}$（篮球运动在我国社会中的知名度、影响力） | | | | | | | | | | |
| 传统文化与篮球运动相融性 $V_{217}$（我国传统文化的思维方式和理念与西方竞技篮球运动的对抗性、团队性等理念的一致性、冲突性） | | | | | | | | | | |

（续表）

| 社会环境 $D_{34}$（二级指标） | 1 | 2 | 3 | 4 | 5 | 6 | 7 | 8 | 9 | 10 |
|---|---|---|---|---|---|---|---|---|---|---|
| 中国篮球文化特征合理度 $V_{218}$（中国篮球文化特征对球员、球队成绩的影响程度） | | | | | | | | | | |
| 传统文化对球员规模影响度 $V_{219}$（传统重文化学习对从事职业篮球人才的影响） | | | | | | | | | | |

### d. 体育技术环境 $D_{35}$（二级指标）

| 体育技术环境 $D_{35}$（二级指标） | 1 | 2 | 3 | 4 | 5 | 6 | 7 | 8 | 9 | 10 |
|---|---|---|---|---|---|---|---|---|---|---|
| 职业体育政策法规发展程度 $V_{220}$（职业体育发展政策法规完善程度和同步化程度） | | | | | | | | | | |
| 职业体育人才培育规模市场满足度 $V_{221}$（职业体育发展所需从业人才规模） | | | | | | | | | | |
| 职业体育从业者价值取向合理度 $V_{222}$（从业者或机构从业动机、目的、态度情况） | | | | | | | | | | |
| 职业体育运作专业化程度 $V_{223}$（职业体育运作人员、机构运营能力的专业化水平） | | | | | | | | | | |

注：数字代表合理程度，其中 1 为完全不合理 / 完全不高 / 完全不好，10 为非常合理 / 非常高 / 非常好。

## 4. 对问卷的效度进行评价

| | 非常合理 | 合理 | 基本合理 | 不合理 |
|---|---|---|---|---|
| 请您对本问卷的内容设计做出评价 | | | | |
| 请您对本问卷的结构设计做出评价 | | | | |

## 5. 对指标条目的判断依据

| 您对指标条目的判断依据 | 理论依据 | 实践经验 | 国内外资料 | 直觉 |
|---|---|---|---|---|
| 请在对应栏里画"√" | | | | |

## 6. 对指标条目的熟悉程度

| 您对指标条目的熟悉程度 | 非常熟悉 | 熟悉 | 比较熟悉 | 比较不熟悉 | 非常不熟悉 |
|---|---|---|---|---|---|
| 请在对应栏里画"√" | | | | | |

## 7. 个人情况简要介绍

| 您的职业 | 高校专家 | 中国篮协管理者 | 职业俱乐部管理者 | 职业队教练员 |
|---|---|---|---|---|
| 请在对应栏里画"√" | | | | |

# 参考文献

［1］ 中国篮球协会.2014—2015赛季CBA联赛总结［EB/OL］.（2015-04-29）［2021-10-01］.http://cba.net.cn/show.aspx?id=13660&cid=46.

［2］ 北京娱乐信报.NBA常规赛有望登陆中国NBA嘉年华今与北京球迷见面［EB/OL］.（2016-11-02）［2021-10-01］.http://sports.sina.com.cn/k/2003-09-26/0205597276.shtml.

［3］ 胡鞍钢,周绍杰,任皓.供给侧结构性改革——适应和引领中国经济新常态［J］.清华大学学报（哲学社会科学版）,2016,31（2）:2-7.

［4］ 吴敬琏.中国改革面临的四座大山［J］.社会科学报,2016（3）:31-33.

［5］ 白重恩,张琼.用"已知"倒推"未知":中国全要素生产率研究展望［J］.新金融评论,2014（1）:135-139.

［6］ PETTIS M. Will China's New "Supply Side" Reforms Help China?［J］.Global Economics,2016,（2）:8-12.

［7］ 贾康.供给侧改革的核心内涵是解放生产力［J］.中国经济周刊,2015（49）:78-79.

［8］ 刘世锦.供给侧改革不是说需求不重要了［J］.中国经贸导刊,2015（34）:26-27.

［9］ 国家统计局,国家体育总局.2016年国家体育产业总规模与增加值数据公告［EB/OL］.（2018-01-13）［2021-10-1］.http://www.stats.gov.cn/tjsj/zxfb/201801/t20180113_1573014.

［10］ 李丰荣,龚波.中国职业足球"供给侧改革"的理论源流、选择动因与路径研究［J］.武汉体育学院学报,2017,51（12）:11-17.

［11］ 邢金明,刘波,欧阳井凤.体育产业供给侧改革路径研究［J］.体育文化导刊,2017（10）:101-105.

［12］ 任波.中国体育产业结构的形成机理、演进逻辑与优化策略［J］.沈阳体育

学院学报，2018，37（4）：14.

［13］ 范尧.供给侧改革背景下体育用品供需困境与调和［J］.体育科学，2017，37（11）：12-18.

［14］ 顾志平，江新华.基于供给侧改革体育产业发展策略研究［J］.广州体育学院学报，2018，38（4）：34-36.

［15］ 申顺发，赵强，郭学英.供给侧改革背景下体育公共服务体系的主要问题与模型构建［J］.体育文化导刊，2018（9）：17-21.

［16］ 李军岩.新时代我国全民健身消费供给研究［J］.沈阳体育学院学报，2018，37（4）：8-13.

［17］ 李燕领，王家宏.基于产业链的我国体育产业整合模式及策略研究［J］.武汉体育学院学报，2016，50（9）：27-33

［18］ 李元伟.07中国篮球发展高峰论坛——大视野大发展大未来［EB/OL］.（2007-10-16）［2021-10-01］.http://www.basketball.cn.2008.11.14，14：38：22.

［19］ 周进强.我国职业体育俱乐部的法律资格、特征及其设立问题研究［J］.天津体育学院学报，2000，15（4）：11-14.

［20］ 张成云.职业篮球俱乐部经营战略分析［J］.体育文化导刊，2009（3）：74-77.

［21］ 崔鲁祥.中国职业体育利益相关者分析及协同治理——职业篮球、足球实证［D］.北京：北京体育大学，2012.

［22］ 张瑜.中美职业篮球俱乐部管理体制的比较研究［D］.延安：延安大学，2010.

［23］ 张可.CBA赛制变化对中国篮球运动职业化发展影响的研究［D］.西安：西安体育学院，2011.

［24］ 赵国华.我国竞技篮球职业化发展战略研究［D］.苏州：苏州大学，2013.

［25］ 杨扬.我国男子篮球职业联赛竞争性平衡研究［D］.上海：上海体育学院，2009.

［26］ 王郅，褚翔.我国CBA联赛发展模式的路径选择与战略取向［J］.武汉体育学院学报，2011，41（1）：66-70.

［27］ 邓梅花，张成云.CBA 联赛体制之改与体制之困［J］.体育文化导刊，2011
（10）：54-58.

［28］ 郭晓捷，顾永军.我国职业篮球产业组织主体优化的路径选择——兼论职业
篮球俱乐部发展走势［J］.首都体育学院学报，2009（4）：478.

［29］ 马春林.CBA 联赛引援变迁与中国竞技篮球运动发展的瓶颈［J］.北京体育
大学学报，2012，35（1）：26-31.

［30］ 张宁.CBA 联赛外籍球员引进机制的嬗变与反思［J］.成都体育学院学报，
2014，40（8）：59-62.

［31］ 黄廷芳.CBA 引进外籍球员对本土球员影响的研究［D］.成都：成都体育学
院，2013.

［32］ 王菲.对中国男子篮球职业联赛运动员转会现状的研究［D］.呼和浩特：内
蒙古师范大学，2013.

［33］ 都娟.后发优势与我国优秀篮球后备人才的培养［D］.苏州：苏州大学，
2007.

［34］ 陈兰波.我国优秀篮球运动员的成长与培养［D］.苏州：苏州大学，2006.

［35］ 柳建庆.中国篮球教练员职业地位获得研究［D］.北京：北京体育大学，
2008.

［36］ 张培峰，汪洋，张睿玺，等.中国篮球裁判员体制问题分析与对策研究［J］.
成都体育学院学报，2010，36（11）：54-57.

［37］ 刘杰虎.CBA 联赛品牌的构建［D］.上海：上海体育学院，2011.

［38］ 项飞.中国男子篮球职业联赛球队冠名现状研究［D］.北京：北京体育大
学，2013.

［39］ 朱磊.CBA 联赛运营方式的 SWOT 分析［D］.北京：北京体育大学，2009.

［40］ 叶红明.CBA 联赛产权的结构研究［D］.北京：北京体育大学，2007.

［41］ 吴乐.CBA 联赛体育美学特征研究［D］.北京：首都体育学院，2011.

［42］ 魏磊.美国职业篮球联赛（NBA）发展的启示［J］.体育科研，2010，31
（3）：45-50.

［43］ 杨刚.前瞻与启示：NBA 联盟经营模式与 CBA 发展战略一个基于新制度经
济学的视角［J］.西安体育学院学报，2010，27（5）：513.

［44］ 杨铁黎 . 职业篮球市场论：兼谈我国职业篮球市场的现状与改革思路［M］. 北京：北京体育大学出版社，2003.

［45］ 王建国 . NBA 制衡机制的研究［D］. 北京：北京体育大学，2005.

［46］ 李晓蕊 . NBA 与 CBA 主场文化比较研究［D］. 兰州：西北师范大学，2010.

［47］ 鲍明晓 . 中国职业体育评述［M］. 北京：人民体育出版社，2010.

［48］ 郭永东 . 欧洲篮球与世界竞技篮球主流板块迁移［J］. 成都体育学院学报，2008（6）：49-52.

［49］ 王庆伟，许广树，李贵成，等 . 澳大利亚高水平运动员培养体制调查研究［J］. 体育科学，2004，25（1）：36-39.

［50］ 张林 . 职业体育俱乐部运行机制［M］. 北京：人民体育出版社，2001.

［51］ 王庆伟 . 我国职业体育联盟理论研究［M］. 北京：北京体育大学出版社，2007.

［52］ 姜韩 . CBA 联赛职业化改革运行机制及其优化［J］. 南京体育学院学报，2013，27（1）：118-121.

［53］ 徐晓伟 . 我国男子篮球职业联赛运行机制存在问题的研究［J］. 西安体育学院学报，2008，25（5）：12-13.

［54］ 张扬 . 中日两国职业足球联赛运行机制的比较研究［D］. 济南：山东师范大学，2013.

［55］ 王新雷，练碧贞，张晓丽，等 . 中国男子篮球职业联赛目标动力机制评价模型构建及实证研究［J］. 体育科学，2016，36（7）：32-39.

［56］ 王新雷，练碧贞，张晓丽，等 . 中国男子篮球职业联赛组织管理机制评价模型构建及实证研究［J］. 北京体育大学学报，2017，40（3）：101-110.

［57］ 崔瑞华，王泽宇 . 辽宁省公共体育设施建设与经济发展的协调性分析［J］. 武汉体育学院学报，2012，46（4）：13-18.

［58］ 董新光，晓敏，丁鹏，等 . 农村体育评价指标体系的研究［J］. 体育科学，2007，27（10）：47-55.

［59］ 张大超，李敏 . 我国公共体育设施发展水平评价指标体系研究［J］. 体育科学，2013，33（4）：3-23.

［60］ 林震岩 . 多变量分析——SPSS 的操作与应用［M］. 北京：北京大学出版社，

2008.

［61］ 朱洪军．CBA 联赛服务质量的实证分析研究［J］．体育科学，2011，31
（10）：11-20.

［62］ 中国共产党第十四届中央委员会中共中央关于建立社会主义市场经济体制若
干问题的决定［M］．北京：人民出版社，1993.

［63］ 耿志伟．职业体育球迷消费行为和满意度的研究［D］．北京：北京体育大
学，2014.

［64］ 张林，徐昌豹．现代职业体育俱乐部的本质与特征［J］．上海体育学院学报，
2001，25（9）：1-6.

［65］ 胡利军，杨远波．中国职业体育发展研究［J］．体育科学，2010，30（2）：
28-40.

［66］ 杨桦．我国竞技体育三大难题及破解思考［J］．体育科学，2013，33（12）：
8-9.

［67］ 张兵．中国职业体育市场治理复杂性及其应对［J］．体育科学，2018，38
（10）：29-37.

［68］ 程书肖．教育评价方法技术［M］．北京：北京师范大学出版社，2009.

［69］ 吴彤．复杂性的科学哲学探究［M］．呼和浩特：内蒙古人民出版社，2008.

［70］ 黄欣荣．复杂性科学与哲学［M］．北京：中央编译出版社，2007.

［71］ 霍兰．隐秩序［M］．周晓牧，韩晖，译．上海：上海科技教育出版社，2000.

［72］ 哈肯．协同学［M］．凌复华，译．上海：上海译文出版社，2013.

［73］ 张天蓉．蝴蝶效应之谜［M］．北京：清华大学出版社，2013.

［74］ 吴彤．复杂网络研究及其意义［J］．哲学研究，2004，8（4）：58-63.

［75］ 钱学森等．论系统工程（增订本）［M］．湖南：湖南科学技术出版社，1988.

［76］ 钱学森．创建系统学（新世纪版）［M］．上海：上海交通大学出版社，2007.

［77］ 郭元林．复杂性科学知识论［D］．北京：中国社会科学院，2003.

［78］ 成思危．复杂性科学探索［M］．北京：民主与建设出版社，1999.

［79］ 苗东升．复杂性科学研究［M］．北京：中国书籍出版社，2014.

［80］ 霍兰．涌现：从混沌到有序［M］．陈禹，译．上海：上海科学技术出版社，
2001.

［81］ 司马贺.人工科学：复杂性面面观［M］.武夷山，译.上海：上海科技教育出版社，2004.

［82］ HOWARD L.运动社会学［M］.王宗吉，译.深圳：洪业文化有限公司，2000.

［83］ 郝家春.我国男子竞技篮球职业化发展的困境与路径研究［D］.福州：福建师范大学，2010.

［84］ 师灿斌.中国男子篮球职业联赛发展路径研究［D］.上海：上海体育学院，2009.

［85］ 陈林祥.NBA成功运作的营销策略分析［J］.武汉体育学院学报，2000（1）：14-16.

［86］ 辛凭.欧洲职业篮球联赛和法国、西班牙联赛考察报告［R］.中国篮球协会内部资料，2007.

［87］ 鲍明晓.转变我国竞技体育发展方式的对策研究［J］.北京体育大学学报，2014，37（1）：9-23，70.

［88］ 陈钧，孙民治.美国篮球职业化的起因、发展，带给我们的启示［J］.西安体育学院学报，2002，9（4）：65-69.

［89］ 中共中央办公厅、国务院办公厅.中共中央办公厅、国务院办公厅印发《行业协会商会与行政机关脱钩总体方案》［EB/OL］.（2015-07-08）［2021-10-01］.http://www.gov.cn/zhengce/2015-07/08/content_2894118.htm.

［90］ 杨隽.社会转型期的越轨行为和社会调控［J］.武警学院学报，2001，17（2）：5-9.

［91］ 林默彪.社会转型与转型社会的基本特征［J］.社会主义研究，2004，27（6）：134-135.

［92］ 苗东升.论复杂性［J］.自然辩证法通讯，2000，22（6）：87-92.

［93］ 史植忠.智能主体及其应用［M］.北京：科学出版社，2000.

［94］ 司马贺.人工科学：复杂性面面观［M］.武夷山，译.上海：上海科技教育出版社，2004.

［95］ 汪小凡，等.复杂网络理论与应用［M］.北京：清华大学出版社，2006.

［96］ ALBERT R，BARABASI A L. Statistical mechanics of complex networks［J］. Reviews of Modern Physics，2002，74（1）：47-97.

［97］ WOOD S N，AUGUSTIN N H. GAMs with integrated model selection using penalized regression splines and applications to environmental modeling［J］. Ecol Modell，2002，157（2）：157-177.

［98］ 吴振成，贾振楠，姜宝法.二十四节气及其最低气温变化与脑卒中发病的相关性研究［J］.山东中医药大学学报，2015，39（6）：511-515.

［99］ 李丽霞，邰艳晖，周舒冬，等.广义加性模型及其应用［J］.中国卫生统计，2007，24（3）：243-244.

［100］ ROBERT I K. R in Action：Data Analysis and Graphics with R［M］. The United States of America：Manning Publications，2011.

［101］ HASTIE T J，TIBSHIRANI R J. Generalized Additive Models［M］. London and New York：Chapman and Hall，1990.

［102］ 朱文斌，朱海晨，张亚洲，等.浙江沿岸日本鳀幼鱼数量分布及其与环境因子的关系［J］.中国水产科学，2021，28（1）：网络首发.

［103］ 中共中央办公厅，国务院办公厅.行业协会商会与行政机关脱钩总体方案［EB/OL］.（2015-07-08）［2021-10-01］. http://www.gov.cn/zhengce/2015-07/08/content_2894118.htm.

［104］ 刘排，张军，于树祥.制度变迁背景下CBA联赛选秀制度优化研究［J］. 沈阳体育学院学报，2019，38（02）：101-108.

［105］ 中国篮球协会.2018—2019中国男子篮球职业联赛官方手册［S］.2018.

［106］ 姜思远.公司化运营下CBA联赛裁判员管理研究［D］.北京：首都体育学院，2020.

［107］ 张毅恒.职业体育俱乐部治理本质——内部结构与利益相关者治理研究［D］.武汉：武汉大学，2017.

［108］ 胡利军，杨远波.中国职业体育发展研究［J］.体育科学，2010，30（2）：28-40.

［109］ 任波，黄海燕.数字经济驱动体育产业高质量发展的理论逻辑、现实困境与实施路径［J］.上海体育学院学报，2021，45（7）：22-34.

［110］ 王新雷.中国男子篮球职业联赛运行机制复杂性研究［D］.北京：北京体育大学，2016.

［111］ 刘小明，刘卫国．中国男子篮球职业联赛俱乐部成长影响因素研究［J］．北京体育大学报，2018，41（7）：24-32.

［112］ 刘传海，李向前，陈富成．CBA男子篮球俱乐部职业化进程中的主要问题与发展对策［J］．首都体育学院学报，2019，31（02）：139-143.

［113］ 李成梁，崔鲁祥．CBA联赛13年发展过程中外援引进及对联赛发展影响的研究［J］．沈阳体育学院学报，2008，27（6）：93-96.

［114］ 张宁．CBA联赛外籍球员引进机制的嬗变与反思［J］．成都体育学院学报，2014，40（8）：59-62.

［115］ 中国男子篮球职业联赛．敢梦敢当CBA联盟召开2019—2020赛季新闻发布会［EB/OL］．（2019-10-23）［2021-10-01］．http://www.cbaleague.com/zxunxiangqing.html?id=2087.

［116］ 孙民治，张玉国，张雄．我国篮球职业联赛引进外籍球员的多维思考［J］．武汉体育学院学报，2008，42（12）：66-70.

［117］ 李国兴，张锡庆．CBA与NBA竞争力平衡机制比较研究［J］．沈阳体育学院学报，2015，34（4）：122-125.

［118］ 王清梅，陈彦，赵文男，等．中国职业篮球联赛外援流动特征及影响价值的实证研究［J］．沈阳体育学院学报，2017，36（3）：104-112.

［119］ 斋啡遇上球．CBA赞助价值反超中超！姚明晚改革两年却先见效　选对领头人太重要［EB/OL］．（2019-03-26）［2021-10-01］．http://k.sina.com.cn/article_6539031471_185c1b3af00100h18u.html.

［120］ 闫燕，刘学川．关于外援对CBA联赛发展影响的思考［J］．体育文化导刊，2016（11）：96-100.

［121］ 杨江华．从网络走红到网红经济：生成逻辑与演变过程［J］．社会学评论，2018，6（5）：13-27.

［122］ 邢彦辉．"互联网＋"视域下网红现象的范式转化［J］．当代传播，2018，34（3）：99-102.

［123］ 艾瑞咨询．2017年中国网络经济年度检测报告［EB/OL］．（2017-05-27）［2021-10-01］．http://www.199it.com/archives/597022.html.

［124］ 易观智库．中国网红产业专题研究报告［EB/OL］．（2016-09-02）［2021-

10-01］. http://www. 100ec.cn/detail--6355785.html .

［125］ 艾瑞咨询 . 2018 年中国网红经济发展研究报告［EB/OL］.（2018-06-19）
［2021-10-01］. http://report.iresearch.cn/report/201806/3231.shtml.

［126］ 黄欣荣 . 复杂性科学方法及其应用［M］. 重庆：重庆大学出版社，2012.

［127］ 郭师绪 . 经济发展的"网红"模式［J］. 新产经，2016，70（8）：64-65.

［128］ 马川 . 性价值观视角下女性网络红人现象分析［J］. 中国青年研究，2016，
28（11）：12-17.

［129］ 敖成兵 . 多元时代共生衍创背景下的"网红"现象解读［J］. 中国青年研
究，2016，28（1）：5-11.

［130］ 邢彦辉 . "互联网＋"视域下网红现象的范式转化［J］. 当代传播，2018，
34（3）：99-102.

［131］ 莫兰 . 电影明星们：明星崇拜的神话［M］. 王竹雅，译 . 吉林：吉林出版集
团，2014.

［132］ 尤瑞 . 游客凝视［M］. 杨慧，赵玉中，译 . 桂林：广西师范大学出版社，
2008.

［133］ 雷开春，孙洪彬 . 关于青少年榜样教育与偶像崇拜的心理调查及思考［J］.
青年研究，2000，23（5）：30-35.

［134］ 徐蕊 . 知名运动员媒体形象嬗变分析——以两代乒乓球国手对比为例［J］.
新闻爱好者，2018，33（4）：81-83.

［135］ 石继章，邵凯 . 冲突理论视角下中国职业篮球供给侧改革——以 2015—2016
赛季 CBA 总决赛为例［J］. 沈阳体育学院学报，2016，35（6）：86-91.

［136］ 张晨颖，李希梁 . 美职篮"工资帽"制度的反垄断法分析——兼评中职篮
"工资帽"制度的合法性［J］. 竞争政策研究，2020（6）：47-62.

［137］ 刘小明 . 中国男子篮球职业联赛俱乐部成长的绩效评价与影响因素研究
［D］. 上海：上海体育学院，2017.

［138］ 孙晓红，门涛 . 管理学［M］. 大连：东北财经大学出版社，2005.

［139］ 周进强 . 我国职业体育俱乐部的法律资格、特征及其设立问题研究［J］. 天
津体育学院学报，2000，15（4）：11-15.

［140］ 张兵，周学荣，沈克印 . "替罪"or"原罪"：论当前职业体育越轨问题中的

体制［J］.首都体育学院学报，2011，23（5）：389-392.

［141］ BEECH，CHADWICK. The marketing of sport［M］. Pearson Education Limited，2015.

［142］ 俞诚士.体育赞助攻略［M］.石家庄：河北科学技术出版社，2004.

［143］ 蒋家珍，钟秉枢.体育赛事品牌传播价值评估系统原理与方法研究［J］.北京体育大学学报，2008（2）：159-161，164.

［144］ IPTV 告别央视世界杯转播，盛事背后的部门利益之争［EB/OL］.（2018-06-30）［2021-10-01］. https://www.sohu.com/a/238622010_650049?sec=wd.

［145］ 扈建华.CBA 通报处理装备违规事件［EB/OL］.（2020-11-09）［2021-10-01］. http://www.sport.gov.cn/n318/n352/c968952/content.html.

［146］ 季芳，范佳元.教育部学生体协与中国篮协签署战略合作谅解备忘录［EB/OL］.（2017-11-16）［2021-10- 01］. http://www.xinhuanet.com/politics/2017-11/16/c_129741944.htm.

［147］ 马邦杰，王镜宇.中国大、中体协与中国篮协签署《促进体教融合发展谅解备忘录》［EB/OL］.（2020-05-19）［2021-10-01］. http://www.xinhuanet.com/sports/2020-05/19/c_1126006592.htm.

［148］ 新华社.习近平在北京考察：抓好城市规划建设　筹办好冬奥会［EB/OL］.（2017-02-24）［2021-10-01］. http://www.china.com.cn/news/2017-02/24/content_40356551.htm.

［149］ 宫彬.中国男篮国家队后备人才培养体系研究［D］.北京：北京体育大学，2017.

［150］ 黄优强，周武.对中国男篮后备人才培养模式的审视［J］.北京体育大学学报，2014，37（04）：133-139.

［151］ 中国篮球协会.关于印发《2013 年全国青少年篮球比赛竞赛规程》的通知［EB/OL］.（2013-01-31）［2021-10-01］. http://www.cba.gov.cn/show.aspx?id=10946&cid=43.

［152］ 中国篮球协会.关于下发《2015 年全国青少年篮球比赛竞赛规程》的通知［EB/OL］.（2015-01-08）［2021-10-01］. http://www.cba.gov.cn/show.aspx?id=13306&cid=43.

［153］ 柴立森，张勇．我国中部地区竞技篮球发展的前景预期分析［J］．北京体育大学学报，2012，35（6）：129.

［154］ 李晓红，刘云，张志辉．中、美国高校竞技篮球与职业篮球人才输送链衔接研究［J］．北京体育大学学报，2010，33（5）：127.

［155］ 都娟．后发优势与我国优秀篮球后备人才的培养［D］．苏州：苏州大学，2007.

［156］ 张宁．我国竞技篮球后备人才培养模式衔接的症结分析与重构思考［J］．成都体育学院学报，2013，39（6）：79.

［157］ 赵军．新形势下我国篮球人才培养中存在的问题研究［J］．体育科技，2015，36（1）：58-59.

［158］ 中国篮球协会．教育部首次携手篮协打造联赛，姚明：篮球陪你们度过美好童年［EB/OL］．（2018-02-08）［2021-10-01］．http://www.cba.gov.cn/show.aspx?id=17188&cid=96.

［159］ 新华社．习近平主持召开中央全面深化改革委员会第十三次会议强调深化改革健全制度完善治理体系善于运用制度优势应对风险挑战冲击——李克强王沪宁韩正出席［EB/OL］．（2020-04-27）［2020-08-06］．http://www.xinhuanet.com/2020-04/27/c_1125914029.htm.

［160］ 江小娟，2018.体育产业的经济学分析［M］．北京：中信集团出版社.

［161］ 李国兴，张锡庆．CBA与NBA竞争力平衡机制比较研究［J］．沈阳体育学院学报，2015，34（4）：122-125.

［162］ 刘永峰，刘连红，徐昶楠，等．2005—2015年CBA各球队竞争实力的不确定性研究［J］．成都体育学院学报，2015，41（6）：79-84，89.

［163］ 邹俊峰，陈家起，高奎亭．CBA联赛（2014—2019）竞争性平衡：趋势与对策［J］．吉林体育学院学报，2020，36（5）：69-77.

［164］ 屠诚虔．山西国投职业篮球俱乐部市场营销现状与优化策略研究［D］．太原：中北大学，2021.

［165］ 王清梅，陈彦，赵文男，等．中国职业篮球联赛外援流动特征及影响价值的实证研究［J］．沈阳体育学院学报，2017，36（3）：104-112.

［166］ 叶敏．消费者行为学［M］．北京：北京邮电大学出版社，2008.

[167] 中国大百科全书编委会.大百科全书·社会学卷［M］.北京：中国大百科全书出版社，1991.

[168] 贾文彤.中外体育越轨行为研究分析与比较［J］.沈阳体育学院学报，2014，33（5）：28-32.

[169] COAKLEY. Sport in society：issues and controversies（ninth edition）［M］. New York：Mcgraw Hill International Edition，2007.

[170] 石岩，胡丹婧.球场观众不合理认知观念的理论研究［J］.体育科学，2009，29（7）：37-42.

[171] ELLIS A. The Practice of Rational Emotive Behavior Therapy［M］. New York：Springer，1995.

[172] 韩新君，赵桂生，冯秀华.竞技体育越轨行为的产生及其法律控制［J］.天津体育学院学报，2010，25（6）：489-492.

[173] 罗文静，周丽君.冲突理论视角下的体育越轨行为［J］.浙江体育科学，2011，33（4）：37-39.

[174] 孙彩虹.观众破坏CBA赛场秩序行为规制研究——以NBA为借鉴［J］.成都体育学院学报，2017，43（4）：23-27.

[175] 范冬梅，石岩.CBA联赛球场观众流氓话语分析及应对策略［C］.第九届全国运动心理学大会，中国体育科学学会运动心理学分会，2010.

[176] 来塞尔.法社会学导论［M］.高旭军译.上海：上海人民出版社，2008.

[177] SIMONS Y，TAYLOR J. A psychosocial model of fan violence in sports［J］. International Journalof Sport Psychology，1992，23（3）：207-226.

[178] RUSSELL G W. Sports riots：A social—psychological review［J］. Aggression and Violent Behavior，2004，9（4）：353-378.

[179] CBA球迷研究和商业价值报告［C］.艾瑞质询，2020.

[180] 纪康宝.体育俱乐部市场化运作与现代化管理实务手册［M］.吉林：吉林电子出版社，2003.

[181] 叶敏等.消费者行为学［M］.北京：北京邮电大学出版社，2008.

[182] 耿志伟.职业体育球迷消费行为和满意度的研究［D］.北京：北京体育大学，2014.

［183］ 陈莹.中美男子篮球职业联赛线上观众的满意度比较研究［D］.武汉：武汉理工大学，2020.

［184］ 张伟.新媒体时代CBA联赛比赛直播研究［J］.山东体育科技，2020，42（3）：57-61.

［185］ 王力军.体育经纪人概念刍议［J］.武汉体育学院学报，2000，34（3）：12.

［186］ 潘绍伟，高人煌.体育经纪人条件论略［J］.体育与科学，2001，24（04）：17-19.

［187］ 郭天荣.从分析我国体育经纪人和职业篮球的现状——谈我国体育经纪人对职业篮球的推动作用［C］.第3届全国青年体育科学学术会议论文摘要汇编，中国体育科学学会，2002.

［188］ 鲍明晓.我国体育产业发展的战略研究［J］.体育科研，2006，25（3）：1-8.

［189］ 梁保可.新《中国篮协经纪人管理办法》对我国篮球经纪活动的影响研究［D］.北京：首都体育学院，2020.

［190］ 腾讯网.CBA除了顶级球员有天价薪资，CBA王牌经纪人每年收入也近千万？［EB/OL］.（2020-10-18）［2021-10-01］.https://new.qq.com/omn/20210710/20210710A08VPB00.html.

［191］ 梁璇.《2018中国篮球产业白皮书》在京发布［EB/OL］.（2018-11-07）［2021-10-01］.http:// news.cyol.com/yuanchuang/2018/11/07/content_17763599.htm.

［192］ 余亮.外生环境因素对企业研发活动影响的理论与实证分析［J］.科技管理研究，2010，4（6）：126-128，135.

［193］ 李光明.体育产业成为国民经济新的增长点所需政策环境研究［M］.北京：人民体育出版社，2001.

［194］ 国务院办公厅.关于加快发展体育产业的指导意见［EB/OL］.（2010-03-24）［2021-10-01］.http://www.gov.cn/gongbao/content/2010/content_1565482.htm.

［195］ 国务院办公厅.关于加快发展体育产业促进体育消费的若干意见［EB/OL］.（2014-10-20）［2021-10-01］.http://www.gov.cn/ zhengce/

content/2014-10/20/content_9152.htm.

[196] 国家发展和改革委员会.打好政策组合拳　体育产业迎来"黄金时代"[EB/OL].(2016-03-10)[2021-10-01].http://www.gov.cn/xinwen/2016-03/10/content_5051679.htm.

[197] 张宇贤,魏琪嘉.政策精准发力　体育产业大有可为[EB/OL].(2019-10-11)[2021-10-01].http://sports.people.com.cn/n1/2019/1011/c202403—31395007.html.

[198] 国家统计局.2019年全国居民人均可支配收入[EB/OL].(2020-03-09)[2021-10-01].http://www.gov.cn/guoqing/2020-03/09/content_5362699.htm.

[199] 前瞻产业研究院.2020年中国居民收支情况回顾　可支配收入逐年增长、城乡收入结构差距较大[EB/OL].(2021-05-08)[2021-10-01].https://bbs.pinggu.org/thread-10590538-1-1.html.

[200] 江小涓.我国已进入体育产业需求快速增长期[EB/OL].(2018-07-23)[2021-10-01].http://www.chinanews.com/ty/2018/07-23/8576548.shtml.

[201] 张桂青,钟霖.发展体育文化产业的时代价值[EB/OL].(2021-02-25)[2021-10-01].http://www.china.com.cn/opinion2020/2021-02/25/content_77248585.shtml.

[202] 中国体育报业总社.体育产业成国民经济新增长点[EB/OL].(2020-12-11)[2021-10-01].https://baijiahao.baidu.com/s?id=1685745921587168509.

[203] 孙民治,杨伯镛.关于我国篮球文化的一些思考[J].上海体育学院学报,2006,30(2):30-34.

[204] 赵映辉,张西平.篮球运动技术风格、流派的形成之探讨[J].西安体育学院学报,1992,9(2):32-36.

[205] 马国义,张庆春,崔建强,等.我国同场对抗性集体球类项目水平落后的传统文化审视[J].山东体育学院学报,2004,20(5):76-78.

[206] 刘志国,刘卓.古代中西方体育观念差异的文化视角分析[J].浙江体育科学,2004,26(1):88-90.

[207] 赵军,王小美.中西方体育文化与中美篮球文化比较[J].体育文化导刊,2002(6):44-45.

[208] 李颖川,李海滨.浅析中国篮球运动的文化背景[J].首都体育学院学报,

2004，16（1）：1-3.

［209］ 刘宇平，唐大鹅.制约中国篮球防守技战术发展因素探讨［J］.成都体育学院学报，2006，32（5）：68-70.

［210］ 于永亮.对国家竞技思想文化的研究［J］.中国商界（上半月），2009（5）：148-149.

［211］ 李征.中国民族传统文化对我国当代竞技篮球运动发展影响的研究［D］.苏州：苏州大学，2008.

［212］ 苗东升.系统科学精要［M］.北京：中国人民大学出版社，2006.

［213］ 新华社.习近平提"供给侧结构性改革"，深意何在?［EB/OL］.（2015-11-19）［2021-10-01］.http://www.xinhuanet.com/politics/2015/11/19/c_128444441.htm.

［214］ 国务院办公厅.关于强化学校体育促进学生身心健康全面发展的意见［EB/OL］.（2016-05-06）［2021-10-01］.中央政府门户网站.http://www.gov.cn/xinwen/2016-05/06/content_5070962.htm.

［215］ 宋成.知识网红：知识分子在后现代社会中的角色转型［J］.编辑之友，2020，40（3）：78-82.

［216］ 陈华栋，赵亮."网络直播与网络主播"走红对青年学生的影响分析与思考［J］.思想理论教育导刊，2020，27（2）：131-135.

［217］ 成会君.消费者对中国足球职业联赛的信任研究［J］.武汉体育学院学报，2007（9）：32-36.

［218］ 王家宏，董宏.体育回归教育：体教融合的现实选择与必然归宿［J］.北京体育大学学报，2021，44（1）：18-27.

［219］ 陈林会.体育强国建设进程中高等体育院校责任与使命的理论思考［J］.成都体育学院学报，2019，45（6）：21-23.

［220］ 孙科，刘铁军，马艳红，等.中国特色体教融合发展思考——对《关于深化体教融合促进青少年健康发展意见》的诠释［J］.成都体育学院学报，2021，47（1）：13-20.

［221］ 人民日报.人民日报评论员：坚定不移推进供给侧结构性改革［EB/OL］.（2015-11-19）［2021-10-01］.http://opinion.people.com.cn/n1/2016/1219/c1003—28958382.html.